社会工作介入社区治理研究

——基于广东的若干实践案例

张兴杰　陈建平　◇主编

中国社会出版社

国家一级出版社·全国百佳图书出版单位

U0742414

图书在版编目 (CIP) 数据

社会工作介入社区治理研究 ：基于广东的若干实践案例 / 张兴杰，陈建平主编 . —— 北京 ：中国社会出版社，2023.9
ISBN 978-7-5087-6935-6

Ⅰ . ①社… Ⅱ . ①张… ②陈… Ⅲ . ①社会工作－作用－社区管理－研究－广东 Ⅳ . ①D669.3

中国国家版本馆 CIP 数据核字 (2023) 第 171173 号

出 版 人：程 伟	终 审 人：陈 琛
责任编辑：李新涛	策划编辑：孙武斌
责任校对：孙武斌	封面设计：王 强

出版发行：中国社会出版社	地 址：北京市西城区二龙路甲 33 号
邮政编码：100032	编 辑 部：(010)58124841
网 址：shcbs.mca.gov.cn	发 行 部：(010)58124864；58124845
经 销：新华书店	

印刷装订：北京联兴盛业印刷股份有限公司	开 本：185 mm×260 mm 1/16
印 张：19.75	字 数：400 千字
版 次：2023 年 9 月第 1 版	印 次：2023 年 9 月第 1 次印刷
定 价：65.00 元	

中国社会出版社微信公众号

中国社会出版社天猫旗舰店

本书编委会

主　编　张兴杰　陈建平
副主编　卫利珍　徐　衍　龙春亮　方洁虹
编　写　梁启浩　黄嘉乐　叶素丹　李　敏
　　　　黄子倩　李　明　霍静仪　黄财富
　　　　邓丽娴　梁　良　张苑仪　薛源蕉子

目　录

导言　城乡社区治理需要解决好三大关键问题

——学习习近平总书记相关论述的体会

张兴杰[①]

近年来，"社区"和"社区治理"已成为我国政治场域的高频词语。治国理政，根基在基层、在城乡社区。城乡社区治理是社会治理的主要抓手，是社会治理不可或缺的组成部分，甚至是关键环节、重中之重。通过优化社区治理达到社会"善治"，即公共利益最大化、群众利益最大化，是党和政府重要的施政目标。本导言主要对习近平总书记有关社区治理的论述以及党和政府相关重要文件中有关社区治理的内容进行梳理和概述。

作为时时刻刻心系基层群众的人民领袖，习近平总书记十分重视社区和社区治理。他曾说："我到地方考察，总要到农村、城市社区，看看人民群众生活得怎么样，有什么好的经验可以交流推广，有什么操心事、烦心事需要我们解决。"[②] 他每年都多次到城乡社区考察调研，就社区和社区治理问题发表了一系列重要讲话。他指出，"社区是党和政府联系、服务居民群众的'最后一公里'"[③]；"社区虽小，但连着千家万户，做

---

① 张兴杰，男，史学硕士、社会学教授，历任兰州大学管理科学系行政管理学教研室主任（1990—1998 年）、华南农业大学人文学院社工系主任（1999—2001 年）、副院长（2001—2005 年）、公共管理学院院长（2005—2015 年）、华南农业大学社会工作与社会政策研究中心主任（2015—2022年）等职。2022 年 7 月，受聘担任广东白云学院社会与公共管理学院教授，社工专业建设负责人。目前兼任广东省社会工作学会常务副会长、广东省社会学学会副会长、广东省社会组织评估专家、广州市社会工作协会副会长、北斗星社会工作服务中心治理委员会主任兼行政督导、教育部人文社科项目和国家社科基金项目通讯评审专家等 10 余种社会职务。

② 求是网评论员. 社区工作要帮助大家办好事、办实事、解难题［EB/OL］.（2022 – 07 – 18）［2022 – 10 – 25］. http：//www. qstheory. cn/wp/2022 – 07/18/c_1128842704. htm.

③ 谢环驰. 习近平在河北唐山市考察时强调 落实责任完善体系整合资源统筹力量 全面提高国家综合防灾减灾救灾能力［N］. 人民日报，2016 – 07 – 29（1）.

好社区工作十分重要"①；"社区是基层基础，只有基础坚固，国家大厦才能稳固"②。
他强调："推进国家治理体系和治理能力现代化，社区治理只能加强、不能削弱"，要
"为城乡社区治理提供坚强保证"③；"社会治理核心在人，重点在城乡社区"④；"基层
是一切工作的落脚点，社会治理的重心必须落实到城乡社区"⑤。

2017 年 6 月印发的《中共中央　国务院关于加强和完善城乡社区治理的意见》明
确指出，"城乡社区是社会治理的基本单元"，"城乡社区治理事关党和国家大政方针贯
彻落实，事关居民群众切身利益，事关城乡基层和谐稳定"。2019 年 10 月，党的十九
届四中全会通过的《中共中央关于坚持和完善中国特色社会主义制度 推进国家治理体
系和治理能力现代化若干重大问题的决定》提出，要"构建基层社会治理新格局"，
"健全社区管理和服务机制"，"完善群众参与基层社会治理的制度化渠道"，"在城乡社
区治理、基层公共事务和公益事业中广泛实行群众自我管理、自我服务、自我教育、
自我监督"。2021 年 3 月发布的《中华人民共和国国民经济和社会发展第十四个五年规
划和二〇三五年远景目标纲要》专章论及城乡基层社会治理问题，要求"提高城乡社
区精准化精细化服务管理能力"，"健全社区管理和服务机制"。2021 年 7 月印发的
《中共中央　国务院关于加强基层治理体系和治理能力现代化建设的意见》再次强调了
城乡社区治理的重要性："基层治理是国家治理的基石，统筹推进乡镇（街道）和城乡
社区治理，是实现国家治理体系和治理能力现代化的基础工程。"

目前，我国城市法定社区的范围一般是指居民委员会辖区，农村法定社区的范围
则是指村民委员会辖区。截至 2021 年底，全国共有 11.7 万个居委会、49 万个行政村，
即全国城乡共有 60.7 万个社区⑥。城乡社区差距巨大，这两大类社区本身又各有多种
不同的类型。正如习近平总书记所说，"社区情况复杂多样，群众需求多种多样"⑦。但

① 新华社. 习近平在福建调研时强调 全面深化改革全面推进依法治国［EB/OL］.（2014 – 11 –
02）［2022 – 10 – 25］. http://www. gov. cn/xinwen/2014 – 11/02/content_2774179. htm.

② 霍小光. 习近平考察武汉，强调要充分发挥人才优势［EB/OL］.（2018 – 04 – 26）［2022 –
10 – 28］. http://www. xinhuanet. com/politics/2018 – 04/26/c_1122748911_3. htm.

③ 新华社. 习近平在吉林考察时强调 坚持新发展理念深入实施东北振兴战略 加快推动新时代吉林
全面振兴全方位振兴［EB/OL］.（2020 – 07 – 24）［2022 – 10 – 28］. http://www. xinhuanet. com/politics/
2020 – 07/24/c_1126281973. htm.

④ 范如国. 加强新时代城乡社区治理体系建设［EB/OL］.（2018 – 09 – 30）［2022 – 10 – 30］.
http://www. rmlt. com. cn/2018/0930/529458. shtml.

⑤ 杜尚泽. 习近平：社会治理的重心必须落实到城乡社区［EB/OL］.（2016 – 03 – 05）［2022 –
10 – 30］. http://politics. people. com. cn/n1/2016/0305/c1024 – 28174494. html.

⑥ 民政部. 2021 年民政事业发展统计公报［EB/OL］.（2022 – 08 – 26）［2022 – 10 – 31］.
https://images3. mca. gov. cn/www2017/file/202208/2021mzsyfztjgb. pdf.

⑦ 刘会民. 习近平：社区工作要为居民提供精准化、精细化服务［EB/OL］.（2018 – 10 – 25）
［2022 – 10 – 05］. http://china. cnr. cn/gdgg/20181025/t20181025_524395212. shtml? from = singlemessage
&isappinstalled = 0.

不论哪种社区，其治理都需要重点解决好三个关键问题：一是治理主体要多元化、一核化；二是治理目标要惠民化、便民化；三是治理手段要信息化、数字化。

一、治理主体多元化、一核化，坚持和完善党组织在城乡社区治理体系中的核心领导地位

习近平总书记在党的十九大报告、二十大报告中分别强调要"加强社区治理体系建设"①，"健全城乡社区治理体系"②；《中共中央　国务院关于加强和完善城乡社区治理的意见》《中共中央　国务院关于加强基层治理体系和治理能力现代化建设的意见》也明确要求完善"城乡社区治理体系"。怎么加强、健全和完善社区治理体系呢？首要的一点就是要做到治理主体多元化。社区治理不同于社区管理。传统的社区管理，其主体相对来说较为单一，主要是指街道、乡镇党组织和政府职能部门。而社区治理的主体则应该是多元的，也就是除了党政部门外，社区本身（居委会、村委会）、社区内的企事业单位、群团组织、社会组织、社区组织、业主委员会、物业公司、社区居民群众等也要成为社区治理的重要主体。只有多元主体协同联动、共同发力，才能搞好社区治理。

在社区治理的多元主体中，居民群众的参与尤其重要。中共中央办公厅、国务院办公厅2021年10月印发的《关于推动城乡建设绿色发展的意见》要求："构建社区生活圈，广泛发动组织群众参与城乡社区治理，共同建设美好家园。"习近平总书记曾说："'居民的事居民议，居民的事居民定'，有利于增强社区居民的归属感和主人翁意识，提高社区治理和服务的精准化、精细化水平。"③社区治理以居民群众为本，居民群众既是社区治理的客体，更是社区治理的主体。目前城乡社区治理普遍存在的问题之一就是社区居民群众参与的积极性还不够高，尤其是很多农村社区，青壮年农民大多外出务工，留在农村的多是老年人，他们忙于自家农活，对社区公共事务缺乏热情。针对这种情况，要通过深入细致的工作，激发城乡居民群众参与社区治理的内在动力和潜在能量，增强他们对社区治理的思想认同、理念认同和感情认同，提高他们对社区的归属感和主人翁意识，积极引导他们参与社区治理。在现阶段，期望所有居民群众都积极主动、自觉自愿地关心社区公共事务、参与社区治理是不现实的，先在每个

①　习近平．决胜全面建成小康社会 夺取新时代中国特色社会主义伟大胜利——在中国共产党第十九次全国代表大会上的报告［EB/OL］．（2017－10－27）［2022－11－05］．http：//www.gov.cn/zhuanti/2017－10/27/content_5234876.htm.

②　习近平．高举中国特色社会主义伟大旗帜 为全面建设社会主义现代化国家而团结奋斗——在中国共产党第二十次全国代表大会上的报告［EB/OL］．（2022－10－25）［2022－11－09］．http：//www.news.cn/politics/cpc20/2022－10/25/c_1129079429.htm.

③　邹翔．"有事好商量"的中国智慧——全过程人民民主的显著优势［N］．人民日报，2022－03－01（4）．

社区发动部分居民群众参与，由他们发挥示范带头作用，逐渐辐射带动更多居民群众参与，最终达到"人人参与、人人奉献、人人共享"，这样更为可行。拿农村社区来说，可以先重点发动乡村教师、医生、文艺工作者、农技人员、致富能手、退役返乡军人、退休返乡公务员、返乡创业的大学生和农民工、有一技之长的能工巧匠、大姓家族长辈等人员来参与社区治理，因为这些人士大多具有较高文化水平，见多识广，能说会道，在村民中有一定威信，可以说是农村的"本土精英人物"或"新乡贤"，他们可以对农村社区治理发挥多方面的积极作用，比如提供信息、出谋划策、组织动员、捐款捐物、协助解决其他各种社区治理难题等。

在城乡社区治理体系中，必须坚持和完善党组织的核心领导地位，筑牢社区治理"红色引擎"。习近平总书记说得好，"提高社区治理效能，关键是加强党的领导"①；"社区治理得好不好，关键在基层党组织、在广大党员"②。首先，要把街道（乡镇）、城乡社区党组织本身进一步建设好，真正建成在社区治理方面具有强大号召力、凝聚力和组织力的"战斗堡垒"。其次，要按照中共中央、国务院《关于加强和完善城乡社区治理的意见》的要求："加强和改进街道（乡镇）、城乡社区党组织对社区各类组织和各项工作的领导，确保党的路线方针政策在城乡社区全面贯彻落实。"社区治理主体是多元的，但不论哪一"元"都必须接受党组织的领导，各个主体所开展的各项工作、活动，都必须体现党组织的领导核心作用，要把"多元共治，一核引领"落到实处，这样才能增强社区治理的统筹性、协同性、有效性，才能避免一些社区所存在的"治理碎片化"问题。最后，要充分发挥社区党员尤其是党员干部的先锋模范作用，通过他们思想和行动的先进性，把党组织的领导优势转化为社区治理优势、治理成效，"让党的旗帜在社区群众心目中高高飘扬"③，从而带动更多社区居民群众自愿参与社区治理。

二、治理目标便民化、惠民化，"把服务居民、造福居民作为城乡社区治理的出发点和落脚点"

社区治理自然离不开管理，但在新时代社区治理中，服务应重于管理，管理应寓于服务之中，社区治理的各个方面、各个环节都要最大化地便民化、惠民化，要把为居民服务、为居民造福作为社区治理的根本目标，实现服务型治理。《中共中央　国务

---

① 张晓松，朱基钗.习近平谈社区治理：提高社区效能的关键是加强党的领导［EB/OL］.（2020－07－24）［2022－11－09］.http://www.gov.cn/xinwen/2020－07/24/content_5529703.htm.

② 人民日报.习近平在青海考察时强调 坚持以人民为中心深化改革开放 深入推进青藏高原生态保护和高质量发展［N］.人民日报，2021－06－10（1）.

③ 谢环驰.习近平在河北唐山市考察时强调 落实责任完善体系整合资源统筹力量 全面提高国家综合防灾减灾救灾能力［N］.人民日报，2016－07－29（1）.

院关于加强和完善城乡社区治理的意见》所确定的城乡社区治理的基本原则之一就是，"坚持以人为本，服务居民。坚持以人民为中心的发展思想，把服务居民、造福居民作为城乡社区治理的出发点和落脚点"。习近平总书记在这方面有很多论述："社区是党委和政府联系群众、服务群众的神经末梢，要及时感知社区居民的操心事、烦心事、揪心事，一件一件加以解决。"① "社区工作很重要，……要抓好服务，人民群众的事情就是我们的牵挂，要以问题为导向，力争实现各种服务全覆盖，不断满足百姓提出的新需求。"②

不论城市还是农村，社区治理都要重点从以下三个方面服务居民群众、造福居民群众。

首先，要在社区提供便利的政务服务。过去一般只有街道、乡镇才能提供政务服务，为了让社区群众少跑路，要大力推动各地政务服务平台（服务中心或服务站）从街道、乡镇向居委会、村委会延伸，实现政府职能重心下移，以便社区群众在家门口就能享受相关政务服务。像医疗保险的参保续保、低保低收入家庭和需要临时救助人员的认定、残疾人证和老年人优待证的审核、家庭情况证明等事项，都可以在社区办理。社区政务服务平台要向居民群众公开可以在社区办理的政务服务事项的详细清单，尽量实行"一窗式"或"一门式"受理、审批、办结，精简办理流程，缩减办理时间。尤其是要按照习近平总书记的要求，抓好"政务服务一网通办"③。总之，在城乡社区政务服务方面，要通过采取各种措施，特别是加快推进电子政务建设，从根本上解决好群众反映强烈的办事难、办事慢、办事繁的问题，让社区群众切身感受到新时代社区政务服务的便捷与高效。

其次，要在社区提供基本的民生服务。城乡社区居民群众最需要的民生服务至少要"病有所医""幼有所育""老有所养""弱有所扶"。拿"病有所医"来说，看病难、看病贵是城乡很多居民群众一直反映的老大难问题，有效的解决办法之一就是建立社区医院，为群众提供低价、方便、快捷的医疗卫生服务。2022年底、2023年初新冠肺炎疫情感染高峰期，由于许多感染者无法在社区医院就医，竞相涌向大医院，导致一些大医院人满为患，床位、医护等医疗资源高度紧张，这一事例充分说明建立社区医院的必要性、重要性。习近平总书记曾强调，"要推动医疗卫生工作重心下移、医疗卫生资源下沉"，"为群众提供安全有效方便价廉的公共卫生和基本医疗服务，真正

---

① 中国文明网. 这个基础，习总书记高度重视［EB/OL］.（2020 - 08 - 07）［2022 - 11 - 10］. http://www. wenming. cn/sxll/djlm/zyt/202112/t20211227_6277163. shtml.

② 钟珊珊. 民生为本 绘就光明新景［EB/OL］.（2022 - 06 - 02）［2022 - 11 - 10］. http:// jx. people. com. cn/n2/2022/0602/c186330 - 35297593. html.

③ 刘士安. 加快建设具有世界影响力的社会主义现代化国际大都市（沿着总书记的足迹·上海篇）［N］. 人民日报，2022 - 06 - 25（1）.

解决好基层群众看病难、看病贵问题"①。国家卫生健康委于 2019 年开始在河北等 20 个省（自治区、直辖市）开展社区医院建设试点工作，2020 年发出《国家卫生健康委关于全面推进社区医院建设工作的通知》，2021 年又发出《关于加快推进社区医院建设的通知》，但目前全国已建成的社区医院还很少，远远满足不了城乡社区居民群众在家门口方便、廉价就医的需求，此项工作还需进一步大力度地持续推进。

最后，要把社区环境建设好，把一个个社区建设成宜居的美丽家园。习近平总书记对城市和农村的社区环境建设都高度重视。他明确指出，要"统筹好生产、生活、生态三大空间布局"，"建设人与自然和谐相处、共生共荣的宜居城市"②。"农村环境整治这个事，不管是发达地区还是欠发达地区都要搞"③；"要继续完善农村公共基础设施，改善农村人居环境，重点做好垃圾污水治理、厕所革命、村容村貌提升，把乡村建设得更加美丽"④。习近平总书记要求，城乡社区环境建设除了追求美丽、清洁之外，还要"同保护历史遗迹、保存历史文脉统一起来，既要改善人居环境，又要保护历史文化底蕴，让历史文化和现代生活融为一体"⑤，因为社区中的历史文化古迹、古建筑等人文景观，可以丰富社区居民群众的历史文化滋养，"让人们记得住历史、记得住乡愁，坚定文化自信，增强家国情怀"⑥。另外，建设宜居的社区环境还必须打造良好的治安环境，创建和谐的邻里关系，配置比较充足的文化体育设施，这样才能进一步增强社区居民群众的安全感、获得感、幸福感。

三、治理手段信息化、数字化，充分利用互联网技术推进城乡智慧社区建设

当今人类社会正快速从工业社会向信息社会、数字社会迈进。习近平总书记指出，"没有信息化就没有现代化"⑦；"要适应人民期待和需求，加快信息化服务普及，降低

---

① 央广网. 习近平治国理政"100 句话"之：要推动医疗卫生工作重心下移、医疗卫生资源下沉 [EB/OL]. (2016 - 02 - 02) [2022 - 11 - 10]. http://health. cnr. cn/jkgdxw/20160202/t20160202_521307651. shtml.

② 是说新语. 习近平为这座城市的发展擘画蓝图 [EB/OL]. (2021 - 05 - 14) [2022 - 11 - 10]. http://www. qstheory. cn/laigao/ycjx/2021 - 05/14/c_1127445637. htm.

③ 新华社. 习近平近日作出重要指示强调 建设好生态宜居的美丽乡村 让广大农民有更多获得感幸福感 [N/OL]. 人民日报，2018 - 04 - 24 (1).

④ 新华社. 习近平在内蒙古考察并指导开展"不忘初心、牢记使命"主题教育时强调：牢记初心使命贯彻以人民为中心发展思想 把祖国北部边疆风景线打造得更加亮丽 [EB/OL]. (2019 - 07 - 16) [2022 - 11 - 12]. http://www. gov. cn/xinwen/2019 - 07/16/content_5410342. htm http://www. gov. cn/xinwen/2019 - 07/16/content_5410342. htm.

⑤ 周玮. 以时代精神激活中华优秀传统文化的生命力 [J]. 求是，2022 (14).

⑥ 刘士安. 加快建设具有世界影响力的社会主义现代化国际大都市（沿着总书记的足迹·上海篇）[N]. 人民日报，2022 - 06 - 25 (1).

⑦ 唐宏伟. 以数字化思维推动国有企业高质量发展 [N]. 光明日报，2022 - 03 - 01 (6).

应用成本，为老百姓提供用得上、用得起、用得好的信息服务，让亿万人民在共享互联网发展成果上有更多获得感"①；要"顺应信息化、数字化、网络化、智能化发展趋势"②。不论城市还是乡村，社区治理都必须适应这一大趋势，在治理手段上逐渐实现信息化、数字化，并朝着最终建成智慧社区的目标而努力。根据民政部等 9 部门于 2022 年 5 月 10 日所发文件的界定："智慧社区是充分应用大数据、云计算、人工智能等信息技术手段，整合社区各类服务资源，打造基于信息化、智能化管理与服务的社区治理新形态。"③《中华人民共和国国民经济和社会发展第十四个五年规划和二○三五年远景目标纲要》明确要求"建设智慧城市和数字乡村"，"推进智慧社区建设"；中共中央办公厅、国务院办公厅印发的《关于推动城乡建设绿色发展的意见》也提出，要"加强社区智慧化建设管理，为群众提供便捷服务"。在很大程度上可以说，社区治理手段不断信息化、数字化的过程，就是社区治理能力和水平不断提高的过程，就是社区群众享受社区政务、民生等各类服务更加方便、快捷的过程，和社区居住环境体验更加愉悦、幸福的过程。

社区治理的大方向和主要目标之一是充分利用互联网技术建成智慧社区，而目前我国的智慧社区建设还处在起步、探索阶段，还需要做好以下几项基础工作。

一是要做好智慧社区建设的顶层设计。住房和城乡建设部曾于 2014 年发布《智慧社区建设指南（试行）》，充分肯定了广州市、深圳市、常州市等经济发达地区率先开展的智慧社区建设"在社区治理、便民服务等领域取得了显著的成效"，并认为"在我国大规模开展智慧社区建设势在必行"。但该指南明确指出其只适用于城市智慧社区的建设和运营，而没有涉及农村。而且，住房和城乡建设部已于 2017 年宣布该指南失效。《中华人民共和国国民经济和社会发展第十四个五年规划和二○三五年远景目标纲要》等多个重要文件虽已明确要求"推进智慧社区建设"，但只作出了原则性规定。智慧社区建设到底包括哪些内容，相关技术标准是什么，针对城乡社区的不同情况分别应该如何逐步推进、实施，诸如此类的问题都还有待明确。因此，相关政府部门还需要抓紧制订颁发新的、正式的、既适用于城市也适用于农村的智慧社区建设指南或规划。

二是要"加强智慧社区基础设施建设改造"④，完善"信息化支撑的基层治理平

---

① 新华社. 习近平：让互联网更好造福国家和人民［EB/OL］.（2016 – 04 – 19）［2022 – 11 – 12］. http://www.xinhuanet.com/politics/2016 –04/19/c_1118672059.htm.

② 何玲玲. 追光数字文明 推动科技向善——在乌镇洞察世界互联网发展"晴雨表"［EB/OL］.（2021 – 09 – 28）［2022 – 11 – 15］. http://www.cac.gov.cn/2021 –09/28/c_1634421996666855.htm.

③ 民政部，中央政法委，网信办，等. 关于深入推进智慧社区建设的意见［EB/OL］.（2022 – 05 – 21）［2022 – 11 – 15］. http://www.gov.cn/zhengce/zhengceku/2022 –05/21/content_5691593.htm.

④ 同③.

台"①，这是"新基建"必不可少的内容。要按照《中共中央 国务院关于加强和完善城乡社区治理的意见》的要求、按照中共中央办公厅、国务院办公厅印发的《关于加强和改进乡村治理的指导意见》的要求，提高城乡社区信息基础设施和技术装备水平，加强一体化社区信息服务站、社区信息亭、社区信息服务自助终端等公益性信息服务设施建设。在城市，要务实推进智慧社区信息系统建设，积极开发智慧社区移动客户端，实现服务项目、资源和信息的多平台交互和多终端同步。在农村，要建立统一的"智慧村庄"综合管理服务平台，构建线上线下相结合的乡村便民服务体系。正如习近平总书记所说："相比城市，农村互联网基础设施建设是我们的短板。要加大投入力度，加快农村互联网建设步伐，扩大光纤网、宽带网在农村的有效覆盖。"② 据中国互联网络信息中心发布的《中国互联网络发展状况统计报告》，截至 2021 年 6 月，我国还有 40% 的农村地区没有普及互联网，还有 2 亿农村人口没条件上网。为了缩小和消除城乡数字鸿沟，急需加强农村互联网基础设施建设。

三是要为智慧社区建设提供互联网技术人才支撑。习近平总书记指出："网络空间的竞争，归根结底是人才竞争。建设网络强国，没有一支优秀的人才队伍，没有人才创造力迸发、活力涌流，是难以成功的。念好了人才经，才能事半功倍。"③ 建设智慧社区是建设网络强国的重要组成部分，而目前绝大多数社区尤其是农村社区缺少互联网技术人才，需要采取措施鼓励一部分互联网技术人才到社区工作，或者为社区培养、培训相关人才。

① 习近平. 高举中国特色社会主义伟大旗帜 为全面建设社会主义现代化国家而团结奋斗——在中国共产党第二十次全国代表大会上的报告 [EB/OL]. (2022 - 10 - 25) [2022 - 11 - 17]. http://www. news. cn/politics/cpc20/2022 - 10/25/c_1129079429. htm.

② 新华社. 习近平在网信工作座谈会上的讲话全文发表 [EB/OL]. (2016 - 04 - 25) [2022 - 11 - 17]. https://www. chinanews. com. cn/gn/2016/04 - 25/7847543. shtml.

③ 同②.

第一章 社区工作方法在城市社区治理中的运用研究

——以深圳市南山区 H 社区为例

梁启浩[①]

《中共中央关于制定国民经济和社会发展第十四个五年规划和二〇三五年远景目标的建议》指出，要加强城乡社区治理和服务体系建设，加强基层社会治理队伍建设，构建网格化管理、精细化服务、信息化支撑、开放共享的基层管理服务平台。受城市化进程和市场化机制的影响，城市社区治理已成为社会发展建设的重要环节。城市社区作为解决社区矛盾问题和满足居民需求的逻辑起点和最终落脚点，是多元治理主体参与社区治理的基本场域。多元治理主体对社区公共事务的有效参与，不仅关系到社区治理水平的提高，也关系到城市和社会整体的可持续发展。如何推动多元主体有序参与城市社区治理，成为构建现代基层管理服务平台和创新社会治理模式的重要内容，本文将尝试从社区工作方法的角度探索这一问题。

一、本案例研究概述

（一）研究社区工作方法在城市社区治理中运用问题的背景和意义

1. 研究背景

2017 年 6 月，中共中央、国务院印发了《关于加强和完善城乡社区治理的意见》（以下简称《意见》）。《意见》旨在实现党领导下的政府治理和社会调节、居民自治的良性互动，全面提升城乡社区治理法治化、科学化、精细化水平和组织化程度，促进城乡社区治理体系和治理能力现代化。这为社区多元主体参与城市社区治理指明了前进方向和道路。

在习近平总书记对民政工作作出"加强党的建设，坚持改革创新，聚焦脱贫攻坚，聚焦特殊群体，聚焦群众关切，更好履行基本民生保障、基层社会治理、基本社会服

---

① 梁启浩，男，社会工作硕士，揭阳市民政局四级主任科员。

务等职责"的重要指示的背景下，2020 年 7 月广东省民政厅印发《广东省推进民政领域基层社会治理体系和治理能力现代化的若干措施》（以下简称《若干措施》），《若干措施》进一步丰富"三社联动"的内涵，着力构建民政领域"一核四社"城乡社区治理工作机制，即以党建为引领、城乡社区为载体、社会组织为纽带、社区工作者和社会工作人才为骨干、基本民生保障和基本社会服务为主要内容的城乡社区治理工作机制。《若干措施》明确了社工参与城市社区治理的具体任务：一是提升基本民生保障和基本社会服务水平，满足居民的基本需求和解决居民关切的社区问题；二是积极引导、培育和管理社会组织，使社会组织依法有序参与城市社区治理；三是引导和促进居民有序参与社区事务，防范和化解社区矛盾，助力建设和谐社区。

深圳市南山区政府积极探索社区治理新模式。从 2007 年开始，政府着力推进"一核多元"区域化党建，并于 2013 年确立了以社区综合党委为核心的"1 + 3 + N"社区治理结构，以此化解以往工作中"重"服务管理而"轻"民主自治，或"重"民主自治而"轻"服务管理等问题，从而实现政府治理、社会自我调节和居民自治的良性互动（陈家喜、林电锋，2015）。2016 年，南山区政府开始在各社区设置社区党群服务中心，将社区工作站、社区居委会以及社区服务中心整合起来，以"大党群服务中心"的概念整合各项社区治理工作。由此，社区工作者和社工紧紧依靠基层党组织开展社区行政工作和社区服务，更加突出基层党组织的作用，树立党的形象。

2. 研究意义

社会工作作为一门应用学科，具有较强的实践性。本文将社区工作方法的理论技巧与城市社区治理的专业实践结合起来研究，不仅丰富了城市社区的治理思路，还能对社会工作学科专业起到拓展的作用。社区工作方法在城市社区治理中的运用研究是较为新颖的领域，本研究能够丰富社区工作方法和城市社区治理的学术内涵，也能深化社工对参与城市社区治理和运用社区工作方法的认识。

为了实现基层社会治理体系和治理能力现代化的目标，社会工作介入城市社区治理已成为一种趋势，这意味着社工的专业角色将更加突出。然而，相当一部分社工对参与城市社区治理缺乏信心，具体表现为一种矛盾的心理：一方面他们抱怨在城市社区治理中难以体现社工的专业性，希望能够将社会工作理念、方法和技巧融入城市社区治理工作的方方面面；另一方面他们认为只有个案和小组工作方法才能凸显专业性，把社区工作方法简单化为"开展社区活动的方法"，从而未能意识到社区工作方法对解决城市社区治理问题的正向作用。

（二）相关概念和理论基础

1. 社区工作方法、城市社区治理和服务型治理
综合王思斌、夏建中等多位学者的研究，社区工作方法主要包括社区分析的方法、

建立专业工作关系的方法、社区人力资源开发的方法、社区组织的方法和社区动员的方法。社区分析的方法包括社区资料收集、社区问题及需求分析、社区动力及资源分析三个部分；建立专业工作关系的方法应用于介入式社区工作的初始阶段和探索阶段，其中最重要的是与社区群众接触，使他们建立起对社会工作机构和工作人员的信任，从而有利于社工顺利开展社区工作；社区人力资源开发的方法要求社工需要识别具有热心公益、善于交往、思想开放、乐于倾听等特质的社区居民，并对其开展技能培训，提升他们的领导能力；社区组织的方法是社工凝聚社区居民意识和社区力量的重要策略，它利用组织的形式，帮助社区居民提高参与社区事务的能力，代表并协调不同群体的利益，整合社区资源，解决社区问题，满足社区需要，推动社区发展（夏建中，2015）；社区动员的方法主要指社工通过动员社区居民、利用各种传播媒介、开展社区议事会议等方式促进社区多元主体参与社区事务的策略。

"城市社区治理"是"城市社区"和"社区治理"概念的统一。社区治理是指社区内多元相关主体彼此有着共同的目标，在遵守法律规定的前提下制定公约、资源交换、共享互动，从而有效共同管理与居民切身利益相关的公共事务的过程。社区治理是社会善治的一部分，由于社区掌握了关于社区成员行为、能力和需求的重要信息，因此社区能够解决某些个人、市场和政府不能解决的问题（BOWLES S、GINTIS H，2010）。城市社区治理的重点：一是社区治理的主体是多元化的；二是社区治理不仅是为了实现共同的目标，更是为了使各相关主体能力持续发展；三是社区治理的对象是与在社区内生活的每一个居民都息息相关的公共事务；四是社区治理权力运行是多方协调互动和有效反馈调适的过程（宋海霞，2018）。

服务型治理表现在四个方面：一是向困难群体和有需要的人群提供专业化服务，解决社会问题，促进社会秩序；二是通过政策性服务或第三方介入的方式参与解决社会矛盾和冲突，也可以通过多方沟通来协调政府、企业、社会组织与民众的关系，促进问题的良好解决；三是在充分了解政府现有政策和民众基本要求的基础上，通过可行性分析向政府部门提出新的政策建议，从而解决问题，促进善治；四是秉持专业价值观从事社会服务，既能反映民意，也可以形成行业自律，进而形成社会工作领域的自我治理（王思斌，2014）。

2. 多中心治理理论、社会系统理论及其在本文中的应用

"多中心治理理论"包含三个主要观点：其一，治理主体应是多元化的。各级政府及其派生机构、私人组织、社会组织及公民个人等都应是治理主体，特别强调社会组织在治理公共事务和提供公共服务中的积极作用。其二，公共物品供给应是多元化的。如果公共产品由政府这个单一主体来提供，不仅会导致公共产品供给单一，无法满足人们的多元化需求，而且还会导致政府权力寻租、效率低下等不良后果。同样地，如果公共产品仅依靠市场来提供，不仅会由于市场的"成本－效率"模式而导致公共产

品供给不足，还会导致公共产品缺失公共性。其三，政府要转变治理模式。多中心治理理论反对政府成为公共事务和公共产品的唯一提供者，但是并不主张政府从该领域退出，而是主张政府要转变单一提供者的角色和单一的治理方式，从而取得更好的治理效果（刘红、张洪雨、王娟，2018）。多中心治理理论强调社会组织参与社区治理的重要性，为社会工作机构和社会工作服务中心参与社区治理提供理论支持，同时，在多中心治理理论视角下，社区治理多元主体将更加明确，社工可以有的放矢地运用专业工作方法，帮助多元主体厘清其在社区治理中的责任，更好地联结多元主体共同实现治理目标。值得注意的是，多中心治理理论产生于西方国家，将它运用到中国时，必然由于国情的不同而产生局限性。与西方国家不同，我国的城市社区治理要强调执政党的权威和政府的主导地位，这样才能保证城市社区治理能够持续朝着积极的方向发展。本研究将以多中心治理理论视角了解 H 社区治理中多元主体的参与情况，以及分析社区工作方法对多元主体参与社区治理的影响。

社会系统理论为我们理解和研究社区问题至少作出三个贡献：社区是一个互动领域、社区是一个宏观控制系统、社区是一种水平与垂直的模式。在系统理论的视角下，任何一项社区治理议题都可能牵涉到处于社区互动领域中的每一个主体，治理主体解决和满足某项社区问题和需求可能需要调整社区控制系统。因此，社工不仅要使用社会系统理论充分认识和分析该社区的总体情况和动态特征，还要整合社区工作方法，在参与社区治理的过程中促使社区工作方法的行动过程构成一个系统，以实现社区治理的各项目标。本研究将以社会系统理论视角分析社区工作方法的具体运用过程，了解 H 社区治理的成效和不足，提出相应的对策，以此探索多元主体参与城市社区治理的实践模式。

（三）研究方法和研究内容

1. 研究方法

（1）个案研究法

本文使用个案研究法，选择深圳市南山区 H 社区治理实践作为个案。其中案例选取主要考虑以下三点：第一，H 社区具有典型性和特殊性；第二，H 社区治理取得一定的成果，同时也存在一定的不足；第三，得益于工作上的便利和优势，H 社区的调研资料易于查找和收集。笔者通过与社区工作人员、社工、社区志愿者骨干、社区居民等不同层次的社区治理主体进行互动，收集 H 社区过往的服务记录存档，最终整理出大量访谈资料以及相关服务记录，为社区工作方法在城市社区治理中的运用研究提供更有力的事实支撑。

（2）文献法

笔者通过阅读文献的形式，了解现有关于社区工作方法的运用和城市社区治理的研究成果。在中国知网（CNKI）的 2013—2022 年的时间段，笔者以"城市社区治理"并含"社会工作"、"社区工作方法运用"和"社区工作方法"并含"社区治理"为主题，进行文献搜索，分别搜索到 442 条、114 条和 25 条结果（见表 1 - 1）。从搜索的时间来看，近年来随着社会工作专业不断发展，社会工作参与城市社区治理越来越受到社会工作学界与业界的关注，相关研究成果也逐年增多，但鲜有学者探讨社区工作方法与城市社区治理间的关系。通过对近 10 年研究成果的梳理，笔者发现学者们针对社会工作参与城市社区治理的研究主要采用文献研究法、比较研究法、个案研究法等研究方法，围绕社区治理的基础理论、结构、模式、创新以及社区居民参与等内容进行研究，取得了丰硕的研究成果。

表 1 - 1　2013—2022 年相关主题的研究进展

年份	主题词		
	"城市社区治理"并含"社会工作"	"社区工作方法运用"	"社区工作方法"并含"社区治理"
2013	13	4	0
2014	8	11	1
2015	27	17	1
2016	29	15	2
2017	50	25	5
2018	43	8	0
2019	67	10	5
2020	69	10	6
2021	62	11	4
2022	74	3	1
合计	442	114	25

另外，笔者收集了 H 社区社会工作服务购买项目的相关资料，其中包括中长期规划、2018—2019 年度居民调研报告、2018—2019 年度工作计划、2018—2019 年度工作总结、2018—2019 年度评估报告、H 社区"同心筑梦"社会组织扶持与共治计划项目书等相关资料。笔者通过对 H 社区存档服务资料的整理和分析，结合访谈和观察，进一步了解社区治理成果以及存在的问题，然后在此基础上形成 H 社区运用社区工作方法的经验总结。

（3）访谈法

本研究主要采取半结构式访谈法，笔者根据受访者身份、访谈地点、访谈时间地点等不同因素调整并最终拟定访谈提纲，以达到理想的资料收集效果。笔者通过访谈社区工作人员、社工、社区骨干、社区志愿者和社区居民获得所需资料，有助于深入了解 H 社区的治理状况，评估治理的成效和不足。具体访谈对象见表 1-2：

表 1-2　访谈对象信息①

访谈对象	性别	类型	职务/身份
A1	女	社区工作人员	社区工作站人员
A2	男	社区工作人员	社区工作站人员
A3	女	社区工作人员	社区工作站人员
B1	女	社工	副总干事
B2	女	社工	督导服务部总监
B3	男	社工	中心主管
B4	女	社工	一线社工
B5	女	社工	一线社工
C1	女	社区居民	社会组织负责人
C2	女	社区居民	社会组织负责人
C3	女	社区居民	社会组织负责人
C4	女	社区居民	社会组织负责人
C5	女	社区居民	志愿者
C6	男	社区居民	志愿者
C7	女	社区居民	业委会成员
C8	男	社区居民	—
C9	女	社区居民	—
C10	男	社区居民	—

2. 研究内容

（1）研究问题

城市社区治理范畴较大，因而本文主要通过对社会工作实务的研究，从解决城市社区问题、满足城市社区居民需求和促进城市社区发展这三个方面讨论城市社区治理，着重分析社区工作方法在这三个方面的运用情况及完善对策。本研究旨在明确以下问题：一是社工如何运用社区工作方法参与 H 社区治理；二是社区工作方法如何促进城市社区治理发展；三是分析社区工作方法如何应用于城市社区治理实践的过程；四是 H 社区社工运用社区工作方法参与城市社区治理有哪些成效和不足。

（2）研究目的

本研究的主要目的是分析和总结社工运用社区工作方法参与社区治理的经验，为其他社工提供技巧和方法以借鉴，使其更好地实现社区善治。具体目的如下：第一，

---

① A 代表社区工作人员，B 代表社工，C 代表社区居民。

笔者研究 H 社区治理现状，深入了解多元主体参与社区治理的情况，分析 H 社区治理中存在的问题，进一步探索 H 社区治理现存问题的原因；第二，笔者通过展现社工参与社区治理的实践内容，总结社工运用社区工作方法的成效和不足；第三，笔者从社区治理应用的角度针对社区工作方法的不足提出相应的完善对策，使社区工作方法在城市社区治理实践中能够发挥更好的作用，为其他社工介入城市社区治理工作提供更有效的专业工具。

（3）研究思路

笔者以一线社工的身份进入深圳市南山区 N 社会工作机构工作，通过深入访谈和文献资料分析的方法了解到 H 社区背景、社区治理工作内容以及社区工作方法在 H 社区治理中的运用过程。在此基础上，笔者运用多中心治理理论和社会系统理论研究 H 社区治理的工作内容，分析社区治理成效，总结社区工作方法的不足，以此结合 H 社区治理实践，针对社区工作方法的不足提出相应完善对策，最后进一步提炼出多元主体参与城市社区治理的实践模式。本文的研究思路如图 1-1 所示。

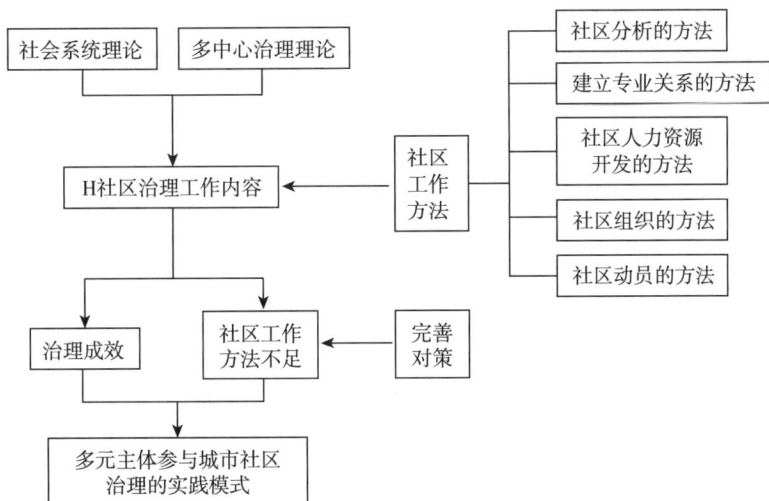

图 1-1 研究思路

二、社区工作方法在城市社区治理中运用的必要性和可行性

（一）必要性分析

1. 城市社区治理相关政策的新变化

城市社区治理相关政策的新变化不仅意味着党和政府对城市社区治理工作提出了更高的要求，还意味着社工需要革新治理理念，发挥专业能力，运用社区工作方法等专业手段改善城市社区治理状况。2020 年 8 月，广东省民政厅印发《广东省推进民政领域基层社会治理体系和治理能力现代化的若干措施》，从基层党组织的政治引领、城

乡社区治理、社会组织、社工、基本民生保障和基本社会服务、民政领域基层社会治理基础、保障措施7个方面，提出19条创新举措。这更加强调社工的专业角色，发挥社工在提升基层民政服务水平、打通服务群众"最后一米"的积极影响力。

2. 城市社区治理工作的特征和难点

社区治理工作有多方面的特征：一是直接性。为了更好地实现社区治理目标，社区居民之间、社区治理主体之间，以及居民与社区各类组织之间都需要做到面对面的沟通交流。然而在社区治理实践中，部分治理主体之间的沟通渠道往往并不顺畅，因此社工需要运用社区工作方法，搭建各治理主体之间的沟通桥梁，实现双方无障碍的交流互动。二是服务性。多元主体介入社区治理，通过合作、参与、扶持，充分满足居民日常生活需要，从而减少对政府提供服务的过度依赖。社工需要运用社区工作方法，通过开展社区资源分析、与社区党委和社区企业建立专业关系、培育社会组织、链接和整合多方资源等多种方式，尽可能满足社区居民服务需求，特别是社区困难群体的兜底性需求。三是整体性。社区治理既包含社区组织为居民生活提供的服务，也包含各社区治理主体之间的互动与资源整合。社区治理多元主体形成一个相互联系的系统和整体，如果一个方面出现问题，就要影响到其他方面或环节，牵一发而动全身。因此社工需要动员多元主体服从社区党委的统一领导，协同参与社区治理，摸索出以社区党委为核心的社区治理实践模式，以充分协商和有序行动的方式避免多元主体出现社区参与问题。四是地域性。具体地域形成的文化、风俗、习惯会渗入社区，影响治理效能。社工运用社区工作方法参与社区治理，首先要了解社区地域的经济、政治、文化、人口等因素，以此制定进一步的介入策略；其次直接与其他社区治理主体接触，特别注重与社区党组织和社区居民的沟通交流，建立互信，再次向社区居民特别是社区困难群体提供优质服务；最后整合各方资源，形成社区治理多元主体共同参与的治理体系。

由于经济和文化的高速发展，城市社区常处于革新变化的状态，随之催生了较为复杂的社区问题和多元化的社区需求。这些社区问题和需求通常牵涉社区内多个利益主体，因而解决问题和满足需求都需要调动社区治理多元主体的积极性，使他们在一定的制度规范下有序商议社区事务，实现社区治理目标。因此，应对城市社区治理中的社会组织供给能力有限、社区居民人际关系淡漠、社区认同感缺失、社区参与缺乏、社区共识难以达成等"失灵问题"，社工需要运用专业社会工作方法尤其是社区工作方法，通过社区分析、建立专业关系、社区人力资源开发、社区组织和社区动员，突破市场或政府的"单一力量"，积极培育社会组织，动员社区居民参与社区治理，循序渐进地联结社区治理多元主体，完善社区治理体系，推动建立社区治理多元主体参与治理实践模式。

3. 社会工作已然深度参与城市社区治理

深圳市社会工作行业发展迅速，已然深度参与城市社区治理。从宏观层面看，深圳市社会工作正处于迈向全面辐射与"大民政服务"的互构性嵌入阶段。借助深圳"社会建设"的新政改革，社工开始参与政府购买的"民生微实事"项目，以全面回应民生问题，持续提升居民的生活质量，从而实现对深圳"社会建设"相关的社会服务领域深度嵌入。在深圳社会工作发展的 14 年间，社会工作行业取得了令人可喜的发展成绩：一是政府在财政、物资、政策方面对社会工作行业的支持力度不断增加；二是社会工作专业化发展迅速，有效构建了社工职业体系；三是社会工作人才队伍不断壮大，服务范围和规模逐步扩大，服务影响力逐步提升，一大批党群服务中心公益项目和特色项目得到了政府部门、企业、基金会资助；四是社会工作参与社区治理服务成效显著，在社会治理、社会建设领域发挥重要的作用，获得了社区利益相关方的高度评价（李晓凤、孙惟博，2017）。从微观层面看，社工长期扎根于社区，熟悉社区基本情况，对社区问题和社区居民需求都有较深入的了解。他们通过长期的服务和互动已经建立起与社区党委、社区工作站、社区居委会、社会组织、社区居民等社区治理多元主体的专业关系。作为社区治理过程中的重要参与主体，社工亟须在社区治理中发挥专业特长，以社区工作方法推动社区善治。

（二）可行性分析

1. 工作对象的一致性

社区工作和社区治理的工作对象有着高度的一致性。社区治理的主要工作对象是整个社区范围内的公共事务，涉及社区内的利益相关方。社区工作针对不同类型的社区，工作重点有所不同：从地域性来看，社区工作的工作对象是社区中的每个居民；从功能性来看，社区工作的工作对象是社区内群体性的问题或社区居民所关注的共同事务（徐永祥，2014）。随着社会发展，社区问题和需求日益复杂，社区治理更加强调多元主体参与，原有的社区管理方法亟须具有针对性和专业性的工作方法加以调整，而社区工作的方法对原有的社区治理工作能起到有效的补充和完善作用。

2. 目标价值的相似性

社区治理的目标是厘清政府、市场、社会之间的利益关系，充分发挥三者公平合理配置资源的作用，从而有效解放原有体制机制的束缚，激发社区自我管理、自我服务、自我教育和自我监督的活力，形成不同社会主体平等参与、包容开放、沟通协商、公平竞争、合作共赢的社区治理新格局（李晓壮，2015）。社区工作的目标包括激发居民潜能、提升居民意识、促进居民参与社区事务以改善生活素质、加强居民对社区的归属感、善用社区资源，从而满足社区需求、改进社区关系、培养相互关怀及社区照顾的美德（徐永祥，2014）。社区治理和社区工作的目标价值都是提升社区参与主体的能力，整合社区资源，以满足社区需求、解决社区问题、实现共建共享的社区治理格局。

3. 工作内容的重叠性

社区治理的主要工作内容是社区治理多元主体协同联动，针对社区议题，通过社区议事会进行民主讨论协商，解决社区问题和满足社区需求。社区工作的主要工作内容是综合运用个案、小组、社区等多种专业工作方法，整合多方社区资源，一方面解决和满足一些特定的社区问题和居民需求，另一方面发掘和培育社区骨干，建立社区内不同群体的合作关系，以增强社区居民解决问题的能力、信心和技巧。社区工作和社区治理的工作内容具有很强的联系性和交叉性。

三、深圳市南山区 H 社区的治理现状及存在的困境

（一）H 社区基本概况及治理现状

H 社区是一个以居住型商品房小区为主体、商圈和校区为两翼的混合型居住社区，有近 2000 家大中小型企业，7 处在建工地。H 社区内共有家庭 9400 余户，44599 人，包括妇女 12252 人，儿童 7629 人，青少年 9321 人，60 岁及以上的老人 5206 人（75 岁及以上的高龄老人 359 人），残障人士 63 人，党员 610 余人。社区居民生活水平、文化水平和经济收入水平普遍较高。

H 社区现有社区党委和 7 个党支部，主要负责社区内的党务工作。社区工作站是政府在社区的服务平台，受市、区和街道的相关部门领导，主要协助、配合政府及其工作部门在社区开展工作，具有信访信息调解、市政管理、维稳综治、企业服务等功能。社区居委会是社区自治组织，主要商议并决定社区的各项建设、公共设施完善、民生微实事项目招标等事项，其组织架构成员分别是主任、委员和民政专职人员，其中民政专职人员负责与社区党群服务中心沟通工作。H 社区原有的社区组织是老年协会，主要负责举办健康知识讲座、文娱表演和外出游玩活动，使社区长者获得关怀、支持和发展，社区老年协会下设舞蹈队、歌唱团、书法会等 17 支文娱队伍，以强化社区文化建设，丰富老年人生活。

在社区治理的实践中，H 社区积极响应南山区的各项社区治理改革政策。首先，H 社区推行"议行分设"，由此将社区居委会的行政职能剥离，使社区居委会更加专注于推动社区多元主体参与社区事务，更好地实现基层民主自治；其次，H 社区实行社区网格化管理，将社区治理责任具体落实到每一名社区工作人员身上，推动社区工作人员和社区资源下沉，助力社区问题的解决，实现"小事不出网格，大事不出社区"的目标；最后，H 社区通过项目投标购买了 N 机构的社会工作专业服务，借助社会工作专业力量补充社区治理短板、解决社区问题和满足社区需求。新时代下，H 社区将逐步构建起以党建为引领、社区为载体、社会组织为纽带、社区工作者和社会工作人才为骨干、基本民生保障和基本社会服务为主要内容的"一核四社"社区治理工作机制，

更好地实现社区善治。

（二）H 社区党群服务中心概况

1. 组织性质及发展历程

H 社区党群服务中心是接受市、区民政部门，街道党工委和社会事务科，社区党委等相关部门或组织的领导以及深圳市社工协会监督，由 N 社工机构负责运营、社区工作站负责直接管理的社区综合服务平台。H 社区党群服务中心以专业社工为主体，依托社区内外各类资源，向全体居民特别是困难人群提供专业服务，满足服务对象的生活发展需求，促进各类社区主体共同参与社区事务。

2. 人员配置和分工

党群服务中心采用"4＋2"的人员构成模式，即 1 名中心主管（负责部分社区服务）、3 名一线社工和 2 名社区辅助人员。社会工作机构上级督导定期对党群服务中心工作团队开展行政性、教育性、支持性的个人督导和团体督导。党群服务中心人员分工明确，各司其职。中心主任主要负责社区党群服务中心整体工作安排、对外沟通交流、管理工作人员、汇报工作、协调各利益相关方以及为党群服务中心链接资源。一线社工主要负责细分服务领域的专业服务，完成规定的服务指标量和承接外部服务项目。社区辅助人员负责协助社工开展社区服务，做好日常的行政工作。

3. 主要职责和服务内容

按照《深圳市社区党群服务中心政府购买项目服务标准》的要求，社工采取"5＋1＋2"的服务模式，即开展 5 大项基础公共服务、1 项特色公共服务项目及 2 项外部合作类项目。社工结合 H 社区的整体特征、发展现状和需求调研结果，设计年度服务计划，具体化服务内容及目标，为社区儿童、青少年、妇女、志愿者、残疾人、困难家庭以及企业职员等群体提供专业服务，从而解决社区问题，满足社区居民需求，促进社区居民参与，提高社区自助互助水平。党群服务中心还承接外部合作类服务项目和特色公共服务项目，如深圳市社工协会的社区药品安全网络建设工程项目、南山区社工协会的交通安全进社区服务项目、社区民生微实事项目、同心筑梦社会组织扶持与共治计划等。

（三）H 社区治理存在的困境

1. 社区矛盾不断累积

社区矛盾反映了多元主体围绕社区问题的不同利益诉求，如果居民需求长期得不到满足，社区问题长时间悬而未决，社区矛盾就会不断累积，可能会影响社区的和谐稳定。H 社区存在不少公共问题，其中比较典型的是 Y 小区的电梯改造争议和 X 小区的停车位分配难题。由于 Y 小区旧电梯多次出现困梯和滑落故障，居民们都有更换电梯的需求，但原物业管理公司不作为、新组建的业委会和小区党支部经验不足、居民之间意见不统一等情况都成为拖延小区电梯改造工程的因素。面对这个难题，社区党委、社工、法院、老年协会都积极介入，虽然矛盾有所缓解，但仍无法使矛盾双方达成共识，截至 2019 年底，更换电梯的工程依旧难以有实质性的进展。2020 年后，通过多方治理主体积极介入，老旧电梯已经完成改造。相比起 Y 小区，X 小区围绕停车位问题产生的矛盾更加尖锐，一部分业主通过封堵停车场出入口等过激方式宣泄不满。为了防止矛盾冲突持续发酵，社区党委书记联合社工，邀请矛盾双方代表、业委会代表、物业管理公司代表、社区党支部书记一起开展议事会。经过多方共同努力，各方代表达成了一个折中的方案，同时物业管理公司承诺将持续清理停车场里的"僵尸车"，为新旧业主腾出更多停车位，尽管停车位分配矛盾得到了一定程度上的缓解，但不能从根本上解决问题。

2. 多元化的居民需求难以得到满足

H 社区是一个以居住型小区为主体、商圈和校区为两翼的混合型居住社区。社区主要服务对象大致可分为儿童、青少年、妇女、老年人、残疾人、企业职工、建筑工人等，不同的服务群体各有其个别化的服务需求：儿童和青少年希望参与文体类和兴趣类活动；妇女希望参与亲子互动、形体塑造、社区参与、志愿服务等活动；老年人群体希望参与社区文体康娱活动，获得健康管理咨询服务；残疾人群体希望获得优质康复服务资源；企业职工和建筑工人希望获得法律援助、劳资纠纷调解服务和心理调适服务。服务型治理要求包括社工在内的治理主体通过服务来参与社区治理，并在社区治理过程中不断完善服务，显然仅靠社区服务中心提供服务无法满足多元化的居民需求。

3. 社区治理多元主体无序参与社区事务

社区治理是一个系统工程，需要社区治理多元主体共同参与，但无序、混乱的社区参与不仅违背了共治共享的理念，还无益于社区实现善治。一方面，社区党委、社区工作站、党群服务中心和社区组织秉持不同的参与理念和行动策略。因而这些治理主体或是使用同质性的应对措施处理问题，或是推行各项治理措施之前缺乏统筹，最终导致效率低下和资源浪费。例如，为了改善 G 小区的不文明养宠物的状况，社区治理多元主体曾采取一系列行动：社区党委和社区工作站开展数次大型文明养宠宣传活动、志愿服务队自发纠察小区不文明养宠物行为、物业管理公司建立捕抓队……在轮番展开的社区治理行动下，G 小区的不文明养宠物行为确实一度减少，但好景不长，由于缺乏多元主体联动和长效机制保障，多元主体密集介入所取得的治理成效烟消云散，不文明养宠物行为死灰复燃。另一方面，社区居民参与社区治理带有一定的自发性和随意性，他们的决策选择和参与偏好容易导致低效、盲目、无序甚至混乱，因此社区居民在应对社区治理难题时容易出现意见不统一、利益难以协调、群治效率低下等问题。正是小区居民只考虑自身的参与偏好，形成多个意见相左的群体，彼此互不妥协，才导致 Y 小区的电梯更换工程一再拖延，社区矛盾不断累积。

前段时间小区铺天盖地都是养狗养猫的宣传活动。我是不养（宠物）的，不过我也图个热闹，以志愿者身份参加了其中一个活动。现场很热闹，我负责发放礼品，感觉有不少居民参加。活动比较多的那段时间（不文明养宠物行为）确实好了很多，路上狗的粪便少了，更多居民在遛狗时拴狗绳了。后来活动结束了，估计大家热乎劲也过了，狗的粪便就开始多了起来，小区又出现了没拴绳的宠物狗，真的挺反感这些不文明的居民。（C5）

不得不说啊，这个换电梯的事是真的难，开个会商量吧，你一句我一句，一下说这个（电梯）牌子应该越贵越好，一下又说要兼顾性价比，需要弄一个招标会，谁都想说服对方，就是不肯让步。这换电梯可是要花不少钱，没有全体业主达成一致，根本就没办法开展工作。你看，换电梯这件事前年就开始筹备了，到现在还在扯皮，不知道他们（居民）图什么。（A2）

（四）H 社区治理存在困境的原因分析

1. 原子化的居民难以达成共识

原子化的社区居民或是坚持主张个人利益，拒绝妥协，或是不关注公共利益和公共事务，他们缺乏认同感和凝聚力，既难以达成治理共识，又无法组成社区治理共同体。以往 H 社区居民常常处于原子化的状态，原有的社区组织和治理制度都不能很好地凝聚社区居民。一方面，H 社区大部分居民的文化水平和经济收入水平较高，普遍具有较强的个人维权意识，所以当社区的居民小区内发生矛盾的时候，社区居民为了维护自己的权益，会与持不同意见的其他居民产生矛盾，影响社区的稳定；另一方面，H 社区有约 2000 家大中小型企业和 7 处在建工地，其中有超 10 万名企业员工和 3000 余名建筑工人。这些企业员工和建筑工人工作繁忙，没有时间和精力参与社区服务，对公共利益及公共事务缺乏关注，更谈不上参与社区治理。通过梳理 H 社区存在的社区矛盾，不难发现社区居民在治理理念、治理程序、治理责任、利益分配等方面存在一定的分歧，社区居民缺乏治理共识已经成为实现社区善治的"绊脚石"。

2. 社区组织发展缓慢

2018 年以前，H 社区的党组织、自治组织以及服务组织发展较为迟缓，这给 H 社区治理带来一定的困难。第一，小区党支部影响力有限。基层党组织是基层社区治理的关键，也是国家权力介入社区治理的合理途径。在社区治理居民参与度不足且难以形成独立自治体系的情况下，基层党组织肩负着发展和调控的双重作用。2018 年，为了贯彻党建引领的治理理念和应对日益复杂的社区治理事务，H 社区党委开始在四个有条件的住宅小区组建小区党支部，以期通过小区党支部凝聚社区力量，为开展社区治理工作提供有力抓手。然而新建立的小区党支部的硬件和软件还需要完善，尚未形成面向党员群众和普通居民的品牌服务，因此小区党支部在小区党员和居民中的影响力有限。第二，小区原有业主委员会管理混乱，存在工作不畅、协调不通、发育不良的状况。受制于业主自身的管理能力、参与意识、专业水平以及外部条件等因素，Y小区原有的业主委员会内部管理混乱，既未能提供扩大业主的参与空间和社区自主权的机会和平台，又未能有效地整合各方业主的利益诉求，使其自治功能充分发挥。面对小区的电梯故障问题，原有业主委员会没有讨论制定出新的应对策略，不仅耽误了小区电梯改造工程，还间接激化了小区住户间的矛盾。第三，社区服务组织数量不足、服务类型单一。H小区仅有社区党群服务中心和老年协会能够向社区居民提供服务，其中党群服务中心只配备6名社工，党群服务中心的直接服务难以满足H社区所有居民的需求；老年协会主要通过组织社区老年人参与健康娱乐活动，其开展的服务难以惠及其他居民群体。

以前业委会没有一点作用，原本代表我们业主去搞定电梯那摊子事，结果磨磨蹭蹭，弄了大半年都没进展，最后还是得我们自己管。你说说看，这样的业委会能代表我们业主吗？我们能放心把事情交给他们处理吗？（C9）

以前小区就只有一个老协，办的都是他们老年人的活动，我们没法参加。其实小区里的家庭妇女和小朋友也想参加一些适合自己年龄段的活动，但是都没有其他组织来办这些活动，社工开展的活动名额又太少了，很难报名成功。（C1）

3. 社区党委沿用原有社区管理模式

H社区出现治理矛盾时，社区党委通常会联动社区工作站积极介入，使矛盾双方停止争吵，然后根据以往的经验和判断，提出一套折中的解决方案，以满足或解决矛盾双方的部分需求或部分焦点问题。这种社区管理模式兼顾了效率和效果，有一定的积极作用，但它也有三个弊端：一是原有社区管理模式会增加社区党委的工作量和工作压力。原有的社区管理思路使社区党委成为"消防员"，需要亲力亲为去处理社区的各种问题和矛盾，这个过程无疑会消耗大量时间和精力，带来了较大的基层治理压力。二是原有社区管理模式未必能得出社区问题的最优解。社区问题的利益相关方不一定对社区党委提出的折中方案都满意，这样就使得社区党委处于一个"吃力不讨好"的尴尬位置，长此以往可能会削弱社区党委在社区治理中的核心引领地位。三是原有社区管理模式通常更关注缓和矛盾而非解决深层次问题。在"稳定压倒一切"的管理理念下，社区党委更聚焦当前最紧急的问题和需求，将解决和满足这些焦点问题和需求作为首要的工作目标，这样虽然可以在短时间内取得较明显的成效，但焦点问题和需求背后的根源没有得到解决，由此引发的社区矛盾可能会以其他方式继续呈现，社区党委积极介入也只能"按下葫芦浮起瓢"，还可能因此陷入"出现问题—矛盾升级—党委介入—矛盾缓解—出现问题"的无休止循环。

4. 社区治理多元主体间协同联动不足

社区协同治理体现为社区内外多元主体基于共同的治理目标，在提供社区公共事务的管理和社区服务的过程中形成合力，以协同合作的方式开展社区建设、参与社区治理，最终实现社区善治。H 社区治理主体的参与积极性较高，以 G 小区的文明养宠物议题为例，社区党委和社区工作站链接训狗师等资源，开展数次文明养宠物活动；社工开展外展游园等活动倡导文明养宠物；物业管理公司设置宠物捕抓队，处理宠物丢失和流浪犬问题；小区居民自发组成巡查队，发现并制止不文明养宠物行为……G 小区的治理主体都在以各自的方式参与社区治理，但各治理主体之间缺乏沟通交流、信息共享和行动统筹，未能形成社区治理合力。社区治理多元主体根据有限的信息设计和执行服务方案，难免会造成服务内容同质化、服务时间重叠等问题，导致资源浪费和效率低下。

前年我们就开始介入小区不文明养宠物行为，开展了很多场活动，同时社区党委和社区工作站、G 小区物业、居民都参与进来，所以那段时间活动很多很火热，确实取得了不错的效果。不过没过多久，社区好像又出现那种不文明的养宠物行为，后来我们分析，可能是因为我们基本都是各干各的，没有形成合力，也没有统筹形成一个长效的工作机制。（B5）

刚开始的时候，我们就是几个老人自发地去巡逻，基本上就是看到哪就是哪，只能管住自己看到的不文明养宠物行为。我们当时也没有像现在这么多的支持，特别是没活动经费，很多东西都是我们自掏腰包买的，或者自己动手做的，只能说当时还没有想到跟社区这边合作，影响力也比较有限。（C4）

四、社区工作方法在 H 社区治理中的运用实践

（一）运用社区分析的方法了解社区状况

1. 社区问题及需求分析

通过采用问卷调查、访谈、焦点小组等方式开展分领域的调研和分析，社工发现 H 社区存在以下的问题和需求：其一，社区问题主要包括家庭矛盾、邻里纠纷、停车位供需矛盾、不文明养宠物扰民、基础设施陈旧等问题。其二，儿童、青少年、妇女家庭、老年人、残疾人、企业职工等服务群体各有不同的服务需求。社区儿童和青少年希望参与志愿服务、心理调适、文体锻炼、兴趣培养等服务活动；社区妇女希望参与形体塑造、亲职能力提升、亲子关系促进的服务活动；老年人希望获得健康知识咨询、文体康娱服务以及居家养老优质服务资源；社区残疾人希望获得治疗康复和经济补助；企业职工和建筑工人希望获得法律援助和劳资纠纷调解服务，保障自身的合法权益。其三，基层党组织、居委会、工作站、社会组织、物业管理公司、社区企业等

社区组织也存在多样化的需求：社区党委希望加强社区党建工作，培养一支社区党委领导下的社区治理队伍，协助社区党委解决社区问题，满足社区需求；部分社区企业表示愿意履行企业社会责任，为社区公益事业提供资金、物资和人力支持，同时希望获得企业党支部建设指导和员工心理关爱服务；社区老协希望组织转型，提升服务策划和执行的能力，从服务接受者转变成服务输出者，为社区老年人提供更多服务，在社区事务中发挥更多作用。

2. 社区动力分析

社区动力主要是指可以对社区发展起积极推进作用的力量，社工从社区体系和社区互动两方面开展社区动力分析，获得较为全面且准确的动力网络，为设计计划方案和组织服务活动打下坚实的基础。

社工首先开展社区体系分析。H 社区有五类社区体系，包含以社区党委和各党支部为代表的基层党组织、以社区工作站和党群服务中心为代表的基层行政和服务组织、以老年协会和 N 社工机构为代表的社会组织、以物业管理公司和社区企业为代表的商业组织、以社区居民骨干为代表的居民群众。基层党组织领导班子经由社区党员民主选举产生，统筹引领社区的各项工作。H 社区党委书记热心社区事务，做事雷厉风行，敢于接受新事物，积极支持社区的建设发展，深受社区居民的爱戴；基层行政和服务组织需要落实党和政府的政策方针，为社区居民服务。社区工作站主要负责辖区行政工作，承接"民生微实事"项目或街道相关部门的任务，开展社区服务；而党群服务中心是由政府统一购买、社会工作机构运营的服务组织，其主要通过专业服务满足社区居民需求，解决社区问题；社会组织是社区服务的重要提供者。作为基层行政和服务组织的"帮手"，社会组织既能扩大服务范围，拓展服务人群，又能提供社区缺乏的专业性服务；商业组织通过出售服务和提供资源，参与社区事务，从而达到巩固自身商业地位、营造正面的企业形象、获得持续的营业收入等目标；社区居民是社区治理的重要参与主体，也是社区善治的最大受益者。社区骨干作为社区居民中的行动骨干和能力突出者，能够有效凝聚社区居民，使社区居民形成合力，实现共治共享。

在对 H 社区体系形成初步认识的基础上，社工运用社会交换理论分析社区体系之间的互动，了解 H 社区内不同体系之间的实际状况，进而摸清社工可以利用和发展的关系和动力，以便有针对性地整合社区资源，推进 H 社区治理工作。基层党组织与基层行政服务组织、社会组织是授权式关系，社区党委领导社区居委会、社区工作站、党群服务中心、社区党支部和社会组织，为这些组织开展工作提供支持；基层行政服务组织与社会组织是联合组织关系，双方为了互相利用资源，扩大影响力，通常会结为联盟，选择在互惠交换的基础上保持合作关系，共同为社区居民服务；商业组织一般与其他四类社区体系保持交换关系。为了实现利益最大化，以交换关系连接的社区体系一般按各自的需要和动机相互分享资源和影响力，从而满足自身的需要；社区居民内部存在一些信念和价值立场的分歧，他们在参与社区事务时可能会形成对立的关系。

3. 社区资源分析

为了实现社区治理的目标，社工会分析 H 社区的资源，发挥 H 社区的区位优势和人力优势。社工先借助"心智图"（如图 1-2 所示）盘点 H 社区已有或潜在的物质资源、文化资源、人力资源以及组织资源，从而快速了解所在社区状况，掌握多类型、多层次资源用以保障服务中心持续运转和服务活动持续开展。社工通过画心智图，清晰地梳理出社区资源脉络，从而便于进一步分析社区资源的优势与不足。

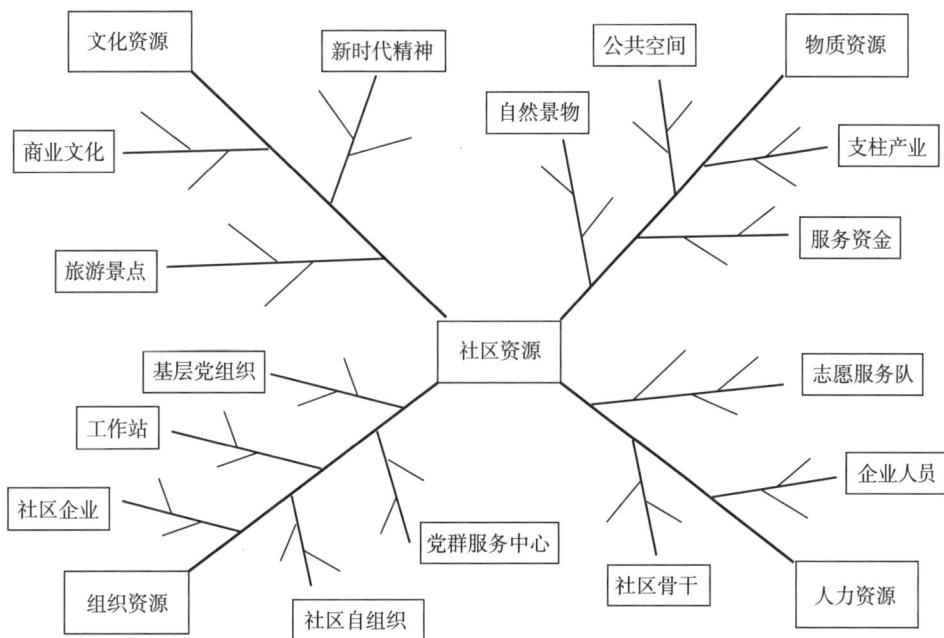

图 1-2　H 社区资源的心智图分析

社工通过心智图分析已经基本了解所在社区的资源状况，但仅凭社工分析形成的社区资源分析结果不一定反映社区真实资源状况，因而还需要不断丰富已有分析结果。首先，社工与社区治理多元主体充分讨论资源分析报告，不断丰富、完善和更新各资源分支下的具体社区资源，使资源分析报告更接近社区实际状况。其次，在掌握社区真实资源状况后，社工会在实践中不断评估社区资源的丰富程度，而评估的主要标准是社区资源与社区需求的匹配度，以及社区资源的归属或管理主体的多样性。

（二）运用建立专业关系的方法融入社区

社工根据社区动力分析和资源分析结果，以优质的服务赢得社区居民信任进而建立专业关系，同时以合作互惠的方式与社区其他组织建立专业关系，形成促进多方合作的"最大公约数"。

1. 接触社区多元主体

社工进驻 H 社区后，通过社区漫步、上门拜访、户外宣传等多种方式接触社区居民，以增加对居民和社区的了解，便于制订计划和开展工作，也为进一步建立关系打好基础。接触社区治理多元主体时，社工会根据组织性质和利害关系有所侧重：首先，社工与 N 机构负责人一同拜访街道分管领导，向领导述职，汇报接下来的工作计划和工作重点；其次，社工与上级督导一同拜访社区党委书记和工作站领导，了解他们对社区治理的期待，请求他们支持和协助初次上门走访工作，逐步建立工作联系；最后，社工通过工作日程计划，逐步与社区其他主体接触，促进相互了解，建立专业联系。

我们很重视与购买方和主管单位的关系，一般每年我都会带着中心主管去拜访这些领导，听听他们对过去一年工作的评价和对新一年工作的期待，这点很重要。另外，一些重大的节日我们也会送上一些过节礼品来联络双方感情。（B2）

2. 介入社区工作

（1）与社区居民建立专业关系

张欢和褚勇强（2015）通过实证研究进一步证明了优质的社区服务与社区居民参与度之间的正相关关系。社区居民对所需要的社区服务感到满意，会增加他们对社区服务的关注度，为了维持和改善社区生活，社区居民便会积极参与社区事务，影响社区管理主体或组织制定社区服务的相关决策。在初步接触社区居民后，社工着手与社区居民建立专业关系，以优质服务联结居民群体。H 社区党群服务中心通过制订中长期规划创造性地提出"差序服务圈"策略，即以所在小区为中心，将社区划分为不同的服务圈，按照服务年度和服务主体，分阶段拓展服务对象和服务范围，把社区服务逐渐向外推广。H 社区党群服务中心逐步落实中长期规划①，通过提供优质的服务建立与社区居民的信任关系，促进社区居民参与社区事务，为进一步深化社区治理工作打好居民基础。

（2）与社区党委建立伙伴关系

社区党委是社区治理工作的领导核心，也是政府购买社会工作服务项目的用人单位，良好的关系不仅意味着社工能获得社区党委的支持，还有利于社会工作团队保持长期稳定，便于扎根社区。在实践过程中，H 社区社会工作团队与社区党委之间建立关系的过程充满曲折。原社会工作团队主管拒绝接受社区党委的任务委派，因而双方

---

① 以 2018—2019 服务年度为例，社工开展 15 个个案，8 场小组、30 场社区活动，6 场大型社区活动，完成服务建档 100 份，提炼专业反思文章 3 篇，此外还承接了 8 项民生微实事项目，引入 5 个外部合作项目。社工还开展"同心筑梦"社会组织扶持与共治计划，协助社区党委创建精品特色社区和学习型社区。在社工的努力下，H 社区家园网发布服务新闻数量 152 篇，新闻点击量高达 35298 次，影响力不断扩大。

的关系一度僵持，因此新任主管带领社工调整工作思路，改变工作方法，积极与社区党委沟通，主动承接 2018 年度 H 社区"精品社区"创建工作，全面参与"精品社区"的规划与实施，帮助社区党委打造学习型社区，还加入社区党委主导的社区纠纷调解小组，发挥社会工作专业优势，协助社区党委建立起社区纠纷调解服务机制和个案服务转介机制。经过社会工作团队不断努力，社区党委高度信任社会工作团队，不仅在区级评估中给予社会工作团队满分好评，而且将社会工作团队中的一名成员纳入社区党委班子。

那段时间创建"精品社区"着实太忙了，刚好那会我们负责这一块工作的 ×× 因事休产假了，还好社工能够帮忙开展活动和整理材料，打那以后啊，我就觉得社工特靠谱，确实挺专业的。现在有一名社工已经纳入党委班子，以后在社区大小事上也能够听听社工的专业意见，寻求社工的专业协助。（A1）

前任主管和党委书记的关系是比较差的，双方很多矛盾归根到底就是他非常抗拒与社区党委合作，不愿意接书记的活，觉得这样行政化很不好，偏偏党委书记比较有想法，想要为社区居民做更多的事，有些方面确实需要社工配合，双方这样一冲撞，关系不就闹僵了嘛。我接手以后就改变了思路，对外积极配合社区党委，承接党委任务，合作开展社区治理；对内就跟社工做思想工作，说明承接社区党委任务的原因，并且把各项工作细致地分下去，尽可能减少他们的抵抗情绪。我们做得好，党委书记能看得到，也认可了我们的能力，后来再碰到那些家庭社区纠纷，书记就会拉上我们一块去做工作。（B3）

（3）与社会组织建立合作关系

社会组织是社工参与社区治理过程中的"得力助手"。H 社区社会工作团队规模小，因此需要利用社会组织扩大服务覆盖的范围和影响力。社工通过社区漫步、社区党委推荐等方式认识了一些社会组织负责人和活跃志愿者。经过多次沟通互动后，社工开始邀请他们参与社区服务的策划、开展和完善工作，充分发挥社区骨干和志愿者的优势。此外，为了激励社会组织，社工还将链接到的外部资源合理分配给社会组织，支持这些组织发展。经过长时间的合作，社会组织和社工组成一个联盟，在互惠共赢的基础上共同为社区居民提供服务。

（4）与社区企业建立互惠关系

社区企业能为社工提供大量的资金、物品、人力等资源，有利于社工拓展和深化社区服务。合作前的主要任务是联系社区企业，工作重点包括表明组织身份、介绍服务计划、收集企业资料、表明合作意愿、互留联系方式、核查企业资质等；合作后的主要任务是管理企业资源，工作重点包括推送活动新闻稿、反馈资源使用整体情况、治谈后续合作可能性、定期上门拜访、开展表彰活动、节日祝福问候等。

（三）运用社区人力资源开发的方法培育社区骨干和志愿者

1. 社区骨干的识别和培养

社区居民参与社区事务有利于形成赋能式资源传导机制，社区居民研究他们自己的社区，甄别自己社区的问题，发现自己社区的需求，自己行动起来，改善自己社区的福祉，能够营造一种"再学习"和"再生产"的治理场景，使基层社会进入资源再生和治理效能递增的轨道（陈伟东、姜爱，2022）。从进驻 H 社区起，社工就开始识别和培养社区骨干，他们不断甄别活跃度高、有想法、有能力、有感染力的社区居民。根据居民认可度、个人特长、社区参与意愿以及团队带领情况这 4 个筛选标准，社工通过社区走访、社区党组织推荐和社区骨干选拔三种途径招募了 10 名社区骨干（见表 1－3），这些社区骨干积极参与社区服务和社区活动，具备独特的个人优势，所带领的团队为社区作出过积极贡献，受到社区居民欢迎。

表 1－3　社区骨干一览表

序号	社区骨干	个人特长	居民认可度（0～10 分）	负责组织及服务内容
1	LYQ	具有语文教师资格证和多年职场经验	9	负责棒棒堂亲子关系促进会。该会成立于 2010 年，主要为 H 社区儿童、青少年、亲子等服务群体提供绘本亲子故事会、文字书阅读交流会、家长阅读沙龙等服务
2	DHL	资深绘本讲师，擅长中文绘本阅读教学	8	
3	LXF	具有小学英语教师资格证，擅长英文绘本阅读教学	8.5	
4	SJJ	具有丰富项目运营经验，熟悉项目运营流程	8	
5	LHF	具备制作教研课程经验，擅长绘本剧、故事会等多种阅读模式	8.5	
6	ZYF	具备心理咨询师资格证，擅长家庭纠纷调解	9	负责解忧荟。该组织积极介入社区纠纷调解，以助人自助理念排解社区居民心理亚健康、子女教育、家庭关系等方面的问题
7	WW	擅长开展PET父母效能训练	8	负责幸福家庭成长营。该营专注普及科学的育儿观，培养家长亲职能力
8	GQY	心理学教育背景，具备心理咨询师资格证	8	负责丰盛悦读读书会。该会通过以积极心理学为核心内容的家庭教育，解决青少年"空心病"等问题，引导青少年形成成熟的心智模式
9	CY	心理学教育背景，具备心理咨询师资格证	8	

续表

序号	社区骨干	个人特长	居民认可度 (0~10分)	负责组织及服务内容
10	LYF	G 小区老居民,号召力强,人脉广,获得社区行政赋权	9.5	负责文明养宠志愿服务队。该队致力于营造文明养宠的社区氛围

通过个别访谈和焦点小组,社工了解到社区骨干在个人能力提升方面有较大的需求,包括组织管理能力、动员社区居民能力、资源链接与整合能力、组织会议技巧和凝聚团队能力。针对社区骨干的实际需求,社工设计了"社区之星"社区骨干成长小组,尝试通过一系列培训课程,帮助他们强化优势,补足短板,提升其领导能力。小组邀请了 N 社会工作机构的资深社工和其他社会组织的优秀管理者参与小组活动,以开阔社区骨干的视野,建构他们的知识体系,提升他们的沟通交流能力、组织管理能力、群众动员能力、团队建设能力和资源整合能力。具体的小组活动内容见表 1-4。

表 1-4 "社区之星"社区骨干成长小组活动

节数	小组主题	小组目标	小组内容
第一节	你好,社区骨干	破冰与建立契约;确定社区骨干成长目标	互动小游戏"身份转移""动力列车";共同制定小组契约;了解小组安排;谈谈个人成长目标并形成个人成长计划;组后作业(制订个人成长计划)
第二节	资源链接我能行	提升社区骨干资源链接和整合的意识和能力	回顾上节内容,分享个人成长计划;学习资源链接与整合的方法步骤;"社区大富翁"资源链接与整合角色模拟与演练;总结与分享;组后作业(制订资源链接计划)
第三节	"会声会色"主持人	提升社区骨干组织会议的技巧	回顾上节内容,分享资源链接计划;学习组织会议的相关知识技巧;实战演练,以"明日之星团队建设活动筹备"为主题开展模拟会议;社工点评组员表现;分享与总结;组后作业(设计 1~3 个团队互动游戏)
第四节	精彩团建,凝聚你我	学习领导风格和组织沟通模式,提升社区骨干团队建设能力	回顾上节内容,将团队互动游戏收集起来;学习领导风格和组织沟通模式,引导组员思考自身存在的优势和不足;按上节会议讨论的流程安排,结合组员设计的团队互动游戏,开展团队建设活动;分享与总结;组后作业(优化我的领导风格与组织沟通模式)
第五节	组织管理"大秘籍"	学习和借鉴组织管理知识和经验,提升组织管理能力	回顾上节内容,分享我的领导风格与组织沟通模式优化方案;学习组织管理相关文献和基础知识;邀请其他优秀组织负责人分享管理经验;自由互动与交流;分享与总结;组后作业(优化组织管理规则)

续表

节数	小组主题	小组目标	小组内容
第六节	社区总动员	学习促进居民参与的技巧，提升社区骨干动员社区居民的能力	回顾上节内容，分享我的组织管理规则的优化版本；学习动员社区居民参与的方法和技巧；邀请 N 社会工作机构副总干事 W 女士开展"促参技术"培训，学习上海社会组织促进居民参与的成功案例；自由互动与交流；分享与总结；组后作业（利用促参技术设计社区动员方案）
第七节	我们毕业啦	回顾社区骨干成长历程，总结收获，进一步巩固学习内容	分享我的社区动员方案；回顾小组内容；对照个人成长计划盘点个人收获；通过小游戏"成长大轰炸"，找出身边组员的进步点和改变点；预告社会组织培育项目下一步的工作计划

2. 志愿者队伍的管理与培训

为了做好志愿者队伍管理，社工先了解志愿者的参与动机、服务意愿以及个人特长，帮助其注册"志愿深圳"平台账号，以此明确社区志愿者参加志愿服务的意愿、规范社区志愿者队伍建设、增强社区志愿者的责任意识和身份认同感。志愿者服务结束后，还需要为社区志愿者建立志愿服务档案，登记其服务时数。

围绕志愿者队伍培育，社工开展了一系列的服务和活动：第一，通过开展志愿者季度培训规范志愿服务细节；第二，通过志愿者季度团建鼓励志愿者分享服务心得，凝聚志愿者团队；第三，通过志愿者管理团队会议调动志愿者队伍负责人的积极性和能动性，制订社区志愿服务队伍的发展计划；第四，通过定期与其他社区志愿者队伍交流经验，提升志愿服务技能。此外，社工通过多种激励举措形成示范效应，以期鼓励更多社区居民积极投身社区志愿服务：一是建立志愿服务积分制度，使志愿者通过服务积分兑换物质奖励；二是邀请媒体对志愿服务进行报道宣传，在活动中心展示志愿服务成果；三是开展年度志愿者表彰大会，颁发优秀志愿者证书。

（四）运用社区组织的方法凝聚社区居民共识

1. 筹建社会组织

罗家德和梁肖月（2022）研究发现，孵化培育社区社会组织存在"活动吸纳"和"项目干预"两种路径，社工综合运用了"活动吸纳"和"项目干预"两种路径培育社会组织，既注重挖掘社区能人，又提高社会组织的组织化程度。系列培训后，社区骨干逐步组建起核心管理团队，初步形成了 5 个社会组织初期团队：棒棒堂亲子关系促进会、解忧荟、幸福家庭成长营、丰盛悦读读书会、文明养宠志愿服务队。组建团队的工作完成后，社工会帮助这些团队获取合法化的身份。为了使社会组织管理团队能顺利完成组织备案①，社工会邀请 5 个社会组织的管理团队参加社会组织备案筹备工作坊（见表 1 - 5），筹备工作坊的内容主要包括社会组织政策的学习与分析、社会组织备案的意义、社会组织备案的流程和所需材料、确定社会组织愿景和使命、梳理社会组织业务内容和制定社会组织章程，为社会组织的发展奠定坚实的基础。

表 1 - 5　H 社会组织备案筹备工作坊

场次	工作坊主题	工作坊目标	工作坊内容
第一场	社会组织备案知识学习会	学习和分析社会组织政策文件、了解社会组织备案的意义	学习《深圳市社会组织登记与备案管理暂行办法》，了解社会组织备案的必要性和备案后需要遵守的管理规范
第二场	社会组织愿景和使命讨论会	明确社会组织的愿景和使命	通过头脑风暴和讲故事的形式，社会组织团队思考并确定社会组织的愿景和使命 （1）棒棒堂亲子关系促进会：书香浸润心灵，阅读陪伴成长/给孩子一个甜蜜的书香童年 （2）解忧荟：您身边的解忧人/自助助人/修身齐家 （3）幸福家庭成长营：培养自主学习型家庭/做教练父母/建幸福家庭 （4）丰盛悦读读书会：悦纳生活/幸福成长/以积极心理学为导向，培养积极正向教育观的父母，养成孩子积极品质和能力 （5）文明养宠志愿服务队：友好型社区宠物家园/倡导文宠养宠，建设和谐家园
第三场	社会组织核心服务规划会	梳理社会组织服务内容，形成系统化服务体系	通过对社会组织已有服务内容进行"加法"和"减法"，优化服务内容，突出组织的愿景和使命，最终使社会组织的服务更具系统性和逻辑性
第四场	社会组织章程草案拟订会	学习社会组织章程的相关知识，拟订社会组织章程草案	通过剖析社会组织章程结构，使社区组织骨干学会如何拟订组织的章程。邀请 N 社工机构副总干事 W 女士指导社会组织管理团队拟订本组织的章程草案

2. 多途径扩大社会组织影响力

社工引导并协助社会组织管理团队制定本组织的阶段性发展"三步走"策略，即以服务项目大赛提升专业知名度、以公益创投扩大服务覆盖面、以媒体宣传提高组织曝光度。

----

① 深圳市民政局（2011）规定，申请社会组织备案应当具备下列条件：一是要有规范的名称。社区社会团体的名称由"行政区划名称（区）+街道名称（社区名称）+业务范围的反映+社团性质的标识名称"组成；二是要有固定的办公场所；三是要有相应的组织机构和与业务活动相适应的工作人员（其中社会团体须有 10 名以上的个人或单位会员）；四是要有规范的章程。

第一步，社工辅导社会组织开展服务策划，链接 N 社会工作机构的服务经费支持社会组织落实服务策划方案，协助社会组织开展服务实践"大练兵"。社会组织借此开展大量服务实践，从而积累丰富的服务策划和执行经验。以棒棒堂亲子关系促进会为例，该组织针对社区需求，举办传统典故、真善美主题阅读等亲子活动，引导社区青少年在书香氛围下走上爱阅读、爱社区、爱祖国的道路，第一期共获得资助 3600 元，在社区开展 6 场活动，受益 240 人次；第二期共获得资助 34330 元，在社区开展 24 场活动，受益 1200 人次。经过持续一年的服务演练，所有社会组织都逐渐形成核心服务优势，服务策划和执行能力也得到质的飞跃。

社区组织负责人通过一些小组和工作坊学习了一整套社工开展服务活动的专业方法，但是仅仅学习知识还是不够的。我们通过"同心筑梦"项目向他们提供服务经费支持，相当于"天使投资人"，这样可以使他们在实践中应用所学知识，积累服务经验，磨炼服务技术。目前，项目培育的这几个社会组织都从中获益，特别是亲子关系促进会主导的故事棒棒堂系列服务，一直延续了几年，现在服务做得越来越好，运营模式也更加成熟。（B1）

第二步，当社会组织积累了充足的服务经验后，社工推动社会组织"走出去"，参与"民生微实事"项目公益创投，以期使社会组织获得更多资源，从而帮助他们把服务覆盖面从几个小区扩展到整个 H 社区。在项目申报、做材料、项目路演等一系列过程中，社工始终给予棒棒堂亲子关系促进会全方位支持，帮助"故事棒棒堂"项目以 92.96 分斩获 Y 街道公益项目第一名。在项目进入南山区决赛后，N 社会工作机构副总干事更是亲自向该组织负责人传授项目比赛实战经验，使"故事棒棒堂"项目斩获南山区民生微实事项目大赛第七名，成功通过了民生微实事项目公益创投。借助民生微实事项目支持，棒棒堂亲子关系促进会不仅将服务覆盖到整个 H 社区，还向周边 7 个社区扩展。

第三步，社工利用媒体、网络、展览会等各种平台宣传 H 社会组织，进一步向 H 社区居民展示这些组织的服务成果。2018 年是 H 社区党委创建"精品社区"的冲刺年，社工借助社区党委资源，以创建"精品社区"为契机，组织 4 场线上与线下结合的宣传活动。在线上，社工通过公众号、家园网、美篇等途径介绍 H 社会组织，展现组织风采。在线下，社工开展大型宣传会，制作宣传展板和折页，设置宣传摊位，邀请报社记者进行宣传报道，使 H 社会组织的社区知名度大幅提升。

3. 加强社会组织间的协同合作

社区治理是一项复杂的系统性工作，唯有社会组织之间互相配合、协调联动，才能集中力量解决社区问题和满足社区需求。为了使 H 社会组织形成深层次的组织间协同合作，社区党委和社工共同行动，采取以点带面、循序渐进的方式，先建立俪人妈妈义工队联结 H 社会组织负责人，再通过常态化的社区组织联席会议凝聚组织力量、达成治理共识。

在党建引领的大框架下，H 社区党委和社工共同推动成立俪人妈妈义工队。俪人妈妈义工队整合了幸福家庭成长营、棒棒堂亲子关系促进会、解忧荟和丰盛悦读读书会这四个社会组织的管理团队，从而形成规模效应，吸纳更多社区妇女加入社会组织，带动 H 社区妇女参与社区事务，鼓励妇女群体轻创业，使其价值得到充分发挥。另外，为了充分调动社区居民参与社区治理的积极性，H 社区党委采纳社工的建议，设置专员负责社区各项治理事务和比较突出的社区问题，专员由社区居民担任。文明养宠志愿服务队的负责人被任命为 H 社区的文明养宠专员，主要负责 H 社区的文明养宠倡导工作。自此，H 社会组织开始以社区党委为核心形成联结。

组织形式上的整合体现社会组织的外部联结，而达成治理共识则体现社会组织的内部联结。社会组织联席会议是促进社会组织形成治理共识的有效平台，社工将社区问题的若干解决方案以及社区党委的指导意见加入会议议程，在联席会议上引导各社会组织讨论并优化解决方案，制订出具体执行方案，并在资源和信息共享的基础上促进各社会组织间的分工与协作。

俪人妈妈义工队可以说是集合我们这个社区的妈妈精英了，这个义工队里大部分都是组织负责人或者核心骨干，我们还在不断地吸纳社区其他有能力有意愿的妈妈加入，壮大我们的组织。社区那边有事情，可以直接通过义工队队长把我们都召集起来，我们再召集社区组织里的成员，可以迅速投入工作。（C2）

联席会议我们是经常参加的，建立组织那会重点就是帮大家将清楚社区组织应该怎么发展和应该开展什么服务这两个问题，避免大家开展同类服务相互竞争。后来联席会议重点是一起商量怎么使用社区的资源和服务经费、怎么分工、怎么相互配合，而且书记也会经常参加，引导我们去服务社区。（C7）

（五）运用社区动员的方法促进多方主体参与社区治理

1. 动员社区居民参与社区事务

俞祖成、黄佳陈（2021）从权利与义务关系视角出发，认为社区治理应秉持人民城市重要理念，在实现"人人都能享有品质生活""人人都能切实感受温度"的同时，积极推动"人人都能有序参与治理"，进而努力构建居民权利与义务相对均衡的城市社区治理模式。在动员社区居民前，社工通常会"加工"街道办的政策文件和社区党委的决议，把原本宏大的、严肃的文字重构成具体的、浪漫的、"接地气"的话语。这既能便于社区居民理解，又能通过情感等感性因素唤醒集体记忆，激发居民情感共鸣，强化社区归属感，使社区居民形成社区认同感和达成社区共识，更积极投身社区治理。在 G 小区文明养宠倡导和社区动员工作开展前，社工分析整理 Y 街道办下发的关于文明养宠的政策文件，把握其中"创建文明养宠示范小区"的要求和精神，将其表达为改变社区的愿望，通过描绘和谐美好的蓝图激发社区居民参与热情。

动员社区居民可不是发传单，传达上级政策文件这么简单。人嘛，其实都是很感性的，我们要转换一下各项政策和精神的表达方式，用更温柔更易理解的方式向社区居民表达，引起他们对社区事务的关注，激发他们改变社区现状的参与激情，"动情"才能"动心"。（B4）

H 社区的居民群体组成较为复杂，不同群体参与社区事务的能力和意愿各不相同，具备个别化的参与特征：社区妇女群体围绕社区焦点事件的参与是连续的，参与能力和意愿也是最强的，她们适合参与社区治理的全过程，组织起长效的社区治理工作小组；社区工薪群体围绕焦点事件的社区参与是碎片化、即时性、周期性的，但他们的维权意识强烈，维权行动高效，适合参与社区治理过程中的协商讨论和制定策略环节；社区老年人围绕社区焦点事件的参与是间歇的和短暂的，参与意愿较低，但行动能力较强，他们适合参与社区治理过程中的对策落实环节。因此社工采取了主次分明的动员策略：首先重点动员社区妇女群体。社工会以社区焦点事件鼓动社区妇女群体的情绪，说服她们参与社区治理，推动形成长效的工作小组；其次动员社区低龄老年人。社工向他们说明社区事件牵涉的利害关系，给予一定的物质或精神奖励，从而鼓励这些老年人参与社区事务并带动身边的朋辈群体参与；最后动员社区的"上班族"。社工设计和安排好社区参与的时间及流程，邀请他们参与关乎其切身利益的社区议题，尽可能减少该群体参与社区事务的代价。

2. 借助社区议事会协商社区事务

当社区问题难以解决时，社工会报告社区党委，建议社区党委召开社区议事会，邀请社区问题的利益相关方共同参与社区议事，商量解决问题的对策和方案。虽然社区治理多元主体共同参与社区议事会，但不同主体通常承担不同的责任：社区党委是社区议事会的"定海神针"，以其独有的政治权威、号召力和相对中立的态度，在会议过程中有效协调利益冲突，保证议题的正确性，在会议结束后审核决议，统筹各方力量执行决议；社工发挥专业能力，运用罗伯特议事规则，保证社区议事会按照会议议程顺利开展，引导社区治理多元主体有序参与；以社区工作站成员、社区居委会成员为代表的政治精英和以社区骨干、企业负责人、物业管理人员、业委会成员、社会组织成员为代表的社区精英针对社区事件发表意见，讨论社区事务，商议解决方案，保证社区议事会的有效性和合法性。

3. 运用传播媒介扩大社区治理的影响力

社工重视通过各类传播媒介扩大社区治理影响力。在传统媒介方面，采取以下媒介策略：一是由 N 社会工作机构负责人前往纸质传媒公司洽谈合作，初步建立起合作关系，如与《蛇口消息报》建立合作关系，约定接收和筛选社工投稿，刊登在报纸上。二是由 H 社区社工主动联系传媒公司，主动介绍 H 社区治理现状，协助传媒工作人员挖掘关于 H 社区治理的具有新闻价值的人和事，在大型活动或重要项目开展前邀请媒体进行现场采访报道。三是社工在开展重要活动时需要加大宣传力度，吸引更多居民参与，同时邀请社区党委书记或工作站站长等领导参与，从而制造媒介事件，吸引媒体报道。在新兴媒介方面，社工重视在社区家园网、微信公众号、抖音号等新媒介上传播 H 社区治理成果。

（六）H 社区治理运用社区工作方法所取得的成效

1. 满足社区居民的多元化需求

社工将社区工作方法融入社区治理工作，为社区居民创造和链接大量服务资源，使大部分社区居民的多元化需求得到满足，包括社区妇女群体改善亲子关系、提升自我、参与社区事务的需求，青少年群体参与志愿服务、获得心理调适、增长知识的需求，老年人群体获得社区支持、充实生活的需求，社区困难群体获得社区服务和外部资源的需求。

2. 缓解社区的矛盾和冲突

社工将社区工作方法融入社区治理工作，优化了社区治理的实践模式，使社区矛盾逐步得到缓解。通过社区分析的方法，社工对社区问题有了更深刻的理解，从而能够"对症下药"制定有效的介入策略；通过建立专业关系的方法，社工与社区多元主体"组队抱团"，群策群力共同解决社区治理难题；通过社区人力资源开发和社区组织的方法，社工提升社区骨干的能力，培育社会组织，不断壮大社区治理队伍；通过社区动员的方法，社工联合社会组织动员社区居民有序参与社区治理，保证社区治理能够凝聚居民意志，体现居民的参与主体地位。

3. 营造良好的社区参与氛围

社工联动社区党委和社会组织，为社区居民搭建参与社区事务的平台。社区居民不但能通过社会组织参与社区服务，以服务满足社区需求来推动社区治理，而且能通过社区议事会讨论社区重大事项和建言献策，以行动解决社区问题、推动社区治理。在 H 社区治理实践中，社区居民既是问题的发现者，也是问题对策的制定者；既是社区治理的行动者，更是社区善治的受益者。社区居民的多重身份凸显其在社区治理中的重要性，而有效的社区参与使居民获得更加强烈的存在感、效能感和满足感，极大地激发了居民的参与热情和参与意愿，最终形成正反馈循环，带动其他社区居民积极参与社区事务。

五、社区工作方法在城市社区治理中运用的不足及完善对策

（一）城市社区治理中运用社区工作方法的不足

1. 与社区党委的专业关系面临失衡①风险

社区党委与社工的专业关系经历了三个阶段：在第一阶段，社区党委和社工的关系若即若离。为了展现专业价值，获得社区党委的信任和支持，社工需要主动联系社区党委，多承担探访、慰问等工作任务，协助社区党委介入社区矛盾和危机事件。这一时期社工与社区党委的关系是平衡的，社工需要替社区党委分担工作任务，从而获取社区党委的接纳和信任，其"付出"和"收益"是相当的；在第二阶段，社区党委和社工的专业关系基本建立。社区党委认可社会工作的专业价值，接纳社工，为其提供大量支持，而社工则承担由社区党委转介而来的专业领域内的工作，如民生微实事服务项目、调解家庭矛盾纠纷、关爱特殊困难群体等，这一时期社工与社区党委的关系也是平衡的，社工不仅能最大限度发挥专业价值，还能得到社区党委的"保驾护航"；在第三阶段，社区党委和社工的关系进入成熟期。社区党委开始将行政工作任务分配给社工，如整理材料、登入数据、值班等。社工不仅需要完成政府购买项目的服务指标量，还需要完成外部项目工作，工作量不可谓不大。此时社工与社区党委的关系是失衡的，来自社区党委的过量行政工作任务或将成为"压垮骆驼的最后一根稻草"。这种失衡的专业关系一度造成了社工和社区党委书记的"冲突"，一方面社区党委书记将社工视为可靠的"自己人"，并希望其分担一部分工作；另一方面社工工作量较大，加之对行政工作的排斥心理，双方矛盾不断积累并集中爆发，损害了社工与社区党委的专业关系。

2. 社区组织的培育缺乏可持续性

在如火如荼的社会组织培育过程中，社工起到关键作用，特别是设立专项资金支持这些社会组织开展服务和活动，不仅扩大了服务影响力，还进一步提升了设计和开展服务的能力。但这些喜人的成果背后存在社会组织自我造血能力不足的隐忧，主要体现在两个方面：一是人才数量不足限制社会组织发展规模。当前社区人力资源主要由社工进行挖掘和培训，培训结束后再根据个人意愿参与不同的社会组织，这远不能满足社会组织的人才需求；二是服务资金不足制约社会组织服务的数量和质量。正所谓"巧妇难为无米之炊"，在人力资源和物质资源不足的情况下，社会组织只能更多地依赖社区党委、社工等外部主体，难以维持社会组织的独立性。

那时棒棒堂亲子关系促进会遇上了发展瓶颈，我们承接了一个小项目，发现团队

---

① 专业关系失衡主要指社工与其他治理主体的专业关系过于紧密而导致双方地位不平等的状态。

里的讲师不够了，那几天我们在 H 社区各个群里招募懂得带领绘本阅读的社区妈妈，结果就招募到一名，后来我们也只能一个人当几个人用，硬着头皮完成这个项目，从那以后啊，我就充分认识到人才对于社会组织发展的重要性。（C3）

缺钱呀，现在做点什么都要花钱，以前还可以自己动手收集点废旧报纸做便便收集袋，现在没那么简单了，设置便民宠物屋、指示牌，还有清理粪便的工具都需要资金，更别说想要给小义工们颁发一些小奖励，开展一些大型活动了。（C10）

3. 社区动员的广度和深度不足

受限于合作意识淡薄、沟通渠道不畅、权责界限不清、治理行动不统一等多种因素，社区动员的广度和深度不足，社区治理多元主体围绕社区事务形成的治理联盟还比较松散，导致多元主体参与社区治理的无序和低效。这些问题的根源在于以下三个方面：一是社区党委未能充分发挥引领作用。这既不利于厘清社区治理多元主体在参与社区治理时的权责界限，容易使社区治理主体模糊自身的角色定位和任务，又不利于统筹建立社区治理多元主体合作平台，使社区治理多元主体始终无法以统一、有序的行动参与社区事务；二是治理主体把社区治理简单化，在分析和处理社区事务时缺乏系统思维；三是社区居民与社区党委、社区企业与社区党委、社会组织与社区企业、小区业委会与社区工作站等社区治理主体之间并没有形成常态化的沟通协调机制，因而彼此信息沟通与共享不顺畅。这容易导致治理主体重复投入、资源浪费等社区治理参与乱象，影响社区治理的成效。

我们很少接触除了党群服务中心以外的其他组织。像社会组织和企业基本都是社工在联系，有时候有什么工作任务，都是先跟社工主任说，然后社工他们再去联系那些社区组织来协助。另外，一些社区大型活动，社工还能拉到一些企业赞助，可能是钱也可能是物资，至于他们怎么联系、怎么沟通的，我们都不清楚。（A3）

（各治理主体开展的）那些活动安排确实挺没有章法的，我记得去年参加过三场活动志愿服务，我发现工作站、社工和物业开展的活动都差不多，基本上都是同一主题同种形式，我不知道他们为什么要这样开，其实大家一起开一个不就好了吗？说不定影响力还大些。（C6）

4. 社区工作方法较少关注社区治理制度建设

制度缺失是影响社会组织参与城市社区治理共同体建设参与机会和参与能力的根本性因素，其中激励扶持制度缺失和监督管理制度缺失均对社会组织的参与机会和参与能力具有显著负向影响（陈建平，2022）。巩固 H 社区取得的治理成果，实现长效社区治理还需要相关治理制度保驾护航，但社区工作方法较少关注社区治理的制度建设，长期对社区治理制度建设缺乏重视，可能导致一系列问题：一是会影响实际治理成效。社工无社区参与制度可循，可能会在社区动员阶段遗漏了部分利益相关主体，或社区治理主体在参与社区议事会时未能推选出合适的参会代表。二是会使社区治理面临多头管理或无人管理困境。利益相关主体在分工问题上争执不下，最终出现谁都不服谁的情况。三是会损害社区治理的公正性。社区治理监督制度缺失可能导致社区治理程序不正当、社区议事会决议不能体现社区治理多元主体的意志、社区治理的公共利益分配不合理、参与主体借社区治理谋取私利等问题。

（社区治理相关决策）要想服众，肯定要我们去监督啊，不然社区居委会和物业或者其他组织搞暗箱操作，最后吃亏的还是我们，而且多监督还可以督促业委会、居委会它们提高效率，一件事别耽搁这么久。像小区换电梯，早就已经确定要换了，业委会也不知道为什么一直没有行动，物业就更指望不上了，只会收我们的管理费，本来挺简单的一件事，越拖越复杂，到现在都没落实。（C8）

（二）城市社区治理中完善社区工作方法的对策

1. 把握专业关系建立的"度"

评价建立专业关系的方法是否运用得当，不仅在于社工是否能够快速建立与社区治理多元主体的专业关系，还在于社工是否把握好专业关系建立的"度"。专业关系是一种手段，而非目的，因此社工建立专业关系要有明确的专业目的，社工无原则地讨好、取悦其他治理主体，为了建立和维护专业关系而完全放弃社会工作的专业性和独立性，这是不可取的。

以社工和社区党委的专业关系为例，想要把握好专业关系建立的"度"，社工需要在社区工作实务中做到四点：一是坚持社区党委对社会工作团队的领导。党的领导是中国社会工作的政治底色，在面对大是大非和工作方向等原则性的问题时，社工必须服从社区党委的统一领导，保证在参与社区治理工作过程中不犯原则性的错误。二是坚持社会工作的基本工作原则，即以社区发展为主要目标、根据实际条件制订工作计划、强调居民参与、尊重社区自决和开展广泛合作。如果社区党委的工作安排与基本工作原则相悖，社工需要保留自己的意见，在配合党委工作的同时，向社区党委提出建议并表达社会工作价值理念，使社区党委逐渐了解社工的专业价值。三是采用柔性的互动技巧，即通过明示或暗示的方式委婉地拒绝不合理的工作任务，尽可能避免与社区党委的直接对抗。社工需要通过表格、新闻稿、视频照片等形式将日常工作内容可视化，定期向社区党委汇报年度工作指标完成情况、外部项目进度、服务量统计、月度工作计划、月度工作总结、月度活动安排等相关工作情况。通过这些可视化的材料呈现社工的工作内容和工作量，以便社区党委在向社工委派工作任务时更能契合社工的工作性质。四是帮助团队成员树立积极的工作态度。部分社工与社区党委互动时持消极态度，他们认为社区党委会影响社会工作的专业性，导致社会工作行政化。因此社会工作团队主管需要合理分配社区党委委派的工作任务，帮助社工树立积极的工作态度。

2. 关注社会组织成长的可持续性

随着服务范围的扩大和服务内容的深化，社会组织的发展短板逐渐凸显。为此，社工通过构建内部人才培育体系、参与外部项目创投、深度嵌入社区治理体系、提升商业合作洽谈能力、多元化服务模式改革等多种方法协助社会组织探索出个别化的可持续发展道路，推动社会组织深度参与社区治理。

社工优化社会组织培育方法的工作过程分为五个阶段：第一阶段，社工开展"金牌培训师"培训活动，着重提升社会组织骨干的培训能力，帮助他们形成一整套人才培训的课程和评价体系，同时为社会组织开展人才培训提供经费和场地支持；第二阶段，社工积极链接政府资源，帮助有条件的社会组织申报民生微实事项目公益创投，同时建立创投人陪伴机制，由资深社工为其提供从项目设计到项目路演的全过程指导，助力社会组织获得更多资金资源；第三阶段，社工推动社会组织融入社区治理体系，从而获取社区治理体系内部的资源支持。通过对政府和社区党委的治理需求匹配分析，社工有选择性地推动一部分社会组织嵌入社区治理体系；第四阶段，社工还注重提升社会组织的商业合作洽谈能力，帮助社会组织负责人学习筛选合作对象、商业谈判、建立合作关系等一系列知识和技巧，使社会组织能够获得社区企业的经费或物资赞助；第五阶段，社工尝试在部分社会组织推动服务模式改革，在保留原有普惠性服务的同时，增设一部分收费的定制课程服务。

3. 动员社区治理多元主体深度参与社区治理

社工将推动社区治理多元主体深度合作分为强化合作意识、畅通沟通渠道、打造合作平台、探索治理模式四个步骤，各采取不同的介入方法。

一是强化社区治理多元主体的合作意识。社工开展专项教育，带领治理主体总结以往"单枪匹马"参与社区治理的经验教训，使社区治理主体学会以系统思维剖析社区事件，从而使其认识到协同治理的重要性。通过开展社区治理案例学习会，组织社区治理主体学习北京、上海、成都等成功的社区治理案例，引导其归纳和总结这些成功范例背后的原因，从而使其认识到多元主体间的深度合作能够整合多方资源、形成有效治理合力，最终取得"1＋1＞2"的治理成效。

二是畅通社区治理多元主体间的沟通渠道。社工运用专业关系建立介入社区治理的过程中，形成了以社工为中心的轮状沟通模式。为了实现长效社区治理，社区治理多元主体需要形成更加紧密的治理联盟。社工通过鼓励治理主体间的定期拜访和沟通、定期组织治理主体联席会议、组织节庆和团建活动等多种方式增加社区治理多元主体间的互动交流，推动其建立起常态化的沟通渠道，最终形成社区治理多元主体间的开放式沟通模式。

三是打造多元主体参与的合作平台。社工和社会组织管理团队结合社区治理的工作重点，与社区党委合作打造由社会组织运作管理的创新服务站点，建立起"一中心

N 站"的社区治理合作平台①。社会组织以创新服务站点为阵地,通过内部讲师和志愿者培训组建在地服务队伍,不仅向社区居民提供优质服务,还能协助社区党委和各党支部开展纠纷调解、问题解决等工作。未来,社区党委和社工将继续打造更多创新服务站点,使社区党委统筹和引领社区治理工作拥有更多"抓手",也为其他社区治理多元主体协同参与社区事务提供更多"着力点"。

四是探索多元主体参与城市社区治理的实践模式。社区党委、社工、社会组织、社区居民等多方治理主体共同探索和创新了社区治理实践模式(如图 1-3 所示)。在社区问题收集和分析阶段,社工将收集和分析结果向社区党委汇报,由社区党委判断社区问题的复杂性,如果社区问题涉及面窄、影响小、解决问题所需的资源投入少,那么社区党委直接讨论应对策略,然后统筹安排社会组织和工作站相关人员及时处理;如果社区问题涉及面广、影响大、解决问题所需的资源投入多,则社区党委会通过召开社区议事会来商议解决方案。在议事会筹备阶段,社工负责联系相关治理主体,社会组织负责动员相关居民,使社区问题相关主体都参加由社区党委主持的议事会。通过社区治理多元主体充分讨论、民主商议,最终议事会形成解决社区问题的若干决议。在社区问题解决和反馈阶段,社区党委统筹社区治理多元主体落实若干议事会决议,根据社区各方治理主体的职责与功能进行具体的分工,并在集体行动后收集反馈意见,判断社区治理的成效。

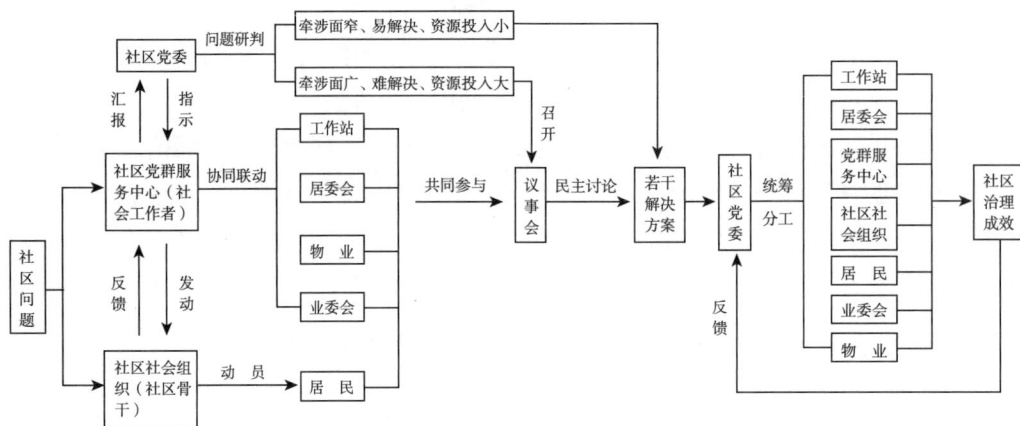

图 1-3 多元主体参与城市社区治理的实践模式

4. 促进社区治理参与制度和监督制度不断完善

完备的社区治理制度有利于社会工作方法在城市社区治理过程中更好地发挥正向

---

① "一中心"是指以社工为核心的社区党群服务中心,"N 站"是指以社会组织为核心的社区创新服务站点。通过建设社区创新服务站点,社工带领社会组织将社区服务推广到整个社区,像由中心往四周撒开的大网一样,补充和完善社区服务和社会治理的网络体系。

作用，因此社工在参与社区治理过程中需要积极倡导相关政府部门和基层管理主体不断完善参与制度与监督制度，以适应治理主体多元化趋势和保证城市社区治理的成效：一方面，社区党委需要带领社区治理多元主体制定参与制度，着重界定参与主体、参与内容和参与方式，明确规范多元主体参与社区治理的职能范围、权责分工、具体流程。同时将社区议事会作为社区事务协商的常设机构，降低社区治理决策成本，扩大社区治理参与范围；另一方面，社区党委还需要完善社区治理的内部监督制度和外部监督制度。在社区治理内部监督上，社区党委应牵头成立社区治理考核小组，推行公开评价考核制度，监督社区工作人员的政策执行情况和资金使用状况，考核治理工作成效和不足，逐步增强社区工作人员参与社区治理的工作能力；在社区治理外部监督上，社区党委需要把社区每年发展的整体规划、社区年度重大发生事项、社区治理多元主体参与情况、社区事务管理与治理成效等信息向社区居民公示，鼓励和引导社区居民为社区发展建言献策，畅通对相关治理主体违反相关制度和规定行为的举报与揭发渠道，鼓励社区居民评价和监督。

（三）本文的研究结论

1. 城市社区治理运用社区工作方法是必要且可行的

随着社区治理工作的进一步深化，社工运用社区工作方法介入城市社区治理是必要的：第一，国家政策要求社工在城市社区治理中发挥专业功能，运用专业方法解决社区问题、满足社区需求；第二，社区工作方法适应城市社区治理的直接性、服务性、整体性及地域性特征，既能通过搭建各治理主体之间的沟通桥梁，实现双方无障碍的交流互动，以充分协商和有序行动避免多元主体的社区参与问题，又能通过社区整体性分析出台符合社区实际的治理工作策略和计划，以满足社区居民的服务需求；第三，社区工作方法的运用能有效应对当前社区治理的复杂态势，社工协同社区治理多元主体通过民主协商和共同行动解决社区治理难题；第四，社工已然成为社区治理的中坚力量，社区治理的方方面面都需要社工的参与。社区工作方法最能体现社工专业性，因而其在城市社区治理中的广泛应用已经成为一股势不可当的潮流了。

社区工作和社区治理存在一致的工作对象、相似的目标价值、重叠的工作内容，因此社工运用社区工作方法参与城市社区治理是可行的。首先，社区工作和社区治理以整个社区作为工作对象，包括每个社区居民、社区内的利益相关方、社区内群体性的问题和社区居民所关注的共同事务，因此社工可以将社区工作方法"无缝衔接"地应用于城市社区治理工作，从而推动社区治理的发展。其次，社区治理和社区工作的目标价值都是提升社区参与主体的能力，整合社区资源，以满足社区需求、解决社区问题、实现社区共建共享。最后，社区工作和社区治理的工作内容具有很强的联系性和交叉性，由于社区问题和需求日益复杂化，因而原有的社区管理工作方法需要引入社区工作方法加以完善，使城市社区治理既有自上而下的引领和统筹，又有自下而上的协同和参与。

2. 社区工作方法提供从宏观到微观的社区治理介入思路

社区治理是一项系统化的工程，在系统理论的视角下，任何一项社区治理议题都可能牵涉社区治理场域内的多个主体。因此社区治理既要求社工深入社区微观层面了解社区居民的利益诉求，又要求社工从更宏观的层面把握整个社区系统，以系统的视角探寻社区问题的症结。社区工作方法具有从宏观到微观的内在逻辑，能够帮助社工建立社区治理的介入思路：一是社区环境层面的介入，社工通过社区分析了解社区的问题、需求和资源，熟悉社区的政策和制度。二是社区治理多元主体层面的介入，社工通过与多方治理主体建立专业关系，逐步融入社区治理体系，便于从治理体系内部推动社区治理发展。三是社区骨干层面的介入，社工一方面通过社区人力资源开发的方法，激发社区骨干的参与意愿，提升他们的能力，鼓励他们建立社会组织；另一方面通过社区组织的方法提升社会组织的自我造血能力，实现社区组织人才的自培育，形成社区人力资源开发的良性循环，逐步丰富社区人力资源储备。四是普通社区居民层面的介入，社工通过社区动员的方法，鼓励社区居民有序参与社区事务，通过居民议事会对社区议题开展民主商议，讨论并决定相应的解决方案。在从宏观到微观的社区治理介入思路的指引下，社工凝聚各方力量，积极探索治理实践工作方法，创新党委引领下的多元主体有序参与的社区治理新模式和新路径。

3. 社区工作方法丰富社工参与社区治理的实务技巧

社区工作方法不仅蕴含了从宏观到微观的社区治理介入思路，还丰富了社工参与社区治理的实务技巧。如果将社工参与社区治理的工作细节一一展开，不难发现社工需要运用大量实务技巧来实现社区治理的阶段性目标。比如在社区动员阶段，社区工作方法根据不同的实际情况为社工提供了多种动员社区居民参与的劝说技巧：当居民反映自身能力不足时，社工使用熟人参与、互相帮助、成功示范等技巧鼓励居民作出尝试；当居民认为少数人的参与难以改变现状时，社工使用告别失意、纠正以偏概全、诉诸公平、努力尝试等技巧保持社区居民的参与热情。这些实务技巧是社工参与社区治理必不可少的工作手段，也是社区治理取得成效的重要保障。

4. 社区工作方法亟待进一步完善与发展

尽管社工运用社区工作方法取得了一定的社区治理成果，但社区工作方法仍存在一些短板，需要在社区治理的实践中进一步完善和发展，具体包括以下几个方面：第一，社区工作方法需要探索专业关系建立的客观标准和操作指南。专业关系是一种手段，而非目的，因此社工建立专业关系要有明确的专业目的，切不可为了建立和维护专业关系从而无原则地讨好、取悦其他治理主体，完全放弃社会工作的专业性和独立性。社区工作方法没有形成一整套关于建立和维持"合理"专业关系的评价标准和操作流程，这给社工的专业关系建立工作带来一定的困难。第二，社区工作方法需要更加关注社会组织发展的可持续性。社工通过构建内部人才培育体系、参与外部项目创投、深度嵌入社区治理体系、提升商业合作洽谈能力、多元化服务模式改革等多种手段优化社区组织方法，协助社会组织探索出个别化的发展道路，提升其自我造血能力，推动其深度参与社区治理。第三，社区工作方法需要补充社区治理多元主体动员机制，促进社区治理多元主体深度参与社区治理。社工需要坚持社区党委的领导，以党建引领为基础，从强化合作意识、畅通沟通渠道、打造合作平台、探索治理模式四个方面动员社区治理多元主体参与社区事务，使社区治理多元主体达到社区治理实践层面的深度合作。第四，社区工作方法需要关注社区治理中的政策倡导环节。有效的参与制度和监督制度能够巩固社工介入城市社区治理时所取得的成果，也能够规范社区治理多元主体的参与行动。第五，社区工作方法的运用需要因地制宜、因"人"而异，社工需要根据所处社区的具体情况灵活调整社区工作方法的重点。总的来说，社区工作方法作为一种工具，需要在社区治理的实践中不断完善和发展，逐步实现社区工作方法和社区实际情况、其他专业方法的有机融合。

参考文献

徐永祥. 社区工作 [M]. 北京：高等教育出版社，2014：171 - 180，24，23.

王思斌. 社会工作概论（第三版）[M]. 北京：高等教育出版社，2014：146.

王思斌. 社会工作在创新社会治理体系中的地位和作用——一种基础—服务型社会治理 [J]. 社会工作，2014（1）：3 - 10 + 150.

王思斌. 社会治理结构的进化与社会工作的服务型治理 [J]. 北京大学学报（哲学社会科学版），2014（6）：30 - 37.

陈家喜，林电锋. 城市社区协商治理模式的实践探索与理论反思——深圳南山区"一核多元"社区治理创新观察 [J]. 社会治理，2015（1）：84 - 92.

李晓壮. 城市社区治理体制改革创新研究——基于北京市中关村街道东升园社区的调查 [J]. 城市发展研究，2015（1）：94 - 101.

夏建中. 社区工作（第三版）[M]. 北京：中国人民大学出版社，2015：259 - 263，239，267 - 271.

张欢，褚勇强. 社区服务是城市居民社区参与的"催化剂"吗？——基于全国 108 个城市社区的实证研究 [J]. 四川大学学报（哲学社会科学版），2015（6）：103 - 110.

李晓凤，孙惟博. 嵌入性发展　多元化建构——深圳市社会工作十年发展的回顾与反思 [J]. 社会工作与管理，2017（3）：46 - 52.

中共中央，国务院.《中共中央　国务院关于加强和完善城乡社区治理的意见》[DB/OL].（2017 - 06 - 30）[2021 - 04 - 03]. http://www.gov.cn/zhengce/2017 - 06/12/content_5201910.htm.

刘红，张洪雨，王娟. 多中心治理理论视角下的村改居社区治理研究 [J]. 理论与改革，2018（5）：153 - 162.

宋海霞. 社区治理现代化呼唤多元共治 [J]. 人民论坛, 2018 (20): 66 – 67.

广东省民政厅. 广东省民政厅关于印发《广东省推进民政领域基层社会治理体系和治理能力现代化的若干措施》的通知 [DB/OL]. (2020 – 07 – 08) [2021 – 04 – 03]. http://smzt. gd. gov. cn/zwgk/zcfg/xzgfxwjgb/content/post_3057931. html.

中共中央.《中共中央关于制定国民经济和社会发展第十四个五年规划和二〇三五年远景目标的建议》[N]. 人民日报, 2020 – 11 – 04 (01).

俞祖成, 黄佳陈. 城市社区治理的困境: 居民权利与义务的失衡——基于上海社区田野调查的思考 [J]. 上海大学学报 (社会科学版), 2021 (5): 56 – 67.

陈建平. 制度缺失对社会组织参与城市社区治理共同体建设的影响——基于 J 省的实证研究 [J]. 贵州师范大学学报 (社会科学版), 2022 (3): 32 – 45.

陈伟东, 姜爱. 社区治理中的资源传导机制及其效应差异 [J]. 江汉论坛, 2022 (7): 134 – 138.

罗家德, 梁肖月. 社区社会组织孵化培育路径研究——基于山东省 H 社区的案例分析 [J]. 贵州师范大学学报 (社会科学版), 2022 (2): 26 – 40.

BOWLES S, GINTIS H. Social capital and community governance [J]. The Economic Journal, 2010, 112 (483): 419 – 436.

第二章 社会工作联动多元主体参与社区治理的实践研究

——以广州市 H 区 H 街社工站"居家安全改造"项目为例

黄嘉乐①

随着城市社区治理问题日益复杂，传统管制、单一主体的社区管理模式已经无法适应现代化社区治理的要求。居家安全问题关乎社区居民的人身安全，涉及社区多方的公共利益，是社区治理过程中亟须解决的社区公共问题之一。因此，广州市 H 区 H 街社工站以"居家安全改造"项目为载体，联动多元主体参与社区治理，创新社区治理实践。本文对 H 街社工站"居家安全改造"项目这一具体的社区治理实践进行系统研究，在梳理"居家安全改造"项目的实施背景、过程与成效等内容的基础上，指出存在的问题及其成因，提出了优化"居家安全改造"项目的对策建议，最后从项目研究回归到社区治理研究，从"居家安全改造"项目中归纳出社会工作有效联动多元主体参与社区治理的若干结论。

一、本案例研究概述

（一）研究社会工作联动多元主体参与社区治理问题的背景、目的和意义

1. 研究背景

自党的十八大召开以来，我国一直致力于探索社会治理层面的改革。党的十八届三中全会提出了"创新社会治理机制，改进社会治理方式"，从以往的"社会管理"转变为"社会治理"，强调了多元主体的协商合作与平等参与。党的十九大报告提出了"打造共建共治共享的社会治理格局"，这是对加强和创新社会治理的回应。党的十九届四中全会提出"构建人人有责、人人尽责、人人享有的社会治理共同体"，致力于构建基层社会治理新格局。党的十九届五中全会提出要"发挥群团组织和社会组织在社会治理中的作用，畅通和规范市场主体、新社会阶层、社会工作者和志愿者等参与社

---

① 黄嘉乐，男，社会工作硕士，任职于广州城建职业学院。

会治理的途径"，强调了要为多元主体参与社会治理提供更加便捷、畅通的机会。从社会管理到社会治理再到构建共建共治共享的社会治理格局，表明了政府已经不是社会治理的唯一主体，社会治理的主体呈现出多元化的发展趋势。

作为重要的社会力量之一，社会工作更加广泛、更加深入地参与多元主体社会治理，并在社会救助、乡村振兴、基层治理等方面发挥着日趋重要的作用。社区治理是社会治理的基础，是治理体系的"末梢"，也是社会工作的着力点和发力点，推进社区治理创新能够有效地回应社会治理创新。而社会工作如何在社区治理过程中充分运用专业技能，发挥联动作用，成为亟须解决的问题。

广州社会工作经历 10 余年的快速发展，建立了项目化、市场化的政府购买社会工作服务体系，探索形成了党政主导、项目运作、社会协同、专业服务的广州社会工作服务模式。为了适应构建社会治理新格局的要求，2018 年 6 月开始，广州市将社会工作服务模式调整为"113X"服务模式，不断推进社工专业服务向基层下沉，为社会工作参与多元主体社区治理奠定了良好的制度基础。H 街是广州市 H 区所辖的 16 街之一，在探索社区治理的过程中，H 街社工站基于"113X"服务模式①，针对 H 街社区治理的突出问题——老旧社区长者的居家安全问题，开展了"幸福社区"建设项目、"四防"专项服务和"居家安全改造"项目等关注社区困境长者居家安全的系列服务，并联动社区多元主体参与其中，更好地解决长者的居家安全问题。H 街社工站以"居家安全改造"项目为平台，以提升社区居民居家安全意识、改造社区困境长者居家环境和搭建社区多元主体参与平台为介入点，以联动整合为手段，运用社会工作专业方法促进社区多元主体共同参与社区治理，在实践中取得了一定成效，具有一定的参考意义。

2. 研究目的

从"双社联动"到"多方联动"，从"一元管理"到"多元共治"，社会工作在治理主体多元化的过程中扮演着重要角色，发挥着重要作用。社会工作只有更好地发挥专业优势联动多元主体，整合多方优势资源满足需求，才能顺应创新社区治理的潮流。因此，本文从微观入手，以点带面。以"居家安全改造"项目为切入点，着眼于参与社区治理的专业社会工作机构和社会工作者，研究社工机构和社会工作者在参与社区居家安全改造时应该如何进行角色定位，如何联动各个主体参与"居家安全改造"项目，并结合实践提出完善"居家安全改造"项目的对策，促使社会工作有效联动多元

---

① 根据《南方日报》2018 年 12 月 18 日刊发的《广州探索社工服务"113X"模式，构建全方位服务体系》一文，广州各街道社工服务站实行"113X"服务模式：第一个"1"指 1 个核心项目，即强化党建引领社会工作服务；第二个"1"指 1 个重点项目，即突出居民群众最迫切、最需要、最直接的社会工作服务；"3"是指 3 个基础项目，即家庭、老人、青少年社会工作服务；"X"则是指特色项目，即发掘本街特色，探索拓展其他领域的社会工作服务。

主体积极地参与社区治理当中。

3. 研究意义

在理论层面，本文运用多元主体治理理论和社会资本理论指导与分析社区实务工作，并在实践社区治理的过程中进一步深化相关理论，丰富了多元主体治理理论和社会资本理论应用于社区治理的研究。此外，本文通过分析 H 街"居家安全改造"项目的过程、成效与不足，探究社会工作如何联动多元主体有序、高效地参与社区治理，推动社区治理创新，丰富专业理论和实务研究经验。

在实践层面，本文在分析 H 街"居家安全改造"项目的过程、成效与不足的基础上，从社会工作联动多元主体的角度提出完善"居家安全改造"项目的对策，并以"服务项目的点"带出"社区治理的面"，总结出社会工作有效提升多元主体的联动意识和治理能力、推动多元主体参与社区治理的经验，探索共同参与、协同治理的社区治理模式，实现社区治理创新，为社会工作参与社区治理起到了实践借鉴作用，有助于丰富社区治理研究。

（二）相关概念和理论基础

1. 社区治理、联动多元主体和居家安全改造

城市社区不仅是政府向底层民众提供服务和救济的渠道，也是强化城市基础控制、实现社会和谐和城市长治久安的重要载体（Linda Wong、Bernard Poon，2005）。社区治理是指在社区范围内，多元主体共同协作实现社区公共事务的良好运作的过程，社区治理与传统社区管理的区别在于：一是治理主体强调多元化，单一的政府变为多元的社区成员；二是治理方式强调协同合作，自上而下的行政管理变为自下而上的多元主体协同参与；治理结构强调扁平化，纵向的科层制管理结构变为平行的网络状互动结构（谭日辉，2018）。居家安全问题关乎社区居民的利益，涉及社区多方的公共利益，是社区治理过程中亟须解决的社区公共问题之一，需要社区成员的通力协作才能有效解决。"居家安全改造"项目是 H 街社区治理的具体实践，其强调社区多元主体的协作参与，整合社区资源解决社区问题，探索多元主体协同参与的社区治理模式，从而实现社区公共事务的良好运作。

"联动多元主体"的"多元"，是相对于"一元"而言的，是指治理主体除了政府之外还包括社区居委会、社区组织、社区企业、社区居民等社区主体，他们能够参与社区事务并为社区提供公共物品和公共服务。多元主体参与治理包含了对公共利益的关注，并体现在社会治理活动中。如老旧小区改造就是统筹多方力量参与改造活动（杨昌，2022）。联动多元主体是指在社区治理过程中，社会工作机构（社会工作者）发挥其联动作用和资源整合对接作用，促进社区中多元主体之间的互联、互动、互补，满足社区居民的多元化需求，实现"善治共治"的社区治理模式。联动多元主体并不

是简单地在参与主体之间的互相联动，而是要形成常态化、平等化的联动机制，形成由社区居民、组织、企业等主体自己对本社区事务进行管理的社区管理制度，充分实现管理的自由性与准确性。在本文中，联动多元主体是指 H 街社工站或其社工，利用社会工作专业方法，发动和协调社区居委会、辖区内单位、社区组织、社区企业、社区居民等主体，一同参与"居家安全改造"等社区治理项目，确保各主体在参与过程中互联互动、优势互补、形成合力，从而实现"居家安全改造"等社区治理项目成效的最大化。

居家安全改造主要是指对社区内（特别是老旧社区）存在安全隐患的居家环境进行改造，保障长者、残障人士的居家安全。本文研究的"居家安全改造"主要是指对 H 街老旧社区的孤寡独居等困境长者的居家环境进行改造。

2. 多元主体治理理论和社会资本理论

"多元主体治理理论"是由"多中心理论"发展而来的，"多中心理论"倡导除政府之外，鼓励营利性社会组织、中介组织等第三部门和公民均参与公共事务的决策，也就是治理的主体既可以纵向独立运作，也可以横向合作共同解决问题。"多元主体治理理论"的核心要义在于主体的多元性，其更加强调多元主体间既相对独立又相互联系，倡导在各自领域内发挥各自的优势共同实现治理目标，通过充分调动居民、社会组织、政府部门和私人部门的参与积极性，在一个制度化的治理框架内实现有效的自我管理（EVA Sorensen、Jacob Torfing，2009）。在多元主体治理理论指导下，社会工作通过联动社区多元主体，整合与发挥各主体的资源与优势，实现社区治理目标。

社会资本理论最初是由经济学的"资本"演化而来的，它将制度因素、价值判断和文化影响纳入了经济社会学的分析框架之中，是一个专门研究社会资本与其经济、政治、社会文化等各方面关系的理论体系。学术界第一个对社会资本概念进行系统描述的是法国学者布迪厄，他认为社会资本是实际资源或潜在资源的集合体，这些资源与关系网络中的制度化的共同熟识和认可有一定的关系，也即与一个群体中的成员身份有关（姜珊、胡晓寒，2021）。社会资本理论从社区成员的互信合作、普遍共识、集体认同、集体归属和集体行动来理解社区治理，并认为社会资本的状况决定着社区治理绩效的好坏（张立荣、冉鹏程，2018）。在社会资本理论指导下，社会工作发挥专业优势，促进社区内党组织、社区居委会、社区组织、社区企业、社区居民等多元主体有效地互动、互补、互联，构建紧密的社区关系网，积累社区资本，共同解决社区问题，促进社区发展。

（三）研究方法和研究思路

1. 研究方法

笔者主要运用了文献法、深度访谈法和参与式观察法收集资料，奠定研究基础和确定研究依据，并通过定量分析法对所收集的材料进行归纳、分析和总结，形成支撑论文观点的材料。同时，笔者运用个案研究法对 H 街社工站"居家安全改造"项目进行整理与分析，形成相应的认识和结论。

一是文献法。文献研究可以全面、正确地了解、掌握所研究的问题。笔者通过阅读与论文主题相关的书籍、期刊、网络资料和政策文件等材料，对所收集的资料进行分类、梳理和归纳，以此了解社会工作联动多元主体参与社区治理的研究现状，借鉴相关研究的成果和经验，为本文的研究奠定基础。此外，笔者参与了"居家安全改造"项目的开展，在整个过程中所形成的总结性材料及资料可应用于论文的撰写。

二是深度访谈法。深度访谈法是一种无结构的、直接的、个人的访问。笔者运用准备好的访谈提纲，分别对社区居委会工作人员、社区社会组织工作人员、社区企业代表、服务对象、服务对象家属和社会工作者进行深度访谈。在互动过程中与受访者探讨"居家安全改造"项目的成效、开展过程中存在的问题和多元主体联动的情况等内容，最后将访谈结果汇总分析，为论文的撰写做好准备工作，增强建议对策的针对性与说服力。具体访谈名单见表 2-1。

表 2-1　访谈对象信息表

编号	代称	性别	所属单位	职业	备注
A01	GTT	女	H 街社工站	社工	一线社工
A02	SDY	女	H 街社工站	社工	一线社工
A03	XCL	女	H 街居家养老综合服务中心	社工	一线社工
B01	HDZ	男	WZ 志愿者团队	志愿者	团队负责人
B02	LCC	男	RJ 志愿者团队	志愿者	团队成员
C01	KZR	女	Y 社区居委会	主任	—
C02	GZR	女	Q 社区居委会	主任	—
C03	HZR	男	W 社区居委会	主任	—
C04	QJ	女	G 社区居委会	民政专干	—
D01	ZBJ	女	社区 LT 企业	工作人员	党支部负责人
D02	ZTT	男	社区 JY 企业	工作人员	对外联络负责人
D03	LSF	男	社区 JF 企业	工作人员	改造施工工人
E01	ZYN	女	Q 社区居民	已退休	失独孤寡长者，接受了修复墙体、更换铁门和下水管道维修服务
E02	CCF	女	G 社区居民	已退休	高龄长者，肢体四级残疾，接受了安装扶手、更换坐便架服务
E03	CBZ	女	G 社区居民	已退休	高龄长者，中风偏瘫，接受了安装扶手服务

编号	代称	性别	所属单位	职业	备注
E04	LWY	女	Q 社区居民	已退休	高龄长者，膝盖动过手术，行动不便。接受了安装扶手、增设防滑垫服务
E05	WRH	女	Y 社区居民	已退休	失独孤寡长者，接受了下水道改造服务
E06	GYZ	女	G 社区居民	已退休	高龄独居长者，接受了安装扶手、更换灯泡服务
E07	WSH	女	W 社区居民	已退休	高龄长者，视力一级残疾，接受了安装扶手服务
E08	LWQ	男	J 社区居民	已退休	独居残障长者，接受了蹲厕改坐厕、维修厕所门、铺设防滑瓷砖服务
E09	QQP	女	W 社区居民	已退休	高龄长者，患病，接受了安装扶手、更换冲水装置服务
E10	LRF	女	Y 社区居民	已退休	高龄独居长者，接受了增设洗澡椅子、防滑垫、防滑鞋服务
F01	HKH	女	W 社区居民	已退休	为编号 E07 长者的女儿
F02	WZF	男	G 社区居民	已退休	为编号 E03 长者的丈夫
F03	GDN	男	Q 社区居民	已退休	为编号 E04 长者的儿子

三是参与式观察法。参与式观察法是指研究者实际和深入地参与研究对象的日常社会生活，并进行仔细的观察和记录，从而收集与研究对象日常生活密切相关的有效信息。笔者在 H 街社工站实习期间，参与了"居家安全改造"项目，与服务对象、社区企业、居委会等主体有一定的接触，对项目运作也有较全面的了解。此外，笔者通过设计观察记录卡片，进入服务对象的住所进行观察，记录服务对象居家安全环境的改造情况，积累了撰写文章所需的素材。

四是定性分析法。笔者运用定性资料分析方法，对"居家安全改造"项目的相关资料、访谈记录等材料进行归纳、分析和总结，按照研究框架和研究内容寻找重要的信息和论述，归纳和提炼其中的重要内容，形成支撑论文观点的材料。

五是个案研究法。笔者选择 H 街社工站"居家安全改造"项目作为个案进行研究，对其治理现状进行梳理，研究社区治理中取得的成效以及存在的不足，并提出相应的对策。在 H 街社工站的大力协助下，笔者获得了研究所需要的服务档案以及案例等相关资料，经过对"居家安全改造"项目相关资料的归纳与整理，对整个项目有了较全面的了解。

2. 研究思路

首先，在呈现 H 街社区治理和居家安全问题治理现状的基础上，指出居家安全是

H 街社区治理中的突出问题，并探讨 H 街"居家安全改造"项目的实施背景、过程与成效等情况，分析其存在的问题与原因。其次，在"现状—问题—原因—对策"的逻辑指导下，结合前文的分析，提出社会工作如何联动多元主体完善"居家安全改造"项目的对策，包括服务保障——社工站联动多元主体构建多层支持网络、资源整合——社工站联动多元主体拓宽资源筹措渠道、常态联动——社工站联动多元主体完善合作机制三个方面。最后，从项目研究回归到社区治理研究，思考在"居家安全改造"项目这一具体的社区治理实践中，社工扮演了什么角色、如何联动多元主体参与社区治理等内容，归纳了促进社会工作有效地参与多元共治社区治理的经验与结论。研究框架如图 2 - 1 所示。

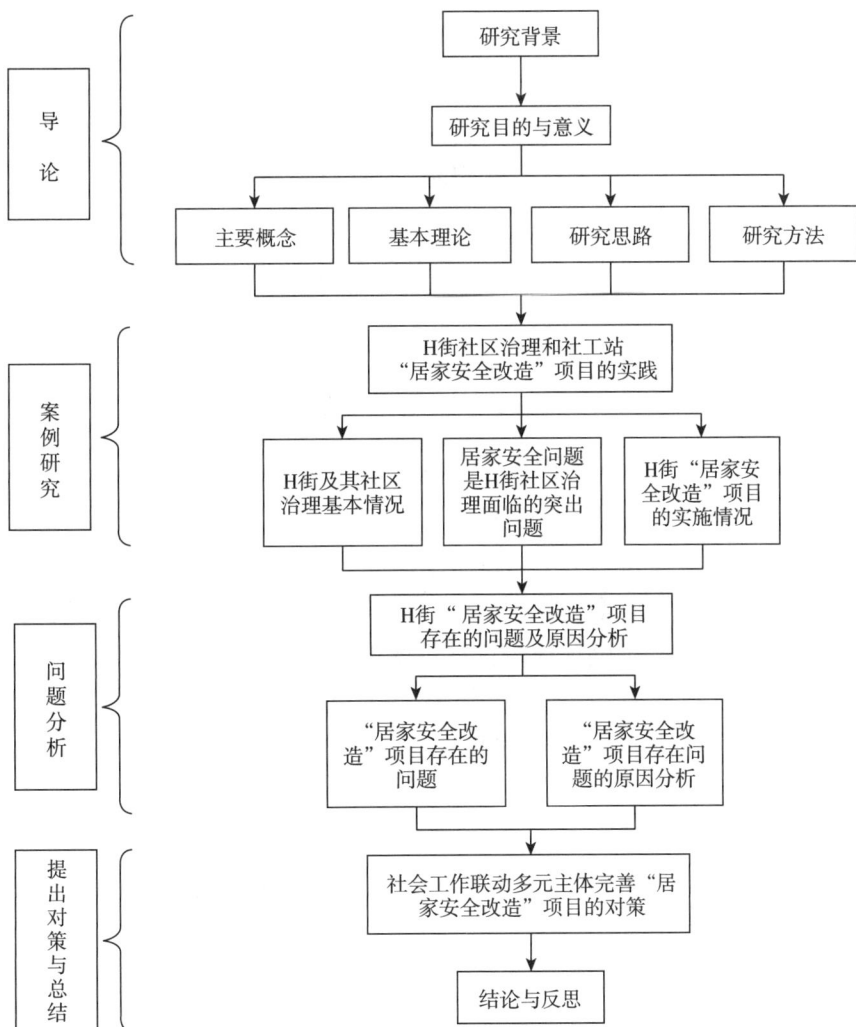

图 2 - 1　研究框架图

二、H街社区治理和社工站"居家安全改造"项目的实践

(一) H街及其社区治理基本情况

1. H街及社工站概况

H街位于H区中心城区,街道下设16个社区居委会,其中15个城市社区,1个转制社区。街道根据社区的地理位置、人口特征、经济水平及对社会福利的需求等特点划分了"一区""二区""三区"三个区域。"一区"由5个20世纪70年代社区组成,社区内居民多为长者,基础设施老旧,呈现老龄化的特征,以长者服务为主;"二区"由5个20世纪80—90年代社区组成,社区内居民多为中年居民,呈现中年化的特征,以家庭服务为主;"三区"由6个20世纪90年代后社区组成,社区内居民多为青年居民,呈现年轻化的特征,以儿童青少年服务为主。

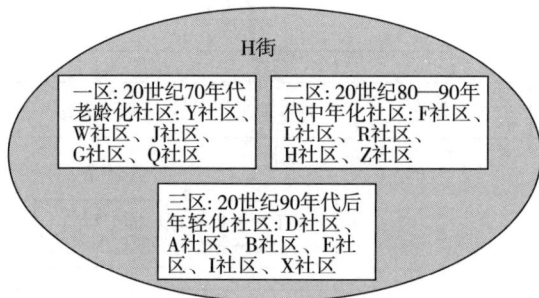

H街

一区:20世纪70年代老龄化社区:Y社区、W社区、J社区、G社区、Q社区

二区:20世纪80—90年代中年化社区:F社区、L社区、R社区、H社区、Z社区

三区:20世纪90年代后年轻化社区:D社区、A社区、B社区、E社区、I社区、X社区

图2-2 H街社区划分示意图

H街社工服务站是在广州市政府推动下,由H区H街道办事处与广州市B社工机构携手合作成立,于2011年4月27日正式揭幕运营。H街社工站服务对象包括辖区内的儿童、青少年、妇女、长者等群体。社工站的社工运用专业的手法,在党建引领下,通过"113X"服务模式,为辖区内居民提供救助性、支持性、发展性、预防性服务,具体分为家庭服务、儿童服务、青少年服务、妇女服务、长者服务等内容,旨在协助居民解决问题,丰富居民生活,推动社区互助友爱,建设和谐幸福社区。

2. H街社区治理概况

2019年9月以来,H区把加强社区治理体系建设作为加强基层治理的"切口",围绕政治、法治、德治、自治、智治推广"五治同创"① 社区治理,开创和实践社区治理新模式。

在H区"五治同创"理念的指导下,H街党工委、办事处开展了一系列社区治理

---

① "五治同创"的主要内容包括:以"政治"强引领,凝聚治理的向心力;以"法治"强保障,增强治理的正压力;以"德治"强教化,提升治理的感染力;以"自治"强基础,激发治理的原动力;以"智治"强支撑,增添治理的驱动力。

创新工作，不断提升社区治理系统化、精细化、法治化水平，创建邻里和谐、合作共建的街道社区，打造共建共治共享的社区治理新格局。一是定期开展主题党建文体活动，不断加强党性培育，注重体察群众所需所急，积累党群力量，提高群众参与公益活动的积极性；二是重视老旧小区加装电梯民生工程，累计增设 50 多台电梯，为 3000多户居民解决了"爬楼难"问题，切实提升居民生活幸福感；三是经多次实地勘察，充分发挥小区自治作用，彻底解决困扰 G 社区 328 户、900 余名居民多年的用水难问题；四是与 Y 社区居民志愿者队伍合作，合力掐灭火灾隐患，成功摘下 Y 社区"火灾隐患重点整治地区"的帽子[①]。在实践中，H 街"五治同创"硕果累累，阳光社区建设初显成效，为老城区注入了新的活力。

（二）居家安全问题是 H 街社区治理面临的突出问题

虽然 H 街"五治同创"取得了良好的社区治理效果，但由于长者人数较多、居家设施老化、居家安全意识不高等原因，H 街老旧社区的长者仍面临着严峻的居家安全问题。H 街常住人口 10.2 万，其中户籍人口 57888 人，外来人口 42112 人，60 岁以上的户籍长者共 10747 人，约占户籍总人口的 18.56%，80 岁以上长者共 1502 人，约占户籍总人口的 2.5%[②]。H 街已成为老龄化社区，特别是 H 街的 5 个老旧社区（Y 社区、W 社区、J 社区、G 社区、Q 社区）长者共 4558 人，约占 H 街长者的 50%，同时这些老旧社区的楼龄平均在 30 年或以上，室内设施老化，空间较为狭小，存在安全隐患，容易发生居家安全事故。

由于老旧社区居家安全问题的凸显，H 街社工站于 2015—2019 年开展了"幸福社区"建设项目、"四防"专项服务、"关爱长者安全联盟"项目和"居家安全改造"项目等针对长者居家安全的系列工作。虽然取得一定成效，但仍存在以下问题。

1. 社区部分居民缺乏居家安全意识

具有"四防"（用电安全预防、用药安全预防、燃气安全预防和跌倒预防）意识和掌握"四防"知识的长者，能够有效地应对和处理居家安全问题，避免居家安全事故的发生。但由于 H 街部分居民缺乏燃气安全、用电安全等意识，导致在 2018 年 9 月至2018 年 12 月，H 街老旧社区发生了 3 起消防安全事故。此外，社区部分长者不够重视跌倒预防，为了节省电费，晚上不开电灯，发生了跌倒事故。笔者在探访过程中了解到，多数长者对自己目前的居住环境比较满意，并没有意识到需要清空屋内杂物、整理电线线路、添置防滑辅具，当问到长者关于突发事件的应急处理方法时，大多数长者表示不太清楚如何应对。为了避免居家安全事故的发生，需要采取相应的措施进一

① 麦思容. 黄埔街五治同创阳光社区，展现老城区新活力 [EB/OL]. 信息时报，（2020 – 10 –25）[2021 – 04 – 05]. https：//www.xxsb.com/content/2020 – 10/25/content_123723.html.
② 资料来源于 H 街社工站"居家安全改造"项目的需求评估报告。

步提升长者的居家安全意识和应对突发事件的能力，从而保障长者的居家安全。

2. 老旧社区家居设备设施老化严重

H 街老旧社区的楼龄在 30 年或以上，基础设施老化，给居民的生活带来了许多不便，特别是家居设备设施使用频繁，老化程度更为严重，若不进行更换则容易引发居家安全事故。近年来，H 街多个老旧社区由于居家设施老化而引发了多起安全事故。其中，J 社区一户长者家里的线路老化引发火灾，造成了人员伤亡。在走访过程中笔者观察到，部分长者家里的线路老化严重，家用电器较为陈旧，电线摆放杂乱，插线板使用时间过长，存在一定的安全隐患。在与长者谈及居家安全问题的时候，长者表示家居设施能用就继续用，没有定期检查与更换的意识。

3. 困境长者缺乏资源改善居家环境

据调查，H 街老旧社区的部分长者有居家安全改造的意愿，但是缺乏相应的资源，无法进行改造。一是缺乏改造资金。低保低收、残障等特殊长者群体收入低下甚至没有收入，根据马斯洛需求层次理论，温饱是他们最迫切需求解决的问题，居家安全问题则变得不那么重要。二是缺乏改造资源。高龄、孤寡、独居长者由于自身的特殊性，社会支持网络狭窄，寻求帮助的途径单一，缺乏相应的资源进行居家安全改造。访谈过程中，有一位长者表示她有退休金，能购买所需物资，但是社区没有提供居家安全改造的服务，导致无法改善居家环境。公益性的居家安全改造服务能够有效地解决上述问题，帮助有服务需求的困境长者，从而减少困境长者群体的居家安全隐患。

（三）H 街社工站"居家安全改造"项目的实施情况

1. 社区各主体对"居家安全改造"项目的需求

一是长者和其他居民提升居家安全意识的需求。经过社会工作者的观察，老旧社区长者人数较多，且老旧社区的房屋设施比较陈旧，长者的居家环境存在一定的安全隐患。由于老旧社区发生了多起安全事故，街道办事处、老旧社区的居委会、长者家属和长者越加重视长者居家安全问题，他们希望通过各种方式避免居家安全事故的发生，营造安全社区。社区居委会希望能够与社工站合作，通过走访社区和入户宣传，提升社区居民的居家安全意识。社区居民希望社区能开展与居家安全相关的知识讲座和活动，学习应急处理方面的知识。社区居民对居家安全知识的了解，有利于改善长者居家环境，有效避免长者跌倒或其他安全事故的发生。

二是困境长者居家安全改造的需求。根据调查和访谈情况，社区长者存在居家安全改造的需求，特别是处于高龄、经济条件差、健康状况糟糕、居家环境不理想等情况的长者需要更大。根据社工站长者领域 2019—2020 年的需求调查报告，笔者了解到 H 街困境长者求助的渠道单一，其能够获得的支持主要来源于家庭，其他层面的支持较为薄弱。困境长者如果不能从家庭网络中获得支持，则很难从其他途径获得资源以改善居家环境，而缺少扶手、防滑垫、坐便器等合适的硬件设施是长者发生跌倒的重要原因。因此，社工站亟须实施"居家安全改造"项目为困境长者提供支持和服务，以保障长者的居家安全。

三是社区多元主体提供服务和参与社区治理的需求。经过对潜在合作单位的访谈、社区人力资源的摸查和社工站党建领域需求调研的分析可知，社区多元主体具有较高的参与意愿和积极性，愿意提供人力物力财力支持"居家安全改造"项目的开展。但街区缺乏社区参与的服务平台，存在各主体参与社区治理的资源利用零散化与整合不足的问题（胡小君，2016），致使其无法有效地参与社区治理。H 街社工站作为广州市20 个慈善捐赠点之一，在社区开展募捐、义卖、筹资工作有一定的信服力，有助于联动社区多元主体共同参与社区治理项目。因此，社工站通过开展"居家安全改造"项目，搭建社区参与的服务平台，满足社区多元主体提供服务和参与社区治理的需求，并且注重发挥社区中多元主体的优势，整合社区资源开展社区服务。

2. 社工站实施项目的具体过程

H 街社工站"居家安全改造"项目实施分为三个阶段，分别是 2019 年 6—7 月的前期社区调研阶段，2019 年 8 月至 2020 年 4 月的中期服务开展阶段，以及 2020 年 5—6 月的后期成效评估阶段。

在项目实施前，开展社区调研和评估，可以了解项目的可行性与社区可供使用的资源。H 街社工站运用 SWOT 分析方法，了解"居家安全改造"项目存在的内部优势与劣势、外部机会与威胁，从而明确介入策略，制订工作方案，保障项目的平稳推进（见表 2 – 2）①。

表 2 – 2 "居家安全改造"项目 SWOT 分析表

S（内部优势）	W（内部劣势）
1. 社工站各项规章制度、操作流程比较完备； 2. 社工站曾开展了两年以上的长者防跌社区专案、居家安全改造项目、长者安全联盟项目等关爱长者的系列服务，在社区有一定的影响力； 3. 关爱长者安全联盟成员单位已有 18 家； 4. 项目负责社工参与了上一年的关爱长者安全联盟项目，积累了与社区企业、组织等单位的合作经验，有助于项目的开展	1. 社工站自我造血能力较弱，需要链接社区资源运作项目，对外部的依赖性较大； 2. 社工站人员的专业水平还需提高，特别是在组织协调、居家安全风险评估与应对方面； 3. 长者安全联盟成员单位有自己的本职工作，参与服务的时间集中在某一时段，不能持续参与

---

① SWOT 分析的相关资料来源于 H 街社工站"居家安全改造"项目的末期自评报告。

续表

O（外部机会）	T（外部威胁）
1. 大部分长者对社工站有一定的了解，有部分长者参加过社工站服务，对社工站服务较为支持； 2. 社工站与居委会建立了良好的关系，便于项目的宣传和开展； 3. 部分社区商铺和社区企业希望参与公益服务； 4. 购买方（街道办事处）对社工站高度肯定和支持； 5. 部分社区党组织、社会志愿者、热心居民在志愿服务方面积极性较高； 6. 社工站与H街日间托老服务中心建立了良好的合作关系，可以运用H街日间托老服务中心的资源，发掘有改造需求的长者	1. 社区居民参与项目服务的稳定性不足。认可项目的社区居民大多数是长者，但参与能力和资源有限，导致其参与服务范围较小；而年轻居民仅在周末能提供服务，不能持续参与； 2. 居民超出项目范围的个性化需求与项目实施范围不一定吻合，需要做澄清和释疑工作； 3. 能够改造的长者户数由实际筹到的资金量决定，存在比较大的不确定性； 4. 社区企业与社工站合作的动机不一，寻找合作空间存在一定困难； 5. 合作施工队是否熟悉社区、投入程度、改造速度和质量都影响项目进度

"居家安全改造"项目根据社区不同群体的需求设计了个性化的工作计划，具体分为居家安全意识宣传、居家环境改造和联动平台搭建三个方面。

针对居民提升居家安全意识的需求，社工站开展了"营造·家安全"知识宣传计划，目标是提高长者和其他社区居民的居家安全意识，共同营造关注长者居家安全的社区氛围。H街社工站通过联合各社区居委会、社工站长者领域、H街安全生产监督管理部门、H街日间托老服务中心等社区主体，在社区内开展长者居家安全知识宣传活动，教授社区居民居家安全的知识和处理居家突发安全事件的办法，从而提升社区居民的居家安全意识和应急能力。

针对困境长者居家安全改造的需求，社工站开展了"改造·家安全"长者居家安全计划，目标是为社区困境长者提供居家安全改造服务，减少长者居室内存在的安全隐患。首先，社工站为困难长者筹集改造资金和物资。社工站以"居家安全改造"项目为依托，筹集社区人力、财力、物力等资源，转换为项目资源，为居家安全改造服务提供物质基础。其次，社工站对困境长者的居家安全情况进行评估。社会工作者与社区志愿者相互配合，上门排查社区居民的居家安全隐患，摸查长者的居家安全情况，了解长者的需求与意愿，评估是否符合改造条件。最后，社工站为困境长者提供改造服务。经过评估和筛选后，社工站对符合条件的长者提供居家安全改造服务，对不符合条件的长者进行服务资源推介。

针对社区多元主体提供服务和参与社区治理的需求，社工站开展了"联动·家安全"服务平台搭建计划，目标是为辖区内各主体搭建参与社区治理和提供服务的平台，从而聚集社区资源，在社区问题解决上形成合力，更好地解决老旧社区困境长者的居家安全问题。社工站通过社区走访及拜访社区相关单位，联动社区党支部、居民志愿者团队和社区企业等主体，组建成关爱长者安全联盟，共同筹集人力、物力和财力。此外，社会工作者吸纳社工站的长者领域、党建领域和H街长者日间托老中心加入关爱长者安全联盟，发挥各部门服务一线的优势，将"居家安全改造"项目的服务内容融入恒常服务，在提供服务时向社区居民宣传居家安全知识。

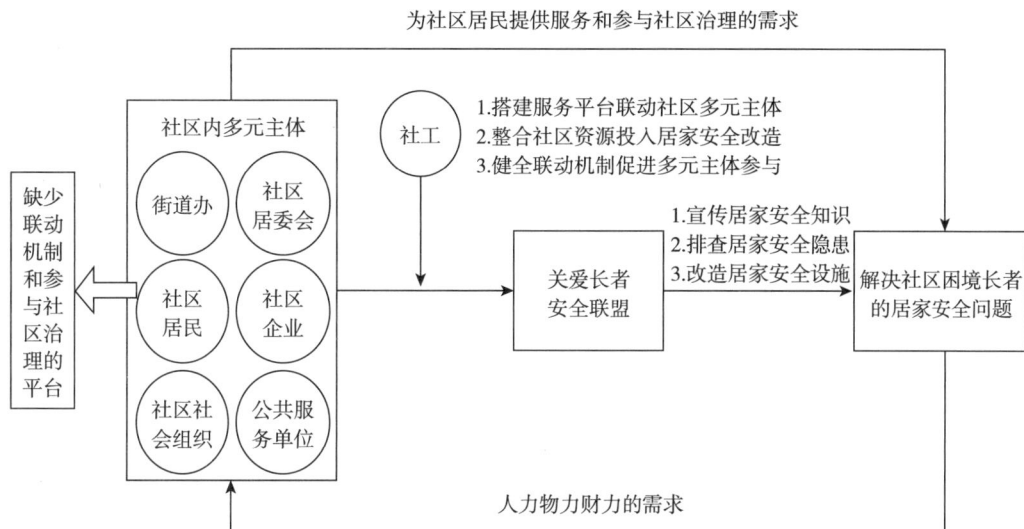

图 2-3　"居家安全改造"项目实施逻辑图

3. 社工站实施项目的服务成效

第一，社工站有力地改善了社区长者的居家安全。"居家安全改造"项目不仅通过开展社区活动宣传居家安全知识和居家安全应急技能，提升了社区长者及其家属的居家安全意识，而且为 60 户社区困境长者提供了改造服务，有力改善了社区长者的居家安全问题，建设安全社区。

一是联盟单位参与社区宣传，逐步提升长者和其他社区居民的居家安全意识。项目对重点长者进行全覆盖，通过联动 16 个社区居委会及党员服务队、居家养老服务中心、社区康慈护理站等社区组织协助宣传，共同开展居家安全知识宣传活动 17 次，派发居家安全宣传册或项目单张 540 份，累计服务 1756 人。据调查，70% 的参与者表示对居家安全的知识有了更深入的了解，50% 的参与者表示愿意协助留意有需求长者的情况，并表示如若发现问题会及时与社工站联络。二是改造安全隐患，创建安全居室。通过针对 5 个老旧社区高龄 + 孤寡、高龄 + 独居、低保、低收、残疾等多重困境需要关注的长者进行居家安全环境状况的全覆盖摸查，累计收集 217 户摸查情况材料，并了解到 68 户长者有改造需求。社工根据项目资金情况对这些居民进行评估，优先为其中 26 户符合项目改造条件的长者家庭链接资源进行微改造服务。截至 2020 年 4 月，项目为 26 户有需求改造的长者进行居家环境改善，提高了其安全意识及安全状态。

我参加了你们的活动，对居家安全有了进一步的了解，发现家里确实存在不少风险，我是失独孤寡老人，没有地方求助，只能向你们申请居家安全改造了。改造完成后，住得舒适了，心情也好了很多，因为知道还是有人关心我的。（E01）

安装了扶手和添置了防滑垫后，会安心很多。毕竟平时需要扶着墙去厕所，现在有了扶手，可以扶着上厕所了。增设了防滑垫之后也没那么容易滑倒了。老年人有时候真的不知道怎样就滑倒了，因为骨头脆，更容易发生危险，很感谢你们提供的帮助。（E04）

我对居家安全的意识还算比较高，以前学相关的专业和从事相关工作，家里的水电也是自己安装的，偶尔也会检查是否安全。妻子偏瘫后，我意识到需要安装扶手、使用拐杖、轮椅等工具，保障她的居家安全。拐杖、轮椅这些辅具可以自己买，也已经买好了。但是扶手一直没安装，因为不知道怎样联系相关的师傅，哪里靠谱。所以上次社工来探访的时候，刚好问到是否需要申请居家安全改造的时候，我就说要申请。经过社工的摸查评估后，我们符合改造条件就约定了上门改造的时间。施工师傅很耐心，会根据我们的需求进行安装和调整，我和妻子都很满意。（F02）

第二，社工站搭建了社区参与的平台。为了聚集社区力量参与"居家安全改造"项目，社工站通过搭建关爱长者安全联盟服务平台，为社区居委会、社区企业、社会组织和社区居民等多元主体提供参与社区治理的机会，联动社区多元主体形成合力，解决社区问题，促进社区发展。在这一过程中，社会工作者扮演着服务提供者、资源链接者、倡导者和协调者等多种角色，推动各个主体加入关爱长者安全联盟，共同参与"居家安全改造"项目。2019年7月，社会工作者通过社区走访宣传"居家安全改造"项目，与社区组织、社区企业面谈，发掘有意愿加入关爱长者联盟的社区多元主体。2019年8月，社工站与关爱长者安全联盟的成员开展了"居家安全改造"项目动员会，主要是了解各自分工与表达各自需求，明确合作内容，最终签订合作协议，确保服务平台的稳定运转。2019年8月至2020年5月，社工站运行关爱长者安全联盟服务平台，定期与合作单位沟通，号召公众参与，营造群策群力解决社区问题氛围。服务期间，社工站对外联动了18个社区单位或部门参与筹资、发掘、摸查及改造事项，共同筹划各自在项目中的角色和分工，共同维系联合协作机制；对内与党建领域、长者领域和居家养老服务中心合作，共同合作开展了18次服务。此外，社工站还与广州市善城社区公益基金会和广州市慈善会紧密合作，与区及街道媒体积极联系，通过链接H区和H街的网络媒体进行宣传和倡导，促进更多社区居民、企业了解、关注和参与"居家安全改造"项目。

社工站通过有序地运作关爱长者安全联盟服务平台，调动社区多元主体积极性，促进社区成员参与社区治理，解决社区的困难和问题，共同打造"共建共治共享"的社区治理格局。

第三，社工站有效地营造了关爱长者的社区氛围，社工站联动多元主体参与居家安全的意识宣传和改造服务，不仅推动了社区成员关注社区长者的居家安全问题，也促进了社区成员关爱社区长者，营造了敬老爱老的社区氛围。就家庭层面而言，由于进行居家安全改造需要征得家庭成员的同意，这就为服务对象提供了与家人交流的机会。经过家庭成员的沟通与协商，根据长者的实际情况确定改造内容，有助于唤起家庭成员关爱长者的意识，营造关爱长者的家庭氛围。

我和妈妈是分开住的，偶尔会回家看看她，会提醒她注意安全，避免跌倒，那时候还没有进行居家安全改造的想法。后来，社工打电话问我们需不需要居家安全改造，我妈妈说申请一下。与妈妈交谈后，我才真正地了解到她的情况，她很需要一些辅具协助行走。在得知可以接受居家安全改造服务之后，我就和妈妈商量申请哪些服务，也会征求社工的意见，希望能够有效地改善居家环境，保障妈妈的居家安全。（F03）

就社区层面而言，社区居委会、社区志愿者、社区企业等主体在参与"居家安全改造"项目后，清楚地了解到社区内存在许多困境长者，激发了参与者爱老敬老、帮扶特殊困难群体的爱心。此外，多元主体的参与和宣传能够不断地扩大"居家安全改造"项目的影响力，倡导人人参与，营造关怀长者、关怀特殊困难群体的社区氛围。

我带领大家参与了社区探访、居家安全隐患摸查等志愿服务，有的团队成员看到一些困境长者的居住条件很差，生活窘困，然后就倡导其他团队成员为"居家安全改造"项目捐款，希望以此改善社区长者的居家环境。（B01）

第四，社工站有效地整合了社区资源。2019 年 8 月至 2020 年 4 月，社工站通过线上线下相结合的方式，以参与腾讯公益"99 公益日"活动、开展义卖活动、开展跳蚤市场为具体形式，筹集项目所需的物资和资金。经过社区多元主体的参与和努力，"居家安全改造"项目累计获得 39848.25 元捐款。此外，社工与多家施工单位积极联系，在比较其公益意愿、工程质量、诚信等维度后，最终选择广州市 JF 有限公司作为合作施工单位并与其签订了合作协议。截至 2021 年 4 月 30 日，该单位所提供的两名专业施工师傅为 2 户家庭提供了详细的施工方案并开展了蹲厕改坐厕的改造服务，为 11 户家庭提供了安装扶手和灯泡等服务，为 13 户家庭铺设防滑垫、增设坐便椅和安装门铃[①]。

虽然受到新冠肺炎疫情影响无法继续开展改造服务，但社工在赠送紧急防疫物资时发现，由于部分长者听力差，社工敲门时不能给予及时回应。于是社工提议为有需要的长者安装门铃，一方面可以降低长者的居家安全风险，另一方面能够继续推进"居家安全改造"项目的进度。此外，社工在疫情期间以个案的方式介入了一件紧急居家安全事故，及时有效地协调业主、物业管理处和维修师傅等多个主体，合力解决了长者家里下水道破裂脱落的问题，缓解了长者恐惧、焦虑的不良情绪。

社工站推动社区各方共同参与社区治理，整合了社区资源投入居家安全改造服务，从而减少长者居家安全隐患，保障长者的居家安全。

---

① 资料来源于 H 街社工站"居家安全改造"项目的末期评估报告。

三、H 街社工站"居家安全改造"项目存在的问题及原因分析

（一）"居家安全改造"项目存在的主要问题

1. 社区多元主体的联动参与机制不健全

联动机制的核心在于联动，所谓联动是指系统内外要素的交流互动，系统内多元主体的互动耦合、多种行为的协同配合，多元主体联动需要一套合理有效的合作机制（何影、韩致宁，2017）。当社区各主体之间联动力度不足时，多元主体之间就无法形成合力进行社区治理。良好的联动机制在于多元主体之间的互动合作，但"居家安全改造"项目没有疏通各主体之间的联系，无法实现多元主体之间的信息共通和资源共享，导致了多元主体的定位不够清晰、行动效率不高的问题，最终没有达到应有的影响力。通过笔者观察发现，在项目实施的过程中，社工一直处于主导位置，几乎是在推着其他主体往前走，这是一种联动的失衡，容易走向大包大揽的误区。联动机制的不健全导致联动的效果并不显著。

我们没有组织社区多元主体开展茶话会、议事会等协商沟通的会议。因为我们的工作目标是联合多元主体参与居家安全改造，主要是筹集各方的资源并投放到居家安全改造中，从而发挥作用。议事协商会有，但是不够深入，主要是通过线上的微信群进行告知、公示等。目前社区各个主体之间互动与联结的程度相对来说是比较浅的，促进多元主体的议事协商、联结互动对于社工来说也是一个挑战。一方面我们首要的目标是获取更多资源开展项目改造，在主体互动层面关注较少；另一方面居委会、合作单位的日常工作较多，很难把大家集合起来。（A01）

2. 社区多元主体的议事协商机制不完善

多元主体参与作为一种全新的决策和治理机制建立于公民参与的基础上，是一种以政府行政机构、社会组织、市场组织和公民等作为行动主体，通过主体间对社会公共事务的共同协商及讨论进行决策与治理的参与机制（李枭，2018）。为了联动社区多元主体参与社区治理，社工站以"居家安全改造"项目为媒介，以关爱长者安全联盟为平台，促进多元主体对社区公共事务的交流与协商，实现社区协同治理。但在项目推进过程中，社工没有做到真正意义上的"协同"，社工仅关注整合社区多元主体的资源，而较少关注多元主体之间的议事协商。虽然社工定期与合作单位洽谈合作，也会在联盟联络群上汇报服务成效，但这种联络方式仅停留在社工与多元主体之间的交流，没有深入多元主体之间协商互动的层面。

社工建了一个合作单位交流群，方便大家联系，一开始群里比较热闹，后来就比较安静，没怎么交流互动。平时社工会在交流群里发一些筹款活动、公益服务等链接，动员大家参与。此外，社工也会定期在群里汇报款项使用情况、"居家安全改造"项目

的进度和取得的成效等信息。(D02)

我们和社工站签订了协议，形成稳定的合作关系。社工会根据服务对象的意愿确定改造的内容，购买了改造材料，然后跟我约好上门改造的时间，最后进行施工改造。我一般是按照服务对象的要求安装，也会根据实际情况提出一些建议。有一次，服务对象接纳了我的建议进行了改造，但其家属不满意，造成比较尴尬的局面。所以需要大家一起商量好，再确定改造方案。(D03)

社区协商渠道不畅通、机制搭建不完善，导致多元主体对社区公共事务持"事不关己"的态度 (许和隆，2007)。议事协商机制的不完善导致关爱长者安全联盟的成员常常以完成任务的方式参与社区治理，议事协商的意愿较低，部分社区企业仅关注参与公益项目的效益，只在乎是否对其进行了公益宣传，缺乏共同为社区谋发展、共同为社区解难题的意识。

我们会邀请合作单位参加项目的启动仪式，打算借助这个机会促进大家相互认识，但是很多合作单位都说没空参加，最后只有两个合作单位派了代表来参加。(A01)

合理的议事协商机制应该是社区多元主体就某个社区问题进行深入交流，提出各自的建议，提供社区所需的资源，达成共识，从而有效地解决社区问题的合作机制。而为了完成某个项目或目标而开展的短期联合，不仅忽视了多元主体合作的持续性，而且不利于常态化议事协商机制的形成。

3. 社工站对长者居家环境的改造力度不足

"居家安全改造"项目的既定目标是：提升社区居民居家安全意识、联动社区多元主体参与社区治理、为社区困境长者提供改造服务。但在项目开展过程中，社工站偏重于居家安全意识层面的宣传，在居家环境改造层面的效果略显不足。一方面体现在提供的服务类型。在接受改造服务的 60 户长者中，对其中 30 户给予了改善服务，如增设防滑垫、坐便椅、拐杖、安全门铃等，占项目改造目标人数的一半。另一方面体现在提供的服务内容。在接受了改造服务的 30 户中，安装扶手的占了 22 户，出现了服务内容同质化的现象。仅有 3 户接受了蹲厕改造成坐厕服务，1 户接受了改造下水道服务和 1 户接受了修复墙体与更换房门服务。

我们把居家安全的改造服务分为改造类和改善类，改造类服务是指需要施工师傅上门评估和进行改造的服务，如蹲厕改造成坐厕和安装卫生间扶手等，改善类服务是指不需要施工师傅上门改造，仅需社工提供服务对象所需物资的服务，如铺设防滑垫和增设坐便椅等。严格来说，改善类服务是对长者居家环境的改善，不是真正意义上的居家安全改造，但我们认为，只要对长者的居家环境有所改善，对长者的居家风险有所降低，就已经达到了我们的工作目的。(A01)

现在下水道没有漏水了，但施工师傅帮我更换的是塑胶管道，水流经过时很响，总会担心管道再次掉落。我那时候跟社工和施工师傅说，希望能够更换回水泥管道，但他们说已经是几十年的老房子了，很难找到合适的设施，就算找到合适的设施，改造起来也需要更多资金，而"居家安全改造"项目的资金有限，所以我就做了这个折中的选择。疫情期间发生了这么一件糟心事，还好有你们的帮助，十分迅速地帮我解决了问题，虽然没有达到理想的状态，但是我已经很满足了，谢谢你们！（E05）

4. 社工站的摸查评估服务不够科学和客观

在为困境长者提供居家安全改造服务之前，社工会根据年龄、收入、健康状态、居家环境等方面进行评估，符合标准才予以改造。但是笔者发现，社工站的摸查评估服务不够科学和客观，具体表现在两个方面：一是评估人员不够专业。居家环境的情况多是由社工和志愿者进行评估，由于缺乏居家风险评估的专业技能，评估工作具有较强的主观性。此外，接受评估是居家安全改造的第一步工作，一些有更为迫切需要但不愿意接受评估的居民就被"选择性忽略"。二是评估需求不够全面。社工主要是根据服务对象的需求进行评估和提供服务，服务对象需要什么就提供什么，虽说这种做法可以很好地契合服务对象的需求，但是缺乏对服务对象居家环境的整体性和全面性的评估，可能会忽略了长者自身没有意识到的安全隐患。

"居家安全改造"项目摸查表主要是对长者的收入与支出情况、患病情况、安全隐患情况、自理能力、行动能力、改造意愿等方面进行评估。我们考虑了多种评估指标，希望能设计出相对客观合理的摸查表，但我们缺乏居家风险评估的相关知识，导致摸查表设计得不够科学，同时我们存在一定的主观性，指标和条件的设定也会存在一定的偏差。（A01）

5. 社工站较少关注长者家庭成员网络的支持作用

在服务过程中，社工多数情况下只关注困境长者的困难与需求，没有发掘他们的家庭支持资源。当评估符合标准，则为长者提供其需要的服务，若不符合标准，则为其链接改造资源。这种服务方式没有发挥长者家庭成员的作用，忽视了长者最重要而且最容易获得的家庭支持资源。通过获得家属的支持，调动长者家庭成员的资源，能够激活长者的支持网络，有利于社工开展服务，也有助于家庭维系良性互动。而越过长者家庭成员直接为其提供服务，一方面可能会造成长者与其家属的矛盾，另一方面会加大社工的工作量。

因为项目的服务群体是社区困境长者，他们大部分是孤寡独居长者，我们想着能直接为他们提供服务，改善居家环境就不麻烦他们的家庭成员了。但是慢慢发现，我们的工作量太大了，对于那些不符合标准的还需要跟进，没有那么多精力。所以我们意识到需要发动他们家庭成员的作用，我们作为倡导者，让他们的家庭成员意识到长者是有需要进行居家改造的。联合家庭成员一起开展服务，我们轻松很多，也促进了长者家庭关系的改善。（A01）

（二）"居家安全改造"项目存在问题的原因分析

1. 社区多元主体的分工不够细化，角色定位模糊

当前我国很多地方积极推行复合型、多元化的基层治理架构，但是这样的治理架构缺乏统一明确的治理主体，难以达成共识，缺乏整合不同利益群体诉求的机制，容易导致基层治理架构出现碎片化问题，一定程度上加剧了矛盾与冲突（李强，2010）。在"居家安全改造"项目开展过程中，社工占据了主导地位，其余各方力量对自身的角色和分工不够清晰，导致他们缺少主动性。除社工之外的其他主体更多的是处于配合状态，他们的主动性和积极性没有被完全调动起来，如果没有社工的推动和组织，他们很难自主开展社区服务。

因为我们主要做居家养老的项目，经常跟长者打交道，对社区长者的情况比较了解。我们加入了关爱长者安全联盟，以前也曾与项目社工合作开展过相关服务，但是我不能很明确自己的工作范围。一开始是找我们拿一些有需要居家安全改造的长者名单，后来邀请我们一起上门评估和赠送物资，应该是扮演转介者和协助者的角色吧？（A03）

我们主要参加的是志愿服务，例如和社工一起上门摸查评估或者带一些家里闲置的物品来参加义卖，还有就是鼓励员工一起捐款。没有太明确的角色定位和职责分工，社工有服务就会找我们合作，我们有服务的需求也主动联系社工，就是相互配合开展服务。（D01）

多方联动的过程是汇集社区各方力量协同参与社区治理的过程。在合作的过程中，各方会因为不同的出发点而产生分歧，因此，社工要明确每个主体具体负责的工作以及在关爱长者联盟中的角色，从而提升参与的效率，最终实现通力协作。特别是要明确社区居委会的职责分工，由于社区居委会承担了大量的社区管理职责，掌握了大量的行政资源，社工可以借助这些资源，更好地联动多元主体参与社区治理。

2. 社区多元主体持续参与的意愿较低，缺乏共治意识

"居家安全改造"项目成立了关爱长者安全联盟，为社区多元主体搭建了参与社区服务的平台，通过聚集社区力量，共同筹措"居家安全改造"项目所需资源。项目实施分为三个阶段，不同阶段有对应的工作，包括前期的物资捐赠、资金募集和探访摸查工作，中期的情况评估、居家改造和施工监督工作，以及后期的改造回访工作。社工希望联盟成员能够提供人力物力等资源，更希望能够形成良好的长期合作关系，但实际上，部分联盟成员持续参与公益服务的意愿较低，特别是社区内的商铺和企业，他们十分关注参与公益服务能否提升自身的知名度和能否树立良好的公益形象，而下一次的合作意愿很大程度取决于上一次合作所带来的效益，如果参与公益服务的效果没有达到他们的期望，很可能不再与社工合作了。

营利性组织都希望借助参与社区服务宣传自身的品牌、服务和文化，但是我们不能对合作的企业进行过度宣传，否则社区居民会误解社工服务的本意，因此我们需要兼顾公益服务和商业宣传的平衡。但在洽谈合作的时候，有的企业觉得宣传力度太小，就不愿意合作了。（A02）

作为营利性组织，我们参与公益服务的主要目的是希望能够借此在社区中提升自身的知名度，树立公益形象，营造良好的企业文化。与社工洽谈之后，了解到这个项目能够宣传我们企业，并且社区中确实存在较多需要帮助的群体，所以我们就借助这个机会，宣传我们企业的同时，帮助有需要的人。作为社区中的一员，我们有为社区服务的义务。（D02）

笔者在实习期间，曾走访社工站附近的商铺，希望能够在店铺内张贴筹资的宣传单张，其中较多店主首先关注的是自家商铺能否得到宣传，仅有两三家商铺表示很乐意为社工站的筹资宣传提供方便。多元主体缺乏长期持续的参与意愿导致社工只能联合资源而不是联动主体，即把各个主体能够提供的资源进行整合，投入"居家安全改造"项目，较少关注各个主体之间深入的协商互动。这是一种联合社区资源的过程，而非联动多元主体共同参与的过程。

3. 社工站的筹资渠道单一，社会资本积累不足

所谓社会资本是社会成员在交流互动中所形成的关系网络，由此构成了信任、认同感，这些因素会通过社会成员之间的协作互助而产生，从而促进社会资本的积累，进而促进社会公共利益最大化（冯新茹，2019）。而社区社会资本是指居民和各类组织经过交流互动而形成的社会关系网络，是社区发展的内在动力和可持续资源，丰厚的社区社会资本有助于提升居民对社区的认同感和归属感，促进居民参与社区治理。资金缺乏是导致"居家安全改造"项目进度停滞不前的重要原因，而丰厚的社区社会资本能够促进项目资金的筹集，有助于社工吸纳社区资源。社区社会资本的欠缺使得 H街社工站较难筹措足够的项目资金，具体体现在以下两个方面。

一是筹资渠道单一，所筹资金数量有限。"居家安全改造"项目主要是通过开展义卖活动和倡导捐款的方式筹措资金，形式单一，加上居民对项目的运作形式不甚了解，对公益项目的信任度较低，导致所筹资金有限，难以满足大部分社区困境长者居家安全改造的需求。

在开展义卖活动的时候，会有居民说我们是打着"公益"的名号赚钱。部分社区居民似乎对慈善和公益事业有一种排斥感，存在偏见，也可能是因为最近发生了关于慈善公益事业的负面事件，所以对我们不信任。虽然我们努力地对居民进行澄清和解释，但是他们不屑一顾。（A02）

我做了好几次社工站义卖活动的志愿者，每次活动前都会开展岗前培训，但培训内容主要是明确工作人员的岗位和职责，涉及服务项目具体运作的内容较少。当居民

问到关于义卖活动和服务项目的一些问题，我只能说是帮助社区有需要的居民，因为我也不是很了解社工站的服务项目是如何运作的，所以很难跟居民解释清楚。（B02）

二是资金来源不稳定，难以保障项目的持续性开展。"居家安全改造"项目资金主要来源于社区主体的捐款，社区主体捐款的多少取决于他们参与公益事业意愿的高低，但目前 H 街社区居民和社区企业参与公益慈善事业的意识相对薄弱，他们较少自发捐赠和主动参与志愿服务。由于没有定期的资金支持，项目在推进过程中受较多因素的影响，如出现疫情期间无法开展义卖活动、合作企业因盈利情况不乐观而减少对项目的支持等情况。

筹资方式单一、筹资渠道狭窄、缺乏稳定资源等问题会导致项目资金短缺，此时社工需要根据所筹资金的数量调整项目的进度，由此影响了居家环境的改造力度。

4. 社工站过于注重服务数量，往往难以兼顾服务质量

H 街社工站以每年 6 月到次年 6 月作为一个服务年，在 2019—2020 服务年中，社工站特色领域开展了三个项目，"居家安全改造"项目是其中之一。为了能够让更多社区困境长者受益，同时达到较高的成效指标，"居家安全改造"项目设置了 60 户改造数量的目标。特色领域配备 3 名社工，每名社工各自主要负责一个项目，虽然领域内和其他领域的同事会给予帮助，但是既要开展意识层面的宣传，又要搭建平台筹措资源，更要跟进居家环境改造的相关事宜。工作繁杂、数量繁多导致了主要负责社工的工作压力较大，很难顾及评估的客观和科学，只能结合手上拥有的资源尽可能地保证客观性和科学性。尽管社工在开展服务和承接项目中积累了丰富的实操经验，在督导培训中提升了服务的专业性，但是其提供社会工作专业服务的能力和工作安排的计划性有待提高。

60 户的改造目标完成得很吃力，加上疫情的影响，宣传、筹资、改造等各个方面的进度都受到了影响，工作都往后压了，在开展项目服务的同时，还要兼顾疫情防控工作。但是设定的目标是要完成的，只能在契合居民需求的基础上，灵活地完成任务。开展服务怎样也不能脱离社区居民的需求，对吧。（A01）

同时，社区困境长者群体需求的多样化需要社区社工有意识地调整社区服务内容。在评估需求过程中，困境长者的居家安全改造需求是多样化的，例如有长者希望在楼梯安装扶手，但是项目的服务范围限定于居家，没法满足长者居家以外的环境改造。此外，困境长者多为孤寡、独户长者，其心理层面也存在服务需求。社区困境长者的需求多样化给社工的服务工作带来更高的要求，社工服务范围覆盖更多长者的目标仍需努力。

5. 社工站的知晓度不高，社工的社会认同度较低

知晓度是指社会大众知晓某一事物是否存在的程度，社工站的知晓度与社工的社会认同度有着密切联系。社会认同的存在将会对个体产生一定的影响，并且社会认同

对个体有着十分重要的意义（张黎，2019）。社工站在社区中的知晓度和社区居民对社工的认同度，大大影响着社工的工作效率、自我认同和职业认同。

经过10多年的发展，社会工作朝着职业化、专业化、本土化的方向迈进。社会工作的社会认同度虽然有所提高，但社区多元主体对社会工作职业、社工站的工作性质和社会工作者的工作内容不甚了解，社会工作仍处于较为弱势的地位。部分社区居委会的工作人员会把社工当作是他们的下级，而不是平等的合作伙伴；有的社区商铺和企业认为社工开展的筹资活动是以公益为噱头"赚钱"，质疑社工所筹到的资金是否真的用于社区救助和社区发展；一些社区居民对社会工作者的认知有所偏差，把社工等同于拿了工资的志愿者，或是把社工认同为社区工作者。笔者在社区走访时，经常鼓励长者向家庭成员求助或推动家庭成员之间的互助，但有的服务对象和家属会认为社工是为社区人民服务的，所以无论大事小事，直接向社工求助就行了，不必动用家庭支持网络的资源。

居委会对社工的强硬、社区企业对社工的疑虑、社区居民对社工的不了解，反映了社工在社区中知晓度、认同度不高的情况，这使得社工在服务过程中遇到许多困难，包揽了许多工作。

有的居民是在申请"居家安全改造"项目时才接触社工的，有的居民是参与志愿服务时认识社工的。很多居民都不了解我们的工作内容，甚至连社工站在哪里都不知道，我们需要花比较多的时间进行介绍，这会影响我们的工作效率。因此，我们会定期开展扫楼宣传活动，对社工站的服务进行宣传，目的是让更多居民了解社会工作这一职业以及社工站开设的服务内容，提高公共设施和公益服务的利用率。（A01）

为了宣传和推广社工服务，社工站需要与各个社区的居委会建立良好的合作关系。部分社区居委会的相关工作人员会把我们看作合作伙伴，共同开展社区活动；部分社区居委会的相关工作人员就不太愿意帮我们宣传活动。社区居委会在社工推进服务的过程中扮演着重要角色，社区居委会的合作意愿对社工的服务成效具有重大影响。因为社区居民都知道居委会嘛，与居委会合作，服务过程会顺利很多，影响力也会大很多。（A02）

四、社会工作联动多元主体完善"居家安全改造"项目的对策建议

（一）服务保障：社工站联动多元主体构建多层支持网络

1. 深化"社工+志愿者"的联动模式

社区志愿者是社区治理的重要资源，是社工重要的同行者，社工与社区志愿者建立的良好关系能够促进社会工作的宣传和建立良好的社区形象，为社工开展专业服务和整合社区资源提供便利。因此，社工要注重与社区志愿者互联、互补、互提升，深

化与社区志愿者的联动模式。

首先，制定规范的联动制度。在考核评估层面，社工机构应该在社工的工作考核和评估中，增加有关联动的指标和内容，提高社工对联动项目的重视程度，从而保障联动项目的效果。在制度制定层面，社工机构通过制定相应的规范与制度，明确联动项目的相关流程，完善社工站对社区志愿者的管理与联动制度，以成文的制度进行规范化管理，提升联动的效率和效果。

其次，对社区志愿者赋能与培力。在项目开展的整个过程，社工需要注重对社区志愿者进行赋能与培力。在项目前期，社工要注重对社区志愿者的能力培养，做好角色分工和岗位设定，明确工作内容，通过开展培训活动提高社区志愿者的专业服务能力和专业知识水平。在项目中期，社工要加强与志愿者的沟通，推动他们积极地参与社区服务，充分发挥他们的能动性。在项目后期，社工要避免志愿服务的总结分享环节流于形式，鼓励志愿者总结参与志愿服务的感受和服务过程中存在的问题，不仅能够提高社区志愿者的分析与总结能力，促使社区志愿者充分发挥自身的能力，还能帮助社工进行反思，及时调整项目服务的内容，最终促进志愿者联动机制的完善。

最后，注重维系社工与志愿者的情感。通过情感的维系，社工可以留住社区志愿者，并吸引与带动更多的社区居民加入，保持社区志愿者队伍的稳定性发展。因此，社工要经常与社区志愿者互动，主动了解志愿者的需求与想法，提升他们在服务过程中的体验，让他们从志愿服务中产生获得感和价值感。此外，社工站要为社区志愿者制定合适有效的激励机制，通过对优秀志愿者进行表彰等方式，提高他们参与社区服务的积极性，从而形成稳定的志愿者资源。

2. 探索"家庭个体＋社区邻里＋社工机构"多层次的服务模式

随着老龄化社会的到来，社区长者的需求呈现出多样化趋势，并日益重视居家安全方面的问题。社会工作的参与无法解决社区的全部问题，社会工作应着力构建社区合作网络，激发社区内在活力（王杨，2016）。因此，社工在满足长者需求和解决长者问题时，需要以多元参与的视角开展工作，不仅要思考社工机构能提供什么样的服务，更要思考如何发挥长者的家庭和社区支持网络的作用，探索广覆盖、强支持、多层次的服务模式，更好地满足长者多元化的需求和解决长者多样化的问题。

个体层面，开展心理辅导，激活家庭支持网络。社工要关注困境长者的心理需求和内心想法，根据实际情况运用社会心理模式等心理疗法帮助困境长者解决心理问题，增强长者面对困难的信心。此外，如若有家庭成员的长者，社工要认识到家庭成员是长者最重要的求助对象，注重发挥家庭网络的支持作用。通过提升家庭成员关注家庭长者的意识，倡导家庭成员为长者提供力所能及的帮助，如协助社工开展居家安全改造、增加探望长者的次数、给予长者经济支持等，增强家庭系统的支持。家庭成员之间的良性互动，不仅有助于缓解长者孤独、自卑等心理问题，而且能够及时发现居家环境中存在的安全隐患，并进行妥善的处理，从而保障长者居家安全。针对孤寡、失独等缺乏家庭支持的长者，社工则要为其链接外部资源，如协助他们申请合适类型的救助金、把他们列为社工优先帮扶对象等，弥补家庭内部支持的不足。

社区层面，倡导邻里互助，营造互助氛围。社区是长者的重要活动场所，邻里支持网络是长者的重要资源之一。一是完善社区服务，社工要联合居委会、社区社会组织等社区力量开展与老年人相关的知识讲座，尤其是与居家安全风险相关的讲座，以此培养长者预防居家安全隐患的意识和提升长者应对紧急情况的能力。二是建立互助机制，社工应该倡导社区居民相互帮助，并通过联合社区相关部门和社区志愿者团队，建立长者居家安全风险排查机制，定期对辖区内的长者进行探访，排查居家安全隐患，及时处理居家安全问题，保障长者的居家安全。三是扩展服务内容，社区相关部门和工作人员应当在原有服务的基础上，根据社区长者的特点和需求拓展服务范围，丰富服务内容，为社区长者提供多元化、多样化、专业化的服务。

社工机构层面，健全联动机制，整合利用社区资源。社会工作服务机构进驻社区后可以根据社区的实际情况与社区一道建立社区资源库，并通过建立多元主体参与机制，发挥社区多元主体的力量，整合和利用社区资源，为社区发展提供保障（刘翠芳，2020）。社工在整合和利用社区资源的同时，需要关注联动机制内部成员之间的互动，注重发挥各自优势，推动他们积极主动地参与议事协商，保障整体机制的有效持续运行。此外，社工机构可以链接社区以外的资源，通过链接公益企业提供持续性的服务，例如与专业团队合作，共同帮助社区困境长者消除居家安全风险。

通过发挥家庭、社区和社工机构三个系统不同层面的支持作用，形成保障长者居家安全的多层次服务模式，减少社区长者的居家安全隐患，有效地满足社区长者的多元化需求。

3. 倡导各方合力营造尊老爱老、互帮互助的社区氛围

社区参与机制的好坏体现在社区参与意愿的高低、社区参与途径的多少和社区参与氛围的浓淡三个方面，而这三个方面存在相互作用的关系。较高的参与意愿和意识能挖掘更多的社区参与途径，社区参与途径的多样化能满足多元主体的参与意愿，有助于"人人参与"的社区参与氛围的形成；"人人参与"的社区参与氛围能够带动更多社区力量参与社区治理，形成社区协同治理的良性循环。可见，社区多元主体参与意愿低，参与意识缺乏，很大程度上是因为没有良好的社区参与氛围，因此，社工在开展服务中，要注重营造协同参与的社区氛围，倡导社区成员树立互帮互助的意识。

根据社区多元主体的属性分类，可划分为行政力量、市场力量和社会力量。行政力量主要来自街道办事处和社区党组织等，市场力量主要来自社区企业和物业公司等营利性组织，社会力量主要来自社区居委会和社区自治组织等自治性组织。在社区氛围营造的工作上，社工可以根据不同的组织属性有针对性地开展服务。

行政力量层面，倡导完善关爱长者相关的政策文件，发挥党员先锋模范作用。街道办事处应该通过积极宣传和落实与老年人相关的政策，保障老年人的合法权利，同时运用行政力量动员社会各界参与关爱老年人的行动，为老年人提供多方面的资源和支持。此外，社区党员要发挥先锋模范作用，带头开展关爱长者的相关服务，以先锋模范的榜样力量影响社区。

市场力量层面，引导形成关爱社区长者的观念，形成稳定的合作关系。解决社区长者居家安全问题离不开社区物业的配合，因此，社工要与社区物业公司建立良好的合作关系，让其多关注社区内的困境长者，如发现问题及时与社工联系。同时社工要倡导社区商铺和企业成为公益项目的宣传站点，提高社区居民对公益项目的知晓度，并循序渐进地引导社区商铺和企业树立主动为社区作贡献的意识，与他们形成稳定的合作关系。

社会力量层面，加强合作意识，服务中融入关爱长者的理念。除了与社区居委会合作开展相关服务外，社工可以倡导社区居委会把关爱长者的理念融入其工作开展的过程，充分发挥居委会的影响力，促进尊老爱老社区氛围的形成。针对社区内的其他社区自治组织，社工则要充分发挥他们的灵活性和自治性，与他们合作开展服务，加大服务项目的宣传力度。

（二）资源整合：社工站联动多元主体拓宽资源筹措渠道

1. 通过成立社区专项基金为居家安全改造汇聚财力

无论是实施"居家安全改造"项目，还是开展其他社区服务项目，都离不开资金的支撑。通过建立和推广使用 PPP 模式①，建立社区专项服务基金，能够促进社区多元主体建立合作关系，汇聚社区财力，保障项目资金来源的稳定性。

PPP 模式把社区治理的责任下分到每个社区主体，符合"共建共治共享"理念的要求。由政府、市场和社会共同承担社会服务的成本，推动多元主体共同参与社区治理，吸纳社区各方的资源，有效提高社区资源的使用。因此，社工需要根据社区的具体情况和社区居民的需求，建立社会救助专项基金、社区治理专项基金、公益创投专项基金等，为社区的发展提供经济基础，以推动多方有序参与社会服务、拓宽多元化社工机构筹资渠道和提升社会服务专业能力。

成立社区专项服务基金之后，社工要规范和优化社区专项基金的管理与使用。首先要根据相关规定规范管理和使用专项服务基金；其次可以通过组建专家委员会并选取社区居民代表，共同对社区资金管理使用情况进行指导与监督，避免不同领域的资

---

① PPP 模式，是指政府与私人组织之间，为了提供某种公共物品和服务，以特许权协议为基础，彼此之间形成一种伙伴式的合作关系，并通过签署合同来明确双方的权利和义务，以确保合作的顺利完成，最终使合作各方达到比预期单独行动更为有利的结果。

金交叉使用而导致资金缺口；最后相关部门要重视简化社区基金使用的审批程序，提高基金运转的效率，从而保障社会服务的顺利开展。

2. 通过构建社区社会资本为居家安全改造筹措资源

社区社会资本是指，一个社群中，成员间的关系以及社会网结构维度的社会资本，以及社区内认知性社会资本，能让此社群内部产生合作性，进而可能促成集体行动，使整个社群受益（罗家德、方震平，2014）。新时代多元化社区治理的关键在于挖掘社区社会资本、拓展社会资本的维度、创建可持续的社会资本转化机制（李诗隽、王德新，2022）。社区社会资本强调社区成员的关系是互惠性和可再生性的，这与中国传统文化中互助互惠的价值理念具有高度的耦合性，构建社区社会资本具有一定的文化基础，也符合"共建共治共享"社区治理理念的要求。

社区社会资本的存量直接影响社区活力、归属感和凝聚力，以及社区公共事务处理的效率，它对于社区的发展来说是一个很重要的衡量指标（谢鹏，2019）。因此，社工要联动其他治理主体构建社区社会资本，并不断增加社区社会资本存量，为社区发展奠定良好的基础。

一是增加多元主体互动的频率。社工通过鼓励社区多元主体主动思考和举办各种活动，并在社工指导下开展各种文体志愿活动，促进社区居民间、居民与社区、居民与社会组织、政府间的交流与互动，尽快在社区内建立起互相信任、相互帮助的意识和社区关系网络。二是增加多元主体互动的广度。除了线下的活动，社工可以充分利用微博、微信群、公众号等现代化交流工具以及多种媒介增加互动的渠道，将各种信息及时传达给社区成员，为社区成员提供一个交流和畅所欲言的平台，从而加强社区多元主体之间的联系。三是增加多元主体互动的深度。社区社会资本的构建不能停留在表面的互动，更要注重发挥其互助互惠的效能。通过服务项目为载体，深化社区多元主体的互动深度，如利用良好的社区社会资本开展公益活动，发动社区力量共同为"居家安全改造"项目筹措资源，并对参与公益的好人好事进行宣传，强化榜样的示范作用，在社区形成友好互助的风尚。此外，社工站还可以建立社区资源互换机制，社区成员可以通过自己提供的志愿服务兑换他人的志愿服务，增加社区成员的获得感和归属感，使社区社会资本的积累与使用形成良性循环。

3. 通过培育社区社会组织为居家安全改造增加动力

培育社区社会组织是社区居民参与社区治理的重要方式和手段。社区社会组织能够积极动员社会资源，以其个性化、多样化的服务弥补政府、市场供应不足，是居民参与社会公共事务的一种制度安排（黄川粟，2019）。引导居民以组织化方式参与社区建设，不仅有助于居民有序、有效地参与"居家安全改造"等社区治理项目，而且能推进社区协同治理，激发社区活力，提升社区整体的治理效率。

一是规范管理社区社会组织。社工要对社区社会组织进行摸查，厘清其性质、成员、特点等内容，根据相关文件的规定，对符合条件的社区社会组织及时进行备案登记，制定组织管理规范，加强人员管理，协助其制定发展方向和目标。二是加强与社区社会组织的持续性合作。H 街社工站已与 H 街安全生产监督管理部门、H 街日间托老服务中心、H 街居家养老服务中心和社区康慈护理站等单位合作，共同开展居家安全意识宣传活动和居家安全隐患摸查服务。此外，社工站培育了 46 支志愿者团队，按照团队性质分为居民团队、学校团队和企业团队，为志愿者团队设计了恒常服务、特长服务、筹资服务、探访服务、社区服务 5 种参与志愿服务的方式。社区社会组织能为社工站提供较大的支持，但其服务的持续性有所欠缺，很少能参与服务项目的全过程。因此，社工需要加强对社区社会组织中骨干的培育，发掘能够跟进整个过程的社区志愿者，保障志愿服务的延续性。三是提升社区社会组织的专业性。社工运用社会工作专业方法孵化和培育社区社会组织，促进各组织实现自我服务和自我管理，同时通过开展系列培训提升社区社会组织的服务能力，逐步提高他们的服务专业性，并引导他们主动关注社区建设，积极参与社区治理。

（三）常态联动：社工站联动多元主体完善合作机制

1. 明确关爱长者安全联盟成员的职责，健全分工机制

社区治理是当代中国推进国家治理和社会治理现代化的关键点和突破口，构建合理的社区治理主体关系是推进社区治理的重要抓手（刘艳霞、徐永祥，2019）。随着"政社分开"改革的不断深入，政府将大量社会性公共事务剥离出来，将其权力下移至社区居委会和其他社会组织。一方面，社区居委会等主体依存于国家行政权力参与社区管理与发展；另一方面，其他主体的有效参与亦是一定程度上对政府行政权力的监督与约束。但是，在"政社分开"不彻底的情况下，政府部门通过社区居委会的协助职能使居委会"部门化"，这又极大地抑制了群众自治权力的行使，未能达到真正权力制衡的目的（李泉，2018）。为了更好地发挥不同主体的力量，构建合理的社区治理主体关系，社工需要进一步明确社区党组织、社区居委会、社区社会组织、社区企业等各方的职责与分工，使大家在各自职责范围内，通过紧密的相互合作来满足居民的需求，维护社区居民的权益，齐心协力共同参与社区治理。

一是坚持党建引领。考虑到中国基层社会治理的独特性，基层党组织不仅是社会治理体系的领导核心力量，也是社区治理中的优势资源（彭小兵、李文静，2020）。因此，社工站在开展服务中，一方面要体现党建的引领地位，另一方面要充分利用党建引领的优势。"居家安全改造"项目应该积极推动社区党组织加入关爱长者安全联盟，并加强与社工站党建领域的合作，推动党员带头参与社区服务，以党建力量加大"居家安全改造"项目的知晓度和影响力。二是充分发挥多元主体的作用，明确分工。关爱长者联盟的组成成员主要是社区居委会、社区社会组织、社区居民志愿者和社区企

业，社工应该与各主体进行分工，厘清各自的界限，确定各自的主要职责，从而更有效地参与。

2. 促进多元主体交流和参与，完善议事协商机制

健全议事协商机制是有效联动多元主体参与社区治理的核心所在，为多元主体提供议事协商的机会和平台，鼓励他们表达各自的需求和意见，提升他们的归属感和责任感，让他们觉得"我是其中的一员，我是有话语权的，我要为社区发展出一份力"。"居家安全改造"项目虽然成立了关爱长者联盟，整合了社区资源，推动了多元主体参与社区治理，但在联动社区力量参与社区治理方面的成效不大，就是因为没有健全议事协商机制。完善议事协商机制需要从参与的权利和机会两个层面着力。

一是保障社区多元主体的治理地位平等。当前，我国社区治理结构尚不完善，各项制度的建设也有待优化，相对于强大的国家立场而言，社会力量仍处于弱势地位，如社区社会组织的生存和发展空间较为狭小、社区居民的自治意识和参与能力不足等问题，导致了多元主体作用不能很好地发挥。因此，社工首先需要倡导政府部门逐步建立并不断完善议事规则、党建引领机制、利益表达机制、联席会议制度，夯实社区基层党组织的力量，拨正社区居委会的角色定位；其次，社工需要通过与党组织充分沟通、协调，在服务理念及服务分工上达成共识；最后，社工需要提升企事业单位的参与积极性、社区社会组织居民群众公共意识及议事能力，从而形成平等参与的氛围。二是拓宽议事协商的渠道，提供更多的参与机会。在传统的社区治理中，社区治理大多都是以线下参与为主，较缺乏对于网络社区治理空间的探索，随着社会逐渐进入信息化时代，我们的工作及生活都越来越离不开网络，因而不能忽略网络社区治理空间（陈昭衡，2020）。因此，社工应重视社区治理网络化，充分利用公共议事空间，如建立多方沟通微信群、线上议事会，拓宽议事协商的渠道，为社区多元主体议事协商提供便利，增强社区成员对公共议事的认同感，培育他们参与公共事务治理的主体意识和权利意识（张佳丽、温标、朱东剑、赵宇，2021）。

3. 形成常态化、多元化、精细化服务机制

常态化服务将会打破目前按服务群体划分的服务模式，建立以家庭为单位，根据家庭整体需求提供发展性、支持性及治疗性服务（张红，2019）。随着多元主体的参与和联动逐渐深入，H 街社工站可以把长者安全关爱联盟发展成为多元化的服务平台，关注社区长者及其整个家庭的问题与需求，以常态化的综合服务机制持续服务社区居民，并结合社工站的服务项目，提供个性化、精细化的专业服务。此外，H 街社工站需要开展常态化联动工作，深化社区多元主体的合作关系，从而保证社区资源的整合与运作，以满足服务对象的需求。

一是做好双向需求评估。联动机制下的社区治理是一个长期持续的动态过程，社工在这个过程中穿针引线，而社工的服务项目设计得是否合理、工作安排是否恰当，

都会对整个服务机制产生影响。社工在整个服务设计层面，需要有周密的考虑，开展好服务的双向需求评估，设计出既要满足服务对象需求，又要满足多元主体需求的服务计划，进行菜单式的对接与契约式的合作，从而形成常态化的合作机制。二是提高多元主体的服务动机，寻求持续合作的空间。由于国家实施社会主义市场经济体制，市场竞争机制的建立使资源分配方式实现市场化、社会化（Fulong Wu，2005）。社工要以互利互惠的方式与社区营利性组织进行合作，社区成员有需求和回报才会有参与的动机，有动机才会想跟社工保持良好的合作关系。因此，社工要明晰参与居家安全改造的多元主体的需求，再对这些需求进行分层分类，融入不同阶段的服务当中，实现相互促进、互利共赢。三是提升社会工作者的专业性。社会工作者在联动多元主体参与社区治理中扮演着协调者、整合者、倡导者等多种角色，服务机制的良好运作离不开社工专业性和主动性的发挥。因此，社工需要加强自身专业能力建设，学习和掌握项目化、组织化和专业化社区服务能力，使用专业化的社会工作实务和理论方法，做好各主体之间沟通的"桥梁"角色，进而引领多元主体参与社区治理，形成服务合力。

（四）本文的研究结论

社会工作的专业属性与社区治理的多元参与治理具有高度的一致性和契合性（赵记辉，2016）。无论是"双工联动"、"三社联动"还是"五社联动"，其根本目的都是以促进社区多元主体参与的方式，创新社区治理模式，从而构建共建共治共享的社区治理格局。通过"居家安全改造"项目的研究，我们可以看出社工是有效联动多元主体参与社区治理的重要力量，是实现协同治理的有力推动者。

1. 社工需要在联动多元主体参与社区治理中扮演好多种角色

社工既是社区治理的多元主体之一，也是联动多元主体的核心角色。在联动过程中，社工需要兼顾好各方面工作，提供专业服务，整合社区资源，推动多元主体参与社区治理。其间，社工扮演着服务提供者，根据社区居民的特点和需求，提供专业的个案、小组和社区工作服务；社工扮演着资源整合者，整合社区的人力物力财力等资源，为社区居民提供帮助，为社区发展提供支持；社工扮演着倡导者，通过宣传、开展活动等方式提升社区成员的参与意识和意愿，倡导共同参与解决社区问题，为社区发展出力；社工扮演着联动者，动员社区居民成为社区治理的行动主体，推动社区居委会、社区社会组织、社区企业等多元主体成为社区治理的共同参与者，建起多方联动的合作机制；社工扮演着协调者，协调不同部门的分工，协调不同群体的活动，协调社区社会资本的充分利用。社工以多重身份穿针引线，提升社区治理水平，促进和谐社区建设。

2. 社工要以系统的社会工作专业方法促进多元主体参与社区治理

如果社区多元主体缺乏专业的参与方法和理念，就会影响联动的效果，因此社工要以系统的社会工作专业方法推动多元主体参与。一方面要以项目化的形式开展专业服务。从项目运行过程来看，项目运行过程包括需求评估、项目计划、项目实施和项目评估四个阶段（陈为雷，2013）。项目化运作有助于解决居民需求多样性、社区问题复杂性的难题，分阶段、分目标地开展服务能够帮助社工明确多元主体的分工和角色，从而兼顾过程目标和成效目标。另一方面是注重输送社会工作专业方法和专业价值观。由于与社区成员的联系密切，社工可以通过提供专业化的评估标准、协助指导社区事务等方式推动多元主体更加高效地参与社区治理，并注重潜移默化地传达"助人自助"的核心价值理念，增强社区的认同感和凝聚力。

3. 社工要把提高社区居民参与社区治理的意识与能力放在首要位置

社区多元共治模式的运行机制，从根本上说是协同治理机制。社区治理关键在居民，他们是社区房屋的拥有者，是解决社区公共事务的行动者，也是团结社区的黏合剂，其参与程度的高低直接决定着社区治理效果的好坏（郭晨曦、杨雪云，2021）。理性的公民参与不仅有助于多元治理结构的形成，更重要的意义在于它是实现协同治理的现实基础（付春华，2015）。社区建设与社区参与的主体是社区居民，他们不单是治理对象，他们也有参与的能力与责任。因此，社工要动员社区居民成为社区治理的主体，并运用专业方法引导和辅助他们自主广泛地参与社区治理，形成社区共同体，最终实现社区的有效自治。社工通过引导社区居民关注社区问题、培养社区居民的参与意识、提升社区居民的协商议事能力等方式推动社区居民广泛参与，这不仅保障了社区居民的参与权与决策权，也有助于解决危害社区居民切身利益的社区问题，增强社区的自治功能，提高社区治理水平。在这个过程中，不仅能够实现居民的个体增能，而且能够实现社工的自我增能，更能够促进社区的发展。

4. 提升社工社会认同度是促进多元主体参与社区治理的重要前提

社会认同度对于一个职业的发展及其从业人员具有重大影响，特别是对于社会工作这一职业来说，更高的社会认同度将有助于社工开展社会服务。社工的社会认同度可以从社会与个人两个方面来认识，就社会而言，社会认同度是对社会工作专业与职业的认可与接受度；就个人而言，社会认同度是对社会工作专业与职业的认同感与归属感。在社区内，多元主体对社会工作者及其工作内容和专业理念具有较全面的了解和较高的认可，将会产生积极配合的意愿，有助于社工联动多元主体；来自社会的认同则会加强社工对自身的认同，使社工在良好的交流合作中收获自我价值感，从而更积极主动地投入服务。因此，政府层面可以加强对社会工作的正面宣传，提升社会公众对社会工作的认同度；在专业发展层面，相关高校和社会服务机构要加强专业价值理念教育，树立和提升社会工作专业学生、从业人员的自我认同感和"助人自助"的价值理念。

5. 加强自身能力建设是社工持续有效参与社区治理的基本保证

社会工作专业人才作为社会治理创新的核心力量之一，在社区治理中扮演着重要角色，在推动社区多元主体联动中发挥着重要作用。社会工作作为社会治理的重要力量，需要对问题进行分类并有针对性地解决（杨雪纯，2022）。社区成员的有效联动，离不开社工专业能力的发挥，只有社工具备了一定的专业能力，才能更好地运用专业方法和专业理念影响其他多元主体，从而推进协同共治的社区治理模式走深走实。因此，社工要加强自身专业服务能力的建设，不断提升自身的专业水平和实务能力，通过参加社会工作职业资格证考试和参加各种社工行业的专业培训等方式，丰富专业理论知识，积累实务经验，从而更好地满足社区多元化的需求，更有效地参与社区治理。

参考文献

许和隆. 冲突与互动：转型社会政治发展中的制度与文化 [M]. 广州：中山大学出版社，2007：167 – 173.

李强. 当代中国社会分层与流动 [M]. 北京：中国经济出版社，2010：45.

陈为雷. 社会服务项目制的建构及效应分析 [D]. 天津：南开大学，2013：10.

罗家德，方震平. 社区社会资本的衡量——一个引入社会网观点的衡量方法 [J]. 江苏社会科学，2014（1）：114 – 124.

付春华. 政府推进社区多元共治的体系与过程：重构社区认同 [M]. 北京：中国政法大学出版社，2015：155 – 156.

王杨. 社会工作参与社区治理的行动策略 [J]. 中州学刊，2016（7）：77 – 81.

胡小君. 从分散治理到协同治理：社区治理多元主体及其关系构建 [J]. 江汉论坛，2016（4）：41 – 48.

赵记辉. 社会工作如何参与社会治理 [J]. 中国党政干部论坛，2016（10）：96 – 98.

何影，韩致宁. 基于联动思维的共享发展理念与实现机制 [J]. 行政论坛，2017（6）：128 – 133.

温秀宝. 城市公共设施：用 PPP 模式怎么建？[J]. 经贸实践，2017（4）：63 – 64.

李枭. 多元主体参与下的我国城市社区协同治理研究 [M]. 北京：经济科学出版社，2018：107 – 108.

谭日辉. 北京社区治理机制研究 [M]. 北京：中国社会科学出版社，2018：3 – 4.

张立荣，冉鹏程. 社会资本视角下乡村治理的困境分析与出路探寻 [J]. 华中师范大学学报（人文社会科学版），2018（4）：12 – 18.

黄川粟. 社区社会工作的体系构建与社区治理研究 [M]. 北京：中国商业出版社，2019：179 – 180.

冯新茹. 社会资本视角下的城市社区营造 [D]. 南京：南京工业大学，2019：23.

刘艳霞，徐永祥. 城市社区治理参与主体的社会网特质研究——以北京市 Z 社区为例 [J]. 华东理工大学学报（社会科学版），2019（1）：40 – 47 + 64.

吴婷婷. 社会工作参与城市社区治理研究 [J]. 内蒙古科技与经济，2019（14）：25 – 26，30.

谢鹏．城市社区"五社联动"治理模式建构研究［D］．合肥：安徽大学，2019：50－51．

张红．社会工作本土化的理论与实务［M］．北京：中国农业出版社，2019：198－199．

张黎．社会工作者职业认同研究［D］．合肥：安徽大学，2019：8－9．

陈昭衡．协同治理视角下社工参与城市社区治理研究［D］．广州：华南理工大学，2020：54－55．

刘翠芳．困境与应对：城市社区"五社联动"治理模式研究［J］．社会与公益，2020（9）：39－43．

彭小兵，李文静．赋权：党建引领与社会工作互嵌的社区治理探索［J］．社会工作，2020（2）：78－88＋112．

郭晨曦，杨雪云．老旧小区改造中居民参与问题研究［J］．保定学院学报，2021（5）：15－19．

姜珊，胡晓寒．社会资本理论研究述评［J］．现代商贸工业，2021，42（5）：124－125．

张佳丽，温标，朱东剑，赵宇．社区居民参与老旧小区改造积极性的影响因素研究——基于衡水市桃城区老旧小区改造的实证观察［J］．城市发展研究，2021（10）：29－33．

李诗隽，王德新．社会资本视域下新时代多元化社区治理模式研究［J］．兰州大学学报（社会科学版），2022（3）：77－86．

杨昌．多元主体协同治理视域下L市老旧小区改造问题与对策研究［D］．成都：中共四川省委党校，2022：11－12．

杨雪纯．从社会认同度看社会工作职业化的制度建设［J］．黑龙江人力资源和社会保障，2022（15）：122－124．

WU FL. Rediscovering the "gate" under market transition：from work－unit compounds to commodity housing enclaves［J］. Housing Studies, 2005（2）：238.

WONG L, POON B. From serving neighbors to recontrolling urban society［J］. China Information, 2005（3）：418.

SORENSEN E, TORFING J. Making governance networks effective and democratic through metagocernance［J］. Public Administration, 2009（2）：240－241.

第三章　社会资本视角下居民参与社区治理的社会工作介入研究

——以惠州市 M 社区"三社联动"项目为例

叶素丹[①]

随着我国经济社会的发展，现代城市社区中居民的"弱参与"与"低交往"现象普遍，不利于多元主体共建共治共享的社会治理新格局的构建和社会治理能力的提升。居民参与社区治理的动力、能力从个体层面看受经济水平、教育状况、人格特点、参与态度、认知以及利益驱动等多方面的影响，从社区层面来看也受到诸如社区资源、社区规范、社区服务水平、社区社会资本、社区行政化程度、参与载体的性质等各方面的影响。阻碍居民参与的因素在每个具体的社区甚至每个居民个体身上都可能是多重的、复杂的，社会工作介入社区中，面对居民的"弱参与"要从何处突破呢？笔者通过对社工介入惠州市 M 社区居民参与社区治理的整个过程进行分析，梳理出社工介入激活、增殖社区社会资本提升居民参与社区治理的行动逻辑，总结提炼出进一步完善社工介入社区居民参与社区治理的对策建议。

一、本案例研究概述

（一）研究居民参与社区治理的社会工作介入问题的背景和意义

1. 研究背景

滕尼斯（1999）在《共同体与社会》一书中，将社区（community）定义为"一种社会生活共同体，它是建立在血缘、地缘、情感和自然意志之上的，传统的、有认同感和富有人情味的"。这样的传统社区，居民之间互动频繁，邻里关系比较密切，对

---

①　叶素丹，女，中级社会工作师，社会工作硕士，现任惠州市社会工作者协会副会长、惠州市惠和社会工作服务中心理事长、惠州大学政法学院社会工作专业实务指导教师、惠州市社会工作初级督导、讲师。开展过社会救助政策与社会工作、公益服务项目策划与撰写、社会工作实务（个案/小组）、社会工作考前培训等主题课程培训工作 50 多场次，主导的"筑梦空间——惠州市困境儿童青少年关爱"等多个项目获得惠州市社会治理创新大赛奖或惠州市优秀社工案例等奖项，曾获广东省第六届社工之星、惠州首届优秀社工等荣誉称号。

社区的信任、归属感强，居民间有较好的互惠互助精神及自愿合作态度，但伴随着我国经济体制转型、单位体制解体以及城市的开发与更新，城市社区居民间亲缘、业缘、地缘关系逐渐消解，因居住功能而聚集的"陌生人社区"特点凸显。社区居民关系的变化、社区功能结构的转变，对进一步完善社区治理体系和实现治理能力现代化提出了更高要求。

党的十九届四中全会提出：要完善党委领导、政府负责、民主协商、社会协同、公众参与、法治保障、科技支撑的社会治理体系，建设人人有责、人人尽责、人人享有的社会治理共同体。社区是社会治理的落脚点，居民是社区的"主人"，多元共治是打造共建共治共享社会治理格局的主要实现手段，在此过程中，"居民既是社区治理的直接服务对象，也是社区治理模式创新的主体"（涂晓芳、汪双凤，2008）。居民社区参与的程度决定了社区治理的成效，是实现"共治"的关键。方亚琴、夏建中（2019）认为最优化社会资源配置和最大化社区公共利益的产生需要社区居民积极参与，并与社区其他行动主体形成良好合作关系，这将能更好地维护居民的利益、满足其社区生活的需求，从根源上化解纠纷与矛盾，预防矛盾的激化升级与外化，节约政府的社会治理成本。

然而，现阶段我国城市社区治理中，居民参与普遍存在参与动力不足，意识不强，参与形式单一，参与计划性、持续性差、参与程度浅等问题。居民参与具有非制度化、非常规化和非政治性等特征，是一种"弱参与"（杨敏，2005）。激发、推动居民参与是社区治理面临的一大难题，也是推动社区治理创新的热点、突破口。社会工作通过提供专业服务参与社区治理，推动居民社区参与，具有天然的优势（王思斌，2015）。在实践中也探索了"三社联动""五社联动"等社会工作参与社区治理的工作模式，笔者所在的惠州市于2019年发布了《关于推进社区、社会组织和社会工作专业人才"三社联动"的实施意见》，开始推进社区"三社联动"社工站建设。在参与"三社联动"社工站建设运营过程中，笔者发现服务站点的工作成效、治理成效与是否激发、调动了居民的参与积极性有着密切的关系。居民参与的动力、能力受个体层面、社区层面、制度层面等多方因素的影响，社会工作介入其中，可以有什么样的视角？重点关注什么？采取哪些行动策略能有效促进居民参与社区治理？基于以上思考，本文借助社会资本的理论视角，通过对其中一个试点社区"三社联动"社工站项目进行研究，尝试分析社区居民参与不足的原因，社工服务介入过程的逻辑思路以及成效、不足，并总结归纳推动居民参与的策略，为下一步的行动提供有意义的借鉴与参考。

2. 研究意义

从理论研究的层面看，现有的对社区治理、居民参与、社会资本的研究非常丰富，但在将居民参与和社区社会资本两者相结合的研究中，多将社会资本作为社区居民参与的影响因素来研究，通过定量的方式研究社会资本主要构成要素与居民参与之间的关系，进而提出宽泛的社会资本建构、居民参与提升的策略、路径。社会工作促进居民参与方面的研究多从增权赋能角度出发，以社会资本作为分析架构推动居民参与社区治理实践的研究内容不多，本文选择将居民参与社会治理与社会工作介入相结合，尝试在案例中分析社工如何构建社区社会资本促进社区居民参与，并从社会资本视角下提出社会工作促进居民参与社区治理的行动模式和策略。

在实践研究的层面，"三社联动"机制是我国社会工作与社区治理的一个重要实践模式，在各地的实践中形成了很多不同的运作方式，但关键点都在于怎么"联"怎么"动"，联动服务的目的是什么，怎么持续？本文选择了惠州市 M 社区"三社联动"社工站项目点为案例，以社区居民参与不足作为切入点，以社会资本为分析和指导实践的逻辑框架，对居民参与社区治理存在的问题进行分析，剖析社会工作介入 M 社区的过程，对社工介入如何积累社区信任、构建参与网络、培育社区共识规则等行动逻辑进行归纳分析，总结提炼出社会工作介入居民参与社区治理的行动策略，为"三社联动"等社区社会工作提供参考。

（二）相关概念和理论基础

1. 居民参与、社会资本和社区治理

在社会学界，公民参与通常指的是特定区域内人群的社会参与行为，常指居民参与或社区参与。就主体而言，"社区参与的主体更为多样"（杨贵华，2009），包括居民、社区组织和政府等，而居民参与的主体就是居民。田北海和王连生（2017）认为社区居民参与主要指居民参与社区公共管理和参与社区公共服务。居民参与行为的实现形式，一般为个人参与形式和组织平台参与形式两种。

综合大多数学者观点，本文研究的社区居民参与的主体是社区居民；客体是社区治理的各种事务，将社区居民参与定义为社区居民以个人形式或通过组织平台参与社区事务治理的行为及过程。

对于"社会资本"概念，尚没有为人们普遍认同的定义，从其基本内涵看，社会资本是相对于经济资本和人力资本的概念，学者们的主要研究可以分为三个层面：微观层面上，社会资本的解释更偏向工具性，指个体获取资源的人际关系网络，其中以布迪厄的观点为代表，其认为社会资本是某个个人或群体，在较为稳定的、制度化的交往关系网络的基础上积累的实际或潜在的资源的总和。在中观层面上，社会资本的定义更强调公共属性，科尔曼将其分为三种形式的社会资本：义务与期望、信息渠道、规范与有效惩罚。认为构成社会资本的要素主要存在于人际交往互动关系网中，能为关系结构中的个人行动提供便利。宏观层面上，社会资本与集体行动和公共政策联系起来，进一步拓宽了其研究范围，帕特南的研究中，将社会资本定义为社会组织的特征，例如信任、规范和网络等。

本文综合三个层面的观点，将社会资本与社区这一特定环境结合，定义本文中所研究的社区社会资本为社区主体（包括个人、群体、社区社会组织）间紧密联系的状态及其特征，其表现形式有社会网络、规范、信任、互动、共识，它存在于社区结构之中，是无形的，通过个人、群体、组织间的互动合作进而促进社区问题的解决、需求的满足和社区的发展。

关于社区治理的概念，史柏年（2004）、夏建中（2010）、汪大海（2013）和张永理（2014）等著名学者进行过不同的理论阐述，经过梳理总结，学者们关于社区治理概念的共性之处有四个方面：首先，政府、社区、社会、居民是平等参与的多元治理主体；其次，强调共同参与、自下而上地参与，是一种协商式的治理方式；再次，治理的对象不仅是社区，更包括社区内的公共事务和公共服务；最后，治理的目的不仅是增进社区成员的公共福利，更要促进社区的全面发展。吴光芸、杨龙（2006）认为，社区治理的实质是一种合作，它建立在市场原则、公共利益和认同的基础上，主要表现为信任和互惠的治理关系，因而社区的有效治理，关键在于建立多元主体之间的协调和参与网络。

因此，在本文中，社区治理着重指社区居民、社区组织等非正式的权力主体通过自愿平等合作，协商攀谈、资源交换、协同互动等方式共同对涉及社区居民利益的社区公共事务进行参与、管理的过程。

2. 社会资本理论及其在本文中的应用

社会资本概念由经济学和社会学演变发展而来，20 世纪 80 年代到 90 年代，社会资本这一概念得到了深入研究，并被逐渐应用到不同的领域。经过布迪厄、林南、科尔曼、帕特南等社会学家的深入研究与传播后，社会资本从最初的微观经济学领域逐渐成为社会学领域的重要研究对象和主要的分析工具。社会资本以作用发挥的不同分为两种形式：一种是起纽带作用的社会资本，它把彼此已经熟悉的人们团结在一起；第二种是起桥梁作用的社会资本，它把彼此不认识的人或群体联系到一起。其研究表明，社会资本充足的地区，人们对规范的遵守更加自觉，对参与社区活动也更加积极并由此建立起密切的参与网络，居民之间因互动产生互信而合作。

在国内，不少学者也开始探索社会资本在中国国情之下的适用性和解释性。张其仔在《社会资本论——社会资本与经济增长》一书中，从经济社会学的视角对社会资本进行定义，强调社会网络在资源配置中的核心作用，认为资源、动态、结构和规则四个部分构成了社会网络也即社会资本，它是更优于传统的市场经济和权力配置的一种资源配置方式，可以提高企业的经济效益（张其仔，2002）。陈福平（2018）则从公众参与的角度进行研究，认为社会资本是一种网络成员之间互动与合作产生的社会产品，其在微观层面体现为互惠行为和成员间的互动、信任、合作，在宏观上则表现为普遍的社会信任。方亚琴、夏建中（2019）将社会资本定义为一种社会结构要素，主要由社区关系网络以及网络中蕴含的社区信任与规范构成，其在特定的社区生活中形成，能够促进居民相互合作、共同参与社区公共事务，从而维护和增进社区公共利益。

虽然学者们的研究各有侧重、各有不同，但社会资本的核心要素基本趋向一致，即社会信任、参与网络和互惠规范。社会资本与居民参与之间是相互作用的，互为因果，推动居民的协调行动、合作参与可以增强、积累社会资本，而社会资本又能够推动居民自愿自发的合作，从而有利于解决社区公共问题，这为居民参与城市社区治理的研究提供了新的视角。

本文以"居民参与社区治理的社会工作介入"作为研究对象，是社会工作在社区层面的实践，因此，本文主要借鉴宏观层面社会资本的研究及理论，根据帕特南关于社会资本的研究，将社区社会资本分为社区信任、社区参与网络、社区共识规则三个维度。

首先，信任是社会资本中最重要的因素，一定程度的社区信任有利于促进居民参与，也有利于推动居民间的交流互动，是居民参与社区治理内生动力产生和发挥作用的基础，同时信任因素对其他社会资本的生成具有促进作用。陈福平（2009）认为居民之间持续的、重复的社会互动是社区信任产生、社区社会资本形成的主要机制，因此社会工作的介入首先要通过各种形式的活动、服务激活居民交往互动需求、提供社会交往空间、营造交往平台、氛围，以积累社区信任从而提升居民的参与动力。

其次，关于社会资本的社区参与网络，陈希（2017）认为社区关系网络的广度、深度和密切程度影响城市社区居民参与的水平。社区参与网络包括参与的关系网络、参与的渠道网络和参与的资源网络。社工的介入工作需要通过发展培育社区组织、居民兴趣团体等织密社区横向关系网络，同时，理顺自上而下的垂直网络，让服务、资源能顺畅流动。另外，需要运用各种形式扩宽参与的渠道、途径，搭建资源网络的整合联系平台。

最后，社区共识与规则体系，即社区管理和社区居民参与社区服务、社区治理过程中外在或内在的规范，是居民参与社区治理的秩序要求，也是居民参与社区治理发挥作用、产生积极成效的保障。共识、规范不是随时随地、一朝一夕能够产生与建立的，社会工作在介入过程中，需要挖掘社区"公共问题"，在解决"公共问题"的过程中，引导和培养社区居民的参与共识、规范，同时抓住关键人物，通过对社区内骨干居民进行培养与引导，将规范意识、规则程序带给更多社区居民，形成普遍性的社区共识规则体系。

本文从社会资本这一理论分析框架出发，探寻 M 社区社区治理中居民参与不足的原因，着重分析社工介入实践过程中如何对社区信任进行激活和积累、如何构建社区参与网络、如何凝聚培育社区共识、形成社区规则体系。

（三）研究方法和研究内容

1. 研究方法

本文采用个案研究法，主要以惠州市 M 社区的"三社联动"社工站项目作为个案研究对象。选择 M 社区的原因有两个：一是 M 社区辖内老旧小区、商品房小区并存，居民结构比较复杂、多样，同时老旧小区存在公共资源少、公共问题多等现象，是惠州市"三社联动"社工站项目中较有代表性的社区；二是 M 社区"三社联动"社工服务站的社工介入工作取得了较好的成效，在老旧小区公共空间微改造等社区公共问题的介入上效果良好，明显提升社区居民的参与积极性，营造了良好的社区友好互助氛围，在中、末期的第三方评估中皆为优秀等级，具有一定的代表性和研究意义。

本文资料收集方法之一是文献法。笔者主要通过阅读三大类文献资料以获取四方面的信息。三大类文献资料包括：一是通过中国知网、万方等学术网站以社区治理、居民参与、社会资本理论、社会工作作为关键词进行搜索，筛选相关研究的学术论文或期刊文献，为本文的研究提供理论基础。二是收集、阅读国家、省份、市与社区治理、"三社联动"相关政策、文件。三是 M 社区"三社联动"社工服务站的服务资料，包括社区需求调研报告、年度计划、年度总结、"惠民空间"专案工作相关资料、社区资源手册、"一建五联"资料以及部分小组、社区活动、社区社会组织服务的实务过程资料等。通过对文献资料的阅读、梳理、归纳，主要获取了四个方面的信息：一是社区居民参与的影响因素；二是社会资本的核心概念、主要来源、作用以及其与社区居民参与、社区治理之间的关系；三是 M 社区的基本情况及居民参与社区治理情况、"三社联动"社工服务站主要工作开展情况；四是 M 社区"三社联动"社工服务站介入社区内"惠民空间"公共空间微改造的情况及成效结果。

本文资料收集方法之二是访谈法。笔者采用半结构式访谈法就 M 社区的社会工作介入情况，对社工团队、M 社区部分居民进行了访谈，了解评估社区的资源、需求，居民参与社区公共问题的意识与动力、社区参与的情况、对社工服务的了解以及对社区认同等。特别结合"惠民空间"公共空间微改造项目回顾性研究工作对 M 社区所在街道分管负责人、居委会工作人员进行了访谈。其中 5 名社区居民、2 名社工、2 名社区工作人员、1 名街道办分管负责人，其基本情况见表 3 - 1。

表 3 - 1　访谈对象基本情况一览表

编号	性别	年龄	身份
M - J1	女	33	社区居民
M - J2	女	67	社区居民
M - J3	女	54	社区居民

续表

编号	性别	年龄	身份
M - J4	男	不详	社区居民
M - J5	男	42	社区居民
M - JW1	女	46	社区党支部书记、居委会主任
M - JW2	女	42	社区居委会工作人员
M - SG1	女	29	社工
M - SG2	女	31	社工
M - JD	男	50	街道办分管负责人

本文资料收集方法之三是问卷调研法。在对案例进行研究的过程中，笔者结合惠州市"惠民空间"公共空间微改造项目的回顾性调研工作，对 M 社区内三个"三社联动"社工站社工参与协助改造的示范点进行了问卷调研，调研对象分别为一般居民、项目骨干居民。问卷内容包括基本信息、日常休闲场所、行为、对惠民空间改造的满意度、参与意识等。一般随访居民调研共得到有效问卷调研 101 份，项目居民骨干调研共得到有效问卷 36 份（基本情况见表 3 - 2）。

表 3 - 2　M 社区"惠民空间"项目回顾性调研样本基本情况

调研对象	有效填写人数	男	女	18 岁以下	18 ~ 29 岁	30 ~ 59 岁	60 岁及以上
一般随访居民	101	31	70	7	10	56	28
项目骨干居民	36	21	15	0	3	19	14

本文资料收集方法之四是观察法。作为惠州市"三社联动"服务项目的督导社工之一，笔者对 M 社区的社会工作介入情况进行了不定期的观察，观察并学习社工运用多种工作手法以提升社区居民的参与意识和参与动力，培育社区居民自治组织，凝聚居民力量，重建居民信任，挖掘整合社区资源，聚焦社区公共问题引导居民形成议事公约规范。

2. 研究内容

社区治理是多元化的治理，其中社区居民是最主要的主体，居民的参与程度决定了社会治理的有效性和持久性，但当前在社区治理中，大部分社区居民的参与度偏低。如何提升居民参与度是社会工作介入社区治理最重要的任务之一，居民参与的动力、能力受个体层面、社区层面、制度层面等多方因素的影响，社会工作介入其中，可以有什么样的视角？重点关注什么？采取哪些行动策略能有效促进居民参与社区治理？本文以 M 社区居民参与社区治理的社会工作介入为研究对象，以社会资本理论为理论依据和逻辑起点，依据"社区社会资本不足导致居民参与不足—社工介入过程中通过积累社区信任、构建社区参与网络、培育社区共识、规范能够增殖社区社会资本—社区社会资本的增加能有效提升居民参与"的逻辑，按照"提出问题、分析问题、介入实践的逻辑分析、总结提炼介入路径"的思路进行研究。研究思路如图 3-1 所示。

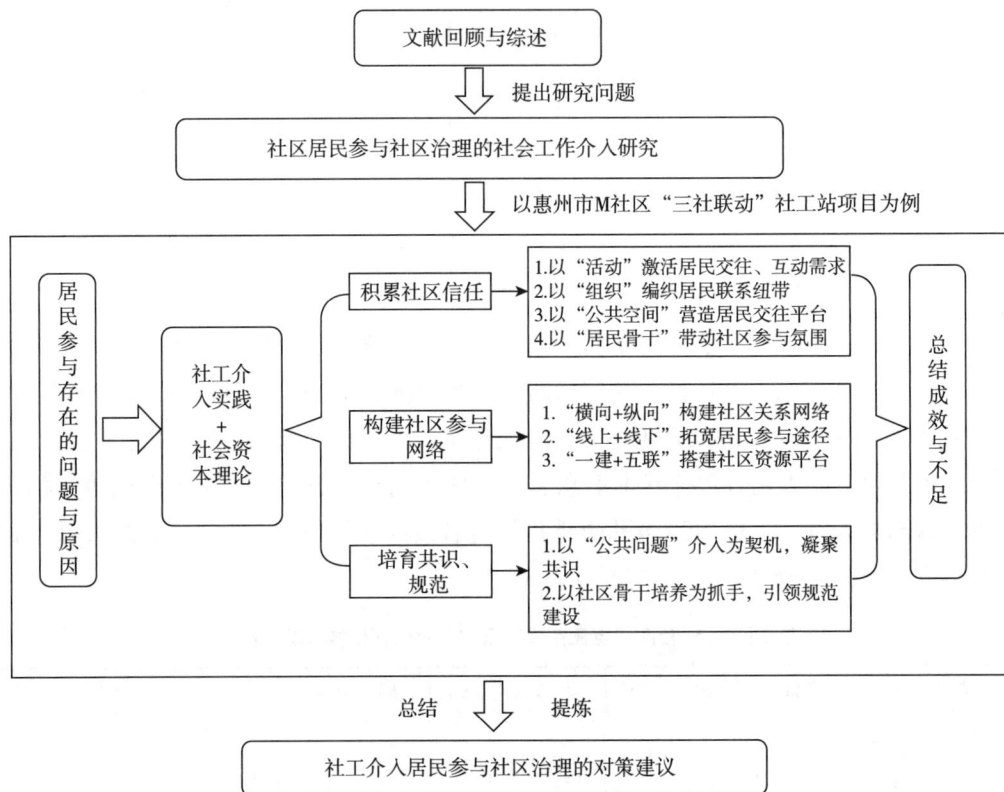

图 3-1　本文研究思路

本文首先对研究的选题背景和研究意义进行了阐述，厘清和界定了本文研究所涉及的居民参与、社会资本和社区治理三个核心概念，并对研究所运用的社会资本理论及其在文中的应用进行了解释。接着提出和分析问题，主要介绍 M 社区居民参与社区治理存在的问题及其原因，整体社区社会资本的不足导致社区居民在社区治理过程中的参与程度低。再接着根据社区社会资本理论中社区信任、社区关系网络、社区规则体系三个维度，对社工在 M 社区的实践内容进行逻辑分析，着重分析社工介入实践过程中如何对社区信任进行激活和积累、如何构建社区参与网络、如何凝聚培育社区共识、形成社区规则体系，通过对实践过程的总结剖析，提炼出社工介入居民参与社区治理的策略建议。

二、惠州市 M 社区居民参与社区治理存在的问题及原因

（一）M 社区的基本情况

M 社区成立于 1986 年 6 月，辖区总面积约 1.6 平方千米，社区大街小巷 21 条，住

宅小区（楼院）23 个（幢），社区幼儿园 4 所，医院 1 所，社区卫生服务站 1 个，"三小"场所 400 多个，周边交通、医疗、学校、公园、超市、银行等比较便利。M 社区是一个典型的老旧社区，辖区内的小区基本都有近 30 年的历史，基础/公共设施毁坏/老旧现象普遍。M 社区辖区居民住户 8376 户，总人口 22492 人，流动人口 9360 人。社区户籍低保家庭有 24 户，残疾人 158 人，高龄老人 212 人。MD 新村是 M 社区内最大的一个小区，小区依山而建，占地面积约 4.5 万平方米，共有 27 个楼栋，住户 2300 多户，居民约 7800 人，小区居民过去曾以河源、梅州和当地的客家人为主，现人口构成已逐渐多元，居民来自五湖四海，且租户流动人口占居民数 20% 左右。小区建于 20 世纪 90 年代初，经历烂尾楼时期后由多个开发商接手，于 1999 年正式落成入住，小区历史达 30 年，过去曾由不同的开发商进行小区管理，现今的物业是从 2002 年开始统一接管小区。由于建设年代较早，缺乏公共服务空间规划，加之物业收费低，管理水平有限，小区内杂草丛生、污水倒灌、设施陈旧，居民间相互抱怨、推诿，邻里矛盾突出。2019 年惠州市民政局启动"惠民空间"老旧小区微改造项目，MD 新村小区成为第一个改造试点。改造完成后，2019 年 12 月通过政府采购社工服务项目方式引入"三社联动"社工站服务，服务周期一年。

（二）M 社区居民参与社区治理存在的问题

在"三社联动"社工站项目进驻 M 社区前期，社工团队开展了涵盖社区居民、社区骨干、特殊困难群体、社区居委会及物业工作人员的全面社区调研工作，共完成访谈 61 份，焦点小组 2 次，发放的调研问卷共 118 份。调研问卷主要针对社区公共问题以及社区居民参与社区事务而开展，发放问卷 118 份，回收有效调研问卷 118 份，有效回收率达 100%，并应用问卷星软件对问卷数据进行统计分析。笔者依据 M 社区"三社联动"社工团队撰写的"M 社区 2020 年度调研报告"，综合笔者对社区居民、居民骨干、社区居委工作人员的访谈，得出 M 社区居民在参与社区活动、社区建设中存在以下问题。

1. 参与率总体偏低，参与意识不高

在 M 社区的 2020 年度社区调研中，118 名问卷调查对象女性占 58.47%，男性占 41.53%，20 岁以下占 14.41%、20～39 岁占 38%、40～59 岁占 29.66%、60 岁及以上占 17.8%，调研样本的性别、年龄分布较为均匀合理。在"参与社区活动的频次"的问题中，从未参与过的占 47.46%，一年参与 1～2 次的占 31.35%，参与 3 次以上的仅占约 21.19%（见表 3-3）。

表3-3 居民参与社区活动的频次

选项	人数	比例	
A. 1~2 次/年	37		31.35%
B. 3~4 次/年	21		17.8%
C. 5~6 次/年	4		3.39%
D. 6 次以上/年	0		0%
E. 从未参加过（如选此项跳过第17题）	56		47.46%
本题有效填写人数	118		

志愿服务活动是社区活动的常见形式，也是居民社区参与意识的一个重要体现，通过调研数据可见，居民参与意愿不高。在"如果您有时间，愿意参与对小区公共空间维护和管理的志愿者吗"一问中，明确表示会参与的只占35.64%（如图3-2所示）。

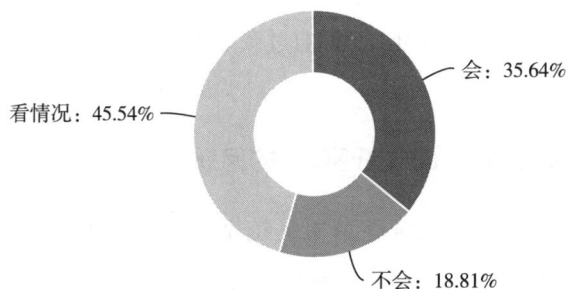

图3-2 居民参与社区公共空间志愿服务意愿情况

根据参与主体的参与意愿，社区参与分为被动式参与和主动性参与，M社区的居民参与也体现出被动参与多，主动参与少的问题。在M社区的调研中，可以看到，社区居民参与各项社区活动很大程度上是由于居委会或其他组织、单位的组织动员。在问题"您是以什么样的身份参与社区活动"中，87.1%的社区居民都是以现场参与者也就是一个被动的参与者角色参与（见表3-4）。

表3-4 居民在参与社区活动中的身份角色

选项	人数	比例	
A. 组织者	1		1.61%
B. 协助者	4		6.45%
C. 资源筹备者	0		0%
D. 建议者	3		4.84%
E. 现场参与者	54		87.1%
本题有效填写人数	62		

2. 组织化参与少，参与渠道单一

根据参与主体的组织化程度，社区参与可分为个体化参与和组织化参与。居民参与的组织化程度越高，参与效率越高，反之亦然。在 M 社区，社区的组织化低，辖区内 23 个住宅小区（楼院）只有 1 个成立了业委会，社区文体自组织 3 个，包括广场舞蹈队 1 支，红歌队 1 支，乐器队 1 支。在调查中 "您是否加入社区内的组织或队伍（如广场舞队）"，118 人中只有 8 人表示加入，另有 110 人，占 93.22% 的居民表示没加入。

在社区调研中，大部分居民表示不知道有社区活动的消息通知，而参与过活动的 62 人中，32.2% 是通过居委会或其他单位电话通知知道的，24.2% 是通过邻居、亲友告知的，40.3% 是在活动现场才知道并直接参与的。社区参与的渠道少，从社区层面看，主要是社区向居民单向传达信息，居民在其中只是被动接收信息，被动参与，缺乏双方交流、互动的渠道、平台和机会。在对社区居民的调查中，也可以看到社区居民对于多元、丰富的参与平台、机会是非常盼望的，在 "您认为哪些方式可以提高居民对社区事务参与的积极性" 中，"增加居民沟通议事平台"、"增设社区咨询渠道" 和 "培育丰富的居民组织" 排在了前三位，分别占 55.08%、40.68% 和 39.83%。

3. 娱乐性参与多，协商性参与少

M 社区往常开展的社区服务、社区活动中，居民参与较为积极的通常都是文体娱乐或节庆类活动，如居委会与物业联合组织的端午包粽子活动、为宣传垃圾分类开展的游园活动等。在 "三社联动" 社工站的前期调研中，我们也可以看到相应的调研结果。在 "您希望参加以下哪些社区活动" 中，有将近 31.66% 的选项选择了 "社区文化娱乐活动"，协商议事类社区活动的参与意愿低，仅占 8.49%（见表 3 - 5）。

除了社区党支部的党员学习活动，社区尚未形成真正常态化开展的社区服务、社区参与，因此 M 社区的居民参与的随机性明显，可持续性差。在 "参与社区活动的频次" 的问题中，从未参与过的占 47.46%，一年参与 1 ~ 2 次的占 31.36%，参与 3 次以上的仅占约 21.8%。

表 3 - 5　您希望参加以下哪些社区活动（可多选）

选项	频数	比例
A. 居民议事会	22	8.49%
B. 社区文化娱乐活动	82	31.66%
C. 社区社会组织活动	26	10.03%
D. 公益志愿服务	31	11.97%
E. 社区环境美化活动	44	16.70%

选项	频数	比例
F. 邻里互动活动	34	13.13%
G. 居民能力提升培训	15	5.79%
H. 其他	5	1.93%
总计	259	100%

（三）M社区居民参与社区治理存在问题的原因

1. 社区信任匮乏，居民参与内生动力不足

认知行为理论认为，个体的行为是认知、情感、意志的产物，对他人、社会的信任是人与人之间建立互动协作的情感基础，在社区场域，信任是构成和影响居民社区参与动力的心理前提。M社区地处惠州市老城区的商贸中心地带，是比较早的商品房社区，辖内流动人口占比约1/3，人口流动性较大。社区居民间互动关系的建立与稳定及信任的产生都需要一定的周期，而M社区人口流动快，居民更换频繁，左邻右舍在彼此来不及熟识的状态下，难以建立稳定的交流与合作关系，形成有效的社区参与。从居民的访谈中，也可以体现出居民之间的"陌生感"对居民参与社区活动的影响。

小孩有参加，以前小孩参加过社区的变废为宝手工活动、游园活动这些。其他的大人参与的活动，不是很清楚呢。一群大人坐一起搞活动，好尴尬呀，我都不熟。（M-J1）

我不知道，不会答，我们是在这里租房的，社区什么事我都不知道，也不想参与，等下不要给人骗啰，又不熟悉的，不知道是做什么的，我们这些老太婆最多人被骗了。（M-J2）

社区信任的匮乏不仅存在于社区居民之间，也存在于居民与社会组织之间。社区居委会作为居民自我教育、自我管理、自我服务、自我监督的基层群众性自治组织，是居民社区参与的重要组织者、动员者和引导者。但当前社区居委会"行政化"严重，基层行政事务繁重，工作人员少，社区活动多因应付各种检查、台账要求而开展，形式单一，趣味性、针对性不强，导致居民参与热情不高，参与内生动力不足。

居委会有什么活动通知我们就去啰，大部分也都是去坐坐，充个人数照照相，都跟他们（居委会工作人员）很熟了，有活动的话只要没什么事情，我都去帮忙的。（M-J3）

参加社区活动啊？没有吧，我们就在小区自己走走逛逛，有时候几个人打打牌这些。为什么没去参加？觉得没啥意思，不想去，都是去坐着听人家讲，领导讲，我们也说不上啥话是吧，没意思，我们都不爱去。（M-J4）

社区信任的匮乏还缘于居民对社区认同的缺失。社区居民是由不同的人群组成，其需求千差万别，社区需要针对不同人群需求提供多元、精准的公共服务。根据调查，

M 社区当前主要的社区服务为文明创建、卫生创建、综治维稳，与社区居民的日常需求没有直接的关联。同时，低保、特困、残疾人服务等服务又有明显的群体针对性，没有引起大部分居民需求、利益的共鸣。社区居民需求较高的四点半课堂、长者饭堂、公共空间改善等，由于社区资金、人力、场地等因素而不能有序开展。社区提供的公共服务不切合居民需求，而居民的需求又得不到有效满足，久而久之，居民对社区的认同、信任就低。

2. 参与网络稀疏，居民参与发展空间受限

帕特南在《使民主运转起来》中提出了公民参与网络的概念，社区居民参与网络是一种区域性的社会公众参与，它培育了社区居民普遍化互惠规范，有利于社区居民日常互动和沟通协商。陈希（2017）认为社区关系网络的广度、深度和密切程度影响城市社区居民参与的水平。M 社区当前社区居民参与网络功能的发挥主要面临着参与网络稀疏、参与渠道单一的问题，主要表现在三个方面：一是社区自组织发展滞后，居民间横向关系网络稀疏。M 社区较为成型的文体组织只有 3 个，由于社区大部分住宅楼都建于 20 世纪 90 年代，缺乏社区公共空间，以致社区内最常见的广场舞队都因场地限制而少有发展。自组织不仅数量较少，规模也很有限，并缺乏相应的组织和治理能力，无法在社区治理体系中形成相应的横向组织网络。二是社区事务参与途径、形式单一，自上而下的信息传递与自下而上的参与表达不畅。这种不畅所呈现出来的是垂直关系网络构建的不足。三是社区资源网络无整合利用平台。社区内有幼儿园 4 所，小学 1 所，医院 1 所，社区卫生服务站 1 个，银行 4 家，各种商业几百家，但这些单位少有参与社区服务、社区治理中，社区居委会在日常的管理、通知之外，与这些单位的交往也不多。总体而言，社区居民间互动互惠横向关系网络的稀疏、垂直关系网络构建的不足、参与途径的单一、资源的松散，这些社区居民参与网络的现状限制了 M 社区居民参与的发展空间、发展水平，从而影响了居民参与 M 社区社区公共事务的治理。

3. 参与机制缺失，居民参与有效性、持续性差

社区参与是一种公共参与，居民通过参与社区，分担社区责任，获取一定的社区公共利益，共享社区共治成果。但同时，居民参与可能会带来治理的无序问题，党的十九届四中全会公报也提出要"完善群众参与基层社会治理的制度化渠道"，强调通过完善制度化、机制来塑造居民的有序参与行为。完善的参与机制应该包含两个方面，一是制度机制的完善、全面，二是居民对制度机制的认同。当前，M 社区属于"政府导向型"主导模式的社区管理形式，"行政化"严重，各部门下派的行政事务繁多，社区日常的工作开展也主要是依靠各类行政法规、政策。与居民参与息息相关的激励机制、保障机制、决策机制、监督机制不够完善，执行性差，很多社区事务都是上级下达任务，居委会执行任务，即使有居民参与，也多是被动参与，扮演旁听者和列席者

的角色，而不是主动的参与者、组织者和决策者，这一点在前文的居民参与存在的问题中也有阐述。社区内居民参与社区治理的规章制度建设上，本应是社区居委会根据社区居民数量、年龄及特点等因素与居民一起协商制定，并随着社区居民的动态化发展变化而不断修改以满足需要，但实际上，社区规章、公约往往根据街道办事处的工作需要及其下达的"指导意见"制定，内容流于形式，千篇一律。居民在此过程中没有参与，也就更没有对制度规范的关注认同，当制度、机制形成用于指导居民的参与行为时，自然也是无力的，难以保证居民参与的有效性、持续性。

三、社会资本视角下社工介入惠州市 M 社区居民参与社区治理的行动策略

社区社会资本理论指出，只有参与才能形成社区治理的内在推力。杨秀勇、高红（2020）认为"弱参与"和"低交往"是导致社区社会资本存量较低，社区治理绩效难以提升的重要原因。对于解决"社区居民参与社会治理不足"的问题，从社会资本理论的角度来说有三个行动策略：第一，促进社区居民之间建立相互信任；第二，构建相互联系、相互合作的关系网络；第三，通过互动建立社区规范。那么 M 社区社工站各项服务介入背后的逻辑是什么？具体服务如何影响居民的参与动力、能力？笔者从社会资本理论视角出发，从社区信任、社区参与网络、社区规则体系的构建来分析归纳 M 社区社工介入的行动策略。

（一）积累社区信任，提升居民参与内生动力

信任是社会资本中最重要的因素，能够促进居民的互动交往与合作，同时对其他社会资本的生成具有促进作用。帕特南在《使民主运转起来》一书中认为社会信任的差异导致了意大利南部和北方居民社区的不同，居民信任较高时社区合作更为频繁，民主制度运转更加顺畅。周凡（2018）将信任分为社交信任、社区内信任、亲朋信任和陌生人信任四个因子，通过实证分析得出社交信任对城市社区居民参与具有显著影响。随着我国经济体制转型、单位体制解体以及城市的开发与更新，城市社区居民间亲缘、业缘、地缘关系逐渐消解，因居住功能而聚集的"陌生人社区"特点凸显，社区信任被消解，信任不足普遍化，导致社区的"弱参与"现状。因此，社会工作的介入首先要通过各种形式的活动、服务激活居民交往互动需求、提供社会交往空间、营造交往平台、氛围，以积累社区信任从而提升居民的参与动力。

1. 以"活动"激活居民交往、互动需求

社区生活中的日常交往与互动、参与社区公共事务治理和满足个体自身发展是社区居民内在的社交需要、尊重需要和自我实现需要，构成了城市社区社区参与的动力来源。居民互动关系的建立以社区活动和社区社会组织为重要平台和依托载体，M 社区原有的社区社会组织少，且由于场地、资金等外在条件的限制，活跃度不高。"三社

联动"社工服务站作为外来嵌入社区的一个"组织",不易于在短时间内被居民接受和熟悉信任,因此"活动"成为社工站打开局面、凝聚人气、促进居民交流互动的最优策略。社工站结合主要节庆、M 社区垃圾分类宣传主题、社区老年人需要等开展了多样化社区活动,参与主体包括了普通社区居民、社区志愿者、亲子家庭、社区社会组织成员等。详细活动统计见表 3-6。

表 3-6　M 社区社工站开展活动统计表

活动类型	活动主题	参与对象	参与人数
节庆类社区活动	"母爱无痕,子女有心"MD 社区母亲节特别活动	社区亲子家庭	30 人
	"喜迎六一,你我共乐"MD 社区青少年足球比赛	青少年足球队成员	50 人
	"万水千山'粽'是情"MD 社区端午节活动	社区居民	70 人
	"灯映月色中秋美,我们在 MD"MD 社区庆中秋迎国庆活动	社区广场舞队、乐器队、社区居民、	200 人
	"我动手,我能行"——MD 社区包饺子活动	社区残障人士及家属	20 人
主题活动类	"文明风尚　从我做起"MD 社区文明宣传活动	社区居民	100 人
	"公益在身边,便民你我他"MD 社区公益集市活动	社区居民	100 人
	"党群共建·美好社区"MD 社区社会组织启动仪式	社区社会组织	38 人
	"垃圾要回家,请您帮助它"MD 社区垃圾分类宣传活动(一)	社区居民、青少年儿童	30 人
	"垃圾要回家,请您帮助它"MD 社区垃圾分类宣传活动(二)	社区居民、青少年儿童	30 人
讲座、培训类	"关爱老人眼健康,白内障公益讲座进社区"	社区老年人	20 人
	"健康养生所、健康快乐过"养生护理知识培训	社区老年人	20 人
	"我志愿,我奉献"志愿者培训会 2 场	社区志愿者	25 人
常规服务活动	"清扫家园,大家齐行动"MD 社区志愿者大清扫活动 8 场	社区志愿者、社区居民	50 人次

　　丰富、趣味社区活动的开展,为社区居民提供了相互认识、交流的机会、平台,在逐步了解熟悉的过程中,居民间交往互动需求被激活,相互的联系更紧密,也更愿意参与社区、服务社区。如"万水千山'粽'是情"——端午节包粽子送粽子活动,MD 广场舞队牵头,联合社区居委会、物业一起开展。在活动筹备阶段,社区居民云姐带领队员在活动前一天对粽叶、米等材料进行处理,古阿姨在活动当天,早上 5 点钟就开展准备工作。在包粽子过程中,何姐现场教学,带领社区居民一起动手包粽子。"喜迎六一,你我共乐"MD 社区青少年足球比赛,是由 M 社区青少年足球队牵头开展的,其中活动策划、活动宣传、人员招募等都由其组织成员负责。在"党群共建·美好社区"MD 社区社会组织联合会启动仪式中,M 社区 5 支社区社会组织齐行动,文娱志愿类组织各司其职,自筹自导自演了启动仪式的大型活动,并得到了政府领导、媒

体等多方认可。

2. 以"组织"编织居民联系纽带

我国的社区社会组织由于发育时间较短，其总体发展水平比较低，具体表现为数量少、规模小、类型结构失衡、居民的参与比例和参与水平较低（夏建中、特里·N. 克拉克，2011）。社工站在进驻 M 社区之初的社区调研中了解到，M 社区无登记注册的社区社会组织，较为成型的社区自组织有 4 个，包括 1 个小区业委会、1 支广场舞队、1 支红歌队、1 支乐器队，且由于缺乏活动场所，3 支文体队伍逐渐空闲下来，鲜少活动。数量少、规模小、居民参与程度低的发展现状限制了社区社会组织对社区居民的联结能力，难以形成正式的关系网络。因此，需要着重培育更多的社区自组织、社区社会组织，为居民提供正式社会互动的空间，以弥补社会转型中不断减少的非正式邻里互动。M 社区"三社联动"社工服务从社区问题、居民需求、居民兴趣和居民能力四个维度出发，培育发展了 5 支社区组织队伍，并进行了备案登记。社区社会组织详情见表 3 - 7。

表 3 - 7　社工站培育的社区社会组织情况表

发展维度	组织名称	组织介绍	组织成员
社区问题	"惠民空间"志愿服务队	服务队基于 M 社区"惠民空间"公共空间微改造后空间使用、维护、管理的社区公共需求而产生。主要服务有每月一次的义洁活动	社区居民，现有成员 15 人
居民兴趣	MD 广场舞队	文体娱乐性质的社区社会组织，每晚组织常规舞蹈活动，积极参与组织其他社区活动	社区居民，现有成员 23 人
	M 社区青少年足球队	青少年文体娱乐性质的社区社会组织，定期开展踢球，组织球技培训、足球比赛等	社区内小学二至六年级学生，现有成员 13 人
	MD 扇子舞队	平均年龄在 60 周岁以上的老年人组成的文体娱乐队伍，以健身、娱乐、交友为目标	社区老年人，现有成员 20 人
居民需求	桥西康园坚强队	以桥西街道残疾人康复中心会员为主要成员，基于促进残疾人社会连接、融入的需求而产生	社区残障人士，现有成员 6 人
居民能力	居民协商议事小组（培育中）	参与社区公共问题解决的协商议事，作为居民骨干，联系居民，收集意见建议，开展议事协商	社区居民骨干

社区社会组织（自组织）作为纽带，不仅紧密联结了其成员，形成了常规化的自我服务活动，而且积极参与社区活动的组织，已开始牵头开展服务，2020 年社区社会组织牵头组织开展活动共 3 场，社区培训 3 场，服务总人数 148 人，服务总人次达 308 人次。基于社区社会组织在联系居民、组织居民、增进社区信任、促进社区参与方面的重要作用，社会工作在社区的介入工作应着重从不同维度大力培育发展社区社会组织，优化组织类型结构，使公益类、互助类、社区服务类、枢纽类等各类社区社会化组织在社区全面发展。

3. 以"公共空间"营造居民交往平台

社会互动总是以一定的具体空间为依托，居民共享同一物理或虚拟空间是邻里互动产生的必要前提。M 社区内大部分小区建于 20 世纪 90 年代，公共空间不足，加之长久以来管理不善导致小区内公共空间荒草丛生、垃圾满地，居民对此怨声载道，更难以在此环境下产生良好的邻里互动。合理的公共空间为居民的社会活动在空间上的聚集提供了可能性，从而对社区社会资本的形成产生了显著的影响。空间的性质和结构影响着社会互动的频率和性质，丰富且分布合理的社区公共空间及其相应的活动设施，能够提高居民自发性活动的发生频率，带动连锁性社会活动（简霞，2011）。社工站借助惠州市"惠民空间"公共空间微改造项目的时机，积极动员、协助社区居委会，争取改造项目，最终，确定 M 社区"惠民空间"改造点 3 个，总改造面积 3400 多平方米，大大改善了社区公共空间环境。小区物业反映："居民会在那里休闲娱乐，使用一些健身器材锻炼身体，以前没有的。""卫生上的变化大大改善了，投诉也变少了。居民的社区活动参与度也变高了，会自觉维护社区的环境。"[①]"'惠民空间'改造后，小区环境得到明显改善，以前很少下楼活动的左邻右舍也都下来了，认识了很多邻居。我还加入了小区的舞蹈队，每天和大家一起运动跳舞很开心！"MD 新村居民汪阿姨说（2021）。

MD 新村进行"惠民空间"改造后，因为有了新的公共空间，小区居民更愿意主动走出家门进行交流、互动了。这种自发的互动更多是无组织的、零散的，而社工开展的系列社区活动更进一步促进了居民互动的组织性。在改造完成初期，社工通过举办"共建共治共享·共话美好生活"新春畅想茶话会活动，邀请居委、物业、业委会等代表和社区热心居民共同参与，共同讨论改造完成的场地维护、服务活动开展、期待等话题，进一步增进了彼此间的互动交流，也让居民认识到自己是社区的主人，是社区问题解决不可或缺的力量。社区原来稀稀拉拉的广场舞队伍也重新活跃了起来，积极参与社区的文化活动，并不断发展壮大。小区的"惠民空间"成为居民们休闲娱乐的好去处，互动交往的大平台。

4. 以"居民骨干"带动社区参与氛围

"居民骨干"是指社区居民活动中有影响力、有带动力的积极分子，居民骨干在社区社会工作的开展中有着举足轻重的作用，一方面承担着居民和社工之间的桥梁作用，另一方面也是社区实现居民自治最为关键的一环。通过发挥居民骨干模范带头作用，可以有效带动居民参与，进而塑造社区共建共治共享氛围。社工在 M 社区的居民骨干发展培育上实行了"发现挖掘—赋能培育—引导作用发挥"三步走的策略。第一步，发现挖掘居民骨干。进入社区后，社工在对社区需求进行调研的同时对社区资源进行

---

① "惠民空间"公共空间微改造项目回顾性调研内部资料。

挖掘登记，其中"人才资源"就是最主要的一部分，社工一方面通过已有的资料网络，一一拜访了解物业负责人、居民小组长等已有的居民骨干，另一方面通过居民走访、访谈寻找挖掘社区内老党员、退休干部、社会自组织带头人等潜在居民骨干。第二步，为居民骨干赋能。挖掘出居民骨干后，社工根据居民骨干社区参与的需要、服务策划、组员带领能力提升的需要等开展培训、学习活动，如"提能展识，共创社区"增能小组活动。第三步，引导居民骨干发挥带头作用。社工与小区居民骨干制定了"惠民空间"管理公约，成立了"乐心策划"社区议事小组，由居民骨干入户听诉、参与民情恳谈、专题议事，形成协商议事机制，通过机制引导作用发挥。在社区"惠民空间"改造、下水管道堵塞和"惠民空间"维护管理等社区公共问题上，M社区居民骨干发挥了重要的引领、示范作用，一步步带动居民从"漠不关心"到"共同行动"。

在"惠民空间"公共空间微改造项目的回顾性调研中，针对社区居民骨干做过一个带动居民参与的调查，统计结果显示带动4个以上居民参与的居民骨干占80%以上，其中带动10人以上参与的占30.56%（见表3-8）。

表3-8　居民骨干在参与"惠民空间"项目期间带动其他居民关注和参与的人数

选项	人数	比例
0人	3	8.33%
1~3人	4	11.11%
4~6人	15	41.67%
7~10人	3	8.33%
10人以上	11	30.56%
本题有效填写人数	36	

（二）构建社区参与网络，拓宽居民参与空间

1. "横向+纵向"构建社区关系网络

社区治理工作进展顺畅与否很大程度上取决于社区整体网络的构建是否完善，在良好社区参与网络环境下，个体的动员能力得以较大提升，从而将人际关系互动提升到更高水平，稳定的网络关系是信息传递、资源整合的支撑。社区网络分为横向网络与垂直网络。社区横向网络主要表现为居民与居民的网络关系以及居民与社区自发成立组织的关系，其背后更加强调个体利益，成员之间地位较为平等。纵向垂直网络主要受到政府影响而形成，政府对整个组织的影响水平较高，通过垂直网络，国家的方针政策得以自上而下施加影响，拥有良好的渗透能力和动员能力。M社区社工站在社区网络构建上，一方面大力培育发展社区自组织、社区社会组织，如挖掘居民共同兴

趣爱好培育广场舞队、扇子舞队、青少年足球队，培育社区志愿服务队等。同时，在服务开展过程中，积极推动各小区、楼栋组建业主交流群、协商议事小组等横向社区网络，发挥组织网络联结居民、促进信息分享传递的功能。另一方面，在纵向垂直网络上协助上级政府部门、社区党支部将网络延伸、理顺，如将原来"街道办—社区（党支部/居委会）—居民小组长"的垂直网络延伸拓展为"街道办—社区（党支部/居委会）—居民小组长—物业/楼栋长/组织骨干"，进一步提高信息传达和资源动员整合的能力。"横向丰富 + 纵向顺畅"的社区网络使得社区在新冠肺炎疫情防控、"惠民空间"公共空间微改造等社区公共事务的解决过程中迅速将社区要求、需求传递、扩散，居民也可通过横向网络平等对话、协商讨论，通过纵向网络反映需求、诉求、意见建议等。

2. "线上 + 线下"拓宽居民参与途径

良好的居民参与结果是参与意识、参与能力与参与途径的结合。当前，我国社区居民参与普遍存在"老少参与多，中青年参与少"的参与主体结构失衡现象，笔者认为这与社区参与途径的单一、落后息息相关。当前，社区活动的开展形式主要以线下、现场活动为主，在时间上也更多是在非周末期间，对于社区内朝九晚五的上班族中青年居民而言，是个不可能选项。

我是一个党员，前年吧，我的党组织关系转到社区里来了，哎呀，老是打电话给我让我来参加社区活动、党支部的学习生活会这些，我不是不想参加，我要上班呀。能不能考虑晚上或者周末的时候开展呢？或者，现在都是网络信息时代了，可以组织网上学习的嘛，钉钉线上会议这样的。（M - J5）

HX 花园的惠民空间改造的时候，征求我们居民的意见建议，不是有那个二维码（需求调研问卷二维码）嘛，我给我媳妇扫了，她也写，很认真提的意见建议，毕竟改在我们家门口了嘛。年轻人现在什么都是手机，就是要多搞一些手机可以搞的（活动），年轻人才有时间参加。（M - J3）

……配合各个部门要求开展的活动，比如垃圾分类啊、民法典宣传啊、反家暴之类的，要相片要横幅各种台账，都是现场的活动，不现场怎么做得到呢？来来回回也都是这么一拨阿姨们在参与，（她们）比较有空。……（M - JW2）

社工站进驻 M 社区后，社工在走访社区党群服务中心、社区居委会时也了解到，社区活动内容形式比较单一，参与途径也主要以邀请居民到党群服务中心开展或者居委上门入户宣传为主，居民参与积极性较低，活动的影响面小。为此，社工站通过"线下 + 线下"两条线拓展居民参与途径，构建社区参与网络。在"线下"，社工一方面组织开展了丰富多样的社区活动，并将活动时间大部分都安排在周六日或节假日，便于居民在自己有空时参与；另一方面，培育了 5 个社区社会组织，并协助这些组织建立起自己的常规化活动，为居民的加入参与提供更多机会。在"线上"，一方面基于智能手机的普遍应用，社区居民"人机交往""虚拟交往"的社交行为习惯，建立便捷的线上平台，如各种业主交流微信群、线上学习小组群、线上协商议事厅、M社区"三社联动"微信公众号等。一方面，积极运用线上渠道提供服务，如在社工站进驻之初，因为疫情防控需要，线下服务活动不便开展，为促进"宅家"期间亲子关系的和谐、紧密，开展了"亲子手工线上小组"，通过网络动员、连接社区内8对亲子家庭，每日学习一款亲子手工，每日一打卡合作过程与合作作品。为弥补因疫情受影响的邻里日常化社交需要，组织开展了"晒晒我家的美食"M社区线上活动，活动群吸引了近百名居民参与，每天线上美食分享、制作心得分享热闹非凡。"线下+线上"双结合参与途径的搭建，为年轻人以及在职人群参与社会公共事务提供了便利，拓展了居民参与的新途径，提高了居民参与的人群比例与参与积极性。

3. "一建+五联"搭建社区资源平台

为发挥"三社联动"社工服务站作为资源平台、服务平台的作用，惠州市民政局创新"三社联动"工作机制，以"一建五联"的方式实现"三社联动"机制的深化与发展。"一建"即建设"三社联动"服务平台，"五联"即人才联动、组织联动、服务联动、志愿联动、场地联动。"人才联动"即建立社区服务人才信息库，将社区现有专业社工和实际从事社区服务的人员信息纳入其中，通过培训、开展志愿服务活动、项目合作的模式形成联动。"组织联动"即突破现有社区服务资源"条块分割"的困境，充分发挥"三社联动"服务平台的枢纽作用，联结社区内的机关事业单位、企业和各类社会组织的服务资源，协同开展各类社区服务项目，实现社区服务资源高效整合。"服务联动"即广泛引导、动员社区内的机关事业单位、企业和各类社会组织发掘居民需求，统筹设计服务项目，通过"三社联动"服务平台实施项目运营，充分调动各单位的服务主体性，实现"一平台多服务"。"志愿联动"即充分整合社区内现有的志愿服务资源，依托"三社联动"服务平台和全国志愿服务信息系统，实现社区志愿服务需求与供给的无缝对接，提升社区自助互助能力。"场地联动"即充分整合社区公共服务场地资源和充分利用辖区内的机关、企事业单位可使用的场地资源，根据服务项目需要实现场地联动使用，提高场地使用率，优化场地资源配置。在"一建五联"指导下，M社区社工站发挥平台桥梁作用，主动链接、主动整合，以个案服务、活动服务、专案服务等形式将居民需求、社区需求与社区内外企事业单位服务资源、社会组织资源、人才、志愿者资源相对接，以整合资源满足社区需求。社工站"五联"服务开展情况见表3-9。

表 3 - 9　"五联"服务情况统计表

联动类型	联动人次/组织数/场次	联动内容
人才联动	41 人（21 个单位）	活动参与、服务支持
组织联动	13 个组织（企事业、企业、社会组织）	合作开展社区特殊困难群体服务、社区活动、协商共治，整合资源折合人民币近万元
服务联动	36	个案服务 4 个，档案服务 23 份，社区专案活动 9 场
场地联动	7 个公共空间	开展各类社区服务活动 23 场次
志愿联动	64 名志愿者	志愿服务、志愿者培训，服务时长 519 小时

（三）培育共识、规范，提高居民参与有效性、持续性

1. 以"公共问题"介入为契机，凝聚共识

社区公共事务是社区治理的主要客体，是社区居民公共利益的集中体现，也是居民参与的主要驱动力。在现实的社区公共事务治理中经常出现"三个和尚没水喝"的情况，不少人抱着"有我没我影响不大""我不管总有人去管"的消极心理，个体对公共事务漠不关心、高高挂起，甚至拒绝合作。因此，社区公共事务的介入是一个充满挑战的工作，但如果在此过程中充分动员参与、促进沟通与协商，也是一个形成社区共识、构建社区规则体系，提升社区认同与归属感的最好契机。M 社区"三社联动"社工服务站在 2020 年度的服务过程中，协助、主导多个社区"公共问题"的解决落实，较好地凝聚了社区居民的共识，构建了初步的社区规范。

在市民政局主导的 M 社区"惠民空间"社区公共空间微改造这一社区公共事务介入中，社工充分发挥第三方中立的身份角色作用，不代表政府，也不代表某个居民的利益，让居民在公共事务的治理中"知情、表意、参与"。在 HX 花园小区的前期调研中，社工发放了超过 200 份宣传资料、103 份需求调研问卷，做了 15 人的居民访谈，在改造方案前后开展了"家园建设齐参与，社区事务共商议""参与家园建设共创和谐社区"两场协商会议。充分的宣传、动员让大部分居民对"惠民空间"改造有了了解和期待，调动了参与热情。

其实平时我们那些工作，居民参与率不是很高，但是呢这一次你们社工是家家户户入户去问，去调查了，周围这些阿姨们都知道要改造的事了，热情还是很高的，有几个阿姨、阿叔积极性还是比较高的，对改造的工作很支持。最开始的时候不是因为疫情嘛，拖的时间比较长，他们几次都在问什么时候改造啊，很关心这个事情。经过居委会，还有社工，对他们宣传以后，他们了解了这个事情之后积极性还是比较高的。（M - JW1）

"知情"之后，居民们基于不同的利益诉求、个体需求会形成多样化的意见建议，

如何让居民在充分表达的基础上又能形成相对统一的"共识"呢？社工在介入过程中，一方面通过访谈、座谈会、焦点小组等形式听取诉求、意见，另一方面针对不同的意见建议选出居民代表与居委会、物业、设计方等一起进行协商，在协商过程中引入罗伯特议事的基本规则进行议题讨论，将意见建议"聚焦"。在改造过程中，充分动员在前期调研阶段发掘的社区骨干力量，参与"惠民空间"的改造，并在参与互动中逐渐形成协商、互惠规则。

ZS 新村 A1 栋下水管道堵塞问题的解决是社工在"三社联动"指导下主导的社区公共问题介入事件。A1 栋下水管道漏水问题从 2020 年 1 月开始困扰居民，居民因此怨声载道。为解决此问题，物业贴出公告，号召本栋居民集资修理下水管道，但是居民无人响应，导致 A1 栋楼前污水横流，臭气熏天。在这样的前提下，社工以"三社联动"为行动指导，第一步"理责任，寻痛点"，以社区为平台，收集各方代表对本问题的看法以及问题迟迟得不到解决的原因。第二步"搭平台，聚群智"，以物业为撬杆，撬动多方主体，制订行动计划并有序推进。社会工作者首先借助物业的力量，通过电访和上门拜访的形式，把业主居民、三个商铺、居委代表、物业代表组建了一个微信交流群。通过微信交流群告知相关利益方问题的现状，以及征询问题的解决建议。社会工作者接着根据居民的态度，把居民分为三种类型：支持马上集资维修的居民（支持者）、对集资事件不发表建议的居民（中立者）、希望优先解决违建问题再进行集资的居民（反对者）。社会工作者结合居委会、物业、部分居民的建议，制订解决方案：寻找专业人士对本问题进行评估，计算出预算，根据预算进行集资；商铺需要参与集资，并且承担自己的集资责任；在集资执行阶段，选择支持者树立榜样，带动中立者进行集资，同时与居委会、物业、社会工作者一起拜访反对者，进行游说。最后，经过 3 个多月的共同努力，A1 栋下水管道成功修理完工。第三步"立公信，齐监督"，信息公开机制的制定以及执行。在整个问题解决过程中，社工与利益相关方坚持解决方案透明，解决过程透明，问题解决成效透明，经费使用透明的原则；同时，居委会、物业、居民/商铺、社会工作者四方代表，在整个问题解决过程中，相互监督。

案例成功解决之后，社区居委会对此工作方式十分认同，认为本案例的工作经验可以在本社区内推广，建议社区内类似问题都可以借鉴本案例的工作经验；物业方面表示，十分感谢社会工作者参与解决本问题，通过本问题的解决，居民对小区事务的关注度极大地提升了，现在 A1 栋居民会在居民交流群沟通小区内出现的问题，并一起商讨解决办法；部分居民在面对小区内的公共问题时，已经由抱怨问题的产生，转变至积极提出解决建议并执行。例如，小区内一块环境脏乱的场地，部分居民组队自主进行了清理。

2. 以社区骨干培养为抓手，引领规范建设

社区内部约束社区居民行为的法律法规、道德伦理、互惠规范等都可视作社区规

范（刘雯铮，2015），M 社区在"三社联动"社工站进驻之前，居民之间、居民与自组织间或社区组织之间大多数靠一些不成文的规定或者是彼此互相约束的习惯等非正式规则联系，没有建立有效的组织规范、议事规范、激励机制等。社区居民参与能力的提升过程是一个不断组织化、制度化的过程，因而，要想居民有效参与社区治理就需要不断完善社区制度性规范和非正式制度规范的建设并执行。社工在 M 社区的工作介入，以培养社区骨干为抓手，通过对社区骨干，特别是社区社会组织、自组织骨干进行规范、规则的培养、引导来影响带动居民的规则意识。社工一方面通过联席会议和培训等形式，提升社区骨干参与社区服务、规范构建的能力；另一方面通过社区活动，使其能力得以实践。如在社区专案服务讨论联席会议上，物业代表蒋总针对"惠民空间"志愿服务队的人员构成及管理制度提出了建议，同时提出完善"惠民空间"使用规则。在"奇妙探索团"惠民空间资源探索小组中，小组成员通过探索惠民空间资源，链接社区资源，在主人翁意识得以提升的基础上，募集并制作了一块儿童娱乐设施的规则牌，并进行了上墙。在"提能展识·共创社区"社区组织增能小组中，小组成员就"惠民空间"使用规则指引进行完善。最终，完善了惠民空间使用指引，并进行了上墙。社工与小区居民骨干制定了管理公约共同管理"惠民空间"，组建文明倡导志愿队、社区绘本故事阅读会、青少年志愿者服务队等，引导小区居民展开自我管理、自我服务、自我约束，并推动社区治理常态化；协助引导居民、社区组织成立社区议事小组，由骨干居民入户听诉、民情恳谈、专题议事，形成协商议事机制。

四、社工介入惠州市 M 社区居民参与社区治理的成效、不足与完善对策

（一）社工介入 M 社区居民参与社区治理的成效

1. 居民参与度提高：从无人响应到共同参与

在"三社联动"社工服务站进驻开展服务前，M 社区大部分居民间的关系是陌生、客气、疏离的，问卷调研"如果您看到小区公共空间存在一些问题，会向相关主体（例如物业、居委会、业委会、社工等）反映吗"，表示会的居民占 55%，而进一步行为意愿问题"如果您有时间，愿意参与对小区公共空间维护和管理的志愿活动吗"，明确表示愿意参与的只占 35%。

社会工作介入后，在社区党支部引领下，以社区为平台，挖掘培育社区居民骨干、培育发展社区社会组织，联动社区内外人、财、物资源，通过各种服务活动开展激活社区居民参与热情，提高社区社会资本，使社区在社区公共事务治理上逐渐从无人响应到共同行动，社区参与度明显提高。

案例一：MD 新村小区"惠民空间"改造完成投入使用后，管理维护问题一直未能解决，2000 多平方米的"惠民空间"广场常有垃圾、污物。为改善这一情况，社工

组织开展了常规的"义洁"活动,一开始参与的居民志愿者寥寥几人,甚至需要社工链接到小区外的社区退役军人志愿服务队来开展清扫、清洁活动。后来,转变至开展义洁活动,居民争相参与的状态。如在一次义洁活动中,报名志愿者只有 3 名,但在活动开展中,不断有居民参与。"我买菜刚回来,看到就过来参与啦。"这是社区陈阿姨在参与义洁活动中表述的。"这本来就是我们的家园,打扫干净之后,看着也很舒服啊。""我们把这打扫干净后,其他居民也不好意思乱丢垃圾啦,大家的文明意识正在潜移默化地提高。""政府给我们改造了这么漂亮的小花园,我们也有责任去维护啊。"志愿服务队的居民们在常规义洁活动中分享道①。

案例二:YA 花园、HX 花园"惠民空间"微改造项目进展过程中,一开始大部分居民认为这是政府、居委会的事,对改造工作抱"看客"心态。社区组织小区居民、党代表和社工成立了居民共商共议小组,征集居民"金点子",通过协商会议推动民主协商民主决策。社工多次走家入户,召开了三场意见征求会,听取了多方居民意见。居民社区参与热情被激发,不少有施工经验的居民为了保证项目质量还轮岗当起了施工"监理",如社区居民黄某光,建筑施工的工作经历让他对项目施工流程了如指掌,也对项目施工进展事事关心,大部分居民的心态实现了从"要我建"到"我要建"的转变。

参与度的提高不仅仅体现在个体居民身上,社区社会组织的社区参与度也明显提升,组织从无到有,从自娱自乐、自我服务到牵头开展社区活动,服务更多居民群体,成为社区服务提供共同体的一员。

2. 居民参与能力得到较大提升

居民参与能力的提高需要不断参与、锻炼的平台和机会,也是一个逐步组织化、制度化的过程。社工站前期的调研中,M 社区的居民参与呈现出被动化、个体化的特征,居民参与社区活动更多是以个体形式被动参与,听从配合社区党群服务中心、社区居委会的安排,参与能力得不到锻炼,参与热情也逐渐被消磨。

为什么没去参加?觉得没啥意思,不想去,都是去坐着听人家讲,领导讲,我们也说不上啥话是吧,没意思,我们都不爱去。(M – J4)

社区的活动不是文明城市创建就是垃圾分类、清扫卫生之类的,参与就是做志愿者啰,说实话,比较形式主义。(M – J5)

社工在社区大力培育发展社区社会组织,通过赋能培育组织骨干,将专业的理论、技巧传授给社区骨干,提升他们的自治能力,协助他们一起组建社区自组织团队,对团队进行有效管理,形成能够自主运行社区项目的团队。社工培育成立的 5 支社区社会组织中,"MD 广场舞队""MD 扇子舞队""M 社区青少年足球队""惠民空间志愿服

---

① M 社区"三社联动"社工服务站活动资料。

务队"都已形成了常规化的自我服务活动，且已能在社工的协助下，牵头组织开展社区服务，由单纯的"服务接受者"成为"服务提供者"。如，MD 广场舞队联合社区居委会、物业牵头组织了"万水千山'粽'是情"——端午节包粽子送粽子活动，M 社区青少年足球队牵头开展了"喜迎六一，你我共乐"MD 社区青少年足球比赛，其中活动策划、活动宣传、人员招募等都由其组织成员负责。5 支社区社会组织齐行动共同筹备了"党群共建·美好社区"M 社区社会组织联合会启动仪式中的节目表演、后勤保障等工作，使启动仪式圆满完成，并得到了政府领导、媒体等多方认可。通过社工开展的培训、协商议事学习以及参与社区公共事务（"惠民空间"微改造）等实践，社区骨干也认为自己在参与社区公共事务上的议事、信心、能力等得到了提升（见表 3 – 10）。

表 3 – 10　您在参与"惠民空间"项目过程中有哪些收获

多项选择	频次	比例
提升了自己参与社区公共事务的意识和信心	21	24.42%
增强了参与社区公共事务的能力	15	17.44%
增加了对国家及地方政府政策法规、公共服务资源、部门主管事务等内容的了解	14	16.28%
增强了对所在小区基本情况的了解	19	22.10%
认识了更多社区居民和其他工作人员，增强了自身与社区之间的连接	16	18.60%
其他	1	1.16%
总计	86	100%

3. 居民社区归属感、信任感明显增强

社区归属感是居民主动将自己归为社区成员，在社区互动的基础上对社区产生的喜爱、依恋的情感。"家"是中国人情感依恋的集中体现，社区归属通俗说就是让社区居民有"家"的感觉，让社区居民感受到生活其中是安全的、舒适的、有情感交流的、有价值感的。居民在社区生活的安全感可分为物质安全和心理安全。物质安全包括小区建筑结构安全、环境安全和治安安全等，是可见的，心理安全是居民在物质安全和公共服务基础上产生的，如邻里的熟悉与信任、对社区特殊困难群体的关怀等。居民舒适感的产生来源于社区生活中居民对社区环境资源的了解、社区公共资源和生活资源的配置、居家生活的便利程度、社区环境给予人的感受等。交流是人们产生情绪的前提，良好的居民交流互动机制能促进居民归属感的形成。成就感更多体现在社区参与上，通过共同参与实现社区治理目标后，居民的身份、价值、能力得到认同和尊重，从而产生成就感。社工在 M 社区开展的一系列服务活动在一定程度上为社区居民营造了更好的安全感、舒适感、交流感和成就感，如通过丰富多样的社区文化活动促进居民互动交流，增进交流的同时逐步建立"熟人"社区；"惠民空间"公共空间微改造工作，搭建了居民共同为改变社区公共环境出谋划策的平台机会，改造后环境的变化不仅让居民生活更舒适，也让参与其中的居民获得成就感等，拉近邻里居民关系，提升了居民的归属与信任感。这在 MD 新村小区体现尤为突出。MD 新村小区原有两支文体队伍，但因缺乏活动场所一直处于半解散状态，在小区公共空间改造完成后重新活跃了起来，他们不仅积极筹备参与社工组织的元旦文艺演出，还不断发展壮大，吸纳更多居民参与，邻里情在每天的"跳舞"活动中逐渐加深。目前，M 社区的多个社区自组织，充分利用公共活动空间开展社区活动，居民的小区生活变得丰富起来，邻里之间的信任增强，关系更和谐了，社区矛盾纠纷案件大大减少，居民的社区归属感大大增强。

（二）社工介入 M 社区居民参与社区治理的不足

M 社区大街小巷 21 条，住宅小区（楼院）23 个（幢），常住人口将近 2.5 万，而"三社联动"社工服务站只配备专职社工 2 人，运营周期 1 年，专业社工力量薄弱，社工服务的介入范围和介入深度受限。虽然社工在服务开展过程中，积极培育发展居民志愿者、社区骨干、社区社会组织，但时间短，社区组织、骨干的数量少，参与能力还有待培养，对社区其他居民的辐射带动作用有限，在资源动员与整合、社区组织培育以及参与机制完善方面还存在诸多不足。

1. 社区社会组织培育不足

社区社会组织是在社区范围内由居民发起成立的社会组织，它主要开展邻里互助、公益慈善、文体娱乐等为民服务活动，以满足居民的不同需求。培育发展社区社会组织，对加强社区治理体系建设、推动社会治理重心向基层下移、打造共建共治共享的社会治理格局，具有重要作用。M 社区在社工服务开展前，社区内有几支松散的居民自组织队伍，但备案登记的社区社会组织数为 0，社工介入后，截至 2020 年 12 月，在街道办备案登记的社区社会组织有 5 个，并且备案登记了 M 社区社会组织联合会。从增长数量上看，社工的介入工作取得了很好的成效，但同时，M 社区的居民组织发展还存在很多的不足，体现在以下几个方面：一是数量少；二是类型比较单一，目前的 5 个社区社会组织中 4 个为文体娱乐组织，1 个是志愿组织，缺少生活服务类、公益慈善类和居民互助类社区社会组织；三是现有社区社会组织尚处在发展的初期阶段，规模小、无规范化、自我运作能力不强，对社工的依赖程度较深。

2. 参与机制建设有待完善

居民参与社区公共事务的意识、能力的提升需要一个持续不断的长期过程，并非一蹴而就、一劳永逸的。因此，参与机制的完善以及对机制的引导落实是至关重要的。社工在 M 社区，通过在"公共问题"的解决参与以及社区社会组织的建设发展过程中引导建立议事、协商的机制，组织发展规范管理的机制等，但总体而言，这些机制的探索与建设都还处在初期的磨合阶段，并没有形成完善的、体系的文本，也缺少在不断执行落实的过程中去检验、修改的过程，其可行性、适用性、有效性都有待验证。另外，在机制建设引导的过程中，主要以社工为主，社区党支部、社区居委会的介入少，现有的机制规范以居民间、居民组织间的非正式制度规范为主，整个社区层面，较为正式的居民参与社区治理的制度性指导、规范少。从社工在 M 社区的介入经验看，社区首先需要建立居民诉求表达和回应制度，缺乏畅通、有效、常态化的诉求表达渠道和回应机制，容易导致私人的、个人化的诉求转化为攻击或报复等破坏性行为，从而导致社区人际关系环境的恶化（李娟、林莉，2021），损害社区信任，影响居民参与的动力、意愿。其次，要完善社区居民参与的激励机制，形成参与的正向反馈，营造社区参与氛围。最后，也要建立明确的监督惩罚制度，对一些不理性参与行为进行监督指引，对一些恶意的参与行为、破坏诋毁行为进行惩罚，以保护居民参与的有序和积极。

3. 资源动员整合能力弱，参与保障不足

社区公共事务的治理与善治，必须最大限度地挖掘和整合社区内外资源，其中包括人、物、财、智力、政策资源等。M 社区"三社联动"社工服务站的定位是希望能发挥社区平台作用，构建了"一建五联"的服务方式，以社工作为骨干支撑整合社区组织、社区内外资源，但在社工介入工作中，遭遇的困难较多。社工站项目由社会工作机构运营，每个社工站配备 2 名专业社工，人力资源不足是一方面，更重要的是社工站作为外来嵌入社区的一个组织，其知晓度、公信力等都难以在短时间内建立，因此社区资源的动员与整合能力有限。M 社区 2020 年度"三社联动"社工服务的对象主要集中于 M 社区居民，缺少对社区居委会、社区工作人员的引导介入，在项目服务中社区居委会主要作为资源提供者和观察者参与社区活动。在"三社联动"中，社区居委会并没有将自己作为发挥联动作用的多元主体之一，更多的是一种支持、配合社工站开展服务的认识，是被动式甚至是"不得不参与"的一种心态。社区居委会是基层社区公共服务的提供者与管理者，其自身及其能影响动员的社区内外资源是非常丰富的，社工介入未能很好地转变社区工作人员管理、服务理念，调动整合好社区资源，居民的持续参与、有效参与就难以得到有效保障。

（三）进一步完善社工介入 M 社区居民参与社区治理的对策建议

M 社区社工通过一系列社区活动的开展、社区骨干以及社区社会组织的培育、社区"公共问题"的介入积累增殖了社区社会资本，在居民参与意识、参与能力提升以及社区归属信任增强方面取得了一定的成效。同时，也存在社区社会组织培育不足、参与机制不够完善以及在介入过程中没有充分激发社区居委会，特别是社区党组织的引领作用等诸多不足。如何进一步提升 M 社区居民参与社区治理的积极性、持续性和有效性，笔者建议社工介入工作需要着重做好以下几点。

1. 以激活居民交往需求为基础增进社区社会资本

社会资本的培育是一个持续发掘居民特定的社区交往需求并创造相应条件，使其能形成良性互动、运转，螺旋上升的一个过程（方亚琴、夏建中，2019）。马斯洛认为人的需求分为五个层次，生理、安全、社交需要、尊重和自我实现，现代城市居民绝大部分已实现基本生理、安全需求的满足，归属与爱，与他人建立感情的联系或关系，获得尊重的心理需求凸显。此外，社区居民共同生活在一个社区，居民具有基于相同生活需要的互助需求以及维护社区共同利益的合作需求，这些需求都是存在的，"陌生人""原子化"的社区居民关系抑制了需求的表达，导致了居民的"低交往""弱参与"状态。M 社区"三社联动"社工站服务的开展最初从最日常、最简单的游园活动、节庆活动、美食分享活动开始，通过基础简单的活动吸引居民参加，在参加活动的过程中，创造机会促使居民们相互认识与了解，逐步增进熟悉与互惠。而后，基于居民彼此的共同联结、共同需要开展主题活动，如残康人士的增能小组、社会组织骨干的培训营等，更进一步增进凝聚与归属，建立信任关系与社区内的关系网络，在这个过程中，社区社会资本慢慢积累。因此，社会工作介入陌生的社区，需要运用社会工作的理念、技能优势开展多样化的社区活动，在活动中注重促进参与者之间关系的破冰与紧密，促进互动交流，激发出居民的交往需求，并逐渐推动居民间的互惠、合作，增进社区的信任资本，提升居民参与社区治理的内生动力。

2. 以挖掘、培育居民骨干为关键促进居民组织化参与

社区居民自发交往需求被激活之后，进一步的组织化、制度化互动、参与是形成紧密的社区参与关系网络的有效途径，其中，居民骨干的挖掘培育是关键一环。无论是"三社联动"还是"五社联动"或者其他模式的社区社会工作，都是一个"搭台唱戏"的过程，社工搭建一个社区参与的平台，让社区居民来"唱戏"。在这个过程里，如何挖掘、培养社区的能人、骨干，让他们成为"戏骨"，带动居民的参与至关重要。在 M 社区的社工介入过程中，居民骨干无论在社区公共问题解决还是社区志愿服务参与、社区社会组织的培育发展中都发挥了非常重要的带头和带动作用。民政部《培育发展社区社会组织专项行动方案（2021—2023 年）》提出四大计划：社区社会组织培育发展计划、社区社会组织能力提升计划、社区社会组织作用发挥计划、社区社会组织规范管理计划，通过实施四大计划，培养一批骨干、培育社区社会组织发展，引导其发挥作用，逐步规范化发展。社会工作在培育社区社会资本促进社区居民参与的过程中，要着重结合行动方案的要求、指引，通过各种形式赋能居民骨干，培育社区社会组织的发展。

3. 以解决社区"公共问题"为突破口培养居民参与意识与能力

社区"公共问题"是影响到居民切身利益的社区公共事件，居民具有解决问题的

迫切需求，也因此成为居民参与最强劲的驱动力，以"公共问题"的解决为契机，是凝聚居民共识、促进参与的突破口。但居民参与意识的觉醒、共识的达成、参与能力的提升是一个需要时间、技巧策略和培养引导的过程，在具体事件的解决过程中，任务目标（事件的解决）和过程目标（过程中居民参与的培养）同等重要，从中远期看甚至更为重要。政府介入的很多社区"公共问题"解决事件中，常常为了追求"快"而忽视了居民的动员，居民参与意识无法有效培养。在 M 社区"公共问题"的解决过程中，社工很好地坚守了"助人自助"和"居民才是社区公共问题解决的专家和关键"的理念，"急事""慢做"，在介入的前期花了大量的时间精力对居民的需求、诉求、建议进行调研了解，并在此过程中发现、挖掘资源和骨干。动员居民通过各种形式参与其中，比如提意见建议、监督工程进展、通过线上线下形式宣传给自己的亲朋好友，甚至作为议事代表，通过多次的协商议事，逐步提升居民骨干的参与能力。具体的社区"公共问题"是一个提升居民参与意识与能力的突破口，社工介入可以此为载体和着力点，将具体事件的解决过程作为一个训练场，在其中培养居民的参与意识、参与能力，构建参与机制。

4. 以"党建"为引领整合资源保障、建设参与机制

社会工作的介入在一定程度上激活了社区居民参与的意识，增进了居民之间的互动，这对于增殖社区社会资本，提升社区治理水平大有裨益。在此过程中，社工更多的是扮演服务提供者和教育倡导者的角色，而如何能够在社区的场域内整合到更多的资源，将资源盘子做大以支持保障社区各类居民服务的开展、公共问题的有效解决，就需要发挥好社区"党建"的引导、主导作用。汤辉（2022）通过探索党建引领与社会工作互动，提出发挥党组织的制度培育优势、加强党建促社建、完善服务型党组织建设来推动社区自组织赋权，激发社区自组织发展活力，提升社区自组织社区服务能力，提升社区治理效能。M 社区居民参与社区治理的社工介入工作中，需要与社区党组织更紧密的合作互动。一方面充分发挥党组织在社区的资源统筹能力、公信力和党员的先锋模范作用，对社区的自组织、社区组织进行赋权增能；另一方面，发挥党组织制度培育优势，提供引导及规制社区居民和社区社会组织发展的相关政策、激励及惩戒机制，提高其内部治理水平，同时在多元主体参与社区事务的过程中，对参与议事主体、主题、议事代表的选择、对话决策方法制度、成效评估、治理事项问责等方面的制度建设进行引导和探索，以保障居民参与的有序、可持续。

参考文献

滕尼斯. 共同体与社会 [M]. 林荣远，译. 北京：商务印书馆，1999.

詹姆斯·S. 科尔曼. 社会理论的基础 [M]. 邓方，译. 北京：社会科学文献出版社，1999：355.

罗伯特·D. 帕特南. 使民主运转起来 [M]. 王列，等，译. 南昌：江西人民出版社，2001：195.

张其仔. 社会资本论——社会资本与经济增长 [M]. 北京：社会科学文献出版社，2002.

史柏年. 社区治理 [M]. 北京：中央广播电视大学出版社，2004：192.

吴光芸，杨龙. 社会资本视角下的社区治理 [J]. 城市发展研究，2006（4）.

杨敏. 作为国家治理单元的社区——对城市社区建设运动过程中居民社区参与和社区认知的个案研究 [J]. 社会学研究，2007（4）.

涂晓芳，汪双凤. 社会资本视域下的社区居民参与研究 [J]. 政治学研究，2008（3）：17-21.

杨贵华. 转换居民的社区参与方式，提升居民的自组织参与能力——城市社区自组织能力建设路径研究 [J]. 复旦学报（社会科学版），2009（1）：127-133.

简霞. 城市社区户外共享空间促进交往的模式研究 [J]. 人文地理，2011（1）.

夏建中，特里·N. 克拉克，等. 社区社会组织发展模式研究：中国与全球经验分析 [M]. 北京：中国社会出版社，2011：11-40.

王思斌. 社会工作参与社会治理的特点及其贡献——对服务型治理的再理解 [J]. 社会治理，2015（1）：49-57.

刘雯铮. 信任、规范、网络：中国社区治理中社会资本的三维变量研究 [D]. 上海：上海师范大学，2015.

陈希. 社会资本视域下城市居民社区参与动力研究 [D]. 长春：吉林大学，2017.

田北海，王连生. 城乡居民社区参与的障碍因素与实现路径 [J]. 学习与实践，2017（12）：98-105.

陈福平. 转型期中国的公众参与和社会资本构建 [M]. 北京：中国社会科学出版社，2018.

周凡. 社会资本对居民政治参与影响的城乡差异研究——基于CGSS2015的实证分析 [J]. 萍乡学院学报，2018，35（2）：26-31.

方亚琴，夏建中. 社区治理中的社会资本培育 [J]. 中国社会科学，2019（7）：64-84.

杨秀勇，高红. 社区类型、社会资本与社区治理绩效研究 [J]. 北京社会科学，2020（3）：78-89.

卢慧. 家园改造啦！惠城桥西党员志愿者共建舒适家园 [OL]. 南方+，（2020-05-09）[2022-02-10]. https://static.nfapp.southcn.com/content/202005/09/c3509482.html.

李娟，林莉. 转型社区环境治理中居民参与的逻辑——基于社会资本激活的分析 [J]. 上海行政学院学报，2021，21（2）：102-111.

汤辉. 党建引领下社区自组织参与城市社区治理路径分析 [J]. 哈尔滨市委党校学报，2022（2）：29-34.

第四章 社会工作促进居民参与
城市老旧社区自治的策略研究

——以东莞市 H 社区为例

李　敏[①]

自 2017 年 4 月《中共中央　国务院关于加强和完善城乡社区治理的意见》下发以来，城市社区治理尤其是城市老旧社区治理受到政府和学界的高度重视。2020 年 7 月，国务院办公厅专门印发了《关于全面推进城镇老旧小区改造工作的指导意见》。在这一背景下，本文将研究对象聚焦于城市老旧社区，以地区发展模式和社会资本理论为理论基础，以东莞市 H 社区为个案研究对象，从微观实务层面探讨社工作为主体在推动居民参与城市老旧社区自治中的具体行动策略。

一、本案例研究概述

（一）研究社会工作促进居民参与城市老旧社区自治的背景和意义

1. 研究背景

改革开放以来随着城市建设步伐的加快，现代新型社区如雨后春笋般大量出现。这些社区普遍以环境优美、物业管理规范为主要特点。但与此同时，也还存在着大量建于 20 世纪 80 年代前后的城市老旧社区。这些城市老旧社区由于年代关系、历史原因、居民消费意识和消费观念的参差不齐使得物业公司因为无法盈利或早早撤出或不愿入驻。目前城市老旧社区大多由所在地的社区居委会代管，但问题仍比较突出，主要体现在：环境有待改善，存在安全隐患，治安问题较棘手。由于居住在城市老旧社区的人员结构复杂且流动性较大，社区居民的构成主要是外来租住和长期居住未搬迁的老住户，邻里关系淡漠，对社区公共事务参与度也较低。随着社区基层民主建设的不断推进，社区居民对物质文化的需求也日益提高，并呈现多元化趋势。而这些城市老旧社区配套设施不足，基础设施老化，环境卫生脏乱，治安问题棘手，公共服务短

---

①　李敏，女，中级社会工作师，社会工作硕士，东莞城市学院法学院社会工作系专任教师，主要研究方向为基层社会治理、社会工作实务，曾荣获"中国百名社工人物"荣誉称号。

缺，人际信任缺失，社区矛盾较多，治理主体缺位，制度建设滞后，其"治理难"已成为一大现实难题，因而引起广泛关注。如何能让城市老旧社区朝着环境优美、安全和谐、秩序井然的方向发展，成为一个亟待解决的问题。

李克强总理在 2020 年的政府工作报告中提出，2020 年要新开工改造城镇老旧小区 3.9 万个。2020 年 7 月，国务院办公厅印发的《关于全面推进城镇老旧小区改造工作的指导意见》，强调要"大力改造提升城镇老旧小区，改善居民居住条件，推动构建'纵向到底、横向到边、共建共治共享'的社区治理体系，让人民群众生活更方便、更舒心、更美好"。该意见还提出："健全动员居民参与机制"，"搭建沟通议事平台，利用'互联网＋共建共治共享'等线上线下手段，开展小区党组织引领的多种形式基层协商，主动了解居民诉求，促进居民形成共识"。

东莞市 H 社区是典型的城市老旧社区，大部分居民楼建成至今已经有 30 年的历史了。由于社区较为老旧，因此社区基础设施问题较多，如线路老化、外墙渗水、门禁失灵、房屋漏水、水管漏水、墙面裂开、化粪池堵塞、卫生脏乱等，给居民的日常生活带来诸多不便，也对居民的人身安全带来隐患。又由于无物业公司管理和治理主体缺失等主观因素，给社区工作带来了更多困难。当地政府和社区居委会很重视 H 社区的治理问题并积极采取措施进行干预，尝试推动 H 社区居民参与社区居民自治的模式来管理自己的社区，但成效甚微。H 社区居委会希望驻点 H 社区综合服务站的社工团队能发挥社工专业优势，解决目前社区居民参与不足的问题，协助居民解决 H 社区目前的问题与困难，推动社区居民自治。笔者曾担任东莞市 H 社区综合服务站社工团队的督导，通过指导、协助社工团队推动"'楼道睦邻'项目"，让笔者对现实中的城市老旧社区的现状及问题有了较深刻的认识与了解。在推动城市老旧社区居民自治过程中，社会工作者如何激发社区居民参与社区公共事务的热情？如何扩大居民参与的主体？如何丰富社区居民参与的内容与渠道？如何进一步稳定社区参与力量？如何巩固社区居民参与成效？这一系列亟待解决的现实问题引发了笔者深深的思考。因此，笔者想以此作为研究对象，一方面梳理社会工作者在 H 社区居民自治工作中推动社区居民参与的策略经验，另一方面剖析在这个过程中存在的问题，探索社会工作者在促进居民参与城市老旧社区自治中的策略，并针对呈现的问题提出一些可行性的建议。

2. 研究意义

本研究具有较强的理论意义。笔者通过对各类文献资料的收集整理，发现目前针对社区自治方面的文献虽然比较多，但是聚焦于城市老旧社区自治的文献较少，如何推动居民参与城市老旧社区自治的文献更是寥寥无几，因此通过本文的研究，可以为城市老旧社区治理提供一种新思路和新方法，填补现有研究的空白。同时，本文的研究也创新了城市老旧社区治理的实现形式。本文从社工的优势出发，发动城市老旧社区居民参与社区自治，实现社区内广泛的公众参与，提高居民自治能力，让居民自己来管理自己的事情，建立起城市老旧社区的长效管理机制，一定程度上能够为形成特色的城市老旧社区治理模式理论打下基础。

城市老旧社区的治理关系着整个社会的进步，妥善解决城市老旧社区问题，满足居民对提高生活环境和质量的需求，对于推进我国城市化进程，加强基层民主建设，全面建成小康社会均具有重大意义。本文的研究对象聚焦于城市老旧社区，以 H 社区为研究对象，探究社工促进居民参与城市老旧社区自治的策略，使其成为有益的推广模式，可以更加彻底和妥善地解决城市老旧社区存在的问题，对于全国范围内的城市老旧社区治理具有一定的借鉴意义。这也是本研究的现实意义所在。

（二）相关概念和理论基础

1. 城市老旧社区、社区居民自治和社区居民参与

城市老旧社区是相对于城市社区而言的，从某种意义上讲它是一个相对的概念，它是具有历史性的。目前理论界对于城市老旧社区的概念未达成统一。学者梁传志、李超（2016）认为城市老旧社区主要指 2000 年以前建成，至今仍在居住使用，建设标准不高、使用功能不全、配套设施不齐、年久失修存在安全隐患、缺乏物业服务，不能满足人们正常或较高生活需求的居住小区。本文研究的城市老旧社区采用此定义。

《中华人民共和国城市居民委员会组织法》中规定：居民自治是全体社区居民在社区内实行民主选举、民主决策、民主管理、民主监督，来实现社区居民自我管理、自我教育、自我服务的基层治理制度，社区居民通过民主协商的方式，共同解决社区内公共事务和公益事业方面的问题。此外，国内许多社区研究者对居民自治的概念和内涵也进行了深入的研究。本文研究的居民自治是指社区居民参与和自身利益相关的各种公共性事务的过程。居民在其中发挥自我管理、自我服务和自我教育的功效。

对于"居民参与"，不同的研究者给出了不同的定义。学者申可君认为居民参与实际上就是一种在社区范围内的、区域性的公众参与，强调的是居民拥有一定的公共参与精神作为心理动机，与社区、社区组织之间良性互动，通过信息交换，增进了解，共同利用社区资源，共享社区建设成果（申可君，2016）。基于以上阐述以及本文将要研究的内容，将居民参与定义为：居民通过一定的途径和方式参与社区内部公共事务的管理、决策以及实施的过程，在这一过程中，居民可充分发挥积极主动性，与其他居民一起就涉及自身的公共事务进行商讨和决定，最终实现所要达到的目标（许现军，2020）。

2. 社会资本理论和地区发展模式

本研究的理论基础是社会资本理论和地区发展模式。对于如何界定社会资本的内

涵以及如何划分其维度，学术界目前还没有达成完全统一的认识，但是在目前的研究中，得到最普遍认可和应用的是帕特南的社会资本理论。帕特南（2011）认为包括信任、规范和网络这些内容的社会资本能够推动居民自愿自发的合作，从而有利于解决集体问题。本文的研究以 H 社区为实践案例，社工促进居民参与社区自治的过程中实际上也是培育 H 社区社会资本的过程，在积累社区社会资本的基础上，扩大居民的参与范围、规范居民的参与过程、提升居民的参与效果。在解决 H 社区问题的过程中，社工要想广泛动员社区居民参与社区事务，就要充分调动和利用社区资源，需要在社区中搭建社区网络并促进社区网络关系的互动。

地区发展模式是由美国学者杰克·罗斯曼于 1979 年提出的，作为社区社会工作三大模式之一，地区发展模式在社区社会工作实务中有着广泛的运用。其强调的重点是社区内在资源的整合和社区自治能力的建设，通过居民及其团体的互助合作、重建和谐的社区关系、增加居民对社区的投入及归属感、增强居民解决社区问题的能力（徐永祥、孙莹，2014）。本研究中，地区发展模式的理念和策略贯穿在社工促进 H 社区居民参与自治的整个工作过程中。从评估居民需求开始，了解居民最亟待解决的问题，并通过动员社区居民、挖掘社区骨干、整合内外资源，培养居民的自治意识，倡导社区参与，鼓励居民通过自身力量解决社区问题，推行楼长机制，推动成立楼道志愿队伍和社区事务关注组，形成自助互助及多元主体参与的自管模式，最终促进社区居民自治。依照地区发展模式介入的阶段性特征，社工在促进居民参与 H 社区居民自治的过程中也分为探索阶段、动员阶段、巩固阶段、检讨阶段四个阶段介入。

（三）研究方法和研究内容

1. 研究方法

本文在研究方法选择方面，主要采用了个案研究法。在资料收集方面，主要运用了文献分析法、访谈法和观察法。

本文选取 H 社区为个案研究对象进行研究。H 社区呈现的特征与问题及其原因与现阶段学者们普遍界定的"城市老旧社区"相比，有很多共性之处，属于典型的城市老旧社区。同时，H 社区在居民参与方面面临的问题也具有普遍性特征，故选取 H 社区作为本文的研究对象，具有典型意义。H 社区综合服务站社工团队从 2016 年底开始开展"'楼道睦邻'项目"服务，在该小区的社区居民自治方面取得了阶段性成果。而在东莞范围内，社会工作介入社区居民自治领域的服务较少，介入城市老旧社区居民自治方面的服务就更少见了。因此，以 H 社区为个案研究对象，探讨社区治理领域的东莞本土化社会工作服务具有特殊意义。

笔者主要运用中国知网、万方、维普等网络资源查阅与研究主题相关的期刊、硕士论文等电子文献资料，同时翻阅了相关的著作等纸质书籍，在梳理、总结的基础上，比较全面地了解国内外关于城市老旧社区治理、社区居民自治以及居民参与领域的相关理论、实践经验，为本文的研究提供可取之处，也明确了本文的研究定位。同时，为确保研究的独创性，笔者向 H 社区综合服务站社工以及其所在的社工机构收集 H 社区、H 社区综合服务站以及"'楼道睦邻'项目"相关的资料，具体包括 H 社区基本情况简介、H 社区居民需求调研报告、"'楼道睦邻'项目"计划书以及案例总结报告、社工开展服务的相关记录等。将这些资料进行分析，作为本研究中的写作素材，丰富笔者所要研究和探讨的主题。

为了更全面地了解 H 社区"'楼道睦邻'项目"服务以及居民参与自治工作的情况，笔者针对 H 社区居委会工作人员、居民、社工、Z 社工机构工作人员共 9 人开展了访谈（见表 4–1）。

表 4–1　访谈对象基本信息一览表

访谈人员	编号	访谈方式
H 社区综合服务站社工主任小张	20200605 – HSG – 01	面谈
H 社区综合服务站社工小李	20200605 – HSG – 02	面谈
H 社区综合服务站社工小陈	20200605 – HSG – 03	面谈
H 社区居民强叔（楼长）	20200904 – HSQ – 01	面谈
H 社区居民兰姐（楼长）	20200904 – HSQ – 02	面谈
H 社区居民刘姨（楼长）	20200904 – HSQ – 03	面谈
H 社区居民玲姨（楼长）	20200904 – HSQ – 04	面谈
H 社区居委会工作人员小黄	20200610 – HSQJWH – 01	面谈
Z 社工机构负责人小谢	20200920 – ZSGJG – 01	面谈

2. 研究内容

本研究以东莞市 H 社区为实践案例，在分析当前 H 社区面临的困境以及居民参与社区自治方面存在问题的基础上，从地区发展模式的视角出发，基于该模式的基本理念、方法目标、实施策略，同时运用社会资本理论的理念，分析社会工作介入居民参与 H 社区居民自治的具体实践经验，总结和提炼出社会工作促进居民参与城市老旧社区自治的策略。基于此，本文主要研究以下三个问题：第一，社工在促进城市老旧社区居民参与的过程中发挥什么作用？有哪些具体的行动策略？第二，地区发展模式、社会资本理论在促进城市老旧社区居民参与的过程中在哪些方面具有一定的可行性和实用性？第三，以 H 社区为例，通过总结提炼，能否探究社会工作促进居民参与城市老旧社区自治的一般策略，为城市老旧社区居民参与治理提供一种新思路和新方法？

二、东莞市 H 社区居民参与社区自治现状分析

（一）H 社区及 Z 社工机构基本概况

1. H 社区的基本概况

东莞市 H 社区是典型的城市老旧社区，共 56 栋居民楼，始建于 1985 年，由东莞市房地产开发总公司开发，属于东莞市最早一批建成的住宅小区，1992 年经市政府批准划归东城区管辖。社区位于东莞市莞城街道新河北路旁，毗邻堑头、樟村两个社区，辖区面积约 0.9 平方千米，户籍人口 1797 人，常住人口约 10000 人。自 H 社区居民入住以来，一直无物业公司进驻，由 H 社区居委会代为管理，每年向居民收取低额的费用用于维修、清洁等。2016 年底开始，H 社区居委会不再行使代管职责，H 社区处于完全无人管理的状态。而随着时间的变迁，H 社区 56 栋居民楼各类问题突出，如线路老化、外墙渗水、门禁失灵、房屋漏水、水管漏水、墙面裂开、化粪池堵塞、卫生脏乱等，给居民的日常生活带来诸多不便，也对居民的人身安全带来隐患。除此之外，由于 H 社区常住人口中约 80% 为外来务工人员，且租户较多，平日里忙于工作，邻里之间沟通交流少，邻里关系较淡薄。H 社区大部分居民的社区公共意识较为缺乏，对于社会事务参与度较低，导致时常因为一些琐碎的楼道公共问题而产生摩擦，引发邻里矛盾，最终也不能妥善解决问题。当地政府和社区居委会很重视 H 社区的治理问题并积极采取措施进行干预，尝试推动 H 社区居民参与社区居民自治的模式来管理自己的社区，但成效甚微。

2. Z 社工机构基本情况及其"'楼道睦邻'项目"

自 2014 年起 Z 机构开始承接 H 社区的服务运营，机构派驻 3 名社工及 3 名社工助理在 H 社区综合服务站开展专业服务，服务成效较显著。自 2016 年底起社工开始推行"'楼道睦邻'项目"，服务地点又恰好在机构总部所在的区域，作为 Z 社工机构首个社区治理领域的项目服务，机构给予了重点关注与大力支持，期望通过社工团队在 H 社区项目服务的顺利开展，一方面提升机构在区域内的影响力，另一方面丰富社工介入社区治理领域的经验，并将相关经验推广到更多区域。Z 机构为 H 社区社工提供了人力、物力、财力等方面的资源。

Z 机构社会工作团队为 H 社区提供"'楼道睦邻'项目"服务，主要是从社工的优势出发，通过运用社会工作专业方法开展服务，发动社区居民参与社区公共事务，挖掘并培养社区骨干，培育社区社会组织，实现社区内广泛的社区参与，倡导共同解决社区问题，在过程中提高居民自治能力，以达到社区居民自我管理、自我服务、自我教育的目的。"'楼道睦邻'项目"服务内容包括"为'邻'解惑""'邻我'共融""公益有'邻'""与'邻'共成长"四个方面。社工在 H 社区开展的"'楼道睦邻'

项目"服务的过程中，不同阶段采取不同的服务策略（胡小茵，2019），见表 4 – 2。

表 4 – 2　"'楼道睦邻'项目"服务方案

发展阶段	工作对象	介入策略	重点内容
探索阶段	H 社区居民、社区居委会、社工服务机构	提供服务、发掘资源、策划和倡导	组建项目团队，制订服务计划，宣传服务内容，筹备工作物资，掌握社区资源，倡导居民关注社区问题
动员阶段	H 社区居民、居民骨干、志愿服务队	发掘社区资源、动员居民参与、培育社区资本	整合社区资源，发掘社区骨干，组织居民参加座谈会，提供沟通互动平台引导居民聚焦社区共同问题，推选居民骨干并开展能力提升培训，尝试组织居民协商解决社区问题
巩固阶段	H 社区居民、居民骨干、志愿服务队	激发社区资本，倡导居民民主协商、互助合作	稳定社区参与力量，建立并逐步完善自组织的内部运用机制，将关注的社区问题范围进一步扩大
检讨阶段	H 社区居民、社工团队、社区组织	组织和策划、撤离和跟进	总结并反思服务计划、服务过程和服务成效，协助社区居民自管自治组织规划下一阶段的发展方向和具体目标，社工进行专业反思，明确未来角色定位和跟进方向

（二）H 社区存在的主要问题

通过社区实地走访，针对与 H 社区居委会工作人员、社工、社区居民的访谈，同时参考《H 社区综合服务站服务需求调查报告》，更好地了解了 H 社区居民的生活现状和需求，发现 H 社区存在的主要问题如下。

1. 居民楼房屋存在安全隐患

H 社区居民楼建成至今已经超过 30 年，由于长期无物业公司管理，居民楼公共基础设施缺乏日常维护，因此公共基础设施问题较多，如线路老化、外墙渗水、门禁失灵、房屋漏水、水管漏水、墙面裂开、化粪池堵塞等，给居民的日常生活带来诸多不便，也使居民的生活存在安全隐患。社工针对 H 社区居民开展的需求调查结果显示，仅有 2.5% 的被调查对象表示暂时没有发现居民楼存在安全隐患，其他被调查对象均表示居民楼存在安全隐患。在这些问题中，居民楼线路老化问题最为突出，其次是居民楼水管漏水、外墙渗水较为严重，另外房屋漏水、墙面开裂、门禁失灵、化粪池堵塞、房屋下沉等问题也普遍存在。这些问题直接影响着 H 社区居民的人身安全，急需解决，否则将严重影响 H 社区居民的日常生活。

2. 环境卫生脏乱差现象较严重

通过访谈了解到，2016 年 12 月前 H 社区主要由社区居委会代为管理，每年向居民收取低额的费用用于居民楼楼道维修、清洁等。楼道的卫生主要是由社区居委会安排的保洁员负责。但 2016 年 12 月后居委会不再行使代管职责，保洁员也不再负责楼道的卫生清洁。居委会多次号召居民自己协商解决，但作用不大。由于 H 社区外来人口较多，租户也较多，人员流动性大，居民缺乏对公共环境卫生的保护意识，造成社区环境卫生脏乱差现象较严重。例如，有的居民随意将垃圾或废旧物品扔在楼道里，使原本就狭窄的楼道更加拥挤；除了楼道，社区各个角落乱扔垃圾或乱放废弃物品的现象也普遍存在，严重影响了社区整体环境卫生的整洁；由于缺乏停车位规划，居民将车辆到处乱停现象也很普遍，有的车辆停放在楼道出入口，给居民出行带来很多不便。在访谈中了解到，社区居民也意识到了环境卫生很糟糕。

3. 社区居民邻里关系较淡薄

H 社区外来人口在常住人口中所占的比例较大，加上社区租户人数也较多，人口结构较为复杂。H 社区周边的商业较为繁华，社区范围也较大，这里生活的很多居民是在附近铺面做生意的店主或者店员，平日里忙于工作，居民间联系和沟通均较少。另外，外来文化与本地文化的差异导致居民间生活习惯、行为方式上的不同，也一定程度上影响着居民之间的沟通与互动。H 社区附近有一所小学，很多居民是为了孩子上学才在这里购买房屋或者租住在这里，随着居民家里的孩子小升初或者重新购买新的房产，居民就不会继续住在这里。人员流动性较大，导致社区居民对社区公共事务关注较少，社区关系就相对疏离和陌生。笔者在访谈中了解到，H 社区大部分居民与邻居间仅处于打招呼的状态，偶尔还会出现邻里冲突的情况，大部分的冲突都是由于缺乏沟通互动或沟通不畅通产生的。

（三）H 社区居民参与社区自治存在的问题

2016 年 12 月前，H 社区尽管无物业公司管理，但一直由社区居委会代为管理。作为一个基层行政单位，2016 年 12 月起不再充当物业公司的管理角色对 H 社区进行管理，试图动员居民参与管理，尝试着推动 H 社区居民自治。H 社区居委会通过张贴告示、上门告知等方式与居民沟通解释目前社区管理方式的变化，试图能动员社区居民参与自治，但作用不大。居民参与的现状不容乐观，社区自治工作进展缓慢。由于 H 社区处于"管理真空状态"，导致原本存在的社区问题更加严重。笔者通过开展访谈及查阅相关文献资料，经分析发现 H 社区居民参与社区自治存在的主要问题包括以下几个方面。

1. 居民参与意识较薄弱，参与动机不足

H 社区居民习惯了缴纳低额管理费用由社区居委会"一手包揽"的管理模式，初期大部分居民对于居委会倡导的"自组织、自参与、自治理、自发展"的概念很陌生并且较排斥。部分居民缺乏自身也是社区主体的重要认知，缺乏主人翁意识，认为社区管理是政府或社区居委会的事情，社区参与与个人无关，不用多管闲事，以免引起不必要的麻烦。通过访谈发现，绝大部分的社区居民意识到了社区存在的问题，如社区环境整治、楼道日常维护和社区安全提升，但对于参与解决社区问题的积极性与参与度并不高。随着居委会的宣传与动员工作的开展，后期大多数居民对于参与社区公共事务的认识有所加深，对于社区自治持支持态度，但是由于时间、能力等主观因素，真正参与实际行动的还是较少。居民参与的形式分为被动型参与和主动型参与，由此可见，H 社区居民的参与形式整体上还较被动，大部分居民缺乏主动参与社区事务的意识。

社区问题大家都看得到吧，很多居民聊天也会发牢骚，说社区很脏很乱，不安全，居委会也不管一管。但是跟他们讲让居民自己一起来管，他们都说自己没时间了，帮不上忙。

——20200904 - HSQ - 01

我们之前做过社区需求调查，每年参加 1～2 次社区活动的居民占一半左右吧，每年参加 3 次以上社区活动的居民大约占 20% 吧，挺多社区居民从来没参加过社区活动，可能是比较忙吧。经常参加活动的居民跟我们社工关系很好，大多是志愿者。

——20200605 - HSG - 01

2. 居民参与主体受限，参与能力不足

通过访谈发现，参与 H 社区公共事务的居民中，从地域上看，以本地居民居多；从性别上分析，以女性为主；从年龄层次上来看，老年人占据的比例较大。H 社区中积极参与社区公共事务的居民中老龄化现象还是较为普遍的，虽然老年居民对社区事务很热心，但由于受文化水平、能力限制，大部分老年居民对于棘手的社区问题表现出不自信，自我效能感较低，且组织、策划以及参与议事决策的能力还不足，不能满足社区不断出现的新需要。正是由于居民参与能力受限，导致居民参与的行为也受到制约，在参与范围上不够广泛，参与程度均不够深入，从而影响居民参与的效果。

没办法，那些年轻人都要上班，忙工作，有时间参加社区事务的就是老年人了，有的本来是随着子女来社区住的，帮忙带孩子，孩子大了上学了，就没那么忙了，所以会比较积极参加社区事务吧。社区很老旧啦，问题很多，这些老年居民也有心无力啊，所以也很难一下子将工作往前推。像强叔这样的人就很少了，能说会道，有文化，有资源，退休前应该职位很高吧，又热心，能力又强，也不怕得罪人，社区居民都很听他的安排，有问题也找他呢。

——20200605 - HSG - 02

3. 居民参与内容单一，参与层次较低

居民的参与内容分为娱乐性参与、维权性参与、事务性参与以及公益性参与。通过访谈及查阅社工服务资料了解到，目前 H 社区居民参与的内容主要集中在娱乐性参与、公益性参与上，对于维权性参与、事务性参与还较少。H 社区居民参与社区活动的内容较单一，以文化娱乐活动和志愿者服务为主，居民参与解决社区事务的还较少。

社工组织的活动我们经常参与啊，很喜欢，制作美食然后去探访孤寡、困难老人啊，还有唱歌啊、跳舞啊、做手工啊、义诊啊、听健康讲座啊，经常参加的。广场舞我们每天早上都跳呢，很开心啊。

——20200904 - HSQ - 03

通过以上居民的访谈内容可以看出居民参与内容较单一，参与层次较低。虽然在推进社区自治过程中，培养居民对社区的归属感很重要，社区文化娱乐活动和志愿者活动有利于丰富居民生活，加强居民间的沟通与交流，一定程度上提升居民对社区的归属感。但社区居民仅参与娱乐性、公益性的社区服务内容还不够，还需要进行更高层次的事务性、维权性参与，在解决社区问题的过程中才能真正提升居民的社区参与意识，推动参与行为的进一步发生。

三、社会工作促进居民参与 H 社区自治的实务分析

社工团队基于 H 社区目前面临的问题及居民参与不足的现状，策划了针对 H 社区的"'楼道睦邻'项目"。在 Z 社工机构及督导的协助下，成立了项目实施团队推进项目服务，团队成员包括 1 名督导和 2 名项目社工。笔者担任项目的督导，考虑 H 社区工作的复杂性，2 名项目社工由 H 社区综合服务站 2 名资深社工担任。由于 2 名社工自 H 社区综合服务站成立起就在 H 社区开展工作，获得了居民的信任与认可，建立了良好的专业关系，获得了一定的群众基础，为后期开展项目服务奠定了扎实的基础。

（一）地区发展模式下社会工作促进居民参与 H 社区自治的实践

地区发展模式通过在一个地域内鼓励居民采用自助与互助合作的方法、广泛参与社区事务以解决社区的问题，这一过程的重点是要提高居民的民主参与意识与挖掘、培养当地居民人才（王思斌，2006）。基于此，社工将 H 社区居民自治工作要实现的总目标确定为：通过倡导社区居民共同参与和互助合作、提升居民的公共意识和社区归属感，来解决由于楼宇老化导致的公共设施维修、环境卫生等社区问题，促进社区居民自治的实现。H 社区是一个建设年代超过 30 年的城市老旧社区，其问题的复杂性和长期性要求社工从各方面入手开展工作，也需要社工充分把握地区发展模式下社区工作的阶段性特征，注重在不同的服务阶段采取不同的介入策略。本部分主要分析了社工促进居民参与 H 社区自治的介入过程的四个阶段（即探索阶段、动员阶段、巩固阶段和检讨阶段）的具体介入策略。同时在具体的介入过程中，以社区资本理论为视角，通过发掘社区资本、培育社区资本、激发社区资本的方式，激活居民社区参与的动力，提升居民社区参与意识，提升居民社区参与能力，促进社区居民积极参与 H 社区自治。

1. 探索阶段：聚焦社区问题，激发居民参与动力

一是宣传项目服务，鼓励居民参与。根据项目服务计划安排，2 名社工选取了 30 栋居民楼作为试点，开展为期 3 个月的"扫楼式"入户走访。在 H 社区居委会的支持下，社工精心准备了宣传资料，如项目宣传册、楼道交流群二维码、推选楼长倡议书等。社工敲开每户居民的家门，向居民解说社工策划的"'楼道睦邻'项目"内容及推行的意义，引导居民参与项目服务。鼓励社区居民关注社区问题，强调居民参与对于解决社区问题的意义，引发居民社区参与的想法和信心，唤起居民的参与意识。同时，社工会认真倾听社区居民的意见与需求，并适时筛选和收集居民们对社区现存问题以及对未来社区发展的有效性建议等。除了入户走访，社工还通过微信公众号、微信群、外展活动宣传等方式宣传项目服务，以提升居民对"'楼道睦邻'项目"的知晓度和参与度，营造社区参与的氛围。

二是认识社区问题，激发居民参与动力。在社工与居民交流的过程中，社工有意识地引导居民认识社区目前存在的问题并分析原因。居民都认为目前 H 社区存在的基础设施老化、环境卫生脏乱差等问题给社区居民的日常生活带来了很多不便，需要尽快解决。当谈及目前问题出现的原因时，居民认为最主要的原因是社区现在无人管理，必须有人来管理。社工有意识地引导居民从自身的角度寻找问题，并反思问题的原因。通过对于问题的剖析，让居民意识到目前 H 社区处于无人管理的状态，居民的集体参与具有重大意义，提升居民的责任意识。鼓励居民参与解决社区问题，承担责任。通过以下居民的访谈内容，可以看出 H 社区居民开始关注社区问题，并认识到问题的严重性与紧迫性，一定程度上激发了居民改变的动机，从而促使行动的产生。

2016 年底社区居委会不再管理我们这里了，听说是政策上不允许一个行政单位来管理小区，而我们这里一直都没有物业公司的。之前社区居委会管理时我们还交管理费，每个楼道出口还有保安在那里负责治安，也有清洁阿姨帮忙打扫卫生呢，还挺好的。现在楼道出了问题没人管了，会带来很多不方便。比如我们住的这栋楼水管漏水，从二楼全部流到一楼了，水全部积在楼道口，进进出出的人都会看到的。好几天都是黑乎乎的水，而且还散发出难闻的味道，真的很糟糕啊。要是小孩、老人踩到了怎么办啊？肯定摔跤。我实在看不下去就和我老公去扫了一下，但第二天又漏水出来啦。这种问题不解决不行啊，必须得马上解决呢。我们不是在这里住一两天呢，不彻底解决是不行的。谁不都愿意住在这样的环境里啊。

——20200904 - HSQ - 02

三是搭建邻里沟通平台，加强居民之间的联系。针对居民邻里关系较为淡薄的情况，社工为居民搭建邻里交流平台，尝试改善邻居间的沟通，进而改善邻里关系。社工以楼栋为单位，共创建 125 个楼道微信交流群。建立了 H 社区居民间的线上互动模式，微信群也成为居民沟通交流的主要阵地，丰富了居民参与社区公共事务的渠道，

也提高了社工推进项目服务的工作效率。除此之外，社工还定期开展楼道茶聚座谈会，为每个楼栋的居民搭建参与社区公共事务的平台。为了方便居民参与，社工将座谈会时间定在晚上或者周末，地点选在居民家里。座谈会中，社工营造轻松愉快的氛围，让参与居民可以畅所欲言，表达对社区事务的看法及建议。社工会聚焦居民最关心的社区问题，然后组织居民讨论协商，倡导居民通过互助合作的方式去解决问题。社工发挥专业优势，运用社会工作专业手法和技巧开展丰富多彩的社区活动，如楼道居民家庭出游活动、儿童跳蚤市场活动等，促进邻里沟通与互助，提升社区居民的参与意识。社工通过搭建邻里沟通平台，丰富了居民参与社区公共事务的渠道。

在探索阶段，社工通过一系列工作，发现了一批热心的社区居民，对社区参与及居民自治的重要意义有了较深的认知，愿意参与社区公共事务。但当社工提出让其参与楼道的日常管理，并授予"楼长"职务时，却常常遭到拒绝。经了解社工发现，部分居民对于"无报酬、非正职"的楼长工作持怀疑态度，担心被邻居指责"多管闲事"；部分居民表示自己能力不足，不能胜任；还有些居民推荐另外的居民担任楼长。由此可见，通过第一阶段的工作，尽管 H 社区居民的参与意识有所提升，但居民的参与动力仍不足。接下来，社工的工作进入动员阶段，工作重点是发掘社区资源，挖掘和培育社区骨干，在解决社区问题的过程中提升居民参与能力。

2. 动员阶段：挖掘和培育社区骨干，提高居民参与意识和能力

一是挖掘社区资源，丰富居民参与主体。地区发展模式强调发动社区的内生资源来解决社区问题。社会资本理论也强调社工通过动员社区居民互动、合作以有效整合居民间的各种资源，搭建社区内部各利益相关者互动、合作的平台，从而使社区问题得到有效解决。经过探索阶段，社工发掘了部分"热心肠"的社区居民，这些居民的共同特征是经常参加社区活动，志愿服务意识也较强，很积极主动地去处理自己所在楼道的问题。社工将这些居民作为解决社区问题的重要资源，也是社区骨干的潜在发展对象。同时，社工发现 H 社区的志愿服务队、社区社会组织等也是 H 社区的重要资源，更是挖掘社区骨干的重要阵地。社工通过观察发现，这些志愿服务队和社区社会组织中有很多积极分子，除了服务热情高、责任心强外，他们的组织能力和领导能力也较强，总体来讲综合素质相对较高。而且他们具备良好的群众基础，深得团队成员的认可。他们的存在使志愿者服务队和社区社会组织在 H 社区服务体系中发挥出重要的作用，是社区服务中不可忽视的中坚力量。在社工定期开展的茶聚座谈会中，社工也用心细致地观察参会居民对社区问题的认识程度、参与意识、奉献意识以及组织带领能力，注重挖掘社区骨干。

社工将已经发掘的社区骨干的名单罗列出来，然后通过登门拜访、一对一谈话的方式去深入细致地了解他们，重点了解他们对 H 社区问题的态度、情感反应以及他们的日常交往方式和习惯。在这个过程中，社工与这些社区骨干也建立了信任关系。同

时，H 社区居委会也高度重视"'楼道睦邻'项目"的进展以及 H 社区居民自治工作，为了动员更多的社区居民参与，提升社区居民的参与意识，社区领导也入户走访社区居民，倾听居民的意见及建议，呼吁居民做"多付出一点点"的楼道牵头人、信任人和召集人，积极参与社区自治。社区领导的参与，提升了社区居民参与社区自治工作的信心与热情。这一阶段工作有了更大的进展，2 名社工也信心百倍。

很高兴，工作进度有较大突破。经过入户走访、居民自荐、他人推选、民主投票的方式产生"热心肠"的楼长 40 名，他们均为 H 社区中责任心强、服务热情高、有群众基础的居民，在楼道日常管理中发挥核心作用。

——20200605 - HSG - 01

在此阶段，由社工、社区工作人员和社区居民共同选拔的 40 名楼长作为 H 社区的社区骨干，他们具有公益心和奉献意识，具有一定的公信力，在社区中具有较强的组织能力和动员技术，能够开展社区公共事务。同时，这些社区骨干本身具有一定的工作经验和个人能力，综合素质较高，在社区中具有较好的口碑，具备较好的群众基础，能在 H 社区的社区公共事务中起到榜样和牵头作用。要广泛动员社区居民参与社区自治，就要发挥这些社区骨干的引领和示范性作用，将他们视作社区的重要力量和优势资源，带动社区内其他居民参与社区公共事务，通过民主、协商、互助、合作的方式积极解决目前 H 社区的问题。他们完全可以担任"楼长"职务，胜任"楼长"工作，将他们作为 H 社区居民自治参与主体的核心力量，协助解决所在楼栋的问题及进行楼栋日常管理，同时带动更多的社区居民参与社区自治。

二是开展社区培力活动，提升居民社区参与的能力。地区发展模式强调社工扮演"使能者"和"教育者"角色，作为使能者，协助居民表达对社区问题的不满，鼓励和协助居民组织起来，帮助他们建立良好的沟通渠道及人际关系，促进共同目标的产生，增强解决问题的能力，促成共同目标的实现。作为教育者，通过培训和其他方式，促进居民的社区认同，帮助居民掌握解决问题的技巧和组织技巧，激发他们积极参与和自助互助的精神。为了要让楼长发挥示范作用，利用他们的能力和资源更有效地动员社区居民参与社区事务，培养他们的互助合作精神，提升居民参与的能力，从而促进社区居民自治，社工针对楼长及社区志愿者开展一系列的自我提升活动，为楼长及社区志愿者"赋能"，提升自我管理和自我服务意识。比如社工开展楼长能力建设小组，促进楼长在组织能力、管理能力、沟通能力、理解能力、分析能力以及协商能力等方面的提升；社工开展的"i 志愿，爱志愿"社区志愿者培训活动，主要内容包括协助志愿者正确认识志愿者精神、服务技巧、基本素质以及如何做一个合格的志愿者，并教志愿者如何使用 i 志愿系统。

除此之外，社工发挥专业力量，以 H 社区综合服务站为阵地，以社区活动为载体，针对楼长开展了丰富多彩的活动。社工以楼长为核心，在社区原有的志愿服务队基础上组建一支楼道志愿服务队，在楼长积极动员下，吸引了一批热心志愿者。社工策划组织了一系列团建交流活动，培养楼长及志愿者的团队意识，在参与社区事务中形成团结、友善、合作、互助的氛围，提高社区的认同感、归属感、责任感、获得感。另外，社工鼓励楼长发挥带头作用，动员社区居民一起策划并组织活动，消除居民间的隔阂，建立以邻为伴、与邻为善的睦邻关系。比如，以中秋、春节等传统节假日为契机组织社区活动，丰富居民的文化生活，同时注重传统文化的弘扬；在社区开展楼道定向越野、楼道种植、二手物品居家易物等活动，吸引了大批居民积极参与，居民间的互动与交流增多，信任关系也逐步建立起来。

最受居民欢迎和喜爱的活动是社区文艺会演大舞台，每年开展 3 场大型会演活动，邀请社区孩子们和长者参与节目排练和演出，年轻人则作为志愿者，帮忙进行活动宣传制作节目单、邀请出席人员以及拍摄和剪辑，忙得不亦乐乎。

——20200605－HSG－02

这些社区活动丰富了居民的文化娱乐生活，拉近了邻里间的距离，在活动过程中社工扮演教育者角色，宣导积极正面的社区文化，倡导社区居民关注我们的共同家园，提升社区居民对社区的认同感与归属感。通过活动，楼长、志愿者以及社区骨干的能力得到了锻炼，在参与、策划、组织活动中进一步认识共同的社区，提高居民们的沟通、交流、理解、分析、协商能力，培养互助共融意识。

三是搭建协商议事平台，提升居民社区参与意识。社工先后多次组织楼长开展"社区事务关注组""楼长工作座谈会"等活动，聚焦社区楼道公共问题，增进楼长间的互动与交流，鼓励和协助他们组织起来，建立互助支持网络，集体参与解决社区问题。以"楼梯灯电费从社区财政支付转为居民自费"事件为例。H 社区居委会在 2018年 5 月 11 日发出停止垫付电费通知，引起社区居民的热烈讨论，居民各持不同的意见，为主动回应居民的诉求，解答疑问，做好沟通引导工作，同时缓解居民的不满情绪，H 社区综合服务站与社区居委会领导协商，于 2018 年 5 月 19 日晚上 9：00—11：00 在 H 社区综合服务站白玉兰服务室举行一期楼长座谈会。座谈会邀请了 H 社区居委会的负责领导，首先社工鼓励参会楼长表达自己对此事的意见与诉求，然后领导认真听取意见，并耐心给出相应的回应与解释，比如"H 社区居委会并不具备物业管理资质，由于历史原因，这么多年一直充当物管公司的角色，其实不专业也不合时宜；根据街道意见，要求 H 社区居委会不能再向社区居民收取物业管理费用，人大监督审计明确说明'街道所属的财政供养社区不能用纳税人的钱补贴小区部分楼道公共用电和物业管理产生的费用'的意见"。社工作为使能者，提供沟通互动平台，协助楼长表达对此事的不满，同时引导和鼓励楼长通过协商讨论，针对此项问题给出具体的解决方案。通过激烈的讨论，共形成了两种不同的方案解决楼道用电问题：第一种是由热心业主愿意主动从自家电表装出分表，组织楼道各业主、住户分摊；第二种是各住户电表安装外接电插，按月依次分担楼道用电。社工号召每名楼长回去后召开各楼道居民座谈会，通过民主协商的形式选取楼道用电方案，也鼓励大家发挥居民的集体智慧力量提出更优化的可行性方案，均可联系社工登记。H 社区居委会领导也当场表示如果居民选定方案，H 社区居委会可以派出维修人员免费为居民安装电表。社工作为资源链接者，整合外界资源辅助方案的顺利进行，邀请市供电局工作人员现场解答大家的疑问，会后到楼道进行实地考察方案的可行性。

社工定期组织此类型的"楼长工作座谈会"，以社区热点事件为介入焦点，营造民主协商的氛围，鼓励居民善用社会常识和社区资源来解决社区问题，在居民的互动与互助中变成更积极的参与者，进一步增强社区公共意识，提升居民自治能力，推进社区居民自治。

通过召开楼长座谈会，社工引导楼长群策群力形成"楼梯灯恢复通电"的解决方案，并邀请市供电局工作人员一起到楼道进行实地查看。让组织较顺利的楼长分享自己的组织经验和技巧，并对协调有困难的楼道积极介入，对无理的问题逐一讨论、支着，最终为 73 栋楼道恢复楼梯通电。通过此次事件，更多居民加入楼长的行列，在协调具体的楼道事务中建立起更好的群众基础，同时学习到有效沟通、组织技巧，参与志愿服务的意识和自治能力得到提升。

——20200605－HSG－03

四是探索楼道事务协商机制，解决社区问题。通过社工前期的入户走访、需求调查、访谈等，经专业评估界定 H 社区的主要问题：居民楼房屋存在安全隐患、环境卫生脏乱差现象较严重、社区居民邻里关系较淡薄。其中，社区生活环境问题的解决迫在眉睫，已经严重影响到社区居民的日常生活和人身安全隐患。动员阶段，社工在 H 社区居委会的支持下，挖掘一批社区骨干，培育了一批楼道志愿者，发掘了社区资本。接下来，要激活社区资本，要充分发挥社区骨干的核心作用。一方面动员更多的社区居民参与社区治理，不仅局限于社区活动的参与，还需扩大社区参与的范围；另一方面要切实解决 H 社区目前存在的社区生活环境问题，比如由于社区年代久远导致的基础设施维修问题、公共楼梯用电问题、公共空间垃圾清洁等问题。在挖掘社区骨干、培育社区骨干的过程中，社工的部分工作已经常规化，以楼长为支撑，定期楼道入户走访，召开楼道事务座谈会、楼长工作会议、社区事务协商会议，同时推动楼道业主微信交流群的建设，成立楼道志愿队伍和社区事务关注组，探索并形成楼道事务协商机制，聚焦居民最为关注的楼道公共事务与社区生活环境问题，并协助解决社区楼道问题。

首先，解决楼道公共基础设施维修问题。

随着社区骨干的发掘，越来越多的社区居民加入楼长的行列，H 社区居民的公共意识得以提升。居民通过社区参与，以"由民做主"的方式提出问题、研究问题、解决问题,自我管理自我服务的氛围逐渐形成。以楼长为支撑,通过引导社区居民参与,以民主协商的方式解决了 H 社区楼道的很多棘手问题。如下水道堵塞、线路老化等楼道公共问题在老旧社区 H 社区比较普遍,遇到此类问题,由楼长扮演牵头人、协调者的角色组织业主召开楼道座谈会,在社工引导下,邀请专业维修人员到现场勘查并给出维修方案,再通过民主协商达成一致意见,由楼长负责工程监督、收费及日常管理。各楼栋居民在社工的见证下做好签字确认,保证同意维修方案及费用分摊事宜。在楼长的主导下,居民自我服务自我管理的意识不断提高,楼道问题得到及时有效的解决。

以 H 社区蔚景楼 2 栋的公共设施维修问题为例,H 社区蔚景楼属于一梯四户的户型,居民反映因一楼化粪池和排污管堵塞导致漏水,污水严重影响楼道居民出入和楼道的公共环境卫生。在社工的前期介入下,这栋楼的居民经过民主推选,选出了两位热心业主担任楼长,承担起组织和动员其他业主一起协商解决楼道问题的重任。在社工的协助下,2 位楼长牵头,居民参与,共 21 户业主一起举办了 2 次楼道事务座谈会解决问题,针对化粪池处理方案、一楼四条排污管更换方案、大门缓冲器维修、一楼大厅安装监控器四个问题进行了协商。最核心的问题在于费用由谁来承担,在这个过程中,两位楼长相互配合,发挥了社区骨干的带头作用,挨家挨户去做业主的思想工作,提升居民的社区公共意识及主人翁意识,鼓励居民积极参与合力解决楼道问题,同时耐心征求楼栋居民的意见。在楼长的积极推动下,工作进展较为顺利,得到蔚景楼业主的积极回应与支持。同时社工作为协调者,协调各方面的团体及个人,促进他们之间的沟通和合作;社工还发挥资源链接者角色,整合社区外资源为居民答疑解惑,促成社区问题的解决。综合 21 户业主的意见,在社工的协助下,楼长初步拟订了几种不同的方案,最终通过民主投票选出最优方案,业主达成一致意见,愿意分摊费用,并确定了动工日期。在施工期间,2 位楼长作为主要负责人,跟进工期的进度,协调施工期间的各项事宜,在这个过程中居民对社区更加认同和投入。作为楼栋的牵头人、召集人,他们没有薪酬,完全是义务劳动,无私奉献自己的时间和精力,热心地走访、联络、动员楼栋居民,给楼栋居民树立了榜样,激发了楼栋居民的公共意识和责任意识,更多的楼道居民加入楼道自助互助的行列,积极参与楼道管理,自我管理自我服务意识也逐步增强。为了扩大社区参与及服务影响力,社工将那些成功解决问题的楼道案例整理出来,分享到其他楼道业主群中,并通过微信公众号、服务群等方式让更多社区居民了解这种协商自治途径的可行性和有效性。随着越来越多社区楼道问题的解决,这种楼道事务协商模式被居民所接受认可,居民对社区事务参与度明显提升,自我管理和自我服务意识也逐步增强。

其次,整治社区环境卫生。

H 社区作为一个典型的老旧社区,社区环境问题除了需解决楼道公共设施老化、损坏问题，环境卫生"脏乱差"也是急需解决的问题，尤其是 2016 年 12 月开始 H 社区居委会不再安排保洁员负责 H 社区的各楼道卫生。前期在解决社区楼道问题的过程中，通过民主协商的方式，培养了居民的互助合作意识，同时也改善了社区关系，邻里关系变得更加密切，楼道凝聚力得以增强，社区居民的自治意识也得以提升。故在社工的推动下，尝试通过组织开展一系列社区文明倡导活动，倡导居民讲文明讲卫生，号召楼道居民自我管理各楼道公共环境卫生，共同维护楼道公共环境卫生。随后社工组织了楼道志愿者开展清洗楼梯活动，后期社工不再作为主导者，由各楼道楼长自行组织开展楼梯清洗活动。由楼长自主策划，开展了一系列的文明倡导活动，如倡导社区居民文明养犬爱护环境卫生，倡导垃圾分类，定期组织居民清洗楼道，并将每月第二个周六早上作为开展"洁净城市清洁日"社区环境卫生清洁活动的时间。楼道清洗活动会定期举行，大部分居民都积极响应参与其中，效果明显。楼道卫生环境得到改善，邻里关系也变得更融洽。

楼梯清洗活动效果真的很好，参与的居民较多，每个人也不用做太多事，只是几桶水的事情，马上有立竿见影的效果，楼道卫生很快就焕然一新。印象最深的 2019 年初由 H 社区楼长组织的"除旧迎新邻里行"楼道大清洗行动，在楼长的动员与倡导下，这次清洗行动共有 36 栋楼宇积极参与，楼道卫生环境得到改善，邻里关系也不再那么陌生了。

——20200605 - HSG - 01

据访谈社工介绍，H 社区居委会看到居民积极参与楼道卫生整治工作，为营造共同守护社区环境的氛围，于是发挥党员先锋模范作用，组织社区党员干部、党员志愿者开展社区其他公共卫生的环境整治。H 社区居民的社区公共意识相比之前大大提升，社区互帮互助的氛围也更加浓厚，社区凝聚力大大增强。

3. 巩固阶段：强化社区互动关系网络，扩宽居民参与途径与内容

地区发展模式采用和谐渐进的工作手法，并强调居民与团体间的互助合作，有利于建立不同的社区网络以及培养互相关怀的社区氛围。通过筹备阶段、动员阶段的工作，H 社区楼道公共维修问题逐步得到解决，环境卫生也比以前干净整洁很多，邻里关系也明显改善，越来越多的居民参与公共事务，H 社区自我管理、自我服务的氛围开始形成。接下来，巩固阶段的主要任务是在扩大社区居民参与的途径与内容的过程中，社工进一步提高 H 社区居民自治能力，尝试推动居民成立自管自治的社区居民自组织，稳定社区参与力量，实现居民参与的持续性，巩固前一阶段社区治理的成果。

一是推动"线上议事会"互动平台，扩宽居民参与渠道。在探索阶段，社工就积极推广居民加入楼道业主的微信交流群，尝试推动"线上 + 线下"相结合的服务模式，进程较为缓慢，2017 年底仅建立了 30 个业主交流群。随着居民的参与意识提升，2 名社工协商决定这一阶段全面铺开线上服务模式，首先拟定要建立 125 个楼道业主微信

交流群的目标。2 名社工重新开始第二轮的"扫楼"，通过入户探访一对一引导、沟通，一方面鼓励社区居民加入微信群，另一方面认真倾听社区居民的心声，促使居民认识社区和关注社区事务。入户探访实际也是社工开展社区教育的过程，在这个过程中，向居民介绍"'楼道睦邻'项目"服务、推广微信群、H 社区服务站公众号等社区媒体资源、畅通诉求通道、介绍安全常识、发掘"热心肠"居民和社区骨干等。这次"扫楼"很顺利，在楼长的大力支持、协助与动员下，社工仅仅用了半年时间，就建立了全部楼道的微信交流群，实现了 56 栋楼的"'楼道睦邻'项目"服务的全覆盖，为建立"线上议事会"，全面铺开线上服务模式奠定了基础。前期社工协助 H 社区居民解决了很多影响居民日常生活便利和人身安全隐患的楼道公共维修问题和环境卫生问题，居民对社工的知晓度、认可度大大提升，增强了对社工的信心，居民自身对社区参与、社区自治的认识也逐步提升，所以在此阶段动员社区居民更易被接纳。社工将线下的楼道事务座谈会搬到线上，时间更灵活、社区居民参与更方便、参与度更高，让社区公共事务解决更高效、更民主。

> 项目刚推进一年，我们 2 个人真的挺辛苦，几乎每晚都有加班，周末也常在工作。家里人刚开始都不理解我的工作呢。那时压力也大，后期项目慢慢推进，居民参与越多，能力越强，我们社工就轻松些了。到后面主要采用"线上议事会"，我们在周末或晚上加班的频率就越来越低了。有一半的楼道协商事务能通过微信交流群实现，沟通方便、灵活，大大节约了人力和时间成本呢。
>
> ——20200605 - HSG - 01

二是挖掘社区新需求，丰富居民参与内容。随着 H 社区居民自治意识的提升，大多数居民对于民主协商形式的议事模式十分接受与认可。据社工介绍，随着居民自我服务、自我管理意识的提升，几乎所有的居民最关注的楼道公共维修问题和环境卫生都能通过楼长组织和协调得到妥善处理。但作为一个老旧社区，它是动态发展的，不是一成不变的，在每个不同的阶段会有新的问题或需求出现。广场舞扰民事件在很多社区都出现过，H 社区也不例外。从社区治理角度，由广场舞扰民事件引发的关于 H 社区的公共场所使用问题也不得不引起重视，解决不好会引发更多的邻里矛盾与冲突。H 社区作为典型的老旧社区，社区公共活动空间较为缺乏，篮球场成为 H 社区居民活动的首选场所，所以经常有大量人群聚焦于此，由此产生的噪声也较多，尤其突出的是广场舞音乐，最受困扰的就是住在篮球场附近的 5 栋的居民了，他们向 H 社区综合服务站反映广场舞声乐产生的噪声严重影响了孩子的学习环境，让孩子很难静下心来学习，同时由于持续时间较晚，夜晚 10 点钟后依旧还在播放音乐，影响家里老人和孩子的休息；周末难得的休息时间，清早也会被广场舞音乐声吵醒。曾有居民主动去跟广场舞队阿姨协商，但没太大效果，反而使矛盾进一步激化。有些居民表现得非常愤怒，甚至直接从楼上向下泼水来试图阻止广场舞活动，矛盾不断升级。地区发展模式强调社工作为中介者、协调者，协调各方面的团体及个人，促进他们之间的沟通和合作。社工搭建沟通协商平台，邀请受噪声影响最突出的 5 栋居民楼的楼长、常在篮球场跳广场舞的 3 支舞蹈队队长、H 社区居委会工作人员，一起通过民主协商的议事方式解决此问题。本次议事会议共由 10 名居民代表参加，H 社区居委党工委副书记也参加了会议，参会主体各抒己见，表达自己的立场与想法，但均表示不想激化矛盾，影响邻里关系，希望能够民主协商公正地处理问题。在社工的协调下，本着社区的和谐发展，营造共治、共建、共享的社区发展局面的原则，各方就篮球场开放时间、音乐分贝、使用时序等问题进行商讨，在协商过程中达成相互理解和相互监督的共识，最终达成了一致意见，问题也顺利解决。在此事件中，涉及的主体包括社区居民、社区组织、社区、社工，在解决社区公共问题的过程中，需要发挥多元主体的作用，共同协商解决问题，在解决问题的过程中进一步强化居民的主人翁意识，提升社区居民的议事决策能力、自助互助能力。

三是打造"睦邻节"社区文化，增强社区凝聚力。社区文化是一个社区居民精神风貌、社区氛围的直观体现。因此建立丰富的社区文化对老旧社区治理的意义和作用尤其重要。随着 H 社区公共环境问题的解决、社区关系的改善、社区参与意识的提升，社区居民开展的自助互助服务活动越来越多，社区文化活动也更加丰富多彩，如"和谐睦邻，靠大家"楼道事务关注常规活动、"与爱为邻"阳光心理杯少儿绘画大赛、睦邻互助日——楼道探访活动、"睦邻话匣齐畅谈"长者睦邻茶话会。同时在每年年底开展"最美邻居""最美睦邻家庭""优秀楼长"评选活动，树立榜样模范作用，传播睦邻文化。各社区自组织也活跃起来，包括志愿者服务队、舞蹈队、合唱团等，自主开展了丰富多彩的社区活动，丰富居民的业余文化生活，也营造了团结互助、温馨和谐的社区氛围。最受关注的是为期 3 个月的不忘初心，牢记使命——"共筑邻里情·传扬新风尚"首届睦邻节系列活动，倡导共同努力建立邻里相亲、文明相助、热心公益、奉献社会的新型邻里关系。"睦邻节"作为 H 社区居民自治的文化成果之一，定于每年10 月开展，展现了 H 社区居民良好的精神风貌，并提供表现自我的平台，鼓励居民提升自我管理自我服务能力，积极参与社区居民自治。

4. 检讨阶段：推动自组织规范化，提供持续支持服务

经过探索阶段、动员阶段、巩固阶段的工作推进，H 社区由于无物业公司管理和治理主体缺失带来的一系列社区问题都一定程度上得到了解决，居民能积极参与社区公共事务，以楼长为核心的社区居民自治体系初步建立，并发挥着越来越重要的作用，但 H 社区居委会、社工一直在其中扮演着较为重要的作用，尤其是社工，充分发挥着使能者、教育者、协调者、资源链接者的角色。政府购买的驻点社工团队，也存在不稳定因素，如果政策变化、资金限制或者其他主客观因素影响，社工撤离 H 社区，H 社区的居民自治运行是否会受到影响？由楼长支撑的楼长事务协调机制是否依然能实

现自我管理自我服务？所以接下来在检讨阶段的主要任务是如何顺利转换社工的角色，保证 H 社区居民自治的可持续性，如何建立规范化、体系化运作的社区居民自治组织，构建多元化的参与模式，完善 H 社区的治理体系，实现良性运作的社区居民自治。

一是转换社工身份，持续为居民提供支持服务。此阶段社工逐渐从常规化的社区事务中"转身"，由楼长及社区骨干组成的楼道事务关注组在社区公共事务中担任主导角色，而社工变为协助者。楼长自主召集楼道居民开展楼道座谈会，商讨具体事宜，定下方案后会跟社工报备，遇到需要社工协调的困难时，社工才出面解决。一般情况下社工不用参与具体的讨论、沟通环节。由此让楼长以及居民真正提升自我角色自我管理自我服务的能力。另外，让楼长及社区骨干参与活动策划、组织以及实施，提升他们的活动策划、带领及组织能力。

二是推动社区组织规范化运作，提升自治能力。社区治理是一项复杂的工作，其必须顺应时代的变迁和社会的发展适时调整策略。前期工作中，在楼道事务座谈会上，社工也利用沟通平台，引导参会楼长讨论 H 社区目前面临的公共问题及治理难题，征求并听取参会楼长表达意见与想法，大家纷纷说出自己的意见，大部分楼长表示支持顺应住房制度改革的趋势，尝试成立业主委员会、选聘物业公司走物业化、社会化、专业化的物业管理道路，不过这也需要漫长的过程。随着 H 社区居民自治取得阶段性成果，居民对于推动成立业主委员会的呼声越发高涨，社工在充分调研了解居民意向后，先后三次组织开展"楼长议事会"，邀请 H 社区领导、律师和楼道长共商共议，就推动成立业委会的法律法规、申请流程、各方主体的权力责任和业委会的区域划分等问题进行了深入讨论和表决。

H 社区居民在取得阶段性成果的基础上，尝试推动业委会的成立，建立规范化、体系化运作的 H 社区居民自组织，以真正实现社区居民自治的目标。而在实际推动过程中，面临的困难非常多。H 社区居民通过开展社区事务座谈会，以民主协商的方式讨论决定成立 H 社区业委会，在 H 社区居委会以及相关部门的大力支持下，所在辖区房管所已经同意了 H 社区开展业委会的筹备工作，并由一名在 H 社区德高望重的出色的社区骨干强叔牵头召开了第一次筹备工作大会。目前有 10 名业委会筹备组成员，来自各行各业，包括教师、律师、企业管理人员等，但有一个突出的问题是：目前业委会筹备组中仅有几名是正在担任楼长牵头楼道自治的较被居民熟悉的"老人"，大多数是第一次参加社区公共事务的年轻"新人"。这其中的主要原因是根据房管所相关法律规定，参与业委会的成员必须是在 H 社区提交过一年以上维修基金的居民。由于之前社工挖掘参与楼道自治的社区骨干的年龄构成以四五十岁的居民群体为主，在 H 社区居住时间也较久远，之前购买 H 社区房屋时是不用缴纳维修基金的，所以他们并不具备加入业委会成为委员的资格，甚至那名主要推动业委会成立的出色的社区骨干其实也不具备资格。而具备资格的、已经报名参与的居民均是后期在 H 社区购买房屋的

"新人"，他们在 H 社区居住时间并不长，相对较为年轻，平日里工作也比较忙，其中一名年轻的老师常在惠州工作，偶尔回一次 H 社区。业委会成员的构成状况并不如预期那样理想，由社工花费心思培育的社区骨干暂无法全员参与，而新成员的互助合作意识又需要时间来提升。笔者在 H 社区做访谈时，业委会筹备组正在加班加点开展大规模的"扫楼"行动，按照法定程序登记居民信息以及其他资料收集、确认工作，但似乎进展十分缓慢，居民的参与性与支持度不够。业委会筹备组主要负责人强叔虽然不具备成员资格，只能以筹备组邀请的顾问形式参与，但他仍为了业委会的成立四处奔波。在强叔的"扫楼"登记表上，看到业委会筹备组成员的考勤率并不理想，请假的成员占大多数，甚至有成员由于工作繁忙原因由其男朋友来代替参与，这种情形似乎让强叔对业委会筹备组的期望降低很多，信心不足。由于老旧社区成立业委会的借鉴案例不多，所在辖区房管所、社区居委会均指派工作人员到社区给予指导与支持，但成效并不明显。

（二）社会工作促进居民参与 H 社区自治的效果评估

社工在介入 H 社区居民自治的干预过程中，秉承社会工作专业价值观，采用社会工作实务方法，扮演使用者、教育者、协调者、倡导者、资源链接者角色，开展了四个阶段的社区社会工作服务。同时在具体的介入策略选择时，运用社会资本理论，充分挖掘并利用社区资源，搭建邻里沟通交流平台，构建社区关系网络，并促进社区网络关系的互动，以信任为基础，以互惠规范为内容，以参与网络作为载体。以下从社区层面、居民层面具体分析社工推动 H 社区居民参与自治的效果。

1. 居民的参与意识大幅度提升

社工介入 H 社区后，通过鼓励、引导、倡导等方式提升居民对社区事务的关注度，提升了 H 社区居民的社区公共意识，居民意识到参与的重要性并愿意承担责任，随着居民互助及交往的增加，居民对社区更加认同和投入，更积极地参与社区的治理。社工通过成立楼道微信交流群实现了楼道服务全覆盖，其中 71% 的楼道通过民主投票选出了楼长，其间由楼长带领，社工协助解决的楼道问题 203 起，打破了居民凡事找"两委"工作人员的做法，居民成为参与社区自治的主体力量。

2020 年初，新型冠状病毒来袭，我们点社工第一时间奔赴前线协助社区开展防疫宣传工作。社工通过线上宣传发动楼长志愿者一起参与抗疫，共同实现小区集中管控。一个多月来，共有 20 位楼道志愿者积极参与出入口志愿检测岗，尽己之力为社区防疫工作作出贡献。

——20200605 - HSG - 01

能参与这样一个志愿队伍，让我的生活变得更充实。我真正感受到，原来我的一些正面行为也是能带动身边的人，能让我们整栋楼邻居齐心协力为楼道出钱出力，改善我们的居住环境。真的很欣慰很开心！

——20200904 - HSQ - 02

邻里间互帮互助应成为一种常态，能为楼道多付出一点多尽一份力，我感到很高兴。我最大的自豪就在于能为邻里无私奉献时间，将美好的语言、美好的形象、美好的举动展现在社会的眼前。

——20200904 - HSQ - 03

2. 居民社区自治能力逐步提高

随着"'楼道睦邻'项目"的推进，越来越多的社区问题得以解决，在解决社区问题的过程中居民的公共意识也得以提升，更多的居民参与社区的公共事务，以楼长为核心，自我管理自我服务的意识逐步形成。在社工介入前期，社工是主导者，组织居民开展座谈会讨论并解决社区事务，随着居民的参与意识与参与能力的提升，社工逐步转化身份，到中后期楼长能够自主组织居民通过民主协商的方式解决社区问题，社工只作为协助的角色参与，面对社区出现的新问题，社区居民逐步达成了共商共治的意识。访谈中了解到，在楼长主导下，居民自行协商解决的社区公共问题案件203起，尤其是楼道出现的问题都能及时有效地解决。H 社区作为一个城市老旧社区，由于无物业公司管理和治理主体的缺失导致的一系列社区问题逐步得到改善，居民在社区治理中的主体地位逐步凸显，居民的社区自治能力逐步提升。

3. 居民的参与途径与内容更加丰富

社会工作介入 H 社区居民参与自治前，H 社区居民参与的途径和内容都较为单一，参与途径主要是个人根据自己的喜好参与社区活动，参与内容主要是娱乐类和公益类，维权类、事务类几乎未涉及。通过查阅项目服务的相关资料发现，在针对居民感兴趣的活动类型的小调查中，排在前三位的活动类型是：楼道治理类、文化娱乐类、社区文明类。由此可见，居民对于社区内的楼道事务的关注度有所提升，参与社区公共事务的积极性也得以提升。社工介入 H 社区居民参与自治后，通过推行"楼长制度"，成立楼道事务关注组、社区事务关注组、楼道互助志愿服务队，给居民参与搭建平台，让居民的参与渠道与内容更加广泛。在项目推进过程中，居民参与的范围从楼道问题扩大到社区公共治理问题，如文明养犬倡议、广场舞噪声扰民事件等。同时社工开展了一系列的社区共融活动，尤其是每年10月的睦邻文化节，丰富了活动的形式和内容，提升了社区居民的参与意识，促进社区认同。

以前去社工站都是我自己去，现在我们都约好几个人一起去参加活动。很开心啊。社工开展很多活动，楼道有问题了，组织我们开会解决。有时间都可以去参加啦，跟居民们一起解决问题。有了微信群也很方便，跟居民交流起来容易多了。

——20200904 - HSQ - 04

4. 社区生活环境明显改善

社工通过对比介入前后的社区生活环境改善状况进行分析，社工介入后社区生活环境明显改善。介入前 H 社区面临的生活环境问题主要是居民楼房屋存在安全隐患、环境卫生脏乱差现象，具体包括公共基础设施问题较多，如线路老化、外墙渗水、门禁失灵、房屋漏水、水管漏水、墙面裂开、化粪池堵塞、楼道垃圾或废物乱丢乱放等，经过社工在动员阶段、巩固阶段的干预，H 社区生活环境明显改善。由于老旧社区每个楼栋的公共设施维修问题相似度高，只要某个楼道顺利解决了，社工就会将成功的方案整理出来分享到其他楼道业主交流群参考，便于其他楼道更高效快捷解决问题，两年内基本上所有的楼道公共维修问题都得以协商解决，居民楼房屋的安全隐患得到缓解。环境卫生方面也得到了改善，随着居民的环保意识和公共意识有所提升，大家相互监督，楼道里乱丢乱放的物品少了，垃圾也少了。

楼是旧了点，毕竟年代久远啊。现在我们这栋楼基本都维修好了，门禁系统也装了，没什么大问题，你们上来也看到了楼道里还是挺干净的。

——20200904 - HSQ - 02

我们这栋楼有变化，我当楼长很顺利呢，居民都挺配合的，都很支持我的工作。我们经常组织清洗楼梯活动，所以楼道卫生很干净。我们那个化粪池也修好了，在社工协助下我们讨论了方案，每个人签字确认，然后楼道居民一起分摊费用，这样挺好的。现在基本上楼道没什么维修的大问题。楼道的用电也解决了，我们是请了师傅帮我们装了电表，每户轮流负责一天的楼道公共电费呢。很公平。

——20200904 - HSQ - 03

现在基本上没什么大问题，该维修的都维修了，我和四楼的那户居民牵头维修的，然后所有楼道居民分摊费用，有几户还是不给呢，我们帮他们垫付了，也没多少钱，主要是把设施修好了，不影响大家正常生活。

——20200904 - HSQ - 04

社区变化很大，感谢社工推行的项目服务，让居民参与解决社区问题，公共意识也提升了，也算是帮了我们社区很大忙。虽然现在社区还有很多问题，毕竟是老旧社区嘛，但楼道的普遍问题都解决了，其他的一步一步来。

——20200610 - HSQJWH - 01

5. 社区邻里之间的互动增强

通过各类楼道共融主题活动的开展，增进了楼道居民的互动和沟通，提升了邻里关系，居民矛盾冲突明显减少，据社工介绍，近年邻里冲突类的个案仅 2 起，其他的楼道问题均能通过楼长协调或楼道座谈会协商解决。笔者跟社工访谈中了解到，疫情防控期间，在日常微信群管理中，我们看到了居民对楼道中湖北籍邻居的接纳和友善，大家主动询问是否需要提供帮助，真切地表达关心和理解。这对比起社工未介入前冷漠的邻里关系让社工感触良多。不仅如此，有从事服装贸易的居民看到志愿者们默默付出、风雨无阻坚守岗位的样子，主动为他们捐赠了一批防风衣，为这寒冷的冬天增加了一丝暖意，让志愿者们更坚信自己的付出终将换来最后的胜利。为进一步拉近居民的距离增进交流互动，社工分别以楼道和片区为单位协助建立微信交流群，通过"线上＋线下"的互动模式，让邻里在日常遇到困难时也能及时得到帮助。例如，某家长临时有事不能及时接孩子放学，他可以在楼道群里委托楼上楼下的邻居帮忙接回，而热心的邻居们也很乐意准备点心或晚饭，让孩子不用挨饿等家长回家。有了微信交流群，业主们可共享"科学育儿"知识帖、网红美食店的链接，茶余饭后也可调侃娱乐，居民间的距离拉近了，邻里矛盾也减少了，社区关系变得更和谐。

（三）社会工作促进居民参与 H 社区自治存在的问题

1. 居民参与动力的持久性不足

在推进 H 社区居民自治的过程中，社区楼长的产生主要通过居民推荐、民主选举产生，还有部分楼长是社工直接任命的，并不是出于自愿原则。由此可见，部分社区居民由于主客观原因对于担任楼长职务的动力不足，较为被动。在一些与自身利益相关性较大的社区事务中，楼长的动力与改变的愿望会更强烈，愿意参与并承担责任。但在一些较为棘手，与自身利益相关性并不大的社区事务中可能行动力会有所下降，甚至仍有"不想为自己招惹麻烦"的心态。楼长在具体开展工作的过程中也会遭到排斥、拒绝、误解，有的居民以为楼长是有工资的职务，理所当然应该由他们去做一些事情。有的居民认为是"多管闲事"，持完全不配合的态度。所以面对长期"吃力不讨好"的工作，楼长也会产生强烈的倦怠感，经常冒出"不想再担任"的念头，或者担任着楼长实际参与社区治理的行动力不足。长久下去，"楼长"的称呼也是毫无意义。在 H 社区的居民自治工作中，核心力量是社区楼道的楼长，如果楼长的自我效能感低，倦怠感很强烈，就很难去动员起其他社区居民，社区参与低，居民自治的目标就很难实现。所以如何提升社区骨干的参与动力与行动力，如何保持社区骨干参与动力的持久性，让社区骨干真正愿意参与解决社区问题，并愿意承担责任，是社区居民自治中的重要议题。

2. 社工社区动员策略待优化

本研究中选择的社会工作实务案例以地区发展模式介入，基本策略是内部资源的动员、参与、行动为主。社工在实际的服务过程中，共分为探索、动员、巩固、检讨四个阶段。其中，社工在前两个阶段花费了大量的精力，尤其是在动员阶段，主要任务是挖掘社区骨干、培育社区骨干、发动社区骨干解决问题，都强调社区居民的参与。实际上，社区动员穿插在四个阶段的介入过程中，耗费了工作者大量的时间和资源。由于居民年龄、性别、文化程度、身份、背景、参与动机的差异，居民在社区参与的积极性与投入性上有所不同，可能社工花费大量时间和精力发掘、动员的潜在社区骨干，后面并未成为社区骨干或者并未能真正发挥其预期的核心作用，另外社区动员是一个持续的过程，短期内不能产生明显的效果。本研究中社工遇到的最大的问题是发生在社区动员的阶段。项目推进初期，H 社区综合服务站社工团队的督导恰好是笔者本人，2 名社工推行得较为艰难，每次督导社工都能感受到他们本身的自我效能感很低，自我认同也较低，原因是在动员社区居民的工作过程中经常被拒绝，不被理解，甚至被指责，笔者给予更多的是发挥督导的情感支持功能，给予两名社工情感上的支持与鼓励。随着时间的推进，情况有所好转，但在整个介入过程中社区动员工作一直贯穿其中，通过各种形式的动员策略，尽管社区居民的参与意识提升，但社区居民的参与度、投入度以及由其产生的实际行动还有待进一步提升。

3. 社工专业资源支持缺乏

社工介入城市老旧社区居民参与自治，在本土社工实务领域中较为少见，故相关领域可借鉴的经验较少。两名社工虽然在专业素养、实务经验、自身资历上都是非常优秀的，但由于首次介入社区治理领域，又是问题较为复杂的老旧社区，压力时时存在，人手本不足，工作却多得堆如山，在介入过程中还是遇到了很多困难，常常会感觉力不从心，寻求专业资源支持的需求非常迫切。而无论是文献资源，还是实务经验借鉴，抑或是 Z 社工机构的专业支持、督导资源提供等都较为缺乏，不利于社工介入过程中的专业功能发挥，如何将地区发展模式理念贯穿介入过程中，如何将社工专业实务技巧用于推动社区居民自治工作，都是社工从始至终探讨的问题。

4. 服务评估机制尚未建立

科学完善的评估机制能全面梳理社工介入城市老旧社区居民自治介入过程中的成功经验，同时也有助于进一步改进和完善城市老旧社区的社区居民自治介入方法。但无论是 H 社区居委会，还是 Z 社工机构、社工团队本身，均尚未建立针对本项目的科学完善的评估机制。作为社工来讲，在服务评估阶段的工作开展得较少，不利于检视服务目标的达到程度、服务成效的呈现，也不利于介入过程中的工作改进。

四、社会工作促进居民参与城市老旧社区自治的策略建议

（一）搭建邻里互动平台，拓宽居民参与渠道

社工要改变社区居民参与不足的现状，除了提升居民的参与意识和能力外，还要为居民提供多渠道、多形式的参与途径与形式，将居民的参与意愿变为实际行动。根据社工在 H 社区的实践经验，可以从以下几方面拓宽居民的参与渠道：一是发挥社工专业优势，以社区居民多元化的需求为出发点，整合社区内外的资源，策划、组织、实施丰富多彩的社区活动，提供"社区活动菜单"，让居民有选择的空间，提升居民参

与的积极性。通过参与社区活动，加强了居民之间的联系，促进了居民之间的相互了解与相互认识，改善社区关系，增强居民对社区的认同感与归属感，促进居民参与更多的社区事务。二是搭建协商议事平台，如社工在 H 社区成立了楼道事务关注组、社区事务关注组、楼道互助志愿服务队等，还通过开展楼道茶聚座谈会、楼长座谈会等，拓宽了参与的渠道与形式，为居民提供了参与社区事务的平台与机会，提高居民参与社区事务的积极性。

（二）利用和调动社区资源，构建社区互动关系网络

社会资本是以社会关系为载体，即任何有助于提升社会合作及促成共同目标的社会关系，社工需要开发社区居民关系网络以激活居民参与动力的成长空间，增强居民的社区参与动力，整合社区资源解决社区问题。社区居民的力量是巨大的，是有无限潜能的，社工发动的居民越多，社区关系网络就越多，可以争取的社会资源就越多。社工在 H 社区的实践中，注重社区"人、物、组织、场地"等资源的整合。社区居民就职于不同行业，有着不同的专业技术，社工通过组建楼道互助志愿服务队，发挥各行各业居民的职业优势，为楼道提供电器维修、义诊、义剪等便民服务。同时，整合社区爱心单位、企业的资源，为社区活动提供资金支持。同时，社工也获得了当地政府、居委会以及其他组织的大力支持，尤其社工在前期就获得了 H 社区居委会的大力支持，居委会在人力、资金、物力等方面为项目运行提供了丰富的资源。居委会领导定期入户走访居民，在这个过程中，给予居民更大的参与动力和信心，提升了居民参与的积极性。由此可见，在推动社区居民自治的过程中，居民是重要的参与主体，但仅仅动员居民参与及调动社区内的资源，还远远不够，并未必能有效和彻底地解决社区的问题。社工要发挥资源链接者的角色，盘活社区内、外的资源，动员并"引进"更多的社区外部资源，打造社区资源库，构建各类社区关系网络，促进社区问题的解决。

（三）挖掘和培育社区骨干，提升居民参与意识与能力

地区发展模式下开展社区工作，核心的策略就是培育和发展当地居民领袖。社区骨干在他所处的群体或组织中，能够团结和领导有共同信念与利益的居民，满足他们的生活需求；而且社区骨干能够在居民间传递新的思想和观念，并且居民也愿意接受。以地区发展模式为指导，通过规范的民主制度和民主程序，形成社区内部以广泛的讨论、协商一致、团结合作为主的民主氛围，培养社区居民的自决意识和能力。针对挖掘的社区骨干要进行系统的培训和监督，如采取一些正式的系统学习方式或者非正式的日常实践中的反思对话，主要对居民骨干的分析策划能力、组织工作技巧以及对危机冲突事件的处理能力等进行培训和提升。在 H 社区"'楼道睦邻'项目"中，项目

的特色之处就是重视社区骨干的挖掘和培育，推行"楼长制度"。楼长作为楼道的领袖，具备一定的号召力和影响力，社工通过发挥其带领和示范作用，带动更多的居民参与社区事务，通过民主协商、互助合作的方式，集体行动解决社区问题，同时获得居民想要的利益或需求。社工针对 H 社区楼道骨干开展丰富多彩的自我能力提升活动，提升他们在策划、组织、协调等方面的能力，同时还通过多次组织开展"楼长工作座谈会"等活动，聚焦楼道公共问题，增进楼长间的交流，建立互助支持网络。社工秉承助人自助的专业价值理念，挖掘和培育社区骨干，让他们能够更好地组织和带领居民参与社区事务，有利于提高居民社区参与的积极性，激发居民的社区参与动力，提升社区居民的参与意识，促进社区居民自治的发展。

社区居民参与度的高低很大程度上是由所参与的社区事务是否与他们的生活、利益紧密相关决定的。从优势视角出发，要提高居民的参与度，使居民的主体性得以确认与发挥，就需要为居民提供在社区中展现自己的机会与平台，充分发挥居民的优势，包括居民自身具备的美德和品质、个人拥有的技能。在推动社区自治工作中，对于已经挖掘的社区骨干，社工要为其提供个人在参与过程中展现自我能力的机会。一方面发挥社区骨干的主体性作用，让其自我价值在参与过程中得到体现与认可；另一方面让社区骨干感觉到自己是被社区需要的，这于无形之中提升了社区骨干对于社区的责任感和使命感，从而积极参与社区自治工作。

（四）以社区社会组织为载体，拓展居民社区自治空间

培育社区社会组织是推动居民社区自治发展的重要因素之一，社区社会组织的搭建，为居民参与社区事务和社区治理提供了平台，也为居民表达诉求和满足需求提供了有效载体。居民可以通过社区社会组织平台表达自身意愿，推动社区社会组织的发展，让居民参与其中，能增强社区凝聚力和居民归属感。社工发挥使能者、资源链接者角色，注重社区社会组织的培育，提升社区社会组织在组织规范、团队运营与管理、服务策略与实施等方面的能力，并提供定期督导服务，给予指导与支持。社区组织的自我管理程度越高，社区居民参与社区事务就越深入。因此在推动城市老旧社区居民参与自治过程中应该积极支持社会服务类、社会活动类以及社会环境类的社区组织发展、完善和壮大，在满足城市老旧社区多元化需求的同时，提升社区居民参与意识和能力。

参考文献

陈丽云. 基层社区发展工作阶段性介入模式［C］. 社区工作十载耕耘，1988.

全国人民代表大会常务委员会. 中华人民共和国城市居民委员会组织法（1989 年 12 月 26 日中华人民共和国主席令第二十一号公布），1989.

李小云. 参与式发展概论：理论—方法—工具［M］. 北京：中国农业大学出版社，2001.

徐永祥. 社区发展论［M］. 上海：华东理工大学出版社，2001：229－230.

王思斌. 社区建设中的中介组织培育［J］. 中国民政（理论版），2001（1）：15－17.

费孝通. 居民自治：中国城市社区建设新目标［J］. 江海学刊，2002（3）：15－18.

徐永祥. 城市社区建设的体制创新与社会工作［J］. 探索与争鸣，2004（12）.

［美］罗伯特·帕特南. 独自打保龄球——美国社区的衰落与复兴［M］. 北京：北京大学出版社，2011.

理查德·C. 博克斯. 公民治理——引领21世纪的美国社区［M］. 孙柏瑛等，译. 北京：中国人民大学出版社，2013：23.

徐永祥，孙莹. 社区工作［M］. 北京：高等教育出版社，2014.

王鹏杰. 城市社区建设中的居民自治研究述评［J］. 城市观察，2015（5）.

刘建军. 居民自治指导手册［M］. 上海：上海人民出版社，2016：7.

梁传志，李超. 北京市老旧小区综合改造主要做法与思考［J］. 建设科技，2016（9）：20－23.

关于加强和完善城乡社区治理的意见［N］. 人民日报，2017－06－13（01）.

杜赛男. 地区发展模式在城市老旧社区工作中的运用研究［D］. 武汉：华中师范大学，2018.

胡小茵. "楼道睦邻"，让老旧楼宇增和谐［J］. 中国社会工作，2019（28）：37.

何雪松，侯秋宇. 城市社区的居民参与：一个本土的阶梯模型［J］. 华东师范大学学报（哲学社会科学版），2019，51（5）：33－42，236.

国务院办公厅关于全面推进城镇老旧小区改造工作的指导意见［Z］. 中华人民共和国国务院公报，2020（22）：11－15.

李克强：今年新开工改造城镇老旧小区3.9万个支持加装电梯［EB/OL］.（2020－05－22）［2020－09－14］. http://www.china.com.cn/lianghui/news/2020－05/22/content_76076178.shtml，2020－05－22.

任娟娟. 城市老旧小区改造中的社会工作介入研究——基于陕西ZH社会工作服务中心的项目实践［J］. 社会福利（理论版），2021（12）：36－43.

曹海林，张艳. 嵌入式治理：老旧小区环境治理的现实困境与路径探索［J］. 云南民族大学学报（哲学社会科学版），2022，39（4）：92－100.

李振锋，张弛. 城市老旧小区协同治理路径探究——以广东省H市为例［J］. 社会治理，2022（2）：88－93.

第五章　地区发展模式视角下社会工作介入城市社区环境治理研究

——以广州市 Y 街道为例

黄子倩①

本案例以地区发展模式为理论视角，研究 Y 街道社工站介入城市社区环境治理工作的开展过程。研究发现，社会工作介入城市社区环境治理时，应当具有"一盘棋"的思维，系统而精准地把握社区基本形势，主动开拓社区环境治理资源的广度与深度，积极联动相关企业参与其中，着力把握服务的切入点，切实发挥自身专业优势，聚焦社区自组织培育，才能更好地服务居民，引导居民，满足居民社区环境需求，提高居民自治能力，在达到过程目标的基础上，更好地实现社区环境改善、美化的任务目标。

一、本案例研究概述

（一）研究社会工作介入城市社区环境治理问题的背景和意义

1. 研究背景

我国社会进步持续推进着城市化水平的提升，迅猛膨胀的城市人口引发内、外部环境及条件的深刻变化。2020 年 12 月生态环境部发布的《2020 年全国大、中城市固体废物污染环境防治年报》表明，全国大、中城市当年生活垃圾产生量竟高达 23560.2 万吨。巨量的固体垃圾是城市环境问题的突出表征之一。现如今，城市居民对公共环境有很高的要求，政府治理成本也日渐增高，面临着效能不足的困境。市场资源配置效率高，但环境作为一项公共产品，低利益性的特征无法吸引市场力量积极参与。显然，环境治理已成为政府干预及市场调节无法有效调控的领域，迫切需要社会力量参与。2017 年 6 月发布的《中共中央 国务院关于加强和完善城乡社区治理的意见》中指出，社区人居环境是城乡社区治理中的短板之一，务必着力补齐。

党的十六届六中全会指出，社会工作是实施社会政策、传递社会服务的现代社

制度的重要组成部分。2013 年,《民政部 财政部关于加快推进社区社会工作服务的意见》提出,要建立健全社区、社会组织和社会工作专业人才的联动服务机制,探索建立以社区为平台、社会组织为载体、社会工作专业人才为支撑的新型社区服务管理机制。在党的十九届四中全会上,党中央明确提出,坚持并完善中国特色社会主义制度,推进国家治理体系和治理能力现代化。社会治理应从传统"自上而下"的行政推动向"多元联动"的协同参与转变,其中,社区治理是社会治理的基础部分。城市社区环境治理是兼具重要性、迫切性、长期性的重大系统建设工程,需要多元主体在社会基层场域——社区内的共同参与。笔者在 Y 街道社工服务站实习时,切身参与该辖区社区环境治理实践,现以此为基础梳理各主体协同参与社区环境治理的一线经验。在地区发展模式视角下,社会工作介入社区环境治理在该辖区环境治理实践中取得了一定成效,亦期望为其他地区提供一定的有益参考。

2. 研究意义

一方面,有利于丰富社区环境治理和本土社会工作理论体系。以城市社区为切入点,与时俱进地探讨社会工作参与社区环境治理的过程,深入探讨分析其中的问题与解决方向,可进一步补充社会工作介入相关领域的理论;立足本土社区环境治理面临的新问题与新特点,辩证性地取舍国内外既有理论的本土应用成效,可提炼出我国城市社区环境治理本土实践成果。

另一方面,有利于推动多元主体参与以改善我国城市社区人居环境。社会工作立足专业理念与手法,以追求社区利益最大化为目标,助力社区资源的丰富与活跃,协助政府提升治理社区环境问题的针对性与实效性;致力于推动居民参与意识与能力的提升,引导其合理表达自身诉求与建议,降低政策措施推行阻力,最终实现城市社区人居环境的改善。

(二) 相关概念和理论基础

1. 社区治理和城市社区环境

1986 年,我国政府在管理工作实践中首次提出"社区"与"社区服务";1989 年通过的《中华人民共和国城市居民委员会组织法》首次将"社区"作为法律概念进行阐述(周杰普、李倩倩,2017)。2000 年颁发的《民政部关于在全国推进城市社区建设的意见》指出:"社区是指聚居在一定地域范围内的人们所组成的社会生活共同体。目前城市社区的范围,一般是指经过社区体制改革后,作了规模调整的居民委员会辖区。"在我国,社区服务主要在政府倡导下开展,以街道办事处及居委会为基础依托,为社会成员提供以社区福利服务与便民利民服务为主要内容的社会福利性服务,是我国社会保障与社会化服务体系的重要组成部分。综上,社区治理可界定为:以居民委员会作为社区空间范围的界定标志,在该场域范围内,社区内多元主体坚持党建引领与政府主导，以改善美化社区环境等作为共同目标，通过协同互动推进社区建设与革新的过程。

社区可凭借不同标准分类，依据我国城市化要求与进程，可分为城市社区、集镇社区、农村社区（彭庭喜，1990）。城市社区是我国城市社会的基本组织形式与结构单位。城市社区环境包括影响某一区域内人群活动的各种自然或人文的外部条件，其中城市社区自然环境质量评价体系围绕城市社区物理环境开展（孙闯、王宏志、朱勇，2008）。本文所说的城市社区环境是指在街道辖区内社区居民赖以存在和发展的外部物理条件的总和。

2. 地区发展模式理论及其在本文中的应用

首先，地区发展模式理论的基本内容。

1979 年，杰克·罗斯曼将社区社会工作的服务对象及其问题界定、行动目标、介入策略和社会工作者角色作为指标，提炼出社区社会工作介入模式三分法：地区发展（locality development）、社会计划（social planning）和社会行动（social action）。其中，地区发展模式强调以过程目标为导向，高度重视社区居民的组织教育，重点培育合作精神与自决能力（谢建社，2006）。地区发展模式是一种具有主体性、目标性、动态性、建设性的过程与方法，立足人本主义基本视角，旨在激活社区居民间的相互需要，重视居民参与和能力建构，致力建设社区生活共同体，注重强化社区意识与凝聚力，符合可持续发展理念，在我国相关领域应用中已显成效。

地区发展模式理论的核心观点有：①聚焦关注共性问题；②社会工作介入过程中注重培育社区自主能力，实现社区重新整合；③所设定社区服务目标中，过程目标的重要性大于任务目标；④力促社区成员的参与，提升其自决意识与自助能力。

在长期的应用实践中，地区发展模式成功应用的可能条件如下：①社区范围内具备充分的领导与组织能力；②所设定的目标是可经由小规模计划与相对简单的任务来实现的；③社区能科学、恰当且合理地承担行动计划；④社区居民认同并肯定计划中存在普遍利益；⑤社区居民认为能从参与社区计划中获取利益，利益是有形、不遥远的；⑥社区计划实现后，预计收益高于投入成本。

地区发展模式是社区社会工作实务的介入模式之一，其应用是一个温和而平缓的长期推进过程，有助于社区和谐地渐进式发展与整合，同我国稳中求进的工作总基调相契合，在我国社区环境治理中具有广阔的应用前景。

其次，地区发展模式在本文中的应用。

在创新社会治理体制背景下，培育居民自下而上的社会参与及决策能力势在必行。地区发展模式强调居民能力的挖掘和提升，重视社区成员间的协同及社区资源的整合，力图通过社区本土力量解决社区问题，与社会治理中"共建共治共享"的理念极为契合（冯玉梅，2018）。在该模式视角下，社会工作介入 Y 街道社区环境治理主要分为三大阶段：

第一，探索服务方案。社会工作者主动接触 Y 街道社区环境治理相关主体，与街道办事处、社区居委会、社区居民等进行访谈交流，建立工作联系，并分析访谈与问卷调查所收集材料，梳理多元主体共同需求，其中，社会工作者尤其关注社区居民需求，力图从居民最关心、最希望解决的实际问题出发。

第二，开展相关服务。社会工作者结合所在社区基本特点及可利用资源，科学设定任务目标与过程目标，依据介入策略制订服务计划。积极调动、链接相关资源，使社区居民获得真切实惠；协同社区居委会开展社区活动，释放自治效能；发掘、培育有社区服务热情及能力的社区能人，以其为中心孵化社区自组织，旨在形成居民自助互助的良好氛围。

第三，探索常态化机制。立足既有工作成果，打造"Y 幸福创"微创投平台，积极整合可利用的社区资源，向街道办事处、社区居委会与辖区企业等寻求外部支持，为居民实现自助互助争取更为丰富且优质的资源；着力推动居民积极分子参与志愿协作，培育并强化社区自组织，引导其自主承担微创投项目，使居民可通过个体、团体形式参与社区环境治理，有效地提升社区凝聚力与活力。

（三）研究方法和研究内容

1. 研究方法

广州市 Y 街道含有"村转居"社区，具有城乡结合的典型特征，社区环境形态、社区人口、居民生活需求等方面异质性突出，呈现出城市化进程中的社区时代特征与典型地域特点。笔者曾亲身深度参与该街道社区环境治理项目，比较深入地了解了相关情况，收集了大量一手资料，在此，采用个案研究法，选取该街道作为个案，把文献分析、问卷调查、实地参与式观察及访谈所得材料与理论研究进行结合，对地区发展模式在该街道社区环境治理中的应用进行描述与归纳，并充分总结该实践过程中的经验与短板。

表 5 - 1　Y 街道各社区人口数量（截至 2020 年 9 月）

社区	常住人口	所占比重（%）	辖内小区情况
S 社区	17346	35	流动开放小区
X 社区	15635	31	流动开放小区
N 社区	9755	20	封闭小区
Z 社区	3825	8	封闭小区
T 社区	3010	6	无居民小区
总计	49571	100.0	—

以 Y 街道各社区为界，分 5 次级层进行单纯随机抽样，回收有效问卷具体数量为：

S 社区 101 份、X 社区 89 份、N 社区 47 份、Z 社区 19 份、T 社区 15 份，比例约为
7∶6∶3∶1∶1，合计 271 份，旨在了解社区居民基本情况、其对所在社区环境以及垃圾
分类工作的建议与看法，并以此为依据反思 Y 街道社工服务站所开展服务的工作实效。

选取辖区内不同类型、特点人员进行开放式访谈，获取 Y 街道社区环境现状、治
理投入资源情况、主体参与形式与内容、治理成效及对社工站与社会工作者的评价与
期望等内容。访谈对象包括 Y 街道办事处工作人员 3 名、居委会工作人员 3 名、社区
自组织负责人 4 名、志愿者 4 名、社区居民 5 名以及一线实务社会工作者 3 名，了解被
访者关于社区环境治理工作体验以及活动参与感受，询问其参与过程中面临的困难，
并交流社会工作话题，力图真实了解受访者的态度与想法，基于客观翔实的实地资料
可以加深对该辖区社区环境治理问题的理解。

表 5－2　Y 街道社区环境治理情况访谈对象基本信息表

编号	人员	文化程度	职务	居住地	居住年限
a1	Z 书记	本科	Y 街道办事处业务主管领导	—	—
a2	C 科	本科	Y 街道城管科科员	—	—
a3	L 科	本科	Y 街道社管科科员	—	—
b1	X 主任	本科	N 社区居委会主任	N 社区	10 年
b2	T 主任	大专	S 社区居委会副主任	S 社区	8 年
b3	Y 姐	高中	X 社区居委会工作人员	X 社区	11 年
c1	X 姨	大专	柔力球队队长	Z 社区	13 年
c2	R 姨	初中	舞蹈队队长	N 社区	5 年
c3	C 大哥	大专	Y 街道公共文明志愿服务队队长	—	—
c4	Z 姨	小学	河涌治理队队长	X 社区	10 年
d1	Q 姨	高中	保姆	N 社区	5 年
d2	Y 姐	中专	家庭主妇	S 社区	4 年
d3	L 大哥	研究生	事业单位职工	N 社区	12 年
d4	D 琪	大专	学生	—	—
e1	X 大哥	本科	个体户	N 社区	3 年
e2	D 姨	高中	退休人员	Z 社区	10 年
e3	H 姐	高中	二手房东	X 社区	2 年
e4	H 哥	本科	私企员工	S 社区	1 年
e5	X 姨	小学	保洁员	S 社区	14 年
f1	F 主任	本科	社工站主任	—	—
f2	Y 社工	研究生	社区发展组组长	S 社区	2 年
f3	J 社工	本科	社区发展组社工	S 社区	1 年

同时，通过参与式观察法获取一手资料，日常社区走访，充分且直观地观察 Y 街道公共活动场所与住宅区，了解 Y 街道环境实况；积极把握机会，随同一线社工走访相关主体，观察街道社工站参与城市社区环境治理的日常工作状态、与其他主体互动的情形；亲身参与策划并举行 Y 街道社工服务站所开展的相关服务与活动，细致观察社区活动举办情况及居民参与状态。

2. 研究内容

城市社区环境治理问题伴随城市化进程的加速而日趋严峻，社区环境问题若缺乏多元主体参与协作，将难以得到有效改善。因此，本案例从地区发展模式视角出发，围绕 Y 街道社工服务站参与社区环境治理的过程展开，梳理探讨其中的介入机制与发生逻辑，进行经验总结和专业反思，探索挖掘社区内生力量、推动多元主体共同参与社区环境治理的有效对策。

二、地区发展模式视角下社会工作介入城市社区环境治理实践分析

（一）Y 街道及社工服务站介绍

1. Y 街道基本情况

Y 街道面积约为 3.2 平方千米，下辖 5 个社区居民委员会和 1 个撤村改制公司。截至 2020 年 9 月，Y 街道辖区内居住总人口约 4.96 万，其中户籍人口 0.83 万，来穗人员约 4.13 万。Y 街道辖区内有 S 等多个社区（居委会），各社区有不同的特点。

S 社区、X 社区位于原 Y 行政村核心位置，人文环境及风俗相近，因地理位置邻近，常常合作举办活动，资源共用程度高。因社区临近交通站点，吸引了大量外来流动务工人员涌入，居民纷纷通过出租自建房获取丰厚收入，投身旧房拆卸、新房再建的行列，形成了密集的握手楼格局。户籍居民生活较为富足，困难群体少。Y 经济发展有限公司（其前身为村委会）位于 S 社区，通过村土地建设出租房与停车场，掌握着村民分红。

目前，S 社区、X 社区是 Y 街道人口最集中的地方，辖内含有 3 个公园、2 个中小型农贸市场、1 个篮球场、1 家中小型超市，餐饮、零售、服装等店面类型齐全，店铺数量众多，可充分满足社区居民生活所需。因人流密集，社区消防、三线混乱、噪声与卫生等问题突出，经开展"干净、整洁、平安、有序"城区环境创建工作后，整体面貌焕然一新，但环境卫生仍为社区突出问题。

N 社区在 Y 街道辖内占地面积最大，是由 6 个居民小区和工业区组成的混合社区，垃圾分类、河涌治理、小区管理等需求较为突出。社区内学习资源和生活资源较为丰富，有 400 多个商铺、100 多家单位、2 个工业区和 4 所学校。另外，Y 街道社工站、星光老人之家活动室、幼儿园、公交站等便民服务点均设置在该社区内。近年来，N

社区陆续开展"文明社区""幸福社区""宜居社区""无毒社区""绿色小区""六好平安和谐社区""基层党建品牌示范社区"等创建活动，重视营造社区文化氛围，社区环境得到净化、美化，社区氛围、人际关系整体上较为和谐。

Z 社区主要由两个住宅区和商业店铺组成，其他为军事管辖范围，社区中退役军人较多，较大的企业集团有 Z 集团（国有企业，以工程建设为主要业务内容）及 G 市场管理有限公司（批发市场）。社区活动空间较少，社区公共设施不足，群体性服务较难开展，居民间互动较少，对此，街道办、居委会希望增加社区居民服务，以促进居民互动。此外，Z 小区是 Y 街道生活垃圾分类样板小区，在推动垃圾分类上需求明显。

T 社区是 Y 街道的第二大社区，辖内无居民小区，以工厂、商铺、学校、企业为主，包括 1 栋住宅楼、36 间厂房及仓库、43 栋教学楼、32 排商铺、572 家企业（其中三小企业 535 家）。T 社区问题主要集中在"六乱"整治、治安整治、环境整治等方面。T 社区是 Y 街道辖区潜在的"资源库"，街道办事处期望驻区企业能积极承担社会责任，大力推动社区慈善服务。

Y 街道外地居民人口数量远超本地户籍居民人口数量，稀释了社区传统特色文化的影响力，传统社会中普遍存在的共同体意识和情感性联系呈现出疏离和分化，外来人口的井喷式增长及高度流动性，也为社区治理的针对性与延续性带来了严峻的挑战。在人口稠密的生活环境中，社区环境问题凸显，如何加强社区成员间的联系，建设彼此认同、相互关怀、和谐友善的美丽社区，成为关键的现实问题。

2. Y 街道社工服务站基本情况

2012 年 7 月，"Y 街道家庭综合服务中心"成立，向辖内居民提供社会工作专业服务。自 2018 年 11 月起，该站点正式更名为"Y 街道社工服务站"（以下简称 Y 街道社工站）。Y 街道社工站在服务中植根互助精神，倡导友爱理念，协同 Y 街道居民齐心建设、呵护幸福之家，立足"113X"模式开展社会工作服务，即以党建引领社工服务作为 1 个核心项目，以"Y 幸福创"社区环境共治作为 1 个重点项目，面向辖区居民内的长者、家庭及青少年三大群体供给 3 个基础服务项目，并依据 Y 街道实况，以"短、平、快"为特点，每年设计并推行至少两个特色项目。办公场地由街道办事处提供，室内面积约为 1800 平方米，共三层，站内设置多个功能场室，基本满足居民活动和社工开展服务的需要。

（二）Y 街道社工站介入社区环境治理的基础性工作

1. 调研社区环境治理需求

项目初期，Y 街道社工站开展了社区环境现状与需求调研工作，在广泛查阅相关文献资料、回顾既有服务经验与服务对象反馈信息后，设计调查问卷与访谈提纲，通过实地走访，综合性考察 Y 街道的社区基础设施建设情况、资源优势、社区组织与文化氛围等现状，通过深度访谈、问卷调查等形式了解多元主体对社区环境治理的看法与诉求，并结合社工站日常外展与活动接触所得资讯，初步形成社区环境需求分析结果。各主体的重点需求主要如下。

（1）Y街道办事处

Y街道办事处积极响应党关于社会治理的倡导，着力加强社区治理体系建设，期望辖区内较为成熟的社会组织可以有效地发挥自身作用，助力政府治理、社会调节和居民自治之间的良性互动，使社会矛盾与压力在基层便得以化解。作为典型的城乡接合部，街道办同各社区投入了大量的人力、财力和物力，但居民对社区治理、社区公共事务的参与意识不强、参与度不高。

户籍居民生活富足，但表现出"独善其身"的状态，整体来说，社区参与度不高。另外，街道内还居住着大量外来务工流动人员，这些非户籍居民则努力打拼生活，对社区公共事务表现出事不关己的态度，政府在努力，居民却在观望，需要进一步提升辖区居民的社区参与意识，才能保证社区治理成效的可持续性。（a3）

因此，街道办相关工作人员希望社工站能组织开展社区环境治理主题活动，进一步整合社区资源，调动社区居民、志愿者、社区自组织等多方主体协同参与社区治理。

（2）社区居民委员会

Y街道下辖的5个社区中，N社区、Z社区以封闭型小区为主，在2019年12月被选为首批垃圾分类样板小区进行试点；S社区、X社区为开放型小区，于2020年4月开始，亦相继推行垃圾分类工作。居委会主任表示，社区环境治理主题工作重点是推行垃圾分类，落实形式以外展、上门、社区活动、社区公开栏海报张贴等宣传为主。

我们社区被选为了首批垃圾分类样板小区进行试点，一开始便以开展一些垃圾分类的宣传活动作为工作的切入点，但效果很不理想，居民随手丢垃圾的不文明行为仍时有发生，更别说规范地进行按时投放、定点投放了。（b1）

居民随手丢弃垃圾、不按时不定点投放、垃圾入桶并未分类等不良行为频频发生，各居委会主任无不因此而深感无力，希望能同社工站合作，一起动员更多社区居民参与社区环境治理。

（3）社区自组织

Y街道社工站积极发掘社区热心居民成为志愿者，在此基础上选拔志愿骨干，孵化和培育多支志愿团队。目前，在社工站进行登记的志愿团队合计14支，性质以康娱类为主，较少参与社区环境治理。

在N社区发展的居民自组织都有队长，日常需要组织活动的时候，就会动员他们一起参与，其他队员也能一起参加，组织具有基本的管理制度和激励措施，居委会也会对其中比较积极的成员给予表彰。但是，整体而言，这些组织基本是康娱性质的，对社区公共事务的参与有限，居委会希望他们能多发挥志愿者的作用。（b1）

我们社区目前发展了两个居民团体，主要成员都是社区的老年人，社区相关节日活动会邀请他们来参加，但是经常性邀请的话，他们的积极性也不高。主要是居委会平常工作比较繁多，平时对居民自组织也没有什么管理，节日参与表演的会给他们发放一些补贴，偶尔需要的时候就会组织他们开一下会，但是，我们社区发展的居民自组织基本上没主动参与过社区的公共事务。（b2）

大部分团队参与志愿服务时，对社工站或居委会提供的志愿服务平台依赖性强，团队主要成员对社区环境问题虽已有所观察与感知，但如何能做到有效地参与，相关自组织负责人并不明晰，自组织的自我管理、自我运作能力亦需进一步提升。

（4）社区居民

众多居民表示，社区当前整体环境一般，尤其是宠物随地便溺严重破坏了社区公共空间卫生。

公园里面到处都是狗屎，有时候看到绕着飞的苍蝇都有指甲盖那么大，而且养狗的人很多连绳子都不牵，小孩子们在公园玩，我都觉得危险。（e5）

居民在公共空间聚集时会不自觉乱丢垃圾，结束活动后也无意识加以清理。

自己是外地人，在社区住的时间不长，环境好坏其实不太干我的事情，能住就行。而且我总有一天是要走的，搞得有多好对我来说关系不大。（e4）

在垃圾存放点处，垃圾堆积如山，有时清理不及时，极度影响观感，同时伴有异味。

社区环境是大家的事情，我自己做得很好的话，其他人不做也是白费工夫，好多人都不管的。（e4）

当被问及是否参与社区环境治理相关活动时，大部分社区居民表示没有参与或很少参与，甚至是主观上不愿意参与。

平时要上班、带孩子，没时间参加，刚好路过，就看看好了。（e5）

我文化水平低，对环境保护，并不清楚要干啥，我是在电视上看到一些教人垃圾分类的，但太复杂了，看都看不懂。（e2）

你们搞啥活动我也没怎么听说过，这附近商家多，促销活动不少，发现有摊位活动，我就过去看看，问问有啥礼品派送，对垃圾分类其实也不是很感兴趣。（e2）

Y 街道辖内不同主体对社区环境现状的看法、需求、参与度与期望各不相同，社会工作者通过专业分析工具进行数据处理，结合定性资料相互印证，提炼共性需求，为后续工作的开展提供基本依据。

2. 设定社区环境治理目标

在地区发展模式视角下，为应对各主体都能感知到的社区环境治理问题，社工站依据调研结果，立足整体工作规划，建立在当前社区解决问题能力及资源许可的范围内，制定了介入社区环境治理年度工作目标，其中，过程目标的重要性超过任务目标。

（1）任务目标

立足"助人自助"专业理念，综合运用社会工作服务手法，为 Y 街道社区居民提供参与社区环境治理的技术指导与一定的资源支持，构建多元主体协同参与社区环境治理的机制，为相关职能部门完善社区环境基础设施建设建言献策，力求最大限度回应社区环境公共需求，改善美化社区环境。

（2）过程目标

尽可能推动居民环境治理知识的提升、社区参与技能的强化与社区认同感的增强。促进居民间沟通交流，提高其参与热情与频率；充分动员社区积极分子自主策划、组织与实施社区环境治理活动，增强其对社区环境问题的认识；积极挖掘社区骨干，提高其相关能力技巧。

3. 评估社区环境治理资源

社区资源可分为物质、精神、人力及综合资源（邱柏生，2006）。社会工作者在介入社区环境治理时，应系统罗列资源清单。Y 街道社工站介入社区环境治理可充分利用以下社区资源：

第一，Y 街道社区交通便利，社区资源配套较为完善。Y 街道辖内客运站、地铁站、公交站等公共交通基础设施一应俱全，为社区居民的出行提供了极大便利。社区的各项资源配套较为完善，集政务、办公、休闲等功能于一体，居民生活较为便捷。

第二，Y 街道辖区内人力及组织资源丰富。Y 街道辖内拥有包括家委会、妇联、残联、工会、社区医院、文艺社团、2 所大专院校、1 所中专院校、4 所中小学等众多组织资源，可主动积极寻求各组织团体的合作，使以上单位成为参与及支持社会工作服务的重要资源。

第三，街道领导关注社区民生事件并及时给予支持。街道相关领导及社区居委会等职能部门工作者对于辖区中的公共事务问题、特殊困难群体关注度高，除积极与社工站合作开展各项服务，还主动联系其他公益资源和跨专业合作团队，以社工站为平台，转化为社区需求的资源。

4. 设计社区环境治理策略

Y 街道社工站从社区需求和服务目标出发，推出以"社区环境治理"为主题的"Y 幸福创"社区共治项目。初期主要以氛围营造、孵化和培育社区自组织为重点；中期以搭建及完善"Y 幸福创"社区共治平台、推动多元主体参与社区治理、探索社区共治为主；后期主要为巩固服务成效、打造品牌、完善机制，逐步探索出一套适合 Y 街道实际的、可推广的社区共治模式。

2019—2020 年度属于初期阶段，具体服务策略如下。

（1）"多资多彩"：链接与整合社区环境治理多元资源

社工站了解了 Y 街道辖内不同主体对社区环境现状的看法、参与度及服务期望等方面的基本信息和需求，积极挖掘各主体的社区环境治理资源优势并加以整合，为"Y幸福创"项目的实施提供有力保障。

（2）"幸福共创"：建立社区环境治理微公益创投平台机制

社工站坚持 Y 街道党工委引领，以"社区环境治理"为主题，通过社区公益微创投形式，运用所链接整合的社区资源，搭建社区环境共治平台，凝聚社区志愿者、居民的智慧与力量，初步推动多元主体共同参与社区环境治理，齐心打造整洁的社区环境。

Y 街道社工站推出"Y 幸福创"社区微公益创投大赛，广泛动员社区居民积极参加，引导其自主撰写并提交参赛方案；成立评审小组，对申报项目进行初步筛选，公示入围团队名单。入围团队可获得社区自组织培育服务，将有专业督导为其提供关于团队优化、筹资能力提升、公益品牌打造等培训，综合各参赛团队长期表现，最后遴选出决赛团队。决赛团队可面向社区实施其项目方案，Y 街道社工站向入围团队提供"种子"资金、人力、技术等支持，至少资助 2 支团队按照大赛参与方案开展服务。尾声时期，社工站牵头组织"探索社区力量"——共建共治共享社区治理创新论坛，邀请多元主体共同探讨"共建共治共享"格局下 Y 街道社区环境治理创新模式。在全面回顾"Y 幸福创"社区共治项目开展情况、服务成效的基础上，进行工作总结，初步提炼 Y 街道社区微公益创投运作机制。

5. 开展社区环境治理服务

为激励团队成员支持并参与"Y 幸福创"社区共治项目，社工站着力提升团队成员间的交流频率与沟通质量，增强团队凝聚力，社会工作者带领报名团队主要负责人漫步社区，引导其自主发掘并阐述社区现存环境问题，使其对改善美化社区环境形成初步想法。在团队形成方案初稿时，负责社工为其提供针对性指导，助力其进一步完善，并积极主动地为其答疑解惑。社会工作者主要承担使能者角色，引导社区居民表达环境需求，促进其彼此间达成合作，自主解决社区现存公共环境问题。

表 5 – 3　"Y 幸福创"社区环境共治平台机制征集期服务内容

时期	编号	服务内容	时间	服务人次
征集期	01	"Y 幸福创"社区公益微创投大赛线上征集活动	2019 年 12 月	450
	02	"Y 幸福创"社区公益微创投大赛系列动员座谈会	2019 年 12 月	103
	03	"漫步社区，共同发现"社区漫步分享座谈会	2020 年 1 月	18
	04	"Y 幸福创"申报及服务指导座谈会	2020 年 1 月	21

社区骨干是社区居民中的积极分子，以其为运转中心的社区自组织是撬动社区内部潜在资源的基点。社工站将在站点登记的团队作为重点对象，引导其积极填报并提交微创投项目申请书。积极发掘社区骨干的主体性与内在潜能，鼓励其积极合理地表达个人对社区环境事务的意见，培育其善用社区资源去解决问题的能力，并以专业服

务及多元资源为其能力发展保驾护航，推动其进一步养成公民意识，积极参与社区治理，吸引、带动更多社区居民加强对社区环境问题的关注，提升"守望相助"的邻里意识和社区氛围。

表 5 - 4　"Y 幸福创"社区共治项目参与团队

团队名称	成立日期	团队人数	队长	对接领域	对接社工
Y "夕阳红"歌唱队	2018 年 3 月	37	莫××	长者	L 社工
"星光"党员志愿服务队	2020 年 3 月	6	程××	党建	X 社工
Y "夕阳红"柔力球队	2018 年 3 月	19	徐××	长者	Y 社工
N 社区河涌水环境保护志愿服务队	2019 年 5 月	25	邱××	元义	L 社工
Y "天骄"舞蹈队	2019 年 10 月	35	胡××	元义	L 社工
Y "唤醒初心"团员志愿者服务队	2019 年 3 月	20	谭××	青少年	L 社工
Y "艺彩"手工志愿服务队	2018 年 3 月	12	王××	元义	L 社工
Y "红色故事"少先队员志愿服务队	2019 年 3 月	6	陈××	家庭	H 社工

表 5 - 5　"Y 幸福创"社区环境共治平台机制评审期服务内容

时期	服务内容	时间	服务人次
评审期	"Y 幸福创"社区公益微创投大赛参与方案初评座谈会	2020 年 4 月	13

在汇总参赛方案后，社工站组织成立评审组，由专业评委对参赛团队所提交方案进行点评，形成专家督导意见集后，再由对接社工反馈给对应团队负责人，保证方案具备可行性与有效性。

在培育阶段，社工站为申报活动方案的团队骨干开设活动策划能力提升专题工作坊，旨在提升其团队带领能力，重点解决居民对社区资源不熟悉的问题，培养社区骨干，为其提供技能培训，提升其参与社区环境治理的能力以及与团队组织协作的技巧；社工站通过组织兴趣小组活动、团队建设活动，建立基层联络网等形式加强邻里沟通，助力"Y 幸福创"环境共治项目扎实推进。此外，社工站以"垃圾分类"为主题开展青少年小组活动，提升小组成员对垃圾分类意义的认识及垃圾分类实践的能力。当小组成员间形成较为紧密的关系时，社会工作者评估其社区环境治理参与意识与能力，适时培育青少年志愿服务团队，使其发育为"Y 幸福创"环境共治项目重要推进力量之一。

表 5 - 6　"Y 幸福创"社区环境共治平台机制培育期服务内容

时期	编号	服务内容	时间	服务人次
培育期	01	"YG 幸福　你我共创"骨干活动策划能力提升工作坊	2020 年 5 月	39
	02	"垃圾分类小能手"青少年垃圾分类策划小组	2020 年 5 月	12
	03	"助人为乐　健康成长"少先队员志愿者团队培育小组	2020 年 5 月	12

为切实提升 Y 街道居民参与社区环境治理的积极主动性，社工站设计了多元社区环境治理活动。2020 年初，新冠肺炎疫情暴发导致线下活动停止开展，社会工作者便主动联系居民积极分子参与线上打卡活动，加强彼此交流，引导其将所学习的垃圾分类内容同日常行动进行结合，形成文明分类好习惯；在整个年度服务中，社工站坚持常态化开展社区外展宣传，向社区居民派发宣传资料，科普垃圾分类、垃圾不落地的重要性。同时，社工站持续招募居民志愿者，带领其开展入户宣传活动，广泛宣传环境治理的重要性，引导居民形成垃圾分类意识。此外，社会工作者立足所设计的趣味性活动，向居民宣传垃圾分类、变废为宝的重要意义，力促居民不断提升环保意识。同时，社工站在 Y 街道 Z 社区范围内，引导具有绘画特长的居民志愿者自主策划与设计小区闲置长亭空间的柱子彩绘方案，打造社区精致小景，展现社区形象。其间，社会工作者通过小区长亭这一社区微型基础设施，广泛地听取小区内居民的美化建议，有效推进社区共同体的凝聚，在结合社区居民生活休闲与活动需求的基础上，将原本单调的社区公共空间打造为文明宣传新阵地，持续美化社区环境，用小改善、小更新提升居民生活幸福感。

表 5-7 "Y 幸福创"社区环境共治平台机制资助期服务内容

时期	编号	服务内容	时间	服务人次
资助期	01	社区恒常外展宣传	全年	850
	02	"指尖上的分类"垃圾分类齐参与活动	2020 年 3 月	23
	03	"垃圾分一分，社区美十分"之 Z 社区 Q 小区垃圾分类宣传指导活动	2020 年 3 月	80
	04	"垃圾分类齐参与，文明远洋共创建"N 社区 Y 小区垃圾分类入户宣传活动	2020 年 7 月	10200
	05	"变废为宝一起秀，争做环保小达人"环境保护宣传倡导活动	2020 年 7 月	44
	06	"垃圾分类齐参与，文明 YG 共创建"S 社区垃圾分类宣传倡导活动	2020 年 7 月	122
	07	"垃圾分类新时尚，美丽社区携手创"X 社区垃圾分类宣传倡导活动	2020 年 8 月	101
	08	"今天你打卡了吗?"N 社区 Y 小区垃圾分类打卡活动	2020 年 8 月至 2021 年 1 月	76
	09	Z 社区 Z 小区长亭环境美化活动	2020 年 8 月	62
	10	"垃圾分类，从你我做起"青少年社区宣传活动	2020 年 8 月	57
	11	"垃圾分一分，社区美十分"垃圾分类恒常外展宣传活动	2020 年 7 月至 12 月	136

积极参与"Y 幸福创"社区共治项目的各团队成员是 Y 街道辖区内具备较好参与

意识与能力的社区居民代表，社工站积极助力其将自主设计的微创投方案落地，引导其发挥主观能动性来满足自身的社区环境需求。在资助期的服务阶段，团队成员保持着参与社区环境治理的热情，不断提升自身参与能力，宣传环境治理的意义及垃圾分类的重要性，收集居民对社区环境的需求及建议。

值得一提的是，社工站引导 Y "夕阳红"柔力球队自主编制排班表格，轮值担任社区守桶志愿者，规劝社区居民遵守垃圾分类定时定点投放的相关规定，并向居民宣传垃圾分类的重要性。所培育的少先队员志愿者团队自主设计策划社区宣传活动，将在小组工作习得内容及技巧加以应用，倡导社区居民关注环境问题，开展垃圾分类。社会工作者主要承担催化者与协调者角色，针对居民之间冷漠疏离的生活状态，设计并组织社会交往和公共活动，促进居民之间加强交流，化解社区居民间的隔阂，促进共识达成；针对社区服务和社区资源缺乏问题，开展互助服务，为积极参与社区环境治理的社区居民骨干及社区自组织提供服务和发展资源，协调整合专业资源，使其进一步获取相关主体的肯定与资源支持。

（三）Y 街道社工站参与社区环境治理的初步成效

1. 以广泛调研为基础厘清了社区环境治理公共需求

社工站以社区环境治理为主题设计调研材料，在社区工作者及居民积极分子的配合与支持下，社会工作者运用街头走访、社区漫步、开放空间、入户探访、问卷调查等方式，引导各主体分别立足于自身环境利益表达诉求，社会工作者求同存异，以社区利益最大化为原则，系统梳理并聚焦了社区环境治理的共同需求，使得因社会经济发展而分化的多元相关主体被重新整合。

其中，社会工作者尤其重视对居民的引导，使其自主观察社区问题，思考治理之道，鼓励其表达对社区环境的期许。

保护环境、垃圾分类其实我们自己都有在做的，但总能看到有人他就是不弄，就算我说了他，他也不理我，所以专门宣传还是很有必要的，对那些目前对环境保护没什么感觉和意识的人会有影响和触动的作用。但是，对于那些特别不自觉的，真的还是要有惩戒的制度。（d2）

社会工作者整合多元主体环境治理期望的同时，亦为后续开展系列环境保护倡导活动预热，为社区环境治理理念传输的服务效果打下一定基础。

环境保护和美化肯定是要大家一起参与才行的，如果每个人都不在意，只是靠一部分人来负责清洁，那这部分人的压力得多大啊，如果社区里面每个人都做到了不要乱丢垃圾一项，环境也就被共同爱护了。（d1）

收集融合了各主体期望与意见后，社会工作者设立社区环境治理的任务目标与过程目标，保证后续供给服务的针对性与协同性。

2. 以宣传倡导为手段使居民更加关注社区环境治理

宣传倡导是提升居民社区环境问题关注度及社区环境治理意识的重要手段，Y 街道社工站具体落实为入户宣传、社区活动、中心外展以及小组活动等形式上。

通过不断努力宣传，社区随手丢垃圾的现象越来越少，居民进行垃圾分类的越来越多，垃圾分类的意识相比之前有所提升！开始入户宣传的时候，部分居民并不配合，现在居民慢慢接受宣传、理解所做的垃圾分类工作，也会积极报名注册志愿者、参与社区垃圾分类活动！（b1）

表 5 - 8　调查对象对社区环境的关注度

	人次	百分比（%）	有效百分比（%）
非常关注	73	26.9	26.9
比较关注	101	37.3	37.3
一般	62	22.9	22.9
偶尔关注	21	7.7	7.7
几乎不关注	14	5.2	5.2
总计	271	100.0	100.0

社会工作者面向社区不同年龄阶段的群体，依据服务对象的特点相应地设计活动形式与规则，积极把握接触机会，向广大居民普及相关政策与知识技能，引导其修正自身不合理认知，主动重视社区公共环境问题。

其实，现在觉得也没必要把自己保护环境说得有多么伟大，这件事情做好了对自己是很有好处的，毕竟自己就住在这里，干净整洁的环境也是让自己能感到更加舒适、舒心。（d3）

社会工作者深入居民群体传递价值理念，鼓励居民积极支持并践行环境治理行动，并充分收集舆情民意，以便为相关政府部门提供决策施策依据。

3. 以社区自组织为载体提高居民参与社区环境治理的积极性

社工站以"地缘-趣缘-志缘"的逻辑将居民积极分子加以串联，促进其彼此互动。社会工作者重视维系、增能社区志愿者群体，阶段性地制作宣传海报与主题 PPT，向社区自组织及居民倡导志愿服务，并积极向其推介"广州市公益时间银行""i 志愿"等公共志愿服务信息平台，引导其注册志愿者个人账号，不断吸纳更多对社区环境治理感兴趣的居民成为志愿者。志愿者的人力支持是社区环境治理相关活动开展的重要保证，截至 2020 年 8 月，Y 街道社工站所组建的志愿服务微信群中已有 300 余名成员，该微信群中绝大部分的志愿者是各社区内的常住居民，其他群成员主要是辖内的在校大学生、社区工作人员与周边地区的热心志愿者。

社会工作者通过开放空间技术与漫步社区等专业手法，引导居民骨干与社区自组织团队自主协商社区环境治理议题，提升其参与社区环境治理的能力。社区自组织可以点带面进行广泛的社区动员，使更多社区居民成长为社区环境治理活动的参与主体。

当时，我们就一起在社区里面边走边看，我第一次仔细地来总结社区里面到底有哪些环境问题。其实啊，我一直都很希望可以通过自己的一份力量去让我们的社区更美丽，在参加志愿活动中让我自己也进步了很多，要是去年这个时候，我都不敢和陌生人主动说要爱护我们的环境，后面跟着社工一起学习，也成为河涌治理队的队长，现在只要有时间，我就来参加志愿活动，有个一起跳舞的姐妹也很积极地说，有机会的话她也和我一起做志愿者哩。（c4）

社会工作者通过社区教育引导居民了解、熟悉社区资源情况；通过培育社区居民骨干，推动居民间进行更有效的自助与互助；通过强化志愿者骨干与社区能人的组织领导能力，协助社区自组织自主提供社区环境服务，推动其实现更高质量的社区参与，盘活社区环境治理的人力与物力资源。

4. 以社区活动为平台联动多元主体协同参与环境治理

社区活动可有效协调、整合社区环境相关主体参与社区环境治理。社工站积极探索的"Y 幸福创"环境共治机制，催化多元主体发挥自身所长，实现资源整合流通，携手解决社区环境问题。社区活动具体形式与内容设计应立足居民需求与社区特点，才能使居民乐于参与社区环境公共事务。在 2019—2020 年度服务中，Y 街道社工站根据街道辖区内不同社区在社区环境治理方面的基本情况和需求，合计开展社区活动 30 余场；团队骨干活动策划能力提升工作坊 1 个；电访 150 人次；服务社区居民 12450 余人次；所链接资金、物料、志愿者人力等资源折合人民币 35289 元。经社工站联动，街道办事处、各社区居委会、封闭小区物业公司、社区自组织以及众多居民积极分子协同发力，在各大活动中发挥自身优势，携手助力改善美化社区环境。

三、社会工作介入 Y 街道社区环境治理现存问题分析

（一）社工站未能同社区环境治理的各资源主体畅达联动

在地区发展模式视角下，充盈的资源支持与活跃的自治力量相辅相成，是实现社区良性治理的重要因素，Y 街道社工站初步搭建的多元主体联结平台，提供资源的各主体间的联结尚显微弱，彼此间尚未实现协调、通畅的联动。

1. 社工站未能畅通街道办、居委会同社区间的资源与社情联动

热心居民会向社工站及社会工作者反馈社区环境问题，当问题超出社工站的解决能力范围时，社会工作者便会把所反馈意见统一收集，集中向社区居委会及街道反馈。

有些意见建议我总觉得自己不是没说过，但是提了之后呢，就觉得每次都是这么

提，就没看到效果出来啊，具体咋回事都不知道。(e1)

但接收居民诉求的社工记录与反馈可能不够详尽，且社工站同街道反馈问题，主要通过月例走访形式，未能形成"居民反馈—收集处理—结果答复"的闭环机制，在信息反馈内容与时效上均存在阻滞。

街道办与居委会也会按照需要购买其他社会组织的服务，牵头安排社工站与其对接，但在实际活动开展中，亦不乏出现多方沟通不畅，导致物资、进度及细节安排不明晰的情况。

当时一起做入户宣传的活动，派给居民的传单和礼品快要没了，问居委会是否还有余量补充，居委会主任直接说找合作团队的负责人就好，但负责人又说居委会让他整体配合社工站，具体的他并不清楚。(f2)

招募联络志愿者、志愿服务团队时，曾招募录取志愿者，因紧急调整又拒绝志愿者参与，这无疑会削减社区志愿者对社工站的统筹服务能力的信任感与认同感，不利于居民保持长期的参与热情。

2. 居委会在同社工站合作治理社区环境过程中自治效能释放不足

社区居委会的社区环境治理立场及态度同政府号召保持高度一致，具有开展社区环境治理活动的主动性。

我们也很想集中精力做好每一项工作，但是居委会就像一个箩筐，什么都往里面装，任务量太大，人手不足，而目前需要大力推行的垃圾分类，又是一个长期的、持续的过程，需要居委会、社工站、物业、志愿者大家一起合作，单打独斗是不行的。(b1)

社区居委会作为法定基层群众自治组织，需承担大量行政性事务工作，无法充分发挥自治效能。在开展社区环境治理时，社区居委会工作人员趋于运用传统社区工作经验和手法，导致其所开展活动缺乏系统的服务理念与技巧，加上其他工作板块的压力，具体效果不甚理想，甚至表现出走过场、重形式的不良表征。

你就把我们社工站现在正在开展的契合他们主题的活动，跟他们汇报一下，他们肯定很乐意提供礼品赞助的，他们需要的活动存档材料其实也就是签收表和活动照片，社工在合作活动中，很容易就可以做到居委会需求的了。(f2)

社区居委会注重与专业社工机构、社会组织的相互合作，但社区活动整体方案设计与推进、重点活动环节开展及志愿者招募分工等都是社会工作者完成的，居委会仅作为礼品赞助方负责签收环节，未能进行深入的协同合作。

你想想咱们这个社区有几千户人家，居委会满打满算也就十来个人，有很多常规性的工作，真正是上面千条线，下面一根针。(f2)

因缺乏精心设计，居委会所举办的活动形式单一传统、内容单调重复，未能切中居民需要与兴趣，难以对居民形成持续的吸引力。

3. 辖区相关企业同社工站合作治理社区环境的主动性有限

在社工站的年度服务中，与相关企业甚至是辖区内企业的合作都十分有限，企业缺乏参与社区环境治理的主动性。

住宅小区接到通知后，便完成了楼道撤桶工作，但是，撤桶后没有安排专人监管，居民依旧乱投乱放，还会说物业都没有落实分类收集，居民为什么要分类投放？（a1）

你说我们也都接受撤桶做垃圾分类，但是小区物业设置在负一楼的统一投放点，垃圾桶数量和容量根本就不够，后边到的居民就直接把垃圾堆到桶的外围了。更恶心的是带垃圾下楼的时候，有些垃圾漏了汁水的，就滴在电梯里面，物业公司又不尽快打扫清理，很容易就发臭了。（e1）

社工站同封闭型小区物业公司建立起联系，需经过社区居委会沟通协调，物业相关人员才会合作。同时，小区物业公司对接负责人未事先向全体职员说明合作事项，社会工作者每次前往小区活动地点时，均需要向物业公司负责人致电，才能获得值班保安许可，进入小区开展原定活动内容。

在一起开展环境治理入户宣传的活动中，物业公司没和我们事先讨论，自己就把工作内容需要发放的资料打印带过来了，有时候真的是会打乱前期物资准备环节，明明我们已经开始志愿者要点培训和事项说明了，当场就说要穿插加上新的资料，需要一起派发。而且在最后总结签退环节，他们就会说没办法过来就不参加了，重点是想参加开展工作前的大合照，做工作留痕。（f2）

当社工站开展相关宣传需物业公司配合时，物业公司常采取消极回应的态度，所提供的支持十分有限；共同开展活动时，物业工作人员趋于独立完成公司的工作内容，并未深入参与整体活动；甚至在参加活动时，出现迟到、早退的消极行为。

社工站在开展社区环境美化活动时，社会工作者曾尝试联系辖区企业，期望其能低价让利，承接小区环境美化工作，却未能成功谈拢，导致推动企业公益性支持社区环境治理的工作计划不了了之。

（二）社工站未能充分调动社区居民参与社区环境治理的能动性

1. 部分居民个体参与社区环境治理自主意识仍显淡薄

由于 Y 街道居民对环境治理的意义及价值认识不够到位，加之人员高度流动，社区整体认同感与归属感明显不足，居民多怀着"搭便车"的心理，导致"公地悲剧"在辖区内频频上演。

这一片基本都是租房的，高空抛物太多了，情况很严重，别说垃圾分类了，有些人真的是很没有公德心，你去巷子里面看看，电线上面都是挂着很多衣服、纸巾之类的，就是他们随手从楼上丢下来的，有些甚至没吃完的泡面直接往下面倒，我有好几次就差点被淋头上了。（e3）

居民将社区环境治理的责任认定为政府应尽的职能，自身处于被动接受服务的位置。

当前规范开展源头分类的小区数量有限，居民极其依赖环卫的二次分拣，这无疑增加了保洁工人的工作量，还很容易造成二次污染。（a2）

在 Y 街道社区内，居民多图自身方便，无意参与社区公共环境治理。

当前辖区 5 个住宅小区完成了楼道撤桶和定时定点投放工作的推行工作，但是存在少数居民要求沿用原来楼道投放的形式，向上投诉要求恢复。（a1）

在开放社区中，相当部分养犬居民未对宠物随地便溺进行清理，宠物粪便成为破坏社区公共场所环境的重要因素。不乏居民随手丢置垃圾，路面零散分布着零食包装袋、脏污纸巾等固体垃圾，也有居民投放垃圾时，不将垃圾投掷入桶，导致垃圾桶边有垃圾散置。截至 2021 年 1 月，Y 街道居民基本没有按照垃圾桶标识进行分类投放，问卷调查结果显示，仍有近四成的调查对象对环境保护的必要性认识不足。居民参与社区环境治理的积极性不高。

公共厕所和公园里面一不小心就会踩到狗屎，居民会随手丢垃圾。我还见过有居民不尊重环卫工人的，直接动手打架，就是觉得自己丢垃圾很有理，环保意识不强，素质低。（c4）

社会工作者设计开展了多项社区环境治理普惠性活动，但居民参与率仍不容乐观。在活动过程中与居民间的互动交流亦不够深入。

表 5-9 调查对象对环境保护必要性的认识

	人次	百分比（%）	有效百分比（%）
非常有必要	73	26.9	26.9
比较有必要	101	37.3	37.3
一般	62	22.9	22.9
没太大必要	21	7.7	7.7
完全没必要	14	5.2	5.2
总计	271	100.0	100.0

表 5-10 调查对象参与社区环境治理活动的频率

	人次	百分比（%）	有效百分比（%）
经常参加	34	12.5	12.5
偶尔参加	124	45.8	45.8
从未参加	113	41.7	41.7
总计	271	100.0	100.0

社区环境治理项目难以在短时间取得突出成效，当前，Y 街道居民面对社区环境治理体现出人心散、力量弱、不成团的现状，相当部分居民未能将个人利益同社区集体利益统一起来。

2. 居民组织化团体参与社区环境治理所发挥作用有限

当前 Y 街道已成立 20 余个社区自组织，但现有的社区自组织大多存在组织框架短板，管理体制较为散漫、经费资源短缺等问题突出。

之前是社区刚建立，大家联系都不强，搞搞唱歌跳舞之类的，可以快速让大家熟络起来，但这些团队发展起来后，就一直问的是能不能批款做队服一类的大开销，但现在重点还是想培养出能参与社区治理的团队。文娱方面的团队希望社工站可以承接过去登记管理，你们来具体和团队负责人对接沟通，必要的支持我们这边还是可以提供的，我这边还是希望直接对接的更多的是有积极参与社区治理意愿和能力的团队。（b1）

现在我们社区内的居民自组织数量还是比较少的，需要进一步发掘、培育，现有的居民自组织以文娱兴趣类为主，他们更多关注的是自身组织的发展。居委会希望社区自组织可以实现综合发展，组织成员可以更加主动关注社区公共事务，提升服务社区的意识和能力。（b3）

整体而言，Y 街道社区自组织数量增长可观，但质的提升仍是难点所在。

社区自组织发育面临着组织制度、管理协作模式及人员分工配合尚未健全等问题，仍需要社会工作者持续性的关注和支持。

希望社工能为我们团队争取一下更好的练习场子，我们队里参加社区活动是有些不积极的，我也都知道，甚至有时候团队内部会出现小摩擦，也希望社工可以帮我们沟通一下。（c1）

当前大部分社区自组织结构较为松散，组织管理、运行与活动组织化程度不足，社区参与形式极为局限。社区自组织更多地基于自身文娱性质开展团队活动，且组织本身缺少创收的渠道与能力，开展活动过程中往往资金受限，无法实现平衡、良性的发展。

我们最严重的就是经费问题啦，团队一切开销都是队员分担的，有时候想搞个大一点的活动，想到可能要负债就只能先算了，现在其实连个合适的活动场地都没有，就只能在楼下空地练练了，我们走秀、练习舞蹈都是要音乐的，但有人还来说我们活动的时候扰民了。（c2）

尽管社区自组织是居民自发成立的，但组织内部联动动力不足，对新成员的吸引力也不强。同时，社区自组织的成员除主要负责人外，其余成员实际参与社区环境治理活动的意愿较低。整体来看，社区自组织面向居民开展服务的水平有限，活动策划开展能力不足。

值得关注的是，参与社区微创投项目时，各申报团队的负责人在方案执行过程中，对社工表现出高度的依赖性。

你们说什么我做什么就好了，这个事情对我们来说也挺难，我就是喜欢做志愿活动，而且感觉你们对我很好，所以社工站叫我来，我肯定是过来的。(c4)

社区活动的策划与开展仍离不开专业社会工作者，尽管活动得以正常顺利举行，但社区自组织未能得到有效锻炼，参与社区环境治理所发挥的效能显得十分有限。

（三）社工站在介入社区环境治理过程中自身遭遇发展瓶颈

1. 社工站介入社区环境治理的服务规划能力不足

社会工作主要是通过实施社区环境服务方案介入城市社区环境治理，社会工作者需要充分地预估服务难点与矛盾点，才能周全地考虑各方面情况，真正做到统筹兼顾。当前，Y 街道居民对社会工作概念认知模糊，更谈不上知悉社会工作专业内容与服务手法。

我也说不清社会工作到底是什么，不过我知道社工跟我们志愿者不一样，你们做志愿活动比我们知道多得多，我要向你们学习。(c4)

社会工作介入社区环境治理过程中面临专业认同障碍，无疑对社工角色功能的发挥提出了挑战。

由于所提供的服务内容、形式同质性高，参与机制的摸索不够深入，居民对重复举办的社区活动缺乏参与兴趣与热情，甚至将其等同于一般商家的促销活动，止步于围观程度，未能深入参与，活动效果亦限于口号式的宣传，未能真正促使活动参与者意识发生改变。

你们这个活动之前在 X 社区开展过，我当时路过是知道的，如果礼品没有特别想要的，就觉得不是很想参加了。(e2)

社会工作者调研与服务时，趋于沿用既有工作思路及程序，未能结合当前实际进行调整完善。

我也不太清楚居民为什么就不想参加，但会来参加的对我们活动都还是很支持的，有一段时间，我们主要就是玩游戏，促进团建的，活动内容差不多，而且有提供小零食，那些清楚活动安排的小朋友就会在放学后过来，有小零食吃就很开心。(f3)

社会工作者极易在实况模糊和专业混沌的状态下，凭借直觉开展相关工作；当需要紧急达到工作任务要求时，难以接受外部意见，易表现出自我合理化现有工作进展的心理，无法实现服务规划能力的持续提升。

有专家提过，我们社工站有个小区自治的案例，好像连续好几年来评估都能看到，但每次突破不是很大，比较期待我们有新的点子出现。有时候我也觉得少数同事图方便，需求调查没有根据新一年社区特点来修订，做出来的需求调研很可能跟去年差别也不大，而且忙起来的时候，团队内部反而会出现缺少沟通的情况，别人都不知道原来有些工作已经开展到某一阶段了，这是我觉得不好的。(f2)

2. 社工站介入社区环境治理面临自我内耗的风险

在临近年度服务末期评估时，自我内耗的情形便尤为明显，社会工作者急于追赶年度评估指标，在服务开展中理论结合仓促，缺乏专业反思，所达到的成果甚微，容易陷入自我重复、自我消耗的怪圈。

今年主要是因为疫情影响，我们很多工作都没能很好铺排，还有前期做的后面反弹了，最后只能说9月末评，7—8月重点把指标给赶出来，活动内容和形式很相似也没办法，因为申办的团队还不够成熟，对我们依赖还是很大，但到了这个时候，我们就只能还是由社工来主导重点，首要的是把工作推进完。(f2)

Y街道社工站一线社工年龄不大，资历尚浅，尽管所修读专业为社会工作，但在开展实务服务中，实务能力无法完全适应现实工作需要，把控服务过程的能力仍不理想，对问题的评估不够准确，资源整合意识尚弱，无法得心应手地应对意外突发事件。

工作压力还是很大的，特别是这个项目，去年9月份应该就要开始起步去弄一些准备工作了，但是和街道、居委会洽谈，一直到今年3月份左右才确定下来，就直接延迟了半年的时间，后面又因为疫情影响，有其他工作要去落实，那进度就又下来了，搞得要应对年末评估要求，就只能一直在赶。(f2)

显然，社会工作专业毕业生或是证书考取者与专业社会工作实务人员并不是完全对等的，加上团队皆为同龄新手，缺乏资历丰富的前辈日常"传帮带"的培育，年轻的社会工作者极易因个人对发展方向未有明朗预期，便无法对机构或项目产生认同归属感。

工作人员流动性还是很大的，主任也有调动，像我自己，之前是做志愿者培育的，但是当时将重点项目确定下来是做环境治理，就直接把我迁移到这个板块了，对我自己也有点突然，但也只能就去做呀。(f2)

我其实入职也不到一年，就从家庭领域转到这个板块了，其实很多事情也没有很懂，只能边做边学了。不过这个过程比较辛苦，工资待遇也不够理想，有时候我也很想跟着辞职。(f3)

在笔者实习期间，该项目人员流动频繁，甚至有社会工作专业应届毕业生应聘入职后，试用期尚未结束便辞职离开。

在地区发展模式视角下，社会工作介入城市社区环境治理需致力于推动集体行动的形成。城市社区环境治理的实效既取决于各个主体的资源交换与互补，更取决于多元主体角色作用的有效发挥与运作机制的畅达运转，社会工作者需正视自身介入其中时所面临的短板与问题，立足社区实践进行探索，寻求解决之道，以更好地推动多元主体共商、共建、共享社区环境治理成果。

四、完善社会工作介入城市社区环境治理的对策建议

（一）资源支持：充分整合多元资源注入城市社区环境治理之中

1. 社工需坚持街道党工委和办事处的行政性主导作用

坚持街道党工委和办事处的行政主导作用并获得认可，同政府工作方向与重点保持一致，是社会工作者获得专业合法性的重要前提，也是社会工作介入城市社区环境治理的准入门槛。

街道购买社工站服务的资金是社工站运营的主要经费来源，我们需要阶段性地向街道汇报服务工作开展情况，必要时也可向街道申请某活动所需的特定资源。当我们汇报内容同某一职能科室的职责高度相关时，街道有关领导会直接把我们带到对应的办公室，向我们介绍相关工作的主要负责人员，表示可以同这些科室的人员加强合作。（f1）

（1）主动回应街道办在社区环境治理方面的需求

当前，我国社会力量的发育仍显不足，社区还难以承担由政府与市场溢出的社会服务职能。政府为社区供给便民利民服务，需要有相应的机构和工作人员来承担具体内容，社会工作与民政工作亲和度高，历经探索，社工站成为政府加强和完善基层社会治理任务的重要抓手，形成了一种新的基层社会工作体制模式。

社工站需要兼顾社区居民服务需求和政府基本公共服务要求，不断强化自身供给服务的均衡性和稳定性，才能有效提高基层社会工作服务的质量和效率。

我们希望可以不断地推进社区环境服务的便民化、精准化、专业化，这离不开社会力量的参与协同，单有组织的刚性领导显然是不够的，我们希望社区居民可以更加主动地关注，并更加积极地参与社区环境的改善与美化。（a1）

社工站作为公共服务的转化者、提供者，首先需要按照政府部门的要求，保质保量做好面向居民群众的公共环境服务工作内容，坚持专业性质，集中精力组织、推动居民自治。

我认为，社工站需要深入地思考，如何在街道党工委领导下，高效落实服务协议内容，也做到因地制宜，策划出更多既回应街道办的环境治理需求、又深受居民喜爱的社会工作服务。（f1）

社工站在协助政府落实一般性行政工作的基础上，还应努力为辖区居民提供更专业、更深入、更有效的社会工作服务，担当起政府公共服务职能"转化与延伸"的角色。

街道社工站服务领域的划分与设计皆基于对社区整体的把握。社工站需要系统性地了解街道办对社区管理的思路与举措，以便在面对社区群体性问题时，具备宏观的介入视角。同时，必须与相关职能科室的工作人员加强合作联动，建立起良好的专业

关系，形成合力介入社区环境治理问题，立足社会工作专业理念与手法，有力地推动社区环境治理格局的形成与发展。

街道现阶段关于社区环境治理工作的重点，在于优化提升城中村垃圾分类的水平，希望可以通过努力，实现以点带面、全面实施，构建"街道统筹、居委组织、村社参与、房东监督、租客分类"的工作机制。（a2）

（2）积极协调以降低街道办落实环境治理举措的阻力

社会工作介入城市社区环境治理过程中，要积极充当街道办事处与社区居民的桥梁，充分发挥自身专业优势，而非仅将自身作为党政部门人手增加的部分，应当积极寻求专业社会工作与行政工作间的结合点（夏学娟、王思斌、徐选国等，2021），形成行政管理力量与社区自治能力、社会调节力量协调互联的机制。

目前辖区内已将环境治理的相关管理制度和操作规范上墙，并在人群密集的公众场合配置了环境保护宣传栏，也设置了当前推行的垃圾分类的投放指示牌，然而，在督查考核中发现，仍有部分单位没有按照要求健全制度，落实宣传、监督，并未完善分类容器，承担起建立日常管理台账的责任，街道辖内的垃圾分类工作推进呈现出不均衡的特点。（a1）

社会工作介入城市社区环境治理过程中，旨在盘活街道基础服务设施资源，理顺居民参与社区公共环境治理的渠道，建立理性制度框架下的联结体系。在追求环境治理实效的同时，重视社区居民的真切感受，做到推动政策施行时，充分考虑民情民意，尽可能以便民利民的形式进行推广，探寻人本色彩浓烈的政策落实路径。可通过设置"绿色信箱""居民随手拍"等形式畅通群众监督渠道，使项目站点成为街道办事处与社区居民沟通的纽带，彰显"第三方"的立场，充分发挥"缓冲带"作用。同时，社工站要积极借助政府势能，充分把握同社区居委会合作及入驻社区后受认可的机会。

2. 社工需主动协同居委会更好发挥社区环境自治效能

在社区环境治理中，社区居委会可谓是有力的自治驱动者与组织者。首先，居委会熟悉社区基础事务性工作，对于如何调解社区矛盾累积了一定技巧，具有较为丰富的社区实务工作经验。其次，居委会在居民心目中具有类同于政府工作人员的身份定位，相较其他社区主体，更易获取居民认同与信任。最后，居委会同街道办事处有直接联系，可以就社区问题及资源需求向街道党工委和办事处申请支持。同时，在街道办的直接领导下，居委会在开展社区服务时可以有效调动驻区企业与单位参与，有助于丰富社区环境治理资源的类型与存量，提升社区环境服务质量。

社工站要主动同居委会密切合作，主动协助居委会履行相关居民服务事务，也可积极承接居委会委托的相关工作，进一步活跃居委会所能控管的资源。

其实本年度活动开展之前，我们和居委会也有合作的先例，但是因为之前的沟通不够充分，合作效果达不到他们的期望，所以居委会就没怎么想着和我们合作了。而在近期的一次活动合作中，居委会本来只是想借我们开展的活动，自行设定某些环节插入其中的，但我们亲自上门，结合居委会提出的情况，向他们厘清各自的思路以及目标，共同确定活动计划，最大限度地减轻居委会压力，顺利实现了他们的预期目标，当然，我们也利用自身的实务经验，向居委会展示我们所策划的应急预案，打消他们对目标实现的顾虑，自然便觉得省时又省力，同时也肯定我们的专业性，更愿意和我们进行下一次的合作了。（f2）

社会工作者要积极联动协同居委会，为其开展社区服务提供支持与协助，主动创造机会使居委会认识到，社工站的协同合作能更为有效地实现其对社区建设的期待，使得居委会怀有主动同社工站合作的积极意愿，更为充分、有效地调动社区资源，最终为社区居民提供更高质量的社区环境服务。

3. 社工需积极联动相关企业以丰富社区环境治理资源

积极主动地争取相关企业支持是拓宽社区环境治理资源的重要方向。社工站需要在明晰企业特点的基础上，主动向企业推介自身职能与服务，以完善、有条理的合作计划争取企业的资源合作，争取让企业能够主动让利，支持社区环境治理工作的开展。社工站可主动通过党支部共建平台，联系对接企业党支部，通过结对共建形式链接企业资源，建立并充盈社区环境治理基金。

现在党建工作是统领一切的，很多企业单位党支部他们也很想发挥作用，我们要主动提供服务菜单，向他们征询合作事宜。资源不是等来的，直接上门的资源也可能不是我们刚好想要的，可以通过党建平台，思考如何争取更多企业合作和支持。（f1）

社工站亦可主动搜寻环境治理职能企业，同其建立长效合作机制，进而通过市场力量加速城市社区环境治理的资源配置、流通效率，努力为社区居民提供更高水平的专业服务。

（二）社区自治：深度提升居民参与社区环境治理的意识与能力

1. 社工需增强居民社区环境治理的基础主体作用

在地区发展模式视角下，尤为强调居民在社区环境治理过程中的民主参与、自我组织、自助互助、团结合作。居民在社区参与中相当注重自身实际收益，社会工作者只有充分把握居民心理，才能更好地调动其参与社区环境治理的主观能动性，引导其在面对社区环境问题时，能够有效地平衡个体既得利益与社区长远利益。

（1）提升居民社区环境治理参与意识

若大部分社区居民怀有"搭便车"意识，社区环境治理将难以推进发展，甚至倒退破败。现代社区居民是社区环境治理的原生动力和行为主体，社会工作者可通过推行规范制度与互惠原则，引导居民明确参与社区环境治理的目的，使其知悉行动的良性回报，以公序良俗约束其所在集体的行为，减少投机思想。居民参与的积极主动性与自主创新性，是社区环境治理韧性与活力的源泉，社会工作者可通过挖掘居民内源参与动力与潜力，有计划地面向全体社区居民组织集体活动，引导居民立足改善社区环境的共同目标，积极投身保护自身所生活的城市社区环境行动中，使其与同行者建立联系并产生认同，潜移默化中增进对社区的认同归属感。居民在共同讨论与行动中推动了社区环境的改善，在社区环境治理中实现了自我价值并建立起公共联结，有利于居民改变既有认知，并在参与社区环境治理过程中发展了个人能力。

（2）引导居民共商共建共享社区环境

在社区环境治理中，政府不应当是单一的决策和实施主体，公众这一主体的重要性不可忽视（耿言虎，2022）。社会工作者应在社区范围内广泛宣传既有环境治理成效，使居民在成果宣传中直观体验到社区环境治理的进程。首先，参与其中的居民发现自身行动正产生正面的传播效应，有利于加强其继续参与的积极性与主动性；其次，社会工作者应表彰奖励其中的居民积极分子，树立榜样标杆，激励全体社区居民，吸引潜在参与对象也加入社区环境治理；最后，充分利用所整合资源，将可自主处理的资源以激励品形式发放给参与居民，提高活动及社工站的知晓度与影响力，也有助于保持居民参与社区环境治理活动的热情。

社会工作者不能停留于口号式的倡导，应当切实向居民传播好"为什么要做环境治理"和"怎么做好环境治理"，使居民对社区环境治理的认知达到"知其然而知其所以然"的状态，凝聚居民共识；应当用心、用情、用力解决好居民最急切、最忧虑的社区环境问题，助力居民社区参与、养成决策意识及能力，有效增强居民参与社区环境治理的自信心与自豪感，形成自治合力，共商共建共享美丽社区。

2. 社工需培育并强化社区环境治理的专职自组织

社区自组织是社区环境治理的公共文化土壤，社区自组织的成员间会形成一套公共语言与逻辑，有利于推动权责明确与资源分配。此外，由于社区自组织成员主要是社区本土居民，他们可以灵敏地反映某一时段居民真切的环境需求。社会工作培育社区环境治理自组织主要包括：培育建立，解决社区环境治理专职自组织从无到有的过程；优化建设，以原有的社区自组织作为基础，对其与社区环境治理相关的能力进行强化，使其得以立足组织职能与特色，开展相关便民服务。

（1）提升社区自组织参与社区环境治理的积极性

社会工作者需同社区自组织共同设定可望且可达到的阶段性目标，助力其在实现目标的进程中，不断接收到来自各方的积极反馈，获得渐进式的进步体验及自我成长的感受。当然，随着时间推移，社区自组织所承担的任务难度亦有一定的提升，而这也是其同社区建立起强大联系的过程。在提升社区自组织环境治理的积极性方面，社会工作者可先引导社区自组织参加与其性质相关的社区文化活动，到一定程度再引导其参加社区志愿服务，最后逐步推动其主动关注社区环境事务并为之付诸行动。社工作者应当认识到，主体内在动力的激发需要一个过程，需要给予其充分的时间与机会，使居民骨干与志愿者积极分子切身感受到自身的需求得到了满足，在参与社区环境治理中实现了自我价值。

（2）培育社区自组织参与环境治理的专业技能

对社区自组织进行培育与发展应该引导其从社区层面思考组织的发展方向。当前 Y 街道社区自组织活动能力薄弱，是造成居民处于环境治理决策边缘窘境的重要原因之一。首先，社会工作者需引导社区自组织关注广大居民的需求，关心社区的发展；其次，社会工作者可助力社区自组织建立起相对健全的组织框架与管理模式，打好组织稳定发展的基础；最后，以社会工作专业理念与手法对其进行能力培训，向其传输环境治理价值观、基础知识、参与技能、学习能力等内容，同时，提高自组织成员文案书写、活动组织、人员动员及资源筹措等能力，推动社区自组织实现成员数量提升、组织规范、长远发展的目标。

当社区自组织具备自主服务社区居民的能力时，便可将针对性地解决社区环境相关问题的过程积极地融入社区的日常生活中。当团队日益发展壮大趋于成熟时，社会工作者可引导其进一步加强规范，并向其推介政府扶持政策，链接其与社区居民委员会对接的渠道，鼓励成熟而富有活力的社区自组织前往居委会、街道办实行登记备案，获取身份认定，登记类社区社会组织对于提升社区凝聚力发挥的作用更为突出（李健、荣幸、李春艳，2022）。

（三）专业介入：社工在社区环境治理中需积极发挥催化作用

在地区发展模式视角下，社会工作只有成为勇于突破、焕发朝气的社区环境治理主体，才能最大限度地发挥启发催化的专业效用，才能培育出"自下而上"的社区环境治理张力，最大可能地获得多元主体认同与支持，充分地联动多元主体资源互补、优势互促，共建美丽和谐的社区。

1. 社工需因地制宜发挥社会工作专业能力

积极地与社区环境治理的多元主体建立起良好的专业关系，是社工顺利开展服务工作的重要基础，有助于社会工作稳扎稳打介入社区环境治理之中。

（1）长期稳定地深扎社区生活以明晰社区环境需求

社会工作者要推动社会工作既有理论在本土环境治理的实践中发展，需要在专业实务磨合探索中寻求有效介入方式，在日常工作中，除了同购买方、合作方进行交流协商，也要重视同社区居民的积极互动，了解社区人口特征，对居民生活习惯进行仔细观察，力图深入居民日常生活，打消彼此的陌生隔阂感，充分地了解社区现状，是社会工作服务形成大局观的基础所在。

在专业方法指导下，社会工作者可根据社区的优势资源、发展期望以及社工机构长期计划，立足社区环境问题探索具有长期性和综合性的整套行动方案。值得注意的是，制订社会工作介入社区环境治理的服务规划，并非社工站单方的行为，社会工作者需扮演引导、协调、催化的角色，积极主动地融入社区，充分发挥社区的能动性，共同制订目标计划并一起行动。

（2）立足专业理论开展实务工作以保障介入专业性

社会工作相关理论与专业方法在长期实践中已然形成了明晰的脉络与执行步骤，但能否充分发挥其成效，在于社会工作者是否具备熟练的方法论运用能力。为不断提升自身素养，社会工作者应当结合个人情况与工作实际确立学习目标，保障服务设计与方案实施做到基于理论、立足实践。其中，阅读社工教材、修习理论课程、报名骨干培训班、接受理论学者与实务专家的督导指引、参加社会行动与行业论坛等形式，都是一线社会工作者提升自身的分析能力、评估能力等综合素养的重要渠道。

社会工作作为一门理论与实践密切结合的学科，专业性是社会工作者融入与服务社区的名片，地区发展模式作为社区社会工作的三大实务模式之一，为社会工作者开展社区工作提供一套系统性的、理想化的工作步骤模式，在理论模式的指导下，社会工作者对社区环境问题进行分析，明确工作目标并对应设计相应的服务阶段及工作任务，准确厘清自身工作定位。

2. 社工需积极探索本土化社区环境治理有效路径

社会工作介入社区治理，最终落脚点在于满足广大居民对于美好生活的需求，本土化的有效路径，必然是基于社区基本情况来分析、制定和实现的（曹海林、张艳，2022）。

（1）扎根社区开展广泛且持续的宣传倡导

社会工作可通过普惠性宣传服务增强居民社区环境治理的意识，面向社区居民广泛且持续地开展环境政策宣传与解读活动，使社区居民了解到关乎切身利益的环境治理政策法规。社工站本身便是环境治理宣传的标准化、规范化平台，可使来访居民在社工站内切身感受环境的规整美化，在与社会工作者接触中，领略社区文明行为的示范与风采，进而潜移默化地认同社工站及社会工作者所开展的相关环境治理宣传倡导工作。

（2）深入互动以挖掘并培育社区环境治理能人

具备良好能力技能与资源基础、对参与社区事务具有较高意愿与主动性的社区能人，是社会工作者应当高度重视的个体。社会工作者可积极邀请其参与相关活动，经常向其请教社区事务，了解其对活动开展的建议，充分发挥社区能人优势，增强彼此间的良性互动。社区环境治理能人积极响应社区活动的态度与行动，可感染并带动更多居民参与社区环境治理，成为社区环境治理服务的提供者、宣传员。此外，对于社区活动能力较强但意愿较弱的居民，社会工作者需要创造合适的时间、空间、方式支持其参与。对社区活动能力弱但参与意愿较强的居民，社会工作者则应当从能力提升的角度为其提供支持。

（3）立足专业技能培育社区环境治理专职自组织

社区环境治理专职自组织是社区居民表达环境诉求与议事协商的平台，社会工作者需通过专业价值理念与服务手法，引导其树立清晰的组织目标，搭建规范完善的组织架构，向其提供良性可持续的资源支持，使其得以在居民群体中有效地发挥自我教育、自我管理、自我服务的功能。社区自组织具有巨大的潜力，可通过自身能力去解决其关注的社区环境问题，从自身周边挖掘环境治理的潜在资源，并以自身为辐射点带动身边的居民共同解决社区环境问题。

（4）积极主动维系与拓展社区环境治理资源库

丰富的资源是社区环境治理发展的关键密码。社会工作者需要厘清社区环境问题的具体成因，明晰社区的发展方向，确定社区多元主体所能提供资源是否可为解决问题提供帮助，才能清晰明了地罗列出资源存量，再通过高超的沟通技巧与专业水准拓宽环境治理资源库，对社区内在资源与周边资源进行有效整合，为社区赋能。社会工作者还需依据社区环境问题的优先次序，确定使用优势资源的有效路径，立足社区居民的实际需要和现有的资源条件，设计和实施个性化的社会服务项目，为社区环境治理提供精准化、有品质的服务。

参考文献

彭庭喜．集镇社区对人才的双向效应［J］．湖南社会科学．1990（6）：25．

谢建社．社区工作教程［M］．南昌：江西人民出版社，2006：107－120．

孙闯，王宏志，朱勇．城市社区环境质量评价体系的探讨［J］．国土与自然资源研究，2008（4）：53．

周杰普，李倩倩．论社区参与环境治理的主体地位［J］．上海政法学院学报（法治论丛），2017，32（2）：77－78．

冯玉梅．地区发展模式在失地农民社区融入中的应用研究［D］．成都：西南石油大学，2018：16．

夏学娟，王思斌，徐选国，任敏，金美凤，任艳萍．打造现代化的基层治理服务新格局（下）——解读《中共中央　国务院关于加强基层治理体系和治理能力现代化建设的意见》［J］．中国社会工作，2021（24）：15－17．

刘淑妍，吕俊延．城市治理新动能：以"微基建"促进社区共同体的成长［J］．社会科学，2021（3）：3－14．

曹海林，张艳．嵌入式治理：老旧小区环境治理的现实困境与路径探索［J］．云南民族大学学报（哲学社会科学版），2022，39（4）：92－100．

耿言虎．冷漠的大多数：基层环境治理中居民弱参与现象研究——基于"环境关联度"的视角［J］．内蒙古社会科学，2022，43（2）：25－34．

李健，荣幸，李春艳．社区异质性对社区凝聚力的影响研究——社区社会组织参与的中介效应［J］．吉林大学社会科学学报，2022，62（1）：92－102．

第六章　广州社工站参与
社区协同治理的路径研究

——以 X 社工站为例

李　明①

加强和创新社会治理，推动社会治理的重心下移到基层，事关人民安居乐业、社会安定有序、国家长治久安，社工站作为城市社区治理的重要细胞，如何以"小支点"撬动基层"大治理"，激活老城市社区治理新活力至关重要。为此，本文从协同治理视角，研究社工站参与城市社区协同治理的过程，重点分析了社工站与街道办事处、社区居委会、社区企事业单位、社区社会组织及社区居民的协同关系，研究发现这一协同关系是建立在实现治理效益最大化、获得所需资源、提升服务能力、争取"领导力"的支持和践行专业使命的基础上。而促成协同行动的关键变量是实现有效参与、达成目标共识、协调利益平衡，协同行动主要是通过实地调研挖掘社区居民需求；坚持问题导向改善社区人居环境；以服务为主，打造社区文化空间；坚持增能导向培育社区社会组织；搭建社区共治平台，优化治理流程。通过这一系列协同行动，取得了人居环境更优美、社区服务更完善、治理主体更多元的良好成效，但协同治理中还存在一定的关系困境和参与困境。对此，笔者提出社工站要改善协同关系和激活居民有效参与的优化建议。

一、本案例研究概述

（一）研究广州社工站参与社区协同治理问题的背景和意义

1. 研究背景

一方面，社会主要矛盾的转变对社工站参与城市社区治理提出了新要求。党的十

---

footnote">① 李明，男，社会工作硕士，韩山师范学院教师，曾任广州市北斗星社会工作服务中心社工、广州市 X 街道社工服务站主任、党支部书记。曾起草广州市南沙区首份社区居家养老服务规范和指导手册，参与 2020 年广州市和谐社区（幸福村）的创建和评估、穗赣"牵手计划"以及"党旗领航，社工同行"乡村振兴社工人才成长支持项目。

九大以来，我国社会主要矛盾已经转变为人民日益增长的美好生活需要同不平衡不充分的发展之间的矛盾，在城市社区治理中，这种"不充分"就表现在基本民生服务的供给不充分，"锦上添花"式的文娱康乐活动多，"雪中送炭"式的解决痛点难点少，难以满足群众高质量的发展需要；这种"不平衡"就体现在社区治理的参与力量不平衡，过分依赖基层政府的行政力量，未充分激发社区居民、社区慈善、社区社会组织的参与活力。实践证明，要解决这一矛盾就要充分动员多元主体参与，这为社工站参与社区治理提供了契机。

另一方面，各级政府出台一系列政策为社工站参与城市社区治理提供了政策支持。具体如下：2020 年 7 月 8 日，广东省民政厅出台《广东省推进民政领域基层社会治理体系和治理能力现代化的若干措施》，明确提出要建立完善"以党建为引领、城乡社区为载体、社区社会组织为纽带、社区工作者和社会工作人才为骨干、基本民生保障和基本社会服务为主要内容的民政领域'一核四社'城乡社区治理工作机制，推进基层社会治理体系和治理能力现代化"。2021 年 4 月 28 日，《中共中央　国务院关于加强基层治理体系和治理能力现代化建设的意见》提出，要"完善社会力量参与基层治理的激励政策，创新社区与社会组织、社会工作者、社会志愿者、社会慈善资源的联动机制，支持建立乡镇（街道）购买社会工作服务机制和设立社区基金会等协作载体，吸纳社会力量参加基层应急救援"。综上所述，各级政府出台的政策文件已经为社工站参与社区治理提供了合法地位的保障，社工站要充分解读各级政府的文件精神，在社区治理中发挥专业作用。

2. 研究意义

理论指导实践，实践反作用于理论，社工站参与城市社区治理的实践研究有助于完善基层治理理论体系。城市社区是一个复杂的生态系统，现有研究局限于对社工站个体的研究，对社工站的协同参与研究较少，本文从实务角度分析社工站在城市社区治理中与多元主体互动的路径、角色、动因、关键变量等，既可检验诸多治理政策的可行性、操作性、针对性，为完善城市社区治理理论丰富素材，又可总结社区治理经验，为"双百"社工站的推广提供借鉴意义。

（二）相关概念和理论基础

1. 社工站和社工机构

本文所指的社工站全称为广州市社工服务站，是指通过政府购买服务的方式，由社工机构承接，在党建引领下，为有需要的个人、家庭、社区、单位等提供基本民生保障服务、基本社会服务和基层社会治理服务，其中基层社会治理服务主要包含社区公共服务、社区营造服务、社区慈善服务、社区社会组织和社区志愿者培育服务及其他特色服务①。广州市社工服务站的前身为广州市家庭综合服务中心，于 2012 年在全市范围内开设，于 2018 年统一更名为社工服务站。

本文所述的社工机构是指民办社工机构，非官办的体制内的社会工作机构，引用《民政部关于进一步加快推进民办社会工作服务机构发展的意见》的定义：民办社会工作服务机构是以社会工作专业人才为主体，坚持"助人自助"宗旨，遵循社会工作专业伦理规范，综合运用社会工作专业知识、方法和技能，开展困难救助、矛盾调处、权益维护、人文关怀、心理疏导、行为矫治、关系调适、资源链接等服务的民办非企业单位。

2. 协同治理理论

协同治理理论起源于协同论和治理论，联合国全球治理委员会认为协同治理是指个人、组织处理其自身事务的不同方式的总和，协同治理促使利益不一致的治理主体达成一致目标，并采取协同行动的治理过程，影响协同治理过程的既有正式的法律规范、制度准则，也有非正式的利益协调、制度安排等。加拿大学者 Ansell 和 Gash（2007）提出协同治理的 SFIC 分析模型主要包括起始条件（Starting Conditions）、催化领导（Facilitative leadship）、制度设计（Institutional design）和协同过程（Collaborative process），其中协同过程是分析模型的核心组成部分。具体如图 6-1 所示。

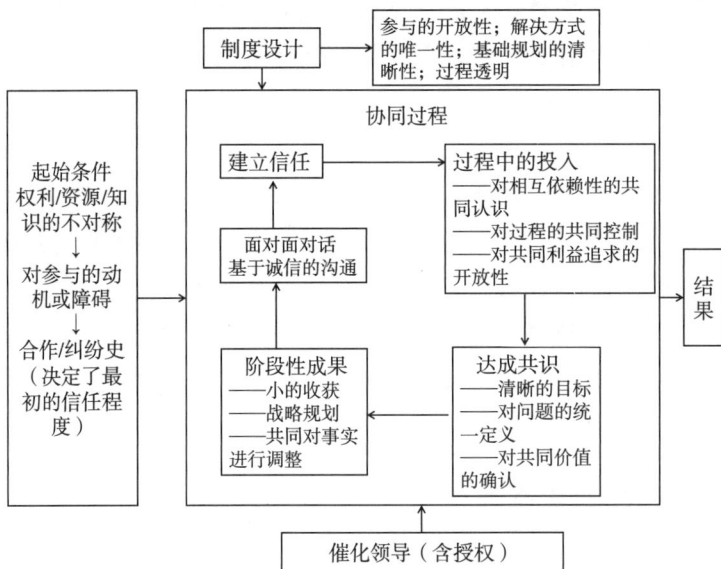

图 6-1 Ansell 和 Gash 的 SFIC 协同治理分析模型

---

① 广州市人民政府办公厅关于印发广州市社工服务站（家庭综合服务中心）管理办法的通知[J]．广州市人民政府公报，2018（18）：1-10.

田培杰（2013）在吸收协同优势理论的基础上，对 Ansell 和 Gash 的 SFIC 协同治理模型进行了修改完善，将该治理模型放在系统环境中分析，外部环境增加了领导力、各参与方的动机及相互依赖性，由此作为起始条件启动协同治理引擎，协同引擎进一步通过有效参与、目标共识和协同能力发挥作用，进而影响协同行为，产生了协同治理的结果[①]。具体如图 6 - 2 所示。

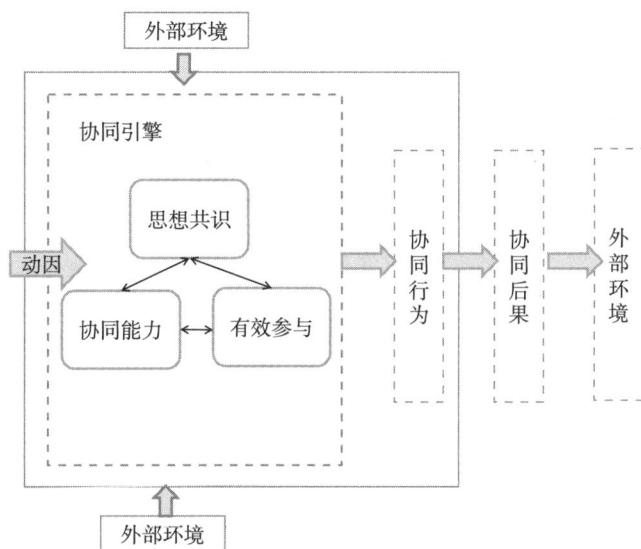

图 6 - 2　田培杰的协同治理分析模型

本文综合运用上述学者的观点，借用加拿大学者艾丽丝 SFIC 协同治理分析模型和田培杰的协同治理分析模型，首先分析 X 社工站与项目购买方、监督方、社区居委会、社区企事业单位、社区社会组织和社区居民之间的协同关系，在此基础上得出 X 社工站与多元主体互动时的行动策略，借助"协同动因"的概念进一步分析 X 社工站参与城市社区治理的内部动因和外部动因，分析 X 社工站与多元主体达成一致行动意见的"协同引擎"，并深入探究社工站参与社区治理的成效及困境，最后提出优化社工站参与城市社区治理路径的建议。

（三）研究方法和研究内容

1. 研究方法

本文主要采用文献分析法、参与式观察法尤其是半结构式访谈法进行资料收集。笔者访谈了街道办事处和居委会工作人员、社工站相关人员（一线社工、管理人员）、社区居民、社区企业员工、社区社会组织负责人等，了解不同社区主体如何与社工站

---

① 田培杰. 协同治理：理论研究框架与分析模型［D］. 上海：上海交通大学，2013.

建立协同关系，建立了什么样的协同关系，并调研不同主体参与社区治理的动机，社工站在协同行动过程中如何调动协同对象的资源参与社区治理，以及协同主体对于参与过程的反馈，进而探索社工机构参与城市社区治理的协同路径。访谈对象的基本情况见表6－1。

表6－1　访谈对象基本情况

序号	姓名	性别	年龄	身份背景	参与说明
1	岑科长（01XCBJ）	男	42	X街道民政科科长	指导监管社工站服务
2	薛主任（02NXXY）	男	39	N社区居委会主任、党委书记	统筹社区各项管理服务工作
3	廖社工（03SLFJ）	女	25	社工站一线社工	开展互助小组、社区工作坊，组织社区志愿活动，培育社区社会组织，参与搭建社区共治平台
4	彭社工（04SPHZ）	女	27	社工站一线社工	
5	谢社工（05SXJH）	女	30	社工站一线社工	
6	黎经理（06NLMZ）	男	36	社区企业员工	参与社区治理的志愿服务、居民互助小组、能力提升工作坊等
7	李阿姨（07LLXL）	女	78	X街道老年协会会长	
8	陈叔叔（08YCMH）	男	69	社区党员志愿者	
9	张大哥（09NZWX）	男	45	N社区居民	

2. 研究内容

本文以X社工站参与城市社区治理的有效路径为研究对象，以社区治理的多元主体为调研对象，通过深度访谈和参与式观察了解一线社工和管理人员、基层党委、社区居委会工作人员、街道办事处工作人员、社区企业、社会团体、社区社会组织、社区居民和志愿者，从多元主体的角度分析社工站在参与城市社区治理过程中，与不同治理主体之间的协同关系及协同过程。

其中，重点分析了X社工站与其他协同主体的协同关系、协同动因、协同引擎、协同行动和协同成效，再进一步分析X社工站在协同治理中的关系困境和参与困境，最后提出优化社工站参与城市社区治理路径的建议。具体如图6－3所示。

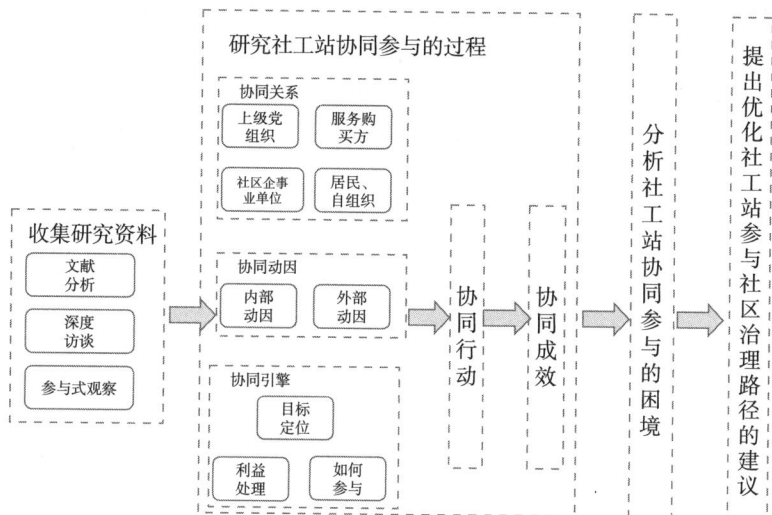

图 6 - 3　本文研究思路

二、X 社工站参与社区协同治理的现状

（一）X 社工站基本情况介绍

X 社工站（全称广州市 X 街社工服务站）始设于 2012 年，其前身为广州市 X 街道家庭综合服务中心。根据《广州市社工服务站（家庭综合服务中心）管理办法》的文件规定，广州市社工站统一实行"113X"的服务模式，即"1"个核心项目——强化党建引领社会工作服务，"1"个重点项目——突出辖区群众最关心、最直接、最现实的社会工作服务，"3"个基础项目——夯实家庭、老人、青少年社会工作服务，"X"个特色项目——提供多样化的社会工作服务。因广州市社工站的评估考核标准、管理办法、服务清单等顶层设计一致，且各个购买方、监督方都督促社工站严格落实文件要求，故 X 社工站参与社区治理的路径具有普适性。

（二）社区治理主体间的协同关系

党的十九大报告提出要构建"党委领导、政府负责、社会协同、公众参与、法治保障的社会治理格局"。我国要构建的城市社区治理主体格局，不仅具有多方参与、共同治理的普遍属性，而且更加鲜明地强调基层党组织发挥领导核心作用、基层政府发挥主导作用、基层群众性自治组织发挥基础作用、各类社会力量发挥协同作用，有效实现党领导下的政府治理和社会调节、居民自治良性互动[①]。社工站作为社会力量参与协同治理，是一个与多元治理主体充分互动的过程，其考验的不仅是社工站自身的能

---

① 李琼. 党建引领社区治理中多元主体间协同关系研究［D］. 南充：西华师范大学，2021.

力，也包括社工站与协同对象的关系。因此，笔者也将从基层党组织、基层政府、基层群众性自治组织、社会力量（含社区企业、社会组织）、基层群众（居民、社区志愿者）的角度，分析协同治理中"党政社群"的关系，界定每一个协同主体在协同治理中的角色定位和主体作用，并从中分析治理主体参与协同过程的序参量，以此确定社工站介入协同过程的策略，如图6-4所示。

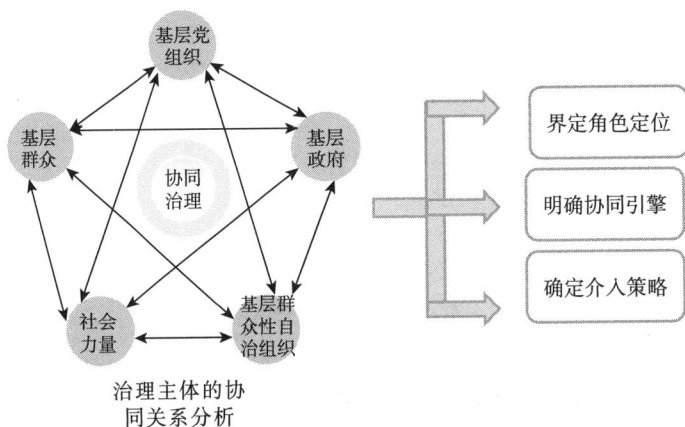

图6-4 协同治理主体间关系分析

1. 上下级党组织关系

一方面，X社工站可借助上下级党组织关系协调更多社会资源。民生从来无小事，一枝一叶总关情，社区居民的需求等不得，但诸如安全隐患的排查、小区公共空间的改造、社区困难户的生活援助等社区公共需求，仅仅依靠社工站自身的力量难以解决，需要借助基层政府的正式资源，协调更多的社区、企事业单位共同参与解决。

另一方面，上下级党组织关系也给X社工站带来了额外的工作压力。X社工站于2019年3月申请设立了党支部，由广州市X街道党委直接领导X社工站党支部的日常管理工作，如党支部的组织建设、队伍建设、活动建设、基本制度建设、基本保障建设等。受此影响，X街道党委既要指导和支持X社工站党支部开展各项工作，也会将部分行政任务交予X社工站完成，如借调人力、协助创文、分担宣传任务等，由此增加了X社工站的行政负担。

2. 基于政府购买服务的契约关系

在基层政府主导下的社区治理关系中，X社工站往往因为社会地位、稀缺资源的不对等而处于过分依赖政府的尴尬境地，由此也导致了"强伙计，弱伙伴"的关系。这种"强伙计，弱伙伴"的关系主要表现为服务提供方与服务购买方的合同关系、被监督与监督的关系。

在服务提供方与服务购买方的合同关系里，按照协议规定，X社工站需要向辖区内的居民、群团组织等提供党建引领社工服务、基本民生保障服务、基本社会服务和基层社会治理服务，其中党建引领社工服务包含组织引领、思想引领、服务引领；基本民生保障服务包含兜底性为老服务、兜底性困境儿童和困难家庭服务、兜底性困难青少年服务、兜底性残疾人服务；基本社会服务包含适度普惠性为老服务、儿童服务、家庭服务、青少年服务、应急救灾服务；基层社会治理服务包含社区公共服务、社区营造服务、社区慈善服务、社区社会组织和社区志愿者培育服务。

在监督与被监督的关系上，X 社工站要接受政府部门的行政监督和社区居民的民主监督。在行政监督方面，根据《广州市社工服务站（家庭综合服务中心）管理办法》文件要求，社工站项目的监督方是市、区民政局。市民政局主要负责统筹全市社工站建设规划工作，包括制定、完善项目评估规范指引和招标文件有关文本设定指引，申报相关财政经费，并对各区社工站建设工作进行指导、检查和考核。区民政局和镇人民政府（街道办事处）分别负责本级社工站的规划布局、业务指导、日常监管、经费使用监管，同时镇街还要负责安全检查和协调镇（街）有关部门与社工站（家综）的服务配合、转介等工作。

社工站每个月都要向街道提交月度工作简报，汇报社工站这一个月的指标完成情况、经费使用情况、人员招聘情况、困难群体的帮扶情况，2020 年以来街道加强了监管，形成了每日一记录、每周一小报、每月一大报、每季度一总结、每半年一评估的汇报机制。同时社工站项目主任要和机构高层代表每个月向街道办汇报本月工作进度，经街道办同意后再将相关服务数据报送给区民政局，区民政局会不定期通过实地走访、收集数据、电访摸查等方式抽查社工站服务开展情况。(04SPHZ)

3. 基于资源互补的合作伙伴关系

X 社工站与社区居委会、社区企事业单位、社区社会组织和社区党组织建立了合作伙伴关系，这种合作伙伴关系是建立在互惠互利的基础上的。

X 社工站与社区居委会建立合作伙伴关系一方面是因为社区居委会可以提供社工站所欠缺的在地化关系、社区权力结构的权威、丰富便利的社区资源、补充性的社区治理服务经费等；另一方面是因为 X 社工站可以提供社区所需要的专业服务技能、成熟的社工团队以及社工站所能链接到的社会资源。

X 社工站与社区企事业单位建立合作伙伴关系主要体现在服务资源互换上。X 社工站通过征得社区和案主同意，为社区企事业单位提供自身发展所需的社会形象展示空间、志愿服务平台、有针对性的服务对象、产品服务推广渠道等，社区企事业单位也为社工站提供低偿无偿的产品服务、产业网络、行业资源等，两者互为补充共同参与城市社区治理，解决社区治理难题，满足居民多样化服务需求。

社工站非常注重党建工作，充分发挥红联共建的优势，借助党组织的力量解决了很多以前想解决却没有足够资源解决的难题，比如通过与社区党委签署共建协议，借助社区党委的力量，发动物业公司、电信公司、爱心商家、高校、小区住户共同参与，帮助来穗儿童链接学习场地，寻找稳定的志愿者开展课业辅导、艺术启蒙教育，提升家长的认识，提高家长改善亲子关系的能力，链接平板电脑，装接无线网络，改善来穗儿童疫情期间居家学习的条件，解决疫情期间居家学习难题。(04SPHZ)

表6-2　社工站及社区企事业资源提供情况

X社工站可提供	社会形象展示空间	打造社区慈善广场，邀请企业进驻
	志愿服务平台	1. 为医院招募志愿者协助录入核酸检测信息； 2. 为企事业单位搭建参与社区志愿服务的平台，协助企业参与社区治理
	有针对性的服务对象	将有需要的服务对象转介有资质、质量好、评价高的社区企事业单位
	产品服务推广渠道	1. 搭建"消费扶贫进社区"平台，邀请企业义卖扶贫产品； 2. 组织社区养老推介会，邀请有资质的护理站、养老院、医疗器械公司； 3. 开展就业招聘会，邀请企事业单位招募； 4. 开展"羊城家政"推介会，邀请有资质的家政企业提供服务
社区企事业单位可提供	低偿、无偿的产品和服务	义诊义卖义修义剪，捐款捐物
	行业资源网络	为社工机构提供开展治理服务所需的行业资源

4. 相互竞争关系

X社工站与其他企事业单位在一些社区公共服务上存在既合作又竞争的关系，比如社区养老服务，X社工站可以与符合资质要求的餐饮公司合作开设社区长者饭堂，由专职社工为老人提供补贴政策咨询答疑、饭菜预订、饭卡充值、智能设备的"适老化"使用及其他社区服务咨询转介等服务，解决老人吃饭难题。在此过程中，X社工站与没有合作关系的餐饮公司就是竞争的协同关系，共同竞争有配餐需求的长者客源。

5. 基于助人自助的双向赋能关系

第一，X社工站与社区居民是双向赋能的协同关系。一方面，X社工站赋能社区居民。通过专业的社会工作理论知识和社区治理实务技术，如无领导小组、圆桌会议、影像发声法、社区历奇等，将被居民忽视的公共空间、集体问题、个体需求摆到台面上，引导居民意识到社区的公共需求，赋权居民主人翁意识，促进居民意识觉醒，激发居民参与治理的自主性。另一方面，社区居民赋能X社工站。社区居民积极参与，会为社工提供居民集体利益诉求，赋权社工社区治理介入方向，有助于指导社工设计有针对性的治理方案，同时，社区居民中德高望重、有群众基础的积极居民可以为社工介入陌生小区赋予合适的角色身份，积极居民可以运用自身的群众基础为社工开展服务、职业宣传赋予参与对象支持，积极居民可以运用自身在社区中的权力架构以及工作中岗位身份，为社工参与社区治理、解决社区公共问题赋予角色权力、稀缺资源，形成社工有需要，就可以通过这种熟人社会的非正式渠道"一呼百应"。

第二，X 社工站与社区社会组织是双向赋能的协同关系。一方面，X 社工站赋能社区社会组织，X 社工站可以运用成熟的服务模式和治理经验，督导社区社会组织的孵化培育、架构搭建、登记指导、章程设定等服务，社区社会组织的成长发展需要社工机构的专业督导支持。另一方面，社区社会组织赋能 X 社工站，在培育社区社会组织的过程中，社工站需要学习《广州市民政局关于培育发展社区社会组织的意见》《广州市民政局印发〈关于进一步加强民政直属志愿服务队伍建设的工作方案〉的通知》等文件精神，促使专业社工提升了自身的政策运用能力，同时专业社工为应对社区社会组织的骨干成员会不定期反馈培育过程中的感受、困惑和经验，需要不断总结经验教训，由此也提升了专业社工的服务能力，帮助 X 社工站积累了丰富的一线实务经验，促进了 X 社工站的专业成长。

（三）参与社区治理的协同动因

X 社工站通过建立协同关系，获得上级领导部门的资金和权威支持、居委会和社区企事业单位的人员和物资配合、社区社会组织和社区居民的参与支持。而这些协同关系建立的动因主要是社工站想要实现社区治理效益最大化、获得可持续发展资源、提升自身的服务能力、争取获得政府的领导力支持，以及践行社会工作"助人自助"的专业使命等。

1. 争取治理效益最大化

社区治理作为一个动态过程，如何实现以最少治理成本，尽可能解决社区公共问题，取得最大的治理效益是目前主要探索的方向。而解决社区公共问题的途径有很多种，既可以依靠基层政府的统包统揽，使用巨额的财政经费、科层制的权威、政府的公信力及相关法律法规的兜底，也可以发动社区居民的主观能动性，发挥基层民主的自我管理、自我监督、自我教育、自我服务功能，还可以发挥社会力量的协同作用，鼓励广大企事业单位承担社会责任，投身社区治理。第一种社区管理方式显然已不适合现如今的社会；第二种社区治理模式需要居民有较强的社区参与意识和能力；第三种是我们倡导且正在建立的社区治理模式，即党委引领、政府负责、法治保障、社会协同和公众参与的社区治理体制。但目前，包括居民个体和社区企事业单位等主体在内的公众的社区参与意愿、意识都相对较弱。因此，需要社工站这一社会力量，协同多元主体共同参与社区治理，激发公众的社区参与意识和能力，从而实现社区治理效益最大化。

2. 获取所需资源

需求驱动是社工站参与社区治理的根本动力，社工站在参与城市社区治理中既要满足自身的需求，又要满足服务对象的需求①。社区本身作为一种社会交换场所，是由

---

① 石书恩. 协同治理视角下街道社工站运行机制研究［D］. 兰州：西北民族大学，2022.

不同的利益群体组成，并形成不同的组织结构，以交换各自需要的资源，同样社工站处于这种交换场所中，其参与社区治理的动因之一也是为了交换自身发展所需的社会资源，如交换政府专项资金支持。对于社工站而言，与各社区治理主体建立协同关系，既有利于让服务购买方了解社工服务的内容，巩固其对社工站的支持和信任，从而获得项目运营经费，也有利于社工站获取来自社会资源的支持，减少对于政府专项资金的依赖，增强抵御风险的能力，保障服务延续。

在获取项目运营经费方面，X 社工站作为政府购买服务项目，其工作内容是提供专业社工服务，满足 X 街道居民的需求。根据项目协议规定，项目经费每年 240 万元，可以用于人员的工资、社保、住房公积金、员工福利和督导培训等人员经费支出，以此保障社工团队的稳定性，减少人员流失；同时，项目经费还可以用于专业服务和活动、日常办公、服务宣传、网络通信和后勤保障等经费支出，以此保障专业服务的顺利开展。因此，为了能够持续运营社工站项目，保障政府后期经费的持续投入，X 社工站必须要按照购买协议的指标要求、评估办法的实施细则、区民政部门和镇人民政府（街道办事处）的工作要求开展各项工作，积极参与社区治理。

尽管政府的专项经费保障了社工站的稳定发展，但单一的资金来源和有限的服务经费，依旧难以满足社工站的服务开展。因此，社工站需要积极发展社区内外资源，链接来自市场主体、社会组织等多方力量，与其建立协同关系，引导其共同参与社区治理。

3. 提升服务能力

社工站作为参与社区治理的协同者，需要通过不断提升自身服务能力，协同多元主体参与社区治理。但社区事务繁复，一线的社工难以做到既低头做事，又时常抬头看天。因此，为整合专业资源，协助社工从社区治理实践中提炼出有效路径，X 社工站的承接方设立了社区治理委员会，X 社工站积极参与其中。该社区治理专业委员会遵循"多样、创新、分享、推广"的理念，定期组织开展党建引领下的社区治理、乡村振兴下的文化保育与发展、社区治理增能平台为主题的交流学习会。X 社工站积极参与 N 社区治理，有助于积累无物业管理小区实现小区自治的治理经验，有助于积累退休职工与"新广州人"邻里关系改善的经验，有助于积累社工站协同多元主体参与基层治理的经验，有助于积累培育社区治理骨干和孵化社区社会组织的经验，有助于积累"党团少群"共建的治理经验，从而提升社工站协同多元主体参与社区治理的能力，打造属于社工站和社工机构的核心竞争力。

4. 寻求"领导力"的支持

在城市社区治理中，由于各方参与主体的治理动机差异，常常会造成"协而不同"或"合而不治"的差异，因此，一个强有力的领导机制有助于在利益分歧时促成协同的达成。"领导力"贯穿协同治理的始终，从最开始的挖掘社区需求到协同行动，再到协同治理结果，但"领导力"在不同的协同治理阶段所发挥的作用不尽相同。在挖掘社区公共需求、寻找协同治理伙伴时期，"领导力"主要表现为对协同治理解决问题的坚持和勇于承担协同治理所带来的不确定性结果，甚至是高昂的前期投入成本；在协同治理的中期，"领导力"则表现为能够促成参与的治理主体达成协同一致的行动。

X 社工站在参与社区治理过程中也常常会遇到利益分歧的情况，为此也常常需要获取"领导力"的支持。比如在 X 社工站介入社区养老难题的初期，虽然居民都能看到小区内长久未修的路面坑坑洼洼容易绊倒行人，损坏的路灯导致晚上照明条件很差，居民只能打着手机的手电筒外出或回家，小区的花坛年久失修，杂草丛生滋生了很多蚊虫，特别是夏天极易传染登革热病毒，但因居民关系的冷淡、集体意识的淡漠，且大多数居民都是外来的务工人员，仅仅是在这里租住一段时间，并未购房，也没有长期居住的规划，所以居民并不会过多关注。为解决这一系列公共问题，给老年人营造一个安全、干净、绿色、美丽的社区养老公共空间，X 社工站主动提出治理方案，计划联动社区居委会、大院居民共同参与治理，但大多数居民持观望态度，对改造漠不关心，甚至个别居民还认为"社工是多管闲事，这些应该由政府去做"，还有居民认为"社工只是过来拉拉横幅、拍拍照，并不是真的想解决问题"。面对居民的冷漠、不支持和质疑，X 社工站并没有气馁，而是选择坚持协同治理，先申请公益创投经费，采购水泥、施工工具、花苗草种、有机土壤等物资，并链接党员志愿者填补坑洼路面、修整花池草坪、安装太阳能路灯。让社工感到欣慰的是，随着改造的深入，原本冷漠的居民也被感动了，开始主动参与改造，主动搭一把手帮帮忙，有主动提出出钱认购改造工具、花苗草苗的，有主动拿出家中的水管为施工免费提供水源的。其中还有 70多岁的老人主动拿出铁锹上阵的。正是因为在介入初期，有了领导力的坚持，社工才能逐步激发居民主人翁意识，主动参与社区治理。

5. 践行专业使命

X 社工站始终坚持"助力每一个服务对象均享有获取幸福的权利和能力"的远景和"培育专业社工队伍，提供优质社工服务，促进社会公平正义"的使命，在社区治理过程中始终站在服务对象的角度，以社区公共需求和公共利益为先，充分发挥专业优势，联动社区居委会、社区社会组织、社区居民、社区企业共同解决社区公共问题，在具体的介入过程中，更注重培养社区居民的参与意识，提升社区居民的参与能力，不仅满足居民个体的服务需求，也提升居民解决自身需求的能力，达到多元主体善治的美好局面。

（四）达成协同一致的几个关键

在协同治理过程中，影响治理进程的变量有很多，其中起决定性作用的关键变量是有效参与、目标共识和利益平衡，这三个变量直接影响达成协同一致的效果。

1. 实现有效参与

"有效参与"具有以下三个方面的内涵：一是参与治理的主体多元。单一的社区主体往往很难全面反映居民的整体需求，因此社区治理需要有多元的主体共同参与及发声。主体多元要求充分尊重居民的主体地位，让各参与主体在过程中都能享受平等的参与地位。二是多元主体的深度参与，不仅仅停留在提供简单的物资或者志愿服务中，而是能够参与社区治理结构的建构，在治理的关键决策环节，能够有发言权，为最终决策提供建议并被采纳。三是多元主体的有序参与，即各治理主体的参与不是"七嘴八舌"的"你一言我一语"，而是在治理机制的引导下，各治理主体各司其职，有序参与治理。为达到"有效参与"的治理效益最大化，以社区议事会为例，可考虑以下八个方面的关键要素。

第一，有效参与目标准备。社区多元主体参与协同治理的最有效载体是社区议事会，但召开议事会往往会出现治理主体"七嘴八舌"讨论不出结果、无法达成一致的尴尬局面，特别是居民习惯于情绪性表达，往往会过分宣泄不满而忽视了其想要表达的核心需求，而且也容易出现各位居民争相回答的局面。为解决这一问题，X社工站每次在召开社区议事会前都会深入走访居民，调研核心需求，并组织议事会前的需求澄清会，引导居民澄清社区公共需求，明晰社区议事目标，并将社区公共需求与预设的议事目标做好公示，线下张贴在宣传栏，线上组建居民交流微信群，再次征询全体居民的反馈意见，确保一个不漏，并根据居民的反馈意见修改完善议事目标。为保障议事目标的及时有效收集，社工站通常会设定收集截止时间。因此，居民议事会开始之前需要设置一定的会议目标，这个目标不一定要很高，但一定要设置，哪怕只是一个决议也好，但是一定需要会议目标；有了会议目标，议事会才会有的放矢，以目标为指引，推动居民议事会有序开展。

第二，有效参与的议题准备。居民议事会的过程是"议"，那么居民议事会的议题选择就非常重要，直接影响议事会的效果。在议题的准备上，X社工站常常会引导居民厘清哪些议题是可以在居民议事会上来讨论商议的，哪些议题不在居民议事会讨论范围，厘清这个很重要，正确和准确的议题是能够保证居民议事会正常开展下去的前提。议题的确定主要围绕居民普遍关心的热点难点问题，关系群众切身利益、社区建设及阶段性工作目标的有关问题来确定。议题的选择还要与参与居民议事会的各方有利益关系，不能把A小区的问题在B小区的居民议事会上商讨。只有议题与议事会的参与者有利益关系了，居民议事会才能有效地、充分地商议，也才能商议出成效。议事会的议题还要注重可议性，那些已经明确了正确与否的问题就不需要在议事会上讨论了。之所以将议题放在议事会上商议，说明与会者对议题本身的认知是有差异性的，就是有人认同，有人不认同，需要通过议事会来商讨，以求达成共识，或者达成大部分人的共识。议事会的议题可以是与会者动议的，也可以是社区动议的，或者是其他利益相关方动议的，其他人可以作为附议方赞成这样的议题在议事会上商讨，这需要制定相应的动议规则，比如 1 个人动议，3 个人附议的议题就可以在议事会上商议。社区议事会的议题不能多，不要指望一次居民议事会上讨论和决议出 N 个议题，每次会议议题以 1 个为宜，最多不能超过 2 个，不是议题越多，议事会的效率就越高，议题过多反而会适得其反。

第三，有效参与的流程准备。居民议事会需要提前制定好议事流程，确定好议事会流程，整个居民议事会才会流畅进行。X 社工站在议事过程中扮演着"主持人"的角色，从主持人到参会者都要清晰地了解议事会的流程，提前制定好居民议事会的流程，可以起到事半功倍的效果，也可以让议题得到充分的商议，便于达成共识。流程的制定需要围绕议题来展开，议事会的流程不是一成不变的，不同的议题，议事会的流程需要作相应的调整。在议事会的过程中，主持人需要掌握议事会的流程推进，按照既定的流程逐项进行，还要做到知变应变，当议事会过程发生突发情况时，主持人可以实时调整议事会流程。

第四，有效参与的规则准备。居民议事会是需要规则的，科学规范的议事规则能够促进居民议事会成功召开。居民议事会的规则可以作为居民议事会的议题来讨论，也可以由主导方制定好，向与会者宣读。议事规则需要全体与会者遵守，所以议事会开始之前，规则需要得到与会者的认同。主持人是议事规则的守卫者，在议事会召开过程中，要全程贯彻议事规则的落实和执行。发现有违反议事规则的行为，主持人需要及时有效地制止。现在很多的议事会规则参考罗伯特议事规则，罗伯特议事规则是一套行之有效的议事规则。议事规则需要张贴在议事会场的显著位置，这凸显议事会规则的重要性，有助于提醒每一个与会者遵守规则，保障议事会有序商议。

第五，有效参与的时间准备。合适的时间有利于推动议事会成功举行，不同的议事会参与者可以安排不同的时间来召开居民议事会；以老年居民为主的议事会可以选择白天开展，上午和下午也会有所讲究，要考虑与会者的生活习惯。打个比方，参会者大部分是老年居民，如果把开会时间放在下午 1 点开始就明显不合适了；与会者有部分是上班族的，可以考虑放在晚上或者周末召开；儿童议事会只能够放在周末召开。议事会还需要考虑时长的因素，议事会一般的时长在 1 小时到 1 小时 30 分之间，时间太短，议题商讨不够充分，无法达成有效的共识；时间太长，与会者的耐心会受到考验，导致议事会的效果下降，这就像抛物线一样，需要根据议题找到最佳效率点。

第六，有效参与的场地准备。居民议事会大多在社区居委会举行，也有在小区的活动室或者议事厅中进行的。合适的场地有利于推进议事会的开展；可以想象，在广州，7 月的某个下午，在户外召开居民议事会，每个与会者满头大汗地在商议，很显然是不合适的。议事会场地的布置也需要注意，不要在座位安排上形成对立，比如面对面的座次安排，在物理空间上达成这样的对立面，带来心理上的对抗性，不利于议事会上达成共识；居民议事会可以围成圆圈或者半圆，降低空间座次上的对抗性，有利于议事会有序进行。场地的准备还可以营造轻松的氛围，让与会者一进入就能感到轻松温馨，这样的氛围非常有助于议事会的召开。可以在会前播放欢快的音乐，桌上准备点水果点心，PPT 做成暖色的背景，这些都有利于营造议事会良好的氛围。

第七，有效参与的人员准备。居民议事会的与会人员大概分为利益相关方、主持人、其他工作人员，利益相关方大致有社区居民、社区居委会、物业、社会组织等，社区居民是议事会商议的主体人员，需要工作人员在议事会开始之前提前至少 3 天发出通知，并保证每个与会者都能接收到会议信息，包括会议时间、地点、流程、议题等。议事会主持人需要有丰富的议事会召开经验，能够主导议事会顺畅开展，完成各个议题的商议，形成议事会决议；议事会还要配备必要的辅助工作人员，进行会议记录、现场秩序维护等辅助性工作，以保证议事会顺利进行。

第八，有效参与的道具准备。居民议事会需要准备相应的道具、物资和设备设施，每次议事会需要准备签到表、会议记录、会议决议等物资，议事会的痕迹保留和后期的文档编辑有利于后续议事会的整体梳理和归纳总结。涉及表决的还需要准备相关的道具，比如白板、便笺、表决牌等。

2. 达成目标共识

目标共识是参与治理的协同主体为了更好地参与协同治理，协同主体在思想层面达成一致意见，X 社工站主要从以下两个方面促成参与主体达成目标共识。

一方面，以信任关系促成目标共识。X 社工站在参与城市社区治理过程中，始终秉持着诚信原则办事，做到承诺必有行。为与购买方建立良好的信任关系，X 社工站定期汇报日常工作进度，特别是社区内兜底群体服务的情况，形成新开个案、小组和社区治理专项的跟踪汇报机制，做到"事前有请示，事事有交代，件件有着落，句句有回应，事后有汇报"。为更好地呈现服务效果，X 社工站会设计好月度工作简报并将相关新闻报道的链接发送给购买方，让购买方实时掌握社工站参与社区治理的动态。当信任关系建立起来之后，购买方也会主动为社工站链接慈善资源和党建资源，助力社区治理。为建立同社区居民的信任关系，社工扎根社区，走进居民的生活，时刻把同感理念内化于心，真正做到"感同身受"，在社工刚刚进入社区之初，首先了解社区的过去和现在，用心感受居民日常生活的点点滴滴，通过认真倾听、尊重理解和表达同感，与社区居民建立良好信任关系。

刚开始的时候还是比较抵触写这么多汇报材料的，每个月工作要向多个部门汇报沟通，感觉做了很多不必要的形式主义工作，但后来逐步意识到要让购买方、监督方放心满意，不仅要把工作做到实处，还要及时汇报，以此加强同购买方之间的交流与

信任，购买方逐步信任之后对我们的管理和监测就进入了常态化，会带来很多便利。（04SPHZ）

另一方面，以共同任务促成目标共识。为达成与社区居委会的共同治理目标，X 社工站在制订年度工作计划时，会先走访 11 个社区居委会，了解社区居委会本年度的治理目标和居民活动计划，并按照"重要的急需解决的、不重要的急需解决的、重要的不急需解决的、不重要也不急需解决的"的"四象限"法则，对社区公共问题的介入顺序进行优先次序排序，确定本年度的介入目标以及 5 年的中期介入目标，以及可以利用的资源清单，以此形成社区治理介入方案。具体目标如下：整合各类社区资源，为辖区内有需要的群体、家庭以及个人提供全面、优质、一站式的社会工作服务，以满足不同人群的需求，孵化各类社区自治组织，辅助各社区的特色品牌建设，推动社区利益相关者参与社区治理，提高社区居民幸福感，建设"安全、舒适、健康、互助、参与"的美好社区。具体如图 6 - 5 所示。

图 6 - 5　社区治理目标分析

3. 协调利益平衡

协同治理中多元的参与主体唯有在利益平衡中达成一致，才能实现治理中的协同。在城市社区治理的协同结构中，多元参与主体往往因自身的治理身份差异，需要处理自身与其他治理主体之间的利益差异，即"个体性"与"集体性"之间的利益差异。田培杰（2013）认为"协同治理优势理论将协同参与主体双重身份（个体与协同治理主体）引发的内在矛盾冲突称为'自主性与责任困境'"，并提出"协同是自愿原则实现的，多元参与主体往往需要证明治理的协同参与过程对自身的长远发展是有益的"。X 社工站在城市社区治理之中，从以下几个方面处理利益冲突，达到利益平衡。

第一，案主优先原则。X 社工站在处理不同治理主体之间的利益冲突时，往往坚持案主利益优先原则，助人自助，无我而利他，每一名社工都秉持着"案主的事情是最重要的事情"的理念，尽最大努力，协调各方利益，优先满足案主的需求，始终以案主为中心。

第二，求同存异导向。X 社工站在处理"个体性"与"集体性"的利益冲突时，始终坚持目标导向，只要能够达到最终的共同治理目标，那在协同治理过程中，不同治理主体的治理方式差异、治理逻辑差异、治理路径差异都是可以尊重和理解的。比如，X 社工站在介入无人管理的老旧单位型小区社区养老难题时，社工主动链接外部资源，投入大量精力改造路面硬化、花池修补、卫生死角清理、老旧墙面改造等基础设施。X 社工站介入治理的出发点是为老人营造安全、舒适、绿色、幸福的社区养老公共空间，但其他参与主体会附带自身的行政任务参与，比如为了完成垃圾分类的指标、为了完成计划生育相关政策的入户宣传、为了完成学校的志愿服务时长指标等任务，虽然这些参与主体的协同动机并不是为了改善长者的生存生活环境，但最终结果也能达到社区治理的共同目标，故 X 社工站在为多元参与主体做好岗前培训，达到协同治理的共同目标之后，尊重理解多元主体自身的任务目标。

第三，注重战略思维。战略思维不仅要着眼长远抓住重点，而且要考虑长远。在一般情况下，很多主体会不自觉地看重眼前利益。但倘若只盯着眼前利益而不顾长远利益，竭泽而渔，就是目光短浅。战略思维就是不仅考虑当前，更要考虑未来几年、十几年、几十年甚至上百年的问题，因而具有长远性。"不谋长远者，不足谋一时。"高瞻远瞩、远见卓识意指看得远，形容目光远大。X 社工站立足于解决社区治理难题，助力广州构建社会治理体系和治理能力现代化走在全国前列，并将其确定为自身的组织发展目标，治理过程中把握必然趋势，见微知著，既立足当前又着眼长远，有功成不必在我的胸襟、一张蓝图绘到底的韧劲，脚踏实地，埋头苦干，及时调整自身治理方式，把城市社区治理的事业不断推向前进。

（五）参与社区治理的协同路径

1. 实地调研，挖掘社区居民需求

X 社工站在对街道进行实地调研后，根据需求的急迫性和协同者的配合程度等因素，选择 N 社区作为重点项目的试点社区，并对其基本情况及治理需求进行重点分析。

N 社区位于广州市天河区 X 街道办事处辖区西北部，于 1996 年 12 月成立，原名为 N 居委会，2002 年 6 月调整建立社区居委，更名为 N 社区居委会。辖区总面积约 0.5 平方千米，辖区单位主要有天河区 SZ 维修队、广东 GM 学院、天河区 SH 小学、广州 RY 汽车维修有限公司、广东 SG 投资有限公司、YL 幼儿园、GF 养老看护家等，辖区主要由梅花铝材厂宿舍小区、N 村、荔枝岗村、金茂华府、白云教工宿舍等组成。共有居民住宅楼 309 栋，户数 2770 户，总人口 8736 人，其中常住人口户数 1328 户，流动人口 1442 户；60 岁以上户籍老人 456 人，残疾人 18 人，低保户 1 户，困难边缘户 2 户，退管老人共 225 名。是一个以城中村为主及单位房改房小区、大型综合高档住宅共同构成的综合型社区。目前，社区党委有党员 112 人，居委会、公共服务站专职人员 6 人，兼职委员 5 人。

经 X 社工站调研发现，N 社区居民需求主要集中在 N 大街 168 号大院（以下简称

168 大院），168 大院属于典型的无物业管理的退休职工宿舍楼区，该小区居民的需求有以下四个方面：一是人居环境改善的需求，如卫生死角的清理、坑洼路面的改造、破损花池的修缮等；二是丰富文娱活动的精神需求，如学习慢性病管理知识、智能手机使用等；三是小区自治能力提升的需求，如培育治理骨干、孵化社区社会组织等；四是多元共治的需求，如打造议事平台解决治理难题、打通信息通道收集舆情民需等。因此，X 社工站根据以上居民需求，有针对性地设计了协同共治的行动策略，具体如图 6-6 所示。

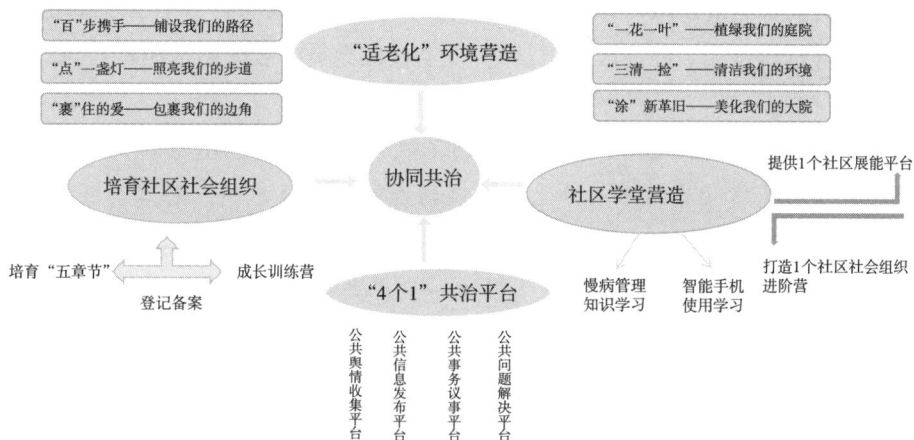

图 6-6　社工站介入社区养老公共空间的协同行动

2. 坚持问题导向，改善社区人居环境

X 社工站联动多元主体，针对无物业管理的老旧单位院落，解决社区养老公共空间"适老化环境"不足、存在安全隐患的问题，满足了社区长者依靠环境提升出行、休憩安全感的迫切需求。目前，社区养老公共空间营造项目在关注社区养老公共空间"适老化环境与设施"不足的问题上，主要围绕 N 社区北街 168 号宿舍小区开展"适老化环境"营造服务。

一是改造出行路径，建立安全的步行物理空间。由于 168 大院建立的时间长，且来往的车辆多，年久的路面在车辆重压下出现了破损情况。为此，X 社工站联动 N 社区党委、广州市 B 社会工作服务中心党支部、广州市 D 公司党支部开展"我为群众办实事，社区治理暖人心"改造我们的出行路径活动，发动党员与 40 名社区居民参与，其中党员 25 人，填补坑洼路面 30 平方米。原本坑坑洼洼、崎岖不平的路面变成长者饭后散步的休闲胜地，大大降低了长者磕碰摔倒的风险，减少潜在的危险因素。随后，社工还组织社区志愿者利用活动剩下的物料修补了社区内其他有小部分破损的地面，合理规避了长者在户外空间活动的风险，让社区长者行驶在"幸福出行的快车道"。

我们刚开始来测量这些损坏的坑洼时，总能感觉到周边的居民带着异样的目光在观察我们，当我们把水泥、沙子运过来时，运沙车因路面颠簸陷进了水沟里，我和同行的社工一起推车都推不出来，周围围观的居民有很多，但没有一个居民愿意出手帮忙的，那一刻真的很崩溃，自己辛辛苦苦还不是为了这个大院着想，可换来的却是冷漠，真的很气愤，后来还是叫来了更多的同事才把运沙车推出来。经过督导的情绪辅导后，逐渐想开了许多，既然是自己选择了这条路，那就要无悔地走下去做出结果，让我欣慰的是那次事件之后，居民好像看出了我们是真想帮助大家改造的决心，于是慢慢地，有更多居民站出来参与改造。(05SXJH)

二是改造破损围栏、石板凳，改善居住空间。在前期调研中，居民对于政府出资修复防护栏的反映非常强烈，为回应社区居民关切，社工站联合 N 社区党委链接 A 公司物资资源（提供水泥、沙、改造工具），发动社区党员、居民用水泥材料自行修复年久失修的防护栏。

修补路面的通知发出之后，A 公司看到了我们的行动，主动找到 N 社区居委会，询问是否有其他党建联建的活动，他们提供物资及派党员参与。居委会就联系我们，商量确定以修复防护栏作为主要目标，由我们这边出活动方案，居委会组织 A 公司参与。我们原本计划面向院内居民招募志愿者一同参与，但效果并不理想。因为这个大院的住户以长者和外来务工人士为主，前者认为自己老了干不动，后者认为自己只是租房的，没有时间和义务做这些。(03SLFJ)

选择防护栏作为修复的重点，也是因为这里平时会聚集比较多的老人，算是使用频率比较高的地方。同时也添加了一些石板凳，方便老人家或者路人路过休息。(02NXXY)

三是改造绿化环境，营造温馨舒适的社区养老空间。联合广州市 Q 中学高中部学生开展绿化环境改造活动 2 场，美化人居养老环境 1000 平方米，杂草丛生、垃圾堆砌的花圃摇身一变为"城市后花园"，打造温馨舒适的养老环境。

以前习惯了花圃是这个样子，也没觉得什么。但是上次那些学生来搞过几次活动，把垃圾捡走了，那些杂草除掉了，还种了这些花。现在大家都说下楼看见这些花圃心情都好多了。(09NZWX)

四是改造卫生死角，营造干净整洁的社区养老空间。联合街道环卫、消杀站、N 社区"两委"、S 公司党支部和社区居民开展清洁环境活动 2 场，发动 125 人参与，其中党员 18 人。本次社区清洁活动清理了小区的绿化带、垃圾分类投放亭周边卫生死角等地方，清除杂物 1 车次（约 3.4 吨），翻盆倒罐清理积水 30 余盆，清除蚊虫滋生地300 平方米，喷洒除"四害"药物 7 千克，清除卫生死角 2 处，美化大院养老环境3000 平方米，打造干净整洁养老环境，增强了居民的社区满意度。

N 社区居委会在夏季都有预防登革热，喷洒除"四害"药物的活动。我们就结合居委会的活动组织社区内的企业党支部、社区党员举行大型的社区卫生清洁活动，将社区内的卫生死角都清扫了一遍。(03SLFJ)

孩子的学校要求参与志愿服务活动，所以就带她来社工站参加活动。她回去说整理了花圃，很有成就感。还说这边有党员活动，建议我也参加，然后我就来了。以前也有志愿服务活动，不过很多都是比较形式主义。这次这种能实实在在为自己生活的社区服务，觉得很有意义。（08YCMH）

五是改造破旧墙面，营造美丽和谐的社区养老空间。为进一步引导居民参与社区治理，改善社区的人居环境，社工站申请了广州市公益创投项目，以公开征集社区墙绘的形式，激发居民的社区参与意愿、凝聚社区共识；以共同开展社区墙绘的形式，提升居民的参与意识和参与能力。墙绘活动链接来自广州市 Q 中学美术特长班学生志愿者资源，将获得最多居民认可的图画绘上墙面。原本斑驳老旧、色调灰暗的墙面绘上了四色分明的垃圾分类桶画、敬老孝亲的社区壁画，以及温馨的"好家风"图画，摇身一变成为宫崎骏笔下的"彩虹村"。活动开展了 2 场，共有 40 名居民参与，涂鸦美化墙面 30 平方米。

我们之前团建参观了江门那边的彩虹村，就想着清理完卫生死角、绿化了环境之后的 N 社区也很适合这种墙面美化活动。我们也跟居委会商量了能否用社区公共用地来尝试绘画。在征得居委会同意后，我们就申请了广州市公益创投项目开展这个活动。（04SPHZ）

3. 以服务为主，打造社区文化空间

X 社工站为满足居民活到老、学到老的为老服务需求，打造家门口的社区老年学堂，让社区长者学习更健康、更幸福。

首先，X 社工站为更好地在社区内开设老年学堂，先是倡导街道相关部门微改造大院，为服务引入提供一个硬件设施完善、环境优美的课堂。

社工站场地大、功能区划分明显，所以很多舞蹈队和粤剧社团都会来社工站排练。但是有这些专门爱好和特长的长者并不多。一些性格内向，或者身体健康状况稍差的长者是很少来我们社工站的。但在年度调研中发现，这部分群体也有社交的需求，有体验新事物的兴趣。因此，我们希望打造家门口的社区老年学堂，满足这部分长者的需求。（05SXJH）

建立老年学堂面向街内居民开展，需要充分考虑老年人的身体情况，包括完善学堂的硬件设施，做好无障碍设置、适老化准备。（02NXXY）

其次，发动院落内掌握手工技能、烹饪技能的主心骨成员点亮微技能，为爱好学习的长者甚至是出行不便、年迈的长者提供课程学习。对于传授技能的长者而言，既拓展了人际圈，也提升了社区归属感和成就感。对于参与老年学堂课程的长者来说，这一互动平台的搭建既帮助他们掌握了具体的技巧，也丰富了他们的老年生活。

通过问卷调查，我们了解到长者对于手工和烹饪的兴趣比较大。而且老年协会中有很多擅长手工和制作各种小点心的阿姨，她们也很愿意和大家分享制作方法。我们

还会定期组织表彰活动，对自愿从事老年学堂教学的居民颁发奖状，肯定她们的付出，让她们感受到尊重和认可。(05SXJH)

让社区老年学堂从"办起来"到"火起来"，截至2021年4月30日，168号大院社区老年学堂分校已经开设了手工班、运动班、环保班、美食班、健康管理班5个班级，针对不同班次每个月开展1次课程服务，截至2021年4月30日，服务居民近300人次，稳定一批学员、发展一批讲师、确定一个课程管理制度。

目前由街坊互助队伍成员在运作老年学堂的服务与管理。具体情况如下：一是关于资源联动，项目在前期服务积累资源的过程中，与各大医疗单位巩固了合作关系，为"健康管理班级"提供服务基础。二是关于培育讲师，项目通过"以老带新"的方式，撬动X街老年学校已有的首批教师师资队伍资源为分校学员提供课程教学服务，并鼓励168号大院街坊互助队伍为分校学员提供专业服务的优质教师队伍。三是关于社区学堂可持续发展，项目对街坊互助队伍提供赋能培训，引导街坊互助队伍对资源链接—提供课堂服务—日常学堂管理—阶段性成果总结每个重要工作内容都进行商讨，社工就如何加强运营管理能力提供建议，使社区社会组织明晰自身在社区学堂中的角色和定位，接替好社区养老服务的"交接棒"，从而推动院落自治。

4. 坚持增能导向，培育社区社会组织

X社工站协同治理过程中，协同社区居委会培育社区社会组织，在N社区完成1支社区社会组织的登记备案工作，促进社区内部力量自我服务、自我管理、自我发展，成功解决大院无人管理、社区支持网络薄弱问题。

一是借助社区危机事件，挖掘培育自治能人。在前期介入阶段，X社工站曾大力宣传小区自治，呼吁居民选举楼栋长，组建小区业委会代表业主管理小区公共事宜，尽管X社工站宣传渠道丰富多样，并且多次邀请社区居委会工作人员入户宣传，但年龄比较大的住户希望由政府和年轻人参与治理，而大多数年轻人又忙于工作无暇参与。长期的投入收效甚微，也曾让负责社工产生迷茫和自我怀疑，究其原因是没有找准动员居民参与的动机，事情的转机来自一次小区停水事件。2020年秋季N社区168号大院因拖欠水费被通知一周内停水，消息一经传出便在居民微信群内吵得沸沸扬扬，有居民抱怨，也有居民群内"骂街"，还有居民理性思考分析对策，社工协同居委会、供水公司了解前因后果，在群内为居民一一答疑，并动员住户选出居民代表与供水公司共同协商解决方案，最终在X社工站、居委会、供水公司、居民代表的充分沟通协商下，供水难题得以解决。事后，X社工站在居民群内充分宣传了业主代表的积极事迹，赢得了各住户的点赞和认可，随即社工站借此提出推选业主委员会，经线上投票、线下表决公示，最终积极参与解决停水问题的居民入选，成立了街坊互助队的雏形，X社工站培育社区治理能人的路径如图6-7所示。

二是搭建自治能人参与的平台，孵化自治队伍。168号大院街坊互助队伍缘起"被

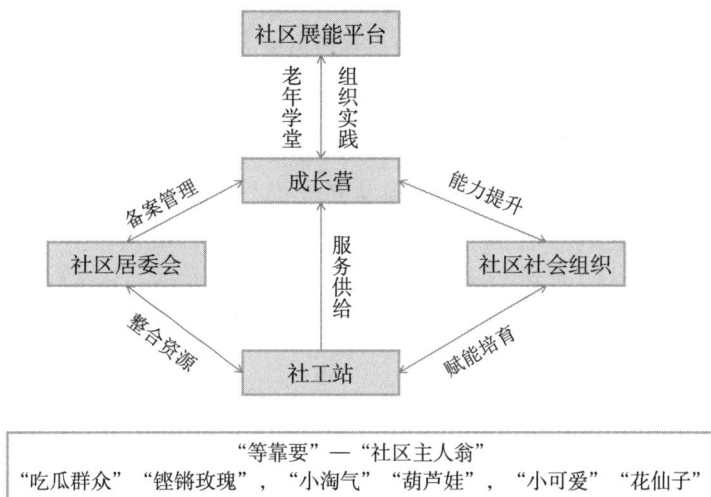

图 6-7 X 社工站培育社区治理能人

遗忘的角落——168 号大院"，因地制宜，立足于 X 街特色，他们充分发挥"草根居民""巧媳妇"的治理、技能优势，调动各类社区能人的创造力和行动力。从温馨学堂的打造、空间功能划分、课程设置开始，到开展系列性课程服务、各类社区邻里互助活动的组织与开展，互助队伍成员都积极参与，并会在服务开展过程中不断梳理总结经验，不断完善服务。比如游园会时，大家为摊位设计出谋划策、为摊位名称绞尽脑汁，在平淡的生活中架起了沟通的桥梁。原本"沉默的羔羊""高高挂起事不关己"的甲乙丙丁，均化身为社区自治小能手，为社区养老公共空间建设建言献策，打破"你一言我一语"的低效沟通方式，大家在社区养老环境治理中提出组织居民定期灭蚊的建议、为增设硬件设施合理发声，居民们不再是以前的"等靠要"，他们用实际行动展示"主动担当""我的家园我守护"，街坊互助队伍发挥示范性作用，推动居民用"表达""献金点子""行动"参与社区事务。X 社工站孵化社区社会组织的过程如图 6-8 所示。

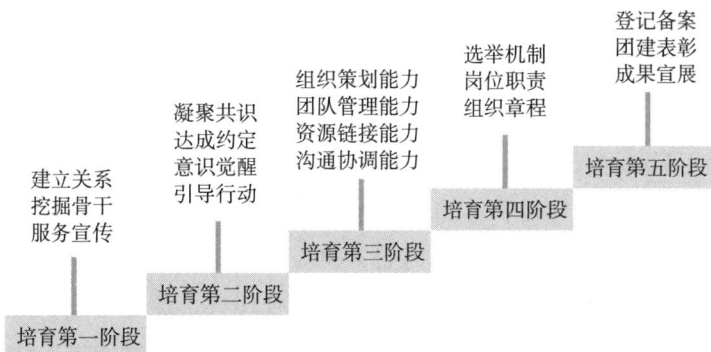

图 6-8 X 社工站孵化社区社会组织流程图

三是引导队伍登记备案，规范化运作。经过前期的工作准备和资料收集，N 社区 168 号大院街坊互助队伍选举出队长、副队长以及常务副队长，他们聚焦群众关切，找准服务定位，确定业务范围。前期主要提供社区老年学堂服务，管理好公共空间，为院落内长者搭建"学习、互助、帮扶"的"健康养老"平台，通过发挥余热帮助有需要的高龄长者，真正做到陪伴而互助、促学共进步，且队伍以实际行动为主，开展了多场次的实践活动，得到 N 社区居委会的高度认可，得以成功在 N 社区居委会认证、备案。规划队伍的运作，有利于社区社会组织健康有序发展，给予社区社会组织一定的地位和充分的社会认可。

5. 搭建共治平台，优化治理流程

X 社工站在协同治理过程中注重打造常态化的社区议事平台，打造"一个公共舆情收集平台、一个公共信息发布平台、一个公共事务议事平台、一个公共问题解决平台"的"四一共治平台"，向下收集舆情民需、传递政策福利，向上传达民情民意、提出参考对策，并利用"互联网＋"结合"水塔边的议事会"，促进居民、社区"两委"参与共治，探索单位型老旧小区的社区公共养老空间治理模式。

在增加社区居民的信息渠道方面，一是考虑单位型老旧小区存在信息渠道不畅通、院落内居民之间联系不强的问题，社工以互联网技术为辅助，通过日常走访、社区活动、流动扫楼等方式组建 1 个便民微信群的参与途径，让社区大小事延伸到居民的日常生活中，逐渐培养他们的参与积极性；二是多元主体携手共治，居委会对推动老旧院落自治也给予了高度关注，借此契机，社工将 N 社区居委会工作人员邀请至微信群聊中，一方面是方便社区及时收集居民的诉求及反馈，另一方面是促使社区积极保持与居民间的互动，初步形成"社区居民、SG 单位、社区居委会、社工站、政府部门"的小区治理体系，改善居民在社区参与中缺位、居民之间黏合度较低之现状。

在收集居民的舆情反馈方面，结合社区内不同居民之间的实际情况，采用"双管齐下"的方式，线上线下均发挥良性作用。面向使用智能手机存在一定困难或是无智能手机、白天有充足时间的社区长者，社工在白天下沉社区定期开展社区活动、日常需求收集等，引导和组织长者发表意见和建议，提升他们的参与意识，发挥长者的积极作用。针对年轻群体中的"上班族""宝妈""虎娃""广漂一族"等休闲时间不充裕的居民，社工通过定期在夜晚时分开展流动扫楼的方式，错峰收集他们的意见和诉求。同时，运用互联网技术，使年轻群体不用出门，也能够参与社区事务。此举激发了大院内的老年群体或是年轻群体的正确诉求反馈、自我发声的主动性。

在推动社区问题的解决方面，针对公共事务协商难、难以推动集体行动，项目在以下方面想办法，一是项目坚持以社区居委会为合作方，通过个案、探访、需求调研等了解社区各居民群体状况，并由 N 社区党委、社区居委会推荐居民代表，合作成功搭建出由"居委会＋社工站＋居民代表"组成的 1 个"水塔边"公共事务议事平台，以"适老化环境"微改造为落脚点，听取群众声音，推动解决了社区蚊虫多、地面坑洼不平、垃圾分类定点投放点意见征集等问题，如图 6 – 9 所示，到 2020 年 11 月，已与 N 社区居委会达成共识，其派出代表定期参与 NLG 北街 168 号大院"水塔边议事会"。二是结合 NLG 北街 168 号大院实际情况挖掘社区积极分子，首先是由社工站、居委会共同为居民打通舆情收集通道，搭建一个互动平台，让各部门、各利益诉求方能在平台上良性对话、审慎科学决策，鼓励他们自我发声，为社区治理发力；其次是水塔边的议事会不是一个"空壳"，议事会聚焦居民的真实、迫切的需求，真实地进行披露，各方对居民的声音也一直有回应，例如对于能够及时解决的问题进行有效解决，对于不能够单凭居民、社区、社工站的力量解决的问题，即发挥协作者的作用，充分协调各有关权责部门进行反馈，最终往"反馈—协调—商议—回应"的院落治理方向发展。

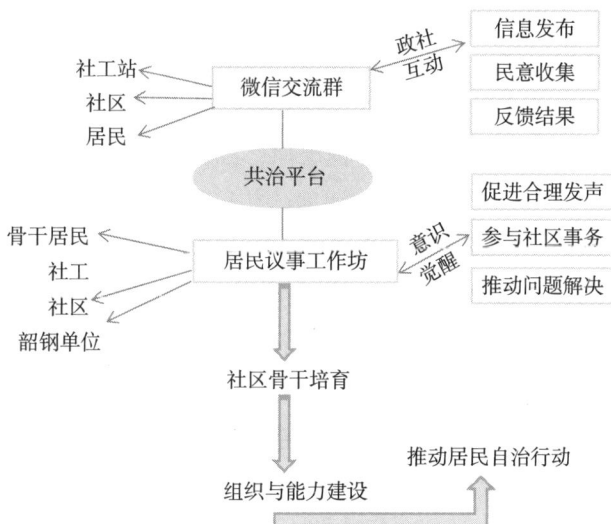

图 6 – 9 "水塔边议事会"

三、X 社工站参与社区协同治理的成效与困境

（一）协同治理的成效分析

1. 人居环境更优美

"社区养老公共空间营造"从构想到成立、调整再到发展阶段，经历了一年多的时间，以"适老化环境与设施"微改造、老年学堂营造等为切入点，由"社区管理"向"居民自治服务"过渡。截至 2021 年 4 月，在"适老化环境"营造服务板块，据统计整改社区养老环境约 3000 平方米，修葺破损花基带 2 处，新堆砌 2 处花基带，清理社区大件垃圾、建筑废料、楼道垃圾约 5.4 吨，开展人居环境改造宣传教育 2 次，修复、美化墙绘面 3 处，整改臭水沟 20 处，种植绿化盆栽、树苗约 80 棵。

聚焦群众关切，无物业管理的老旧小区存在的适老化环境不协调问题得到一定改善。首先，针对 NLG 北街 168 号大院因地面坑洼容易积水，特别是到了夏天，蚊虫滋生导致小区内的养老环境杂乱无章的问题，社工主要通过联动街道环卫、消杀两站、N 社区党委、居民志愿者开展"三清一捡"系列爱国卫生运动、普及环境卫生教育，依托"防止登革热、污水处理、垃圾分类"等环境整治相关的小册子等提升居民的环保卫生意识。同时，动员大家一起改善人居环境，2 场"三清一捡"人居环境微改造行动共计清理垃圾约 5.4 吨，翻盆倒罐清理积水 80 多盆，还对小区内的卫生死角、裸露水沟、绿化带等容易滋生蚊虫地进行彻底清理，成功缓解小区蚊虫多的问题，在一定程度上改善人居养老环境。其次，针对大院内地面多处坑洼、凹凸不平，长者视力下降、出行存在安全隐患，不利于长者享受户外公共空间的问题，社工联动多元主体、充分整合社会化资源组织开展"适老化设施"微改造，将地面不平的坑洼路段用水泥进行重新铺装，在铺设时重点关注地面的平整性，打造出一条畅通友好的长者出行路径，为长者提供适老化的安全物质环境，有效减轻长者出行的安全隐患。最后，考虑到安全、舒适的环境应该蕴含物质和精神层面，社工通过一系列的种植美化、敬老爱老涂鸦宣传壁画等"适老化环境"营造活动，在长者晨练、散步必须经过的步行道附近种植绿化树苗、盆栽，在明显的公共区域上的墙壁绘制敬老、爱老的宣传壁画，为在公共空间内步行的长者创造舒适、愉悦、健康的感官体验，既净化社区空气，又美化社区养老环境，在一定程度上帮助长者缓解压力、带来积极的情绪。

2. 社区服务更完善

X 社工站协同社区内外资源，为社区有能长者提供展能平台，倡导老有所学、老有所得、老有所乐的积极老龄观和终身学习的社区教育理念，共在 2 个社区开设 5 个"老年学校"班级，分别于 N 社区开展 6 节次的课程（手工、美食、游园、环境保护、慢性病管理），制定出 1 个课程表、累计招收 40 名学员。NLG 北街 168 号大院长者参与社区活动的意愿强烈，喜欢在户外活动，且大院内存在众多接受过教育，学历不低的社区有能长者，但是缺乏施展自我才华的平台。社工通过挖掘骨干、社区能人的方式物色到 2 名有能长者，拟开展健康管理小课堂、技能学习的破壳小课堂，引导有能长者发挥余热，进阶加入"社区社会组织"，以初老服务老老；同时，社工向大院引入"X 街老年协会"内生性社会组织资源，通过"以老带新"的方式，带动有能长者关心社区事务、产生与邻居之间的互动交流。在该板块的服务跟进中，社工通过引入资源、发掘能人的方式，顺应长者需求，成功为大院长者物色 2 名内生性的讲师资源，且初步为有能长者搭建 1 个参与平台，保障服务有序推进，同时为社区长者参与议事提供基础。

3. 治理主体更多元

X 社工站成功在 N 社区居委会登记备案 1 支社区社会组织（168 号大院街坊互助队

伍）、开展 3 场赋能培训。与此同时，初步在新发展的 N 社区北街 168 号大院挖掘积极分子 8 名，其中 3 名中共党员作为社区社会组织进阶营的"种子选手"，与此同时，通过适老化环境营造为有能长者、积极分子搭建了 1 个社区社会组织成长营。

团结邻里，因地制宜，促进社区社会组织能力提升与可持续、规范性发展。近一年来，社工在介入社区社会组织培育过程中，通过原有街坊互助队伍的雏形，不断宣传挖掘居民骨干、热心居民为街坊互助队伍的重要培育对象，社工以"日常活动"为载体，队员引荐、接触有奉献精神、有能力、有时间的居民，不断扩充壮大"168 号大院街坊互助队伍"，截至 2021 年 4 月 30 日，该队伍从原本的 4 人雏形，激活并形成 8 名"种子选手"，除此以外，队长还协助社工日常维系、宣传互助队，旨在引导互助队往可持续的方向发展。通过队伍能力培训、组织架构商定等，团队成员掌握了社区动员、志愿服务精神、实务技能等。目前，街坊互助队伍已经独立组织开展 3 场社区服务（长者社区照顾、健康义诊、街坊邻里节等），组织队伍逐渐步入规范化，亦成功在 N 社区居委会登记备案，自从街坊互助队伍出现，大院邻里之间互动增强，导致感情升温、关系密切，培养了互助友爱的邻里关系。

（二）协同治理的困境分析

1. 协同治理中的关系困境

由于多元参与主体的角色分工差异，X 社工站在城市社区治理过程中，难免与不同治理主体产生利益分歧和目标差异，具体如下。

一是受强势领导影响，社工站与购买方的协同关系容易发生"变味"。受"官本位"思想影响，X 社工站与基层政府的关系由"协同伙伴"变质为"协同伙计"。X 社工站想要倡导更加平等的合作伙伴关系，共同参与城市社区治理，与合作伙伴共享治理资源，各自承担相应治理职责，基层政府也提倡与社工站建立良好的合作伙伴关系，发挥社会工作的专业作用，解决社区治理难题。但在实践过程中，受到传统"官本位"思想的影响，基层政府往往会以上级领导的口吻"使唤"社工站配合开展工作，甚至是一些与所购买服务项目无关的行政工作，而社工站由于资金来源渠道单一，也只能被迫听命于"金主"的工作安排。当遇到强势的领导时，协同治理中理想的"伙伴"关系往往会转变为"伙计"关系，社工站被迫变为购买方的下属，需要承担购买合同之外的行政工作。强势领导下的"伙计"关系表现在只能做分管科室所认为的重点工作、"高压"监管增加行政工作成本、承担非购买合同内的工作。

我们除了要做协议内的指标以外，有时候还要协助街道做一些其他工作，比如创建全国文明城市，需要社工去路口引导市民遵守交通规则，不闯红灯、骑电动车不超速行驶、要戴头盔安全驾驶，协助一次两次我们还能理解支持，但一有事情就要我们顶上，丝毫不考虑社工站的本职工作会不会受到影响，反正缺人手就要社工顶上，好

像我们都是打杂的一样，还有一些不是民政口的也是经常找我们要人手。（03SLFJ）

当街道开展春节文艺会演缺人手的时候，街道办事处常常会调配社工站的社工去协助搞搞卫生、摆摆椅子和清理垃圾，社区居委会也常常找社工站借人，到了活动现场居委会又没有明确的工作分工，只能站着等，真的很影响大家的积极性，社工都觉得好委屈，搞得像是给别人打杂一样。我们甚至还遇到过更生气的事情，X医疗服务公司承接了街道的长者医疗健康服务，需要为符合条件的居民申请长护险、高照险和家庭建床的需求调研，X医疗公司拿到了项目经费，但自身人手不足、能力欠缺，给长者打电话沟通不畅，X街道公共服务办的科长就要社工站的社工代为电访沟通，占据了社工很多的时间和精力，社工站却未从中获得任何回报，还被人称为"是你们该做的"。（04SPHZ）

二是受认知差异和人员离职影响，社工站与居委会的协同关系不稳定。社区居委会受上级领导要求和社工专业能力的认知影响，与X社工站的协同关系时而紧密、时而松散。早在开展社区治理服务前期，X街道办党工委已经确定"以社区治理为抓手，建设优秀品牌支部"的治理思路，要求每个社区居委会根据实际情况，自定治理主题，联合X社工站开展治理合作。X街道共有11个社区居委会，X社工站之所以选择在N社区开展治理服务试点，并调动较多专业社工持续开展社区治理服务的原因是，N社区居委会高度重视社区治理难题和X社工站的专业人才力量，无论上级领导是否重视、日常工作有多繁忙，N社区居委会始终能够协调专职人员跟进治理服务，与X社工站始终保持密切联系。其他社区虽也有治理难题，但个别居委会常常根据领导的重视程度决定参与的积极性，当分管领导重视该社区的治理服务进度时，该居委会工作人员就会积极与X社工站联系，获取相关服务信息，此时的协同关系就会变得紧密；当分管领导不再过问治理服务进度时，该社区居委会也不再主动跟X社工站联络，即使是社工站主动与其联络，居委会也是爱搭不理，原定的治理目标也会变成社工站单方面推进的工程，此时的协同关系就会变得松散。部分居委会认为购买社工服务等同于购买社工人力资源，社工服务应该是以执行行政命令为主，在这种认知下，一些明确是由居委会负责的工作，最后也会演变成社工"全权负责"。

三是受目标定位差异影响，社工站与社区企事业单位的协同关系不稳定。多元主体参与协同治理的动因不同，当各自的目标达到后，与X社工站的紧密协同关系逐渐变淡。受到党史学习教育的影响，众多"两新"组织党组织积极参与"为群众办实事"的实践，发动党员积极参与基层社区治理，X社工站随之也与多个党组织建立了协同关系，签订了党支部共建协议，并共同开展党员下社区服务的志愿活动，"两新"组织党组织也因此与X社工站建立了紧密的协同关系。但个别"两新"组织的党组织思想动机不端正，功利主义心态明显，在取得党员志愿服务活动照片、活动记录、活动签到表之后，便以疫情影响经济形势紧张、日常工作繁忙无暇参与为由，较少甚至不再参与后续社区治理服务，渐渐疏远了与 X 社工站的联系，久而久之与 X 社工站的协同关系变得不再紧密。

2. 协同治理中的参与困境

除了协同关系困境以外，X 社工站在参与社区协同治理中也常常会遇到居民参与面较窄和参与积极性不足的问题，具体如下：

一方面，居民参与的覆盖面较窄。为了获得社区和购买方的认可，社工站要花费时间完成协议内的指标工作，很多服务活动都集中在工作日时间开展，中青年居民往往因为时间冲突不能参与，社工站的主要服务对象是儿童、妇女和老年人，为保证活动人次，社工站将很多社区服务项目的服务内容向这三个群体倾斜。这样的情况下，部分居民自己来到中心或者打电话到社工办公室反映诉求，问社区中有无某项服务或者是怎么样可以参与服务，但是即便居民提出了服务诉求，社工站也不一定能够满足。或是除了按照年度计划开展服务，结合一些基层服务及项目服务，对服务计划作出一些适应性的调整。社工站也希望让服务变得更加具有社区自身特色，希望可以为居民提供更加优质的服务，在覆盖群体及范围上有所扩展，尽可能地惠及各个年龄段的社区居民，但是最重要的两个客观限制因素也真实存在着，一是资金有限，二是人力有限。

很多活动的参加者都是比较固定的一群人，他们很活跃，赶上大型的比较喜欢的活动，也会相互拉一些老乡、朋友来。相邻社区的居民都来参加活动。(03SLFJ)

一个5人的团队在社区里面服务，接触到的群体比较固定，就是那么一群人，而且有一些人不管你怎么动员，他们始终是不怎么感兴趣的，或许是因为你这个并不是他所需要的，又或许他也不知道自己的需求究竟是什么。(04SPHZ)

另一方面，居民参与的主动性不足。笔者在参与工作时发现，社区内多数的居民不太清楚自己的真实需求，对很多社区服务活动又不予配合，直接导致了自身参与的持续性不强。正如长者领域的社工所说："其实他们也不知道有什么自己特别想参加的活动。有活动想来就来。"(04SPHZ) 在社区党群服务中心的社工为居民提供的服务当中，他们认为不是自己特别需要的，闲来无事参加一下，不喜欢下次就不再报名，甚至有些限额活动通知出来后，先报名占一个名额，如果有其他安排了就取消参加社工站的服务活动。笔者曾带领一个5节的小组活动，到最后一节小组活动的时候，只有一半的人到场。

问起居民希望社区开展什么性质、什么类型的活动，他们又闭口不谈，虽然这些居民已经参加了很多的社区服务活动，但是很少会去思考想要什么样的活动，又或者是什么样的活动对他们会比较有吸引力的一系列问题。只有极少数的社区居民会真正去思考，希望在社区内针对不同的年龄群体应该有怎样的服务活动，为了让这个社区变得更加和谐美好，自己可以做什么，社工可以做什么，而不仅仅是停留在"社区可以为我提供什么"这个层面。

居民对于自身的需求定位其实并不准确，他们个性化的需求，不会主动去提，因为他们会觉得政府已经做得很好了，努力把社工站做成一个教育的平台，闲暇时间的活动场所，因为有些老年人比较寂寞，孙辈都大了，自己独立生活，他们需要和同龄人进行交流，那么党群服务中心就是一个这样的平台，社工就是一个协助者。(04SPHZ)

四、优化社工站参与社区治理路径的建议

（一）改善协同关系

1. 以合同关系为准绳界定政社职责

第一，转变"官本位"理念，建设"服务型政府"。思想意识的偏差、监管制度的缺位、体制机制的漏洞是城市社区治理中"官本位"思想的诱因。因此，要转变"官本位"思想，建设服务型政府，就要做到以下三点：首先，加强理论学习，提高思想认识。各级领导干部应当充分学习习近平总书记关于提升城市社区治理能力的指导思想，加强对中共中央、国务院联合印发的《中共中央　国务院关于加强社会治理体系和治理能力现代化建设的意见》《中共中央　国务院关于加强和完善城乡社区治理的意见》等文件的学习，以及广州市人民政府印发的《广州推动市域社会治理现代化　助力实现老城市新活力》和支持社工站参与城市社区治理相关文件的学习，深刻理解协同治理的内涵，按照文件要求，结合本地实际情况，引导多元主体参与社区治理。其次，完善监管机制，督促履职尽责。当下基层治理中，对政府购买社会工作服务项目的监管侧重于考核社工站的合同指标完成量，属于单向度的结果监管，缺乏对购买方工作人员履职尽责的监管，因此应当健全对基层干部的过程监管，由区级行政机关承担监管职责，动态了解街道办负责干部对协同治理的参与程度，严厉整治违反合同规定、私自抽调专职社工开展非本职工作，拓展监管渠道，发挥党内监督、舆论监督、民主监督和人大监督的作用，将权力的老虎关在制度的牢笼里。最后，健全绩效机制，激发参与动力。要将基层干部、社区专职工作人员的绩效考核与社区治理成效相挂钩，将解决社区治理难题的工作成效作为年终绩效考核、职称评定、岗位升迁、先进人物评选等考核的加分项。

第二，尊重社工站主体地位，发挥专业作用。基层管理部门应尊重社会工作的专业价值和社工站的岗位职责，为此，要按照协议规定，遵守契约精神，减少不必要的行政干预，支持社工站积极开展社区治理服务，协同社区居委会、社区企事业单位与社工站建立合作关系，认真听取社工站收集到的舆情民需，主动出谋划策，帮助解决社工站在社区治理中遇到的难题，鼓励社工站挖掘社区能人，积极培育社区社会组织，凝聚社区共识，提升社区自治能力。

第三，优化社区治理成效的评估方式，完善监管评估制度。现在对政府购买社工服务项目的评估偏向于指标检测和第三方评估，轻视服务质量的评估，服务成效的评估也被简单当作测量服务对象满意度，通过电访随机抽查服务对象评估服务成效，电访结果的随机性较大，服务对象在作相应回答时难免会有其他的顾虑，这也会影响评估得分的真实性。再加上服务成效的测量难度大，也缺乏相应测量标准，所以目前政府购买社工服务项目上的评估方式还不尽合理。因此，首先，应调整评估方式。今后需调整评估方式，变多个主体实施评估为集中统一评估，确定进行评估的时间，确保社工站在评估准备期内可以全身心投入。其次，优化评分细则。调整购买方打分的比重，提升专业服务分数比例，当前购买方打分部分的分数比例远远超过社工专业服务分数比例，这样的分数安排在某种程度上不是很合理。最后，择优选择评估实施主体。政府相关部门对聘请实施评估的第三方主体的资质进行严格审核，确保其确有能力对社工机构开展评估工作，评估实施主体应注重服务对象的评价与改变、服务内容实施的真实效果，通过不定期、不通知的实地调研等手段加强过程监督和评估，避免只做审核文件材料的数量、厚度等表面工程。

2. 以社区需求为导向制定长期目标

民之所忧，我必念之；民之所盼，我必行之。社区治理服务不是敲锣打鼓、轻轻松松就能搞完的，为群众办实事也不是一朝一夕、一蹴而就的事情，社工站要建立长效机制，拿出"燕子垒窝"的恒劲、"老牛爬坡"的拼劲，尽心尽力地为群众出主意、想办法、谋利益，用实实在在的成绩赢得群众的口碑。为此，社工站要做到以下几个方面：第一，端正思想动机。社工站要身体力行全心全意为人民服务的宗旨，坚持为人民谋幸福、为中华民族谋复兴的初心使命，坚决杜绝将为群众办实事视为完成检查要求式的应付行为，要以"不待扬鞭自奋蹄"的自觉，勇于走出"空调房"、跳出"舒适区"，到社区治理一线去，找准群众反映最强烈、诉求最集中、关心最热烈的社区问题，致广大而尽精微。第二，树立长期目标。社工站党支部在与"两新"组织党组织签订共建协议时，应当明确共建清单，围绕社区居民需求，确定未来 3～5 年的长期治理目标，并将目标细化为年度目标、季度目标、月度目标等，明确长期合作方案，健全目标实现机制。第三，建立长效机制。靡不有初，鲜克有终。社工站应当主动与多元主体保持定期联络，反馈合作成效和居民反响，激活社会力量持续参与动力，根据社区治理的需求，主动邀请建立合作关系的党组织，以持之以恒、久久为功的精神，共同解决社区治理难题，满足群众需求。

3. 创新绩效考核机制

社工站与社区居委会的合作伙伴关系很多时候之所以善变，一方面是因为社区居委会开展工作以领导是否重视、是否会对其个人的绩效等因素为导向，而并非以该项目或活动是否有益于居民为行动指引；另一方面，部分居委会未认识到社工站服务的专业价值，认为购买的社工服务岗位也是执行行政指令的人员。要解决以上问题就要做到以下三点。

第一，健全以民为本的成效评价体系。政之所兴在顺民心，政之所废在逆民心，基层政府要转变过去"做得好不好，领导说了算"的工作作风，减少行政权威对基层群众自治组织的影响力，在评估社区治理服务成效时，应当加大居民满意度的评分权重，并扩大访谈样本量，提高创新社区治理服务方式和服务成效的分值，激励居委会主动与社工站合作探索社区治理服务创新，引导居委会以居民为本开展社区服务，以此转变社区居委会过去"对社区治理的重视程度取决于上级领导的重视程度"的错误价值观，要牢固树立以人民为中心的发展思想，尊重人民主体地位，把实现好、维护好、发展好最广大人民的根本利益作为一切工作的出发点和落脚点，做人民利益的忠实代表者。

第二，完善以评促建的成效激励机制。政府需要完善居委会工作人员的工作成效激励机制，对于积极参与社区治理服务，并有效解决基层治理难题的居委会给予绩效激励，评选优秀社区治理项目，鼓励获奖项目代表街道参加区、市、省、国家级等基层社区治理创新服务项目评选和经验交流，推荐优秀社区治理项目积极参加广州市"和谐社区（幸福村）"社区治理项目的评选活动，申请优秀项目奖励资助经费，保障后续社区治理经费持续投入；对于积极参与社区治理服务的居委会工作人员，在年度绩效考核、先进人物评选、优秀共产党员评选、社区治理能人评选等方面提高加分比重，并邀请社区媒体、城市新闻频道、《广州日报》等新闻媒体宣传优秀人物事迹，鼓励基层社区工作人员学习先进人物精神，提升获奖人物荣誉感。

第三，加大对成效不达标的惩处力度。对于在社区治理中未按照年度计划完成相应社区治理目标的社区居委会予以通报批评。并责成形成整改工作方案，限期完成整改目标任务；对于在社区治理中消极不作为的居委会工作人员，在年度绩效考核、社区治理能人评选、优秀共产党员评选等方面予以扣分，并由上级主管领导约谈，责成改进工作作风，转变工作思路，对于严重不配合的予以书面警告等。

4. 完善服务反馈机制

社工站参与社区治理需要协同多元主体共同参与，但是协同的对象往往会因为离职、换岗等原因无法继续跟进原有项目，甚至是中断既有的合作。因此，社工站需要加强目标跟进反馈，对于正在推进的项目，需要与协同方确定合作机制，比如明确多久进行一次跟进反馈，反馈的形式有哪些，形成相对固定的沟通模式，共同推动项目进度。对于一些短期的合作，则可以以节日、周年等为契机进行后续情况跟进，就服务对象的近期情况进行反馈，激励对方继续保持后续合作。

（二）激活有效参与

城市社区治理的主体是社区居民，为激发人民群众的自治意识，提升社区居民的自治能力，就要做到以下几个方面。

1. 坚持以案主为中心的原则

以案主为中心，收集社区居民需求。拓展社区舆情民需收集渠道，推广"水塔议事会"的成功经验，多措并举拓展舆情收集渠道，借助大榕树下唠家常、微信群里提意见、饭后散步话想法、健身广场来吐槽等多种形式，将议事平台设到小区里、巷子内、家门口，以更加接地气的方法、更加便民的渠道、更加轻松的形式广泛收集群众的服务需求和改善社区服务的意见，转变过去居民议事大会"一本正经"的形式主义，拉近过去居民议事大会"领导台上坐、群众台下落"的空间距离，改变过去"开会没时间，有时间没开会"的尴尬局面。

以案主为中心，提升居民参与的热情。回顾往昔的基层治理，居民参与社区热情不高的原因有"觉得自己一人无法解决问题"，也有"事不关己，高高挂起"的冷漠，亦有依赖社工、居委会、街道办将服务送上门的惰性，要解决上述问题就要充分调动居民敢于行动的积极性。为此，一方面，社工站要主动陪伴居民参与治理。对于"零参与"的居民，社工站要转变过去只注重送温暖上门、不注重居民参与的工作思路，主动邀请社区居民参与社区公共事务的治理，根据居民的兴趣爱好、工作经验、专业技能、生活阅历等信息主动匹配适合居民参与的岗位，肯定居民发挥的专业价值，赞许居民参与的热情，如若一次邀请不成功，则要发挥"三顾茅庐"的精神，多次邀请居民参与。对于参与受挫的居民，社工站要发挥心理慰藉、情感关怀的作用，纾解居民的焦虑、郁闷、无助等消极情绪，帮助分析参与受挫的原因，以头脑风暴的方式，引导居民创新解决问题的方法，并主动陪伴居民跟进后续的参与，在陪伴的过程中，使居民消除"一个人在战斗"的无助感。另一方面，社区能人要主动陪伴居民参与。就像"高手在民间"的朴素道理一样，社区骨干的力量不容小觑，社区骨干比社工站更具有在地化的地缘优势和归属优势，身边榜样的力量最有说服力，社工站要积极发挥榜样引领的作用，邀请积极参与社区治理的居民骨干分享心路历程，从"一无所知"的小白蜕变为社区治理的高手，促使居民向身边的榜样学习，并由社区骨干带领居民亲身实践，将以往的经验落实于实践中，在社区能人的陪伴下，提升居民参与的热情。

2. 以"比较性需求"点燃自治兴趣

英国学者布赖德肖将社区需求分为四个层次，分别是规范性需要、感觉性需要、表达性需要、比较性需要，解决社区居民不知道自身需求的最好办法就是挖掘比较性需求和规范性需求。过去我们总是主动问社区居民"你需要什么""你有什么建议""你觉得社区有哪些需要改善的"等，调研的结果往往是社区居民自己都不知道自己要什么，所以我们要转变工作方法，以比较性需求和规范性需求激发群众表达性需求和行动性需求的动力。为此，要主动挖掘比较性需求。社工站要通过社区治理服务菜单、优美人居环境的图片、社区能人积极参与治理的视频等多种方式,积极向社区居民展示丰富多彩的文娱康乐活动、人性化的社区环境设计、红歌嘹亮的老年学堂和黄发垂髫怡然自乐的社区公共空间等善治社区,引导居民通过相互对比,描绘自己想要的理想社区样板图,结合社区实际情况,提出社区治理改进的意见,挖掘社区治理清单。

3. 以"规范性需求"唤醒维权意识

要主动挖掘规范性需求,社工站就要主动梳理省、市、区、街道办等相关职能部门关于改善城市社区治理服务的法律规范和政策文件,并结合不同社区的基本情况、问题需求、社区资本等内容,挑选出适用的政策规范,主动告知小区老旧民居加装电梯、自行车电动车棚改造、排污管道修缮、园林绿化改造等硬件设施改造的业务主管部门、联系渠道、联系方式等信息,主动告知基本生活困难的本地居民、缺乏就业技能的来穗人员、无人照料的留守老人、无学可上的特殊儿童等特殊困难群众可以享受的低保政策、"就业携行"福利、社区居家养老渠道、特殊教育学校等兜底性民生服务政策,引导社区居民通过政策资源解决社区治理难题。

4. 以优势视角提升自治能力

工欲善其事,必先利其器。自治成效好不好,很大程度上取决于居民自治能力的高低。因此,社工站要善于提升居民参与自治的能力,以优势视角理论为指导挖掘居民自身潜力,以认知行为理论为参考引导居民理性思考,以系统理论为依据协同居民分析社区治理的微观、中观、宏观结构,以社会支持理论为抓手帮助居民建构社区支持网络,以地区发展模式为框架指导居民行动路径。总之,社工站要充分发挥自身的专业优势,打造社区治理的工匠精神,提升居民自治的能力,让居民可以不再依赖社工、居委会、政府等就可以实现小区善治。

5. 以激励机制强化持续参与

正如斯金纳的操作性条件反射一样,正向的激励会强化积极的行为,负向的激励则会弱化参与的行为,社区治理亦是如此。因此,在社区治理中,社工站要善于构建正向激励机制,借鉴乡村振兴中评选新乡贤的经验,通过评选社区治理达人、宣传优秀参与事迹、推荐社区治理大使等多种渠道肯定居民的积极参与,并推荐社区骨干评选市级、省级的优秀志愿者、社区治理能人等评选竞赛,邀请街道办、居委会为积极参与的居民颁发奖状,邀请高校学者为社区治理升华经验,邀请社区能人到高校讲台分享治理经验等,提高积极参与居民的社会地位,提升社区骨干的荣誉感、获得感、幸福感。总之,社工站要以优势的视角,善于挖掘居民参与的闪光点,不断鼓励居民积极参与。

参考文献

范中桥,罗明焱. 论社区和城市社区的基本概念 [J]. 大庆高等专科学校学报,2001 (3):32-34.

费孝通. 居民自治: 中国城市社区建设的新目标 [J]. 江海学刊, 2002 (3): 15 – 18.

闻英. 官办社会工作机构的状况及发展策略 [J]. 郑州轻工业学院学报 (社会科学版), 2009, 10 (5): 59 – 62.

夏建中. 治理理论的特点与社区治理研究 [J]. 黑龙江社会科学, 2010 (2): 125 – 130.

肖小霞, 张兴杰. 社工机构的生成路径与运作困境分析 [J]. 江海学刊, 2012 (5): 117 – 123.

邵青. 民办社工机构承接政府购买服务: 实践、困境与创新 [J]. 求实, 2012 (4): 51 – 54.

汪锦军. 构建公共服务的协同机制: 一个界定性框架 [J]. 中国行政管理, 2012 (1): 18 – 22.

吴春梅, 庄永琪. 协同治理: 关键变量、影响因素及实现途径 [J]. 理论探索, 2013 (3): 73 – 77.

田培杰. 协同治理: 理论研究框架与分析模型 [D]. 上海: 上海交通大学, 2013.

葛笑如. 从四重失灵到协同治理: 农民工职业风险治理新理路 [J]. 求实, 2015 (11): 89 – 96.

王瑞华. 社会工作介入社区治理的有效路径 [J]. 佳木斯大学社会科学学报, 2015, 33 (1): 38 – 41.

林雅霖. Q 社工机构在 L 街道社区治理中的角色扮演 [D]. 福州: 福建师范大学, 2016.

蔡晓霞, 陈永海. 多中心治理视角下社会组织与政府的协同治理: 参与失效及路径选择 [J]. 黑龙江生态工程职业学院学报, 2016, 29 (5): 49 – 51.

马雪松. 结构、资源、主体: 基本公共服务协同治理 [J]. 中国行政管理, 2016 (7): 52 – 56.

黄静. 社会工作机构介入城市社区治理的实践逻辑 [D]. 重庆: 西南大学, 2016.

张仲涛, 周蓉. 我国协同治理理论研究现状与展望 [J]. 社会治理, 2016 (3): 48 – 53.

周定财. 基层社会管理创新中的协同治理研究 [D]. 苏州: 苏州大学, 2017.

汪渊. 重庆市江北区政府与社会组织协同关系的影响因素研究 [D]. 重庆: 西南大学, 2017.

罗菊, 杨博文, 周斌. 系统理论视角下创新社会治理的机理分析与政社关系转变 [J]. 西南民族大学学报 (人文社科版), 2017, 38 (4): 192 – 196.

孙心怡. 社工介入城市住宅小区治理的路径研究 [D]. 南京: 南京师范大学, 2017.

张硕. 社会组织参与社区治理问题研究 [D]. 西安: 西北大学, 2018.

张文飞. "1 + X" 社区治理模式下社会工作机构的介入机制与问题 [D]. 沈阳: 沈阳师范大学, 2018.

广州市人民政府办公厅关于印发广州市社工服务站 (家庭综合服务中心) 管理办法的通知 [Z]. 广州市人民政府公报, 2018 (18): 1 – 10.

李敏学. 社会组织参与城市社区治理困境与对策研究 [D]. 成都: 中共四川省委党校, 2018.

李晓露. 社工机构参与社区治理的角色定位研究 [D]. 北京: 首都经济贸易大学, 2018.

阳卓, 杨胜勇. 社会工作介入城市社区治理的方法路径探析——以城市社区服务的提供为例 [J]. 区域治理, 2019 (30): 136 – 138.

方文清. 深圳市社工机构参与社区治理 [D]. 深圳: 深圳大学, 2019.

广州市民政局关于印发广州市社会工作服务项目目录管理办法的通知 [Z]. 广州人民政府公报, 2019 (31): 41 – 44.

黄景莲. 社工服务机构参与社区治理的结构框架与行动逻辑 [D]. 上海: 华东理工大学, 2019.

伍玉振. 新时代党建引领城市社区治理的内在逻辑与路径优化 [J]. 中共福建省委党校（福建行政学院）学报，2020（5）：78－83.

何雪. 社会工作介入单位型社区治理的路径探索 [D]. 兰州：兰州大学，2020.

胡建华，钟刚华. 社会组织参与社会治理的理论基础、现实困境与创新路径 [J]. 宜春学院学报，2020，42（1）：22－29.

李良进. 我国城市社区治理研究20年：回顾与前瞻——基于近20年来相关文献的回顾与述评 [J]. 深圳职业技术学院学报，2020，19（4）：16－23.

刘素君. 治理现代化背景下政社协同精准扶贫的优化路径构建——基于帕累托最优理论视角 [J]. 中共济南市委党校学报，2020（1）：44－49.

广东省民政厅关于印发《广东省推进民政领域基层社会治理体系和治理能力现代化的若干措施》的通知 [Z]. 广东省人民政府公报，2020（21）：9－13.

方舒. 协同治理视角下"三社联动"的实践反思与理论重构 [J]. 甘肃社会科学，2020（2）：157－164.

潘博. 党建引领城市基层社会治理的运作逻辑与实践路径研究 [D]. 长春：吉林大学，2020.

熊一鸣. 小城镇治理中政府与社会组织协同关系研究 [D]. 哈尔滨：黑龙江大学，2020.

闫树涛. 结构、行动与制度：城市社区中的社会组织有效协同治理 [J]. 河北学刊，2020，40（6）：177－185.

于瑶，陈婷婷，汪容华. 一个街道社工站建设的"1＋4＋N"多元协同模式 [J]. 中国社会工作，2021（34）：40－41.

郭烁，张光. 基于协同理论的市域社会治理协作模型 [J]. 社会科学家，2021（4）：133－138.

李琼. 党建引领社区治理中多元主体间协同关系研究 [D]. 南充：西华师范大学，2021.

林静. 城市社区治理多元主体互动合作机制研究 [D]. 长春：吉林农业大学，2011.

刘舒. 构建党建引领城市社区治理的新格局 [J]. 长春市委党校学报，2021（3）：28－32.

王明成，杨婉茹. 基层党建引领城市社区治理的路径探索——以成都模式为例 [J]. 西南石油大学学报（社会科学版），2021，23（4）：32－39.

柳红霞，邓佳一. 协同治理的理论生成逻辑及动力机制 [J]. 秘书，2021（2）：13－24.

贺俊春，王汉保，严炳洲. 社区协商与城市社区治理共同体的构建 [J]. 中央社会主义学院学报，2021（4）：113－121.

金莹，刘艳灵. 协同治理视角下公共文化云服务模式的运行逻辑与优化路径 [J]. 图书馆，2021（2）：15－21.

卢磊. 治理为基、反向推进与本土构建——北京市朝阳区管庄地区社工站建设的当前路径与实践策略 [J]. 中国社会工作，2022（3）：21－22.

牟茜. AGIL视角下街道社工站的运行机制研究 [D]. 哈尔滨：黑龙江大学，2022.

牛竞凡，王萌. 新时代社会工作介入城市社区治理的创新路径 [J]. 保定学院学报，2020，33（4）：14－18.

牛欣竹. "政社联动"协同治理：功能、关系与策略选择 [J]. 白城师范学院学报，2021，35（1）：117－122.

任文启，吴岳．基层治理现代化中社工站建设的背景、定位与策略［J］．中国民政，2022（9）：58－59．

熊晓宇．从"机械嵌入"到"有机嵌入"：社会组织参与城市社区治理的困境及路径探究［J］．南方论刊，2022（2）：36－39．

杨瑞峰．社会工作参与城市社区治理的路径探索［D］．呼和浩特：内蒙古师范大学，2022．

石书恩．协同治理视角下街道社工站运行机制研究［D］．兰州：西北民族大学，2022．

王宏珍．社会工作介入城市社区治理路径研究［D］．黄石：湖北师范大学，2022．

第七章 社工机构参与社区治理的困境及策略研究

——以广州市 S 区社工站为例

霍静仪[①]

社区是社会的基本构成单元，社区治理是社会治理的关键环节。2013 年以来，国家大力推进城乡社区治理创新，专业社会工作越来越受到重视。全国各地展开了许多社区治理创新实践，社工机构通过承接政府购买服务项目介入社区事务、参与社区治理，并发挥了积极作用。然而，在参与社区治理过程中，社工机构逐渐暴露出依附性、弱自主性、弱专业性等问题，并引起了广泛的关注。本文以 S 区社工站项目为例，对社工机构参与社区治理的困境及策略展开研究。

一、本案例研究概述

（一）研究社工机构参与社区治理困境及策略问题的背景和意义

1. 研究背景

近年来的政府工作报告反复提出要发展专业社会工作、促进专业社会工作健康发展、发挥社会工作专业优势，《中共中央关于制定国民经济和社会发展第十四个五年规划和二〇三五年远景目标的建议》《中共中央 国务院关于加强基层治理体系和治理能力现代化建设的意见》也提出了相关的工作意见。党和政府之所以这样重视社会工作，根本原因在于，社会工作通过解决社会问题维持社会秩序，通过预防问题保持社会秩序，通过实施和修订社会政策维护社会稳定（王思斌，2014），与社会治理的目标具有高度的一致性。社工机构通过提供服务参与社区治理，并"以嵌入的方式积极发挥专业功能"（陶阿茹娜，2022），有效地填补政府公共服务、传统社区服务和市场便民服务之间的空缺，充当政府管理与居民自治之间的润滑剂，调解因经济社会迅速发展带来的人与自我、人与环境、人与社会之间的冲突和不适，成为社会治理体系的重要组

---

① 霍静仪，女，中级社会工作师，社会工作硕士，广州市南沙区社会工作协会秘书长。

成部分，并且具有较强的动力参与社会治理（王思斌，2015）。

社工机构参与社区治理，本质上是社会工作对社区治理体系的嵌入，通过参与社区治理，社会工作专业价值、专业理念、专业方法在社区治理工作中得以应用，并与传统社区建设工作吸收融合，推动社区治理创新。参与机制是否完善、参与平台是否多元、参与形式是否丰富等，只是专业社会工作嵌入社区治理体系程度的表现之一。随着嵌入进程的深化，社工机构参与治理的机制会越发完善、平台越发多元、形式越发丰富，但与此同时，所呈现出依附性、弱自主性、弱专业性等问题也引起了广泛关注。因此，本文以 S 区社工站项目为例，总结归纳社工机构参与社区治理的发展历程、成效经验，分析社工机构在参与社区治理过程中的困境，多维度探测社工机构参与社区治理的改进策略。

2. 研究意义

第一，现有的社区治理理论、社会工作理论大多是舶来品，难以完全适应我国国情民意和社会工作本土化发展进程。社工机构通过承接政府购买服务参与社区治理，具有鲜明的本土特征。立足本土实际，运用本土话语体系，梳理社工机构参与社区治理的发展历程，探寻社工机构的参与困境和改进策略，有助于进一步推进我国社会工作本土化发展的理论研究。

第二，"立足本土，因地制宜"是各地社区治理实践的指导原则。受到当地的政策、社会、经济、文化等因素影响，社工机构参与社区治理的基础、形式、策略、模式各有不同，但其呈现的发展依附性、参与被动性、服务形式化、职业性弱化等问题具有高度相似性。通过总结和提炼共性问题，探讨社工机构参与社区治理的困境及改进策略，对于健全社会工作参与社区治理机制具有一定的借鉴意义，对于推动我国社会工作本土化发展具有一定的实践意义。

第三，推动社工机构参与社区治理，促进专业社会工作与社区治理的融合发展，是民政部门履行政府职能、解决新时代社会主要矛盾的重要举措。从专业社会工作嵌入性发展的角度出发，通过具体案例分析社工机构参与社区治理的发展历程、工作成效和困境，提出优化社工机构参与社区治理的对策建议，对于完善政府购买服务政策、健全社会工作参与社区治理机制，具有一定的政策意义。

（二）相关概念和理论基础

1. 社工机构、社区治理和社工站

《民政部关于进一步加快推进民办社会工作机构发展的通知》指出，社工机构是以社会工作专业人才为主体，坚持"助人自助"宗旨，遵循社会工作专业伦理规范，综合运用社会工作专业知识、方法和技能，开展困难救助、矛盾调处、权益维护、人文关怀、心理疏导、行为矫治、关系调适、资源链接等服务的民办非企业单位。社工机构是在民政部门依法注册登记的法人组织，是社会工作专业人才发挥作用的重要平台，是政府提供社会服务、推动社区治理创新的重要载体，是承接运营社工站项目的主体。

本文采用史柏年（2004）关于"社区治理"的定义，即社区治理是社区范围内的多个政府、非政府组织机构依据正式的法律、法规以及非正式社区的规范、公约、约定等，通过协商谈判、协调互动、协同行动等，对涉及社区公共利益的公共事务进行有效管理，从而增强社区凝聚力，增进社区成员福利，推进社区发展进步的过程。

根据《广州市社工服务站（家庭综合服务中心）管理办法》，社工站是指广州市各镇（街）设置的，以服务困境群体为主，以家庭为本，以社区为基础的专业社会工作服务平台，通过政府购买服务的方式，由社工机构承接运营，提供专业化的社会工作服务。简单来说，社工站是镇（街）设置的社会工作服务平台，不具备法人资格，是社工机构承接运营的政府购买服务项目，是社工机构为居民提供服务、参与社区治理的重要平台和场所。

2. 专业社会工作嵌入性发展理论及其在本文中的应用

由于我国专业社会工作的发展独特性，相关专家学者引入了"嵌入性理论"。徐永祥（2009）是第一个在社会工作领域明确使用"嵌入"概念的专家，他指出"嵌入"是指"社会工作者在主观意识和行动上要自觉纳入受助对象的关系网络之中，争取最大程度获得受助对象的理解和支持"（徐永祥，2009）。而王思斌借助"嵌入性理论"对我国专业社会工作的发展进行系统研究，形成了专业社会工作嵌入性发展理论，提出了嵌入性是我国专业社会工作生存和发展的重要特征，也是我国专业社会工作发展的战略选择和道路选择（王思斌，2011；王瑞华，2011；赵琼，2016）。这一观念逐步为行业所认同并发展。

专业社会工作嵌入性发展理论注重分析嵌入的主体和客体、嵌入的过程和空间以及嵌入的效应，提出了嵌入的类型、层次、状态等特征，探讨了嵌入的两个基本格局（即"政府主导下的专业弱自主性嵌入"和"政府－专业合作的深度嵌入"）和困境（依附性发展、弱自主性等），指出了嵌入的发展方向和工作策略。依据王思斌等学者的研究思路，梳理社工机构参与社区治理的发展历程，明晰嵌入的主体、客体及其关系，描述社工机构参与社区治理过程中所呈现的嵌入特点，对于分析其中的功能发挥、制约因素、策略改进尤其必要。

因此，本文以专业社会工作嵌入性理论为研究基础，梳理 S 区社工站项目的发展历程，描述 S 区社工机构参与社区治理的阶段变化，总结 S 区社工机构在参与社区治理过程中所表现出的嵌入特征及其变化；立足于"政府主导下的专业弱自主性嵌入"和"政府－专业合作的深入嵌入"的基本格局，分析了社工机构在参与社区治理过程中所面临的困境，并提出重建自主性、提振主体性、发展专业性、增强职业性的四点改进策略。

（三）研究方法和研究内容

1. 研究方法

本文以 S 区社工机构承接运营的社工站为例，采取案例研究的方法，通过文献法尤其是访谈法收集资料。笔者对 S 区政府部门工作人员、镇（街）工作人员、村（居）委会代表、社工机构负责人及社工站代表进行了深入的半结构式访谈（访谈对象编码见表 7-1）。

表 7-1　S 区社工机构参与社区治理访谈对象编码

编号	受访者	受访者身份	性别	工作年限
SG-1	C 某	DT 机构助理总干事、S 区项目总监、Z 街社工站主任	女	9
SG-2	H 某	BM 机构理事、副总干事、L 街社工站总监	女	9
SG-3	H 某	X 机构资深社工、L 街社工站主任	男	9
SG-4	W 某	T 机构区域总监、D 镇社工站行政主任	男	9
SG-5	Y 某	BM 机构社工、N 街社工站主任	男	8
SG-6	M 某	T 机构副总干事、D 镇社工站服务总监	女	9
SG-7	H 某	C 机构片区主管	女	8
SG-8	P 某	原 M 机构资深社工、内部督导	男	10
ZF-1	H 某	曾任 Z 街社区社工，现为 S 区民政局职员	男	8
ZF-2	H 某	社工专业，S 区民政局业务科室工作人员	女	1
ZF-3	A 某	L 街道社区服务中心负责人	男	23
ZF-4	W 某	曾任 L 街社区社工，现为 L 街公共服务办职员	女	7
ZF-5	L 某	曾任 N 街社区社工、S 区团委工作人员、TQH 社工机构负责人，现为 W 镇雇员	女	9
ZF-6	L 某	D 镇公共服务办工作人员	女	7
SQ-1	X 某	曾任 N 街党建指导员，现为 H 社区委员	男	13
SQ-2	Z 某	曾任 Y 社区社工，现为 Y 社区"两委"成员	女	7
SQ-3	H 某	F 社区党委委员、居委会副主任	男	11
SQ-4	F 某	曾任 G 镇社工站主任，现为 S 村"两委"成员	男	11
SQ-5	X 某	曾任 G 镇社工站主任、G 镇组织办组织员，现为 X 村党委委员	女	7

2. 研究内容

社工机构通过承接政府购买服务项目参与社区治理，本质上是社会工作对原有的社区治理体系的嵌入。这种"嵌入"是在政府主导下进行的，是发生在"社区"场域里的，受到宏观政策环境、关键人物态度、社区政治生态等因素的影响，面临着不同的困境，因而有着不同的行动策略。因此，本文关注的核心问题是：社工机构在参与社区治理过程中面临着何种困境，应如何改进行动策略？

二、S区社工机构参与社区治理的现状

（一）S区社工机构参与社区治理的基本情况

1. S区社会工作发展的概况

S区高度重视社会工作发展，早于2009年开始探索政府购买社工服务，2011年出台《广州市S区改革创新城乡社区服务管理的实施意见》，将加快发展社工人才队伍、培育发展社工机构、推进政府购买社工服务确定为S区改革创新重点任务。2013年以来，S区以"全国社区治理和服务创新实验区"建设为抓手，通过"筑巢""引凤""育苗""提质""增能"一套组合拳，大力发展社会工作，厚植社工发展土壤。"筑巢"：全面建设镇（街）社工站、村（居）社工点，率先实现了社工站（点）全覆盖。"引凤"：设立社会组织发展扶持资金，开发政府购买服务项目，设置城乡社区社工岗位，大力引进社工人才、扶持培育社工机构，率先在广东省实现"一村（居）一社工"全覆盖。"育苗"：设立社会工作人才培育专项资金，开展社工人才梯队培训，培育本土社工人才，鼓励职能部门、镇（街）、村（居）干部参加社工考试。"提质"：坚持本土实践与港澳合作同步进行，提升社工服务品质。实施"一村（居）一品牌"计划，挖掘社区特色，打造"雏鹰计划""家长导航""长者课堂""充电桩革命"等52个社区服务项目；建立港澳社工合作中心，共同开展社工交流活动，打造粤港澳社区服务示范项目。"增能"：赋予社工站协助制订社区发展计划、开展社区宣传教育、培育社区资本、促进多元参与、打造社区品牌五项职能，探索社区治理与村（居）民自治机制，推动社会工作与社区治理融合发展，以社区治理带动社会工作，以社会工作深化社区治理。

9年来，S区累计投入财政资金3亿多元，出台政策文件12份，培育社工机构42家，引进、培育社工人才700多名；建成镇（街）社工站9个、村（居）社工点165个，实现镇（街）、村（居）社工服务全覆盖[①]。民政部对S区的实践探索给予高度肯定，将基层社工服务列为全国创新社区治理典型案例，并在《中国社会工作》杂志进行专题报道[②]。

2. S区社工站的发展历程

社工站项目在S区乃至广州市社会工作实务领域中占据着浓墨重彩的一笔，其发展历程与王思斌关于社会工作嵌入发展的研究相一致，结合S区社工站（点）建设情况，

---

① 有关数据来源于S区民政局档案资料。

② 详见《中国社会工作》2016年12月上（总第286期）。

笔者认为 S 区社会工作发展可以划分为三个阶段，一是起步阶段（2009 年 9 月至 2014 年 6 月），二是发展阶段（2014 年 7 月至 2016 年 12 月），三是提升阶段（2017 年 1 月至今）。

（1）起步阶段：嵌入的雏形

2009 年 9 月，S 区第一家社工机构 BD 机构在广州市民政局登记注册。

2010 年 7 月，广州市试点建设街道社工站（原为家庭综合服务中心，以下统称社工站），S 区 N 街、Z 街被列入首批 20 个试点单位。

2011 年，各镇（街）全面筹建镇（街）社工站。7 月，S 区委、区政府出台《关于改革创新城乡社区服务管理的实施意见》，提出在全区建设镇（街）社工站的同时，同步建设村级社工点，将专业社会工作延伸至城乡社区。S 区民政局委托 BD 机构为镇（街）、村（居）干部开展社会工作知识培训班。8 月，N 街、Z 街社工站试运营，10 月正式开放。10 月，BM 机构成立。

2012 年，S 区将村（居）社工点建设全覆盖列入民生十大实事。4 月，BM 机构通过投标，承接运营 H 镇社工站项目；5 月，承接运营 W 镇社工站项目。截至 8 月，全区各镇（街）社工站均投入运营。

2013 年，S 区镇（街）社工站、村（居）社工点实现全覆盖。社工站实行专业化运营，由社工机构运营；社工点由村（居）委会管理，由民政干部兼任社工，其中 Z 街率先委托 DT 机构运营村（居）社工点，派驻专业社工扎根社区提供服务。

这一时期，S 区大力发展社会工作，全面建设社工站（点），通过政府购买服务项目的方式引进社工机构，奠定了社工机构参与社区治理的基础。嵌入形式表现为政府部门运用行政手段的"生硬植入"，嵌入方式主要是制度嵌入、项目嵌入，因而一些村（居）委会误以为"社工是街道派来监督他们的"（ZF – 1）。

（2）发展阶段：嵌入的缓慢加深

2014 年 7 月，出台《S 区村（居）社区综合服务中心建设运营评估指导意见》，建立村（居）社工点标准化体系。12 月，出台《S 区进一步加强镇（街）家庭综合服务中心建设的指导意见》，明确要求社工站承办机构深入社区、扎根服务。Z 街实施"邻居节"，将社工站承办机构列入工作领导小组，社工代表列席街道工作会议。

2015 年 4 月，出台《S 区村（居）社区综合服务中心购买社工专业服务指导意见》，推动专业社工服务与公共便民服务分离，开发社区社工岗位，支持社工机构进驻运营社工点。12 月，出台《关于建立 S 区镇（街）家庭综合服务中心与村（居）社区综合服务中心联动协作机制的意见》，提出要充分发挥社工站的专业优势和社工点的本土优势。

2016 年 4 月，出台《S 区关于实施村（居）社区综合服务中心服务社区治理工作的指导意见》，发挥社会工作理念和方法在社区治理和村（居）民自治中的积极作用，推动专业社工模式与传统社区管理模式优势互补。7 月，发布《S 区第一批优势主动型

"三社联动"工作清单》，明确社工机构、村（居）委会和社会组织权责边界。

镇（街）、村（居）层面也展开了一些探索实践。D镇在T村试点建设村民议事厅，将TS机构驻村社工W某推选为议事代表；Z街通过制度文件确定了社工席位，明确社工议事职能和任务；Z街X社区将社工列为"三社联动"试点工作领导小组成员，明确社工负责制定社区品牌项目标准、为社区工作者提供专业指导、协助社区建立联动工作制度。这一时期，社工出席居民议事厅、街坊论坛并建言献策，甚至作为会议的发起人和召集人，社会工作在社区治理体系中的地位逐步实现中心化，专业社会工作逐渐为传统社会服务体制所接纳，嵌入空间逐渐扩大、嵌入进程逐渐加深。但社工机构对社区治理的嵌入仍然以政府主导，显现出互相试探的局面，主动联结有所增加。

（3）提升阶段：嵌入的深度推进

2017年，广州市民政局出台《广州市家庭综合服务中心项目招标文件有关文本设定指引（暂行）》，规范社工站项目采购工作。S区民政局建立社工站联席会议制度，搭建监督方、购买方、承接方和社工代表沟通联系平台；委托第三方机构开展社工站项目检查、社工点运营调研、社工站项目经费专项审计，建立社工站日常巡查制度，持续加大对项目的监督监管力度。S区财政局将社工站项目列入财政支出重点绩效评价对象。镇（街）同步开展相关督查工作，S街建立社工站巡查走访制度，Z街建立"街道—社区—社工"联席会议制度，D镇建立村（居）社工点项目评估奖惩机制。

2018年，S区全面推动村（居）社工点专业化运营，加强社工站及社工机构党建工作，符合党支部成立条件的社工站及社工机构"应建尽建"。

2019年，S区出台《S区社工服务站管理实施细则》，强化社工站在服务特殊困境群体、缓解公共问题、参与社区治理、加强志愿管理、推动公益慈善等方面的功能，指出社工站应"推动经济发展和社会发展、社区发展和个人发展协调同步"[①]。

2020年，新冠肺炎疫情暴发，S区民政局、S区社会组织行业党委向社工机构、社工发出号召。各社工站及其承办机构积极响应，主动参与疫情防控工作，开展疫情防控宣传，提供24小时热线服务和困难群众紧急救助，为隔离人员提供心理、情绪等支持，充分链接社会资源，发动社区社会组织、志愿者和居民配合并参与疫情防控。

这一时期，政府对社工服务站的监督管理力度持续加大，社工机构在项目运作上的自主权呈现明显的收缩，"党组嵌入""规则嵌入"的特征比较突出（尹阿雳等，2016），"嵌入性监管"措施增加、政治规训明显（张乐，2019），但同时，社工机构为了增强社会影响力、公信力，在公共事件上主动作为，充分发挥专业优势，积极配合政府工作部署，弥补了基层政府、自治组织力量的不足，有效解决民生问题、维护社会秩序，社会认同显著提升，社会工作专业力量逐渐成为政府、村（居）委会工作的

---

① 引自广州市S区人民政府办公室印发的《S区社工服务站管理实施细则》。

重要力量。嵌入程度进一步加强，呈现出"交互作用、深度嵌入"的状态。

截至 2021 年 3 月，S 区 9 个社工站项目分别由 6 家社工机构承接运营，涉及政府购买服务资金 4014 万元，工作人员 303 人，其中社会工作者 198 人，专业持证率为 65.35%，学历为大专及以上的 94.72%，专业为社会工作或相关专业的 29.37%；具有 3 年及以上实务经验的 54.46%。数据详见表 7 - 2。

表 7 - 2　S 区社工站工作人员情况

专业职称	总数	性别		专业类别			学历				工作年限					户籍所在地			
		男	女	社会工作	相关专业	其他专业	硕士生	本科	大专	大专以下	不足1年	一年以上3年以下	3年以上5年以下	5~8年	8年及以上	本辖区	本市外区	本省外市	外省
高级	0	0	0	0	0	0	0	0	0	0	0	0	0	0	0	0	0	0	0
中级	49	10	39	30	2	17	4	39	6	0	1	0	2	25	21	34	5	5	5
初级	149	12	137	34	5	110	2	56	88	3	11	50	54	29	5	120	2	17	10
无	105	17	88	14	4	87	2	21	71	13	27	49	19	6	4	94	3	6	2
合计	303	39	264	78	11	214	6	116	165	16	39	99	75	60	30	248	10	28	17

数据来源：S 区民政局。

3. S 区社工机构参与社区治理的成效

一是改善社区服务供给，社区治理体系得到优化。随着社工机构的进场，年轻的专职社工带着专业的工作理念、工作方法来到了城乡社区，村（居）委会干部、社区工作者回归本职工作，村（居）委会、公共服务站、社工站（点）和社工机构优势互补、资源共享，逐渐形成"1 + 4"社区治理服务架构①。在社会工作专业理念的指导下，社区服务的供给模式得到了改善，社区服务水平也相应提高，居民参与有了明显的改善。

以前居委会搞活动一定要准备小礼品，认为没有小礼品居民就不会来参加活动。我认为只要活动足够吸引居民，并不一定都需要派发小礼品，因此建议居委会取消这个环节，但他们不同意。后来我们反复沟通，最后决定各退一步，采取抽奖的形式，既满足居委会要求，保持居民吸引，同时减少了对礼品的依赖。结果证明抽奖的效果很好，居委会意识到没有礼品也能吸引居民参加。还有啊，我刚到社区那会，搞活动

---

① "1 + 4"社区治理服务架构是 S 区创新社区治理的重要举措，有效厘清社区党组织、基层自治组织、公共服务站、社工站、监督委员会的权责边界，即在村（社区）党组织的统一领导下，公共服务站负责代办公共服务事项，社工站负责承接社区服务，村务监督委员会（社区廉政监察站）负责民主监督，村（居）委会回归自治职能的社区服务治理格局。

时居民都是站着的，于是向居委会提出购置一批椅子，但居委会不同意，可能他们觉得以前也一直都没有椅子，现在也没有必要，或者是觉得以前自己没有考虑周全，丢脸吧。不过我争取了很久，终于说服他们购置了一批椅子。后来居民参加活动的时候就不用一直站着了！（ZF-1）

二是发展社区社会组织，逐步壮大社区资本。社工机构依托社工站（点），打造社会组织孵化站（点），通过提供办公场地、技术支持，开展政策宣讲、主题沙龙和团队建设等活动，帮助社区社会组织建章立制、推选理事会成员，并依法登记注册。截至2020年11月30日，S区已依法登记社区社会组织241家，其中社区社会团体201家、社区社会服务机构40家；未达到登记条件的社区社会组织809家①。

M社区位于H镇，原属国有农场，2019年改制为社区，居民主要为国有农场职工及退休职工，老龄化程度达到28.3%。社区内企业、商户较少，公共服务设施、娱乐设施缺乏，群众性组织基本没有，居民自治意识、自治能力较薄弱，社区参与渠道也比较缺乏。BM机构以党员为骨干，以居民兴趣爱好为载体，提供领袖培育、组织孵化、社区参与、活动组织等陪伴式服务，帮助M社区激发居民活力，提升居民参与意识。一年下来，M社区孵化培育党员志愿队3支、舞蹈队3支、曲艺社1个、义剪志愿队1支、家庭探访志愿队1支②。

机构实施"四级裂变工作模式"，通过"指导社工联动1个职能部门—至少培育10个社区组织—每个社区组织至少培养10名社区骨干—每名社区骨干至少发动10名社区志愿者—每名志愿者每年至少服务群众100人次"，培养一支数量足、结构优、能力强、素质高的本土社区治理服务人才队伍。（SG-2）

三是增强社区内生力量，织密社区治理网络。S区社工机构聚焦特殊群体、聚焦群众关切、聚焦志愿服务，依托社工站项目，精准分析社区需求、精准定位目标人群、精准组建志愿队伍，实施"启能—培能—传能—展能"培育模式，培育社区志愿队251支，登记志愿者8921名，开展志愿者培训1522场，引导、组织社区志愿队活跃在社区治理前线，在解决环境卫生、公共安全、困难救助等方面发挥了良好的促进作用，累计组织志愿者服务4689次、服务居民22.87万人次、服务时数累计13.41万小时③。

Y社区居民主要为某国有农场职工，经历农场改革、政企分离后，大部分成为下岗失业人口。由于偷窃事件时有发生，但社区巡逻力量有限，因此该社区居民对社区安全巡逻有着迫切的需求。经过深入研究，DT机构向Y社区居委会倡议组建一支以居民为主的社区巡逻队伍，并将目标对象锁定为"4050"失业人员，他们独立作业能力强，有足够的精力、体力和时间。通过广泛宣传、精准定位、主动拜会、系统性培育、

---

① 有关数据来源于S区民政局档案资料。
② 素材来自S区民政局、H镇公共服务办、H镇社工站，笔者进行过整理。
③ 有关数据来源于S区民政局档案资料。

制度建设等系列工作，最终组成 2 支巡逻队。社区巡逻队的成立有力填补了社区力量未能覆盖的死角。居民反映自从有了巡逻队，社区治安得到了改善[①]。

四是助力社区慈善公益，激发社区"善"力量。2019 年以来，社工机构依托社工站成立慈善捐赠点，联动镇（街）、村（居）委会、企业单位和爱心人士，先后组建社区慈善基金 11 家，一年内迅速整合社会资源约 367 万元[②]。通过入户走访、愿望征集，社工机构广泛收集居民需求，并借助社区慈善基金，积极开展各类慈善活动，有效地畅通了慈善资源与服务需求的供需对接渠道，帮助困境青少年改造书房，帮助长者打造居家安全环境，帮助白内障患者恢复光明，解决了各类特殊困难群体的燃眉之急。

林某是 Z 街的一名低保户，58 岁，未婚，独居，无业。Z 街驻社区社工家访发现林某家中从户外接入电线，且电线已老化，存在安全隐患。经过居家安全评估后，社工在"心愿驿站"微心愿平台上，为林某发布了居家电路改造的愿望。很快，电工志愿者就上门为林某改造了电路[③]。

五是紧抓社区文化凝聚力，营造社区和谐氛围。S 区社工机构重视培育居民的家园意识，注重社区氛围的营造，活用传统文化载体，把咸水歌、麒麟舞、水乡文化打造成为新的社区名片，使天后诞辰、北帝诞辰、马大元帅诞辰等增添了爱国为民、孝老爱亲等新时代色彩，循迹溯史、探寻乡愁、挖掘文化，丰富了居民精神生活，预防了社区问题，强化了社区认同、文化认知，凝聚了社区情感。

S 村位于 N 街，建村已 690 多年，历史悠久，有着朱氏大宗祠、仲贵祖祠、林堂古井等传统建筑，也有着红糯谷等特色作物。但过去忽视精神建设，一些传统建筑已经荒废，特色作物也面临失传，大部分村民对村史已不甚了解。为传承 S 村历史文化，唤醒村民集体记忆，增强村民归属感和荣誉感，N 街社工站承办机构策划了"深秘之旅"社区营造计划，带着年轻人查阅地方志、采访长者，调查 S 村历史，访寻 S 村语言、文化、传统建筑、特色作物；收集 S 村旧故事、旧物品、旧照片，制作口述史集；探索 S 村历史文化地标，制作手绘地图；展示 S 村旧物品、旧照片和社区地图，讲述 S 村历史文化；鼓励村民成为文化保育员，保护和修复 S 村古迹[④]。

（二）S 区社工机构参与社区治理的典型案例

S 区在传统社区工作中引入专业社工服务理念和方法，着力探索构建专业社工参与社区治理的机制体制，推动传统社区工作与专业社会工作优势互补，创新基层社区治理和社区服务，形成了许多典型案例。

---

① 素材来自 S 区民政局档案资料，由 Y 社区社工供稿，笔者进行过整理。
② 有关数据来源于 S 区民政局档案资料。
③ 有关数据来源于 Z 街社工服务站自评报告，笔者进行过整理。
④ 素材来自 S 区民政局档案资料，笔者进行过整理。

1. Z 街社工站之邻居节:"三社联动"社区治理模式的生动实践

Z 街位于 S 区西南部,前身是国有农场,本地农民、原国企职工、华侨、知青和外来务工者杂居,乡土文化、国企文化、华侨文化、知青文化和外来务工者文化交集。为了推动社群互信共融,增强居民社区认同感,提高居民参与积极性,2014 年,在社工站项目承办机构 DT 机构的倡议和配合下,Z 街策划实施了首届"邻居节"活动。

"政府搭台"。Z 街邻居节由党工委、街道办主办,街道文体中心、社区居委会、DT 机构及社工站(点)协办。通过召开专题研讨会、群众献策、居民表决等方式,确定主题活动,倡导邻里互助、共建共享。

"民间唱戏"。Z 街"邻居节"倡导居民参与,强调"全民策划、全民参与",鼓励居民自教、自助、自娱、自办。随着"居民的节日居民办"的观念深入民心,Z 街"邻居节"已演变为"社区搭台、社工引导、居民和社区组织登台唱戏",居民和社区组织逐渐成为节日的主角。

Z 街邻居节,充分发挥了社区居委会、社会工作者和社会组织的优势和力量,把不相识的居民聚合起来,把沉闷的社区氛围激活起来,充分调动了居民的主动性、积极性、参与性,实现了居民自我教育和自我管理,营造共建共享、和谐善治的幸福家园。

2. W 镇社工站之渔民服务:传统渔民社区治理的典型示范

W 镇是传统的渔业大镇,海岸线长 50 多千米,水产养殖面积 11202 亩,渔船 400 多条,渔民聚居,年龄为 46～60 岁的居多,学历偏低,主要以出海捕捞、外租渔船和海鲜加工为生。近年来,越来越多渔民"洗脚上岸",渔民问题也日渐突出,受到广泛关注。2015 年以来,BM 机构先后开展了 12 次调研,形成 4 份渔民需求报告,综合把握渔民需求,通过个别辅导、群体支持、社区营造等工作方法,分阶段地协助镇政府解决渔民转型问题。

"建平台、传政策、稳民心。"BM 机构主动搭建平台,组织开展联席会议,创造渔民与政府直接对话的平台;建立渔民再就业共享平台,组织开展"渔民转型"政策宣讲,及时发布政策资讯和就业信息;为有特殊需要的渔民实施个案辅导,让渔民放心踏出转型的第一步。

"办培训、树典型、强信心。"BM 机构主动对接渔政、劳保、成教及有关培训机构,策划并实施渔民再就业职业指导服务;举办"渔民讲堂",由成功转型的渔民担任社区讲师,传授创业就业经验,增强渔民转型信心;培育渔民组织,组建渔民志愿服务队、渔民转型研究会、渔民文化探索服务队,设立渔民意见收集箱,建立"渔村渔民评价机制",鼓励渔民自我管理、自我服务、参与社区、回馈服务,提振渔民的社区影响力。

"传文化、办产业、筑同心。"BM 机构以渔民文化为纽带,推动社区营造。开展渔乡摄影展,收集渔民故事,打造渔民专属的"渔民文化读本",增强渔民文化联结;打造渔民文化体验项目,开发渔民文创产品、渔民文化旅游路线,带领城市人体验渔家传统工艺和日常生活，以本土传统文化推动旅游产业。

3. D 镇社工站之新广州人服务：创新外来人口参与社区治理模式

T 村辖区面积 3.4 平方千米，总人口 24317 人，其中户籍人口 2538 人，外来人口 21779 人，辖内有企业 117 家，出租屋多达 14000 套。密集的厂区企业、众多的外来人口，带来了巨大经济效益的同时，也带来了各种管理服务问题。如何让村民满意、企业满意、外来人口满意，成为镇、村最关心的问题。为了解决这一问题，TS 机构主动实施新广州人服务，通过"走出去""请回来""融进来"三步，将社工服务贯穿在外来人口的工作场所、生活场所、活动场所，帮助外来人口增强社区主人翁意识、参与社区事务，以促进社区融合和长治久安。

"走出去"。编制并派发外来人口办事便民手册，长期开展社工服务宣传、职工政策宣讲、广场招聘会等活动；与镇总工会、辖区厂企合作建立"社工－厂企"联动机制，在厂企内开展职场心理咨询、生活压力排解、文化适应等服务，将服务送到厂企、送到外来人口身边。

"请回来"。推动村委会与辖区内 16 家大型企业及工业园区合作，建立"社工－社区－厂企"联动机制，协助组建企业工会 60 家、孵化工会联合会 2 家；依托 D 镇社工站打造工友和谐家园，建立外来人口俱乐部，开设电脑学习、粤语学习、压力释放、亲职教育等服务，丰富外来人口业余生活；强化企业党支部、党员职工与 T 村联系，带动更多的外来人口参与社区事务。

"融进来"。协助村委会组建村民议事厅，搭建外来人口参与社区公共事务议事协商平台，将企业代表、外来人口代表推荐为议事代表，支持外来人口参与社区议事决策，激活并增强外来人口的归属感。

随着服务的深化，TS 机构将新广州人服务项目拓展至学校，将服务对象延伸至职工家属、子女，逐步形成"学校－家庭－社区－厂企"四位一体的新广州人服务模式。

（三）S 区社工机构参与社区治理的策略变化

社工机构对社区治理工作的参与受到当地政策的影响。过去 S 区定位为开发区，经济发展迅猛而社会发展缓慢，"一条腿长一条腿短"现象突出。近年来，S 区调整发展定位，重视基层社会治理对经济发展的促进作用，强调经济发展和社会发展、社区发展和个人发展协调同步，强调政府、市场、社会、公民等多元主体良性互动，强调社会工作与社区治理融合发展，鼓励社会工作力量参与社区治理。在这一背景下，S 区社工机构参与社区治理的策略发生了明显变化。

1. 从"妥协依附"到"互惠合作"

社工机构通过社工站项目，获得社区的"入场券"，与社区原有的组织、群体、规则产生联结。在嵌入初期，村（居）委会对社会工作缺乏认识，对社工机构存在防备怀疑的态度，或抱有将之作为行政补充力量的想法。为了在社区顺利生存发展，社工机构采取"妥协依附"的策略，让派驻社工听从村（居）委会安排，承担管理公共设施、处理行政文书、调处群众纠纷等额外工作。随着嵌入进程的深入，社工机构逐步调整与村（居）委会的关系，转而采取"互惠合作"的策略，帮助村（居）委会"激活社区内生的优势、资产和能力"（张和清、杨锡聪等，2016）。在这一过程中，社工机构实现专业使命，村（居）委会增强了威信，困扰社区发展的问题得到解决，居民的生活质量得到了改善。

我觉得社工机构与政府部门、村（居）委会关系很好，三者沟通顺畅、互动密切，现在街道或社区召开社区治理联席会议，都会邀请社工参加，社工好的建议他们也会采纳。这也是社工机构参与社区治理的一个很重要的实效。（ZF-3）

2. 从"被动配合"到"主动作为"

嵌入初期，由于未能取得信任，社工机构只能作为协助者，帮助村（居）委会举办节日庆典、篮球赛、敬老节等群众性活动，随同民政干部慰问困难群众，配合组织"两委"换届选举、开展社区议事会。随着嵌入进程的深入，社工机构获得的授权越来越多，可介入的事务越来越多，如举办社区学堂丰富居民知识、增强居民能力，开展街坊论坛收集居民意见，召开联席会议协调社区力量，参与居民议事会为居民代言。社工机构以社区公共议题为突破口，在组织议事过程中，推动社区居民自助互助，实现社区的可持续发展（张和清、杨锡聪等，2016）。在此期间，社工机构主动作为，充分扮演了能力建设者、平台建设者、资源链接者的角色，综合运用社区社会工作策略，有效介入了社区治理工作。

3. 从"行政供给"到"专业引领"

S区通过开发社区社工岗位、实施社区社工服务项目，引进专业社工机构运营社工站（点），推动专业社会工作向城乡社区延伸，加速专业社会工作对社区治理服务体系的嵌入。传统的社区服务供给模式是行政供给模式，即自上而下的、程序化的、平均主义的、给予的，与专业社会工作的"助人自助"理念和"个别化"原则有着明显的区别。传统行政力量以任务完成为目标，而专业社会工作必须关注并评估服务对象的需求，必须考虑如何影响服务对象并维持服务对象的改变（童敏，2019）。因此，社工机构进驻城乡社区，运用专业社会工作理念、方法开展社区服务，是对传统的社区服务供给模式的挑战。

嵌入初期，社工机构所秉持的专业理念较难获得传统行政力量的理解和认可，在一定时期内传统的社区服务供给模式仍继续延续，一些社工机构甚至主动迎合这种行政供给模式，"以硬性的指标完成代替软性的人文关怀"（刘杰等，2022）。随着嵌入程度的加深，社会工作专业理念逐渐渗透并影响传统社区工作，社会工作的专业优势逐渐显露。社工机构得以贯彻专业价值和理念，运用专业方法介入具体社区事务，如相信社区和居民的优势和潜能，注重对社区和居民的能力建设，致力于社区资产的培育、社区支持网络的建设、社区环境的改变。

4. 从"行政作风"到"价值坚守"

S 区社工点一开始是依托村（居）委会而建的，由村（居）委会运营管理，由"两委"干部或民政干部兼任工作人员，少数由村（居）委会直接聘用村里的年轻人担任专职工作人员。为了更好地掌握村（居）社情、更快地介入社区事务，社工机构或出于主观意愿或基于采购方要求，大多直接聘用原来的工作人员。这些工作人员或是落选的"两委"干部，或是原本的专职人员，虽然转换了身份（从干部转为机构社工），但角色并没有转换（对机构没有认同感和归属感），工作理念和方法也没有转换（仍然沿用过去的经验做法），因而，行政作风从村（居）委会转移到社工机构。为了坚守专业价值，社工机构会采取一定的措施对这些社工进行培训和清理，如加强培训督导，将专业价值规范的实践管理与考核工作结合，对考核不达标、服务质量不过关的社工予以劝退；强化服务质量监督管理，建立服务流程、制定服务指引、规范文书格式；由专业社工担任项目负责人、主管，以保证服务专业价值得以贯彻，尽最大努力降低行政作风对专业社会工作的影响。

需注意的是，社工机构通过承接政府购买服务项目参与社区治理，不可避免地受到政府决策、关键人物态度、社区政治生态等因素影响，这些影响是持续的、变动的、交互影响的，贯穿在嵌入的不同时期，因此，社工机构所采取的应对策略从来都不是单一的、连贯的，为了应对复杂的挑战，大多情况是多个策略交叉使用。

三、S 区社工机构参与社区治理的困境

"嵌入"的行为是在宏观环境中发生的，受到所处环境中的政治因素、经济因素、社会因素、文化因素等影响，亦受到"嵌入"的行为主体的观念看法、价值目标、社会关系等影响。最后，"嵌入"是在特定场域（如社区）中发生的，不可避免地嵌入"街居权力关系"之中（朱健刚、陈安娜，2013；徐选国，2016），与社区"场域"内外的人、事、物产生复杂的联结互动，致使社工机构在参与社区治理过程中面临着一些困境。立足于"政府主导下的专业弱自主性嵌入"基本格局，本部分将系统梳理社工机构参与社区治理的困境。

（一）组织运作困境：依附式发展

依附式发展是社工机构组织运作困境的突出表现。我国社会工作恢复建设时间短，社工机构大多依赖于政府"公益创投、补贴奖励、提供场所、减免费用等方式"[①] 扶持

---

① 摘自《民政部关于进一步加快推进民办社会工作机构发展的意见》。

发展起来，公信力不足、社会资本有限、资金相对匮乏。政府通过政策制度赋予了社工机构的合法性，又通过购买服务解决了社工机构的资金、人员、住所等问题，确立了"社工机构对政府高度依附的关系格局"（肖小霞、张兴杰，2012）。这种依附深刻地影响着社工机构的生存发展，促使社工机构的负责人依附政府官员、社区干部，以期建立密切的私人关系获得更多支持和便利。徐选国、罗茜（2020）认为这种依附实际是"在生存理性的驱使下"达到的"谋生存"式的嵌入，是一种无效嵌入。

1. 依赖财政资金

社工机构大多通过承接政府购买服务项目维持运作，自身造血功能弱，对财政资金依赖明显；而政府财政投入和购买服务项目有限，行业竞争激烈，甚至出现非良性竞争情况。截至2020年底，S区依法登记的社工机构共40家，其中承接政府购买服务项目的机构只有17家，涉及项目43个、年度财政资金约2750.16万元，项目、资金集中在部分社工机构，而大部分社工机构当年或多年未能承接政府购买服务项目，也难以通过承接政府购买服务项目参与社区治理。

当然，承接了政府购买服务项目也不意味着社工机构能顺利参与社区治理。一些政府购买服务项目如岗位社工、院舍养老等不涉及社区治理任务的，社工机构就无法直接介入社区事务。此外，当政府购买服务项目采购期届满，如社工机构无法继续承接该项目，就没有合法的权力继续介入或参与社区治理，社区治理的效果难以持续。

社工机构目前主要是通过承接社工站项目参与社区治理，参与的载体比较缺乏，还容易受到政策的影响，比如"双百工程"，这是因为社工机构太过依赖于政府购买服务了，项目来源单一、造血能力不足造成了这样的局面。（SQ-4）

大部分社工机构都是依靠政府采购项目来维持运作的，自我造血能力非常低，就算参与社区治理，大部分工作都是围绕着采购需求来开展的。（SG-5）

目前社工机构参与社区治理还是困难重重的。缺乏资金来源是其中一个方面，我们的资金来源比较单一，主要是政府购买项目，如果购买的项目不涉及社区治理的内容，则无法介入社区治理。（SG-6）

2. 依赖政府权力

通过承接政府购买服务项目，社工机构获得介入社区事务的合法性（肖小霞、张兴杰，2012）或"实践权"（王思斌，2012），成功取信于社区居民和社区组织，调动社区资源、开展服务活动、参与社区治理，并从中得到了良好的制度空间、政策空间和资源空间（张洋勇，2020）以促进自身发展。

社工机构参与社区治理的行为，主要是依赖政府职能部门或居委会的政治资本，这些政治资本可以让社工机构获得更多资金和人力，在具体实务中，社工也容易获得居民和驻社区单位支持，更好地推动多元社区主体参与社区治理。（SG-1）

依赖性肯定是有的，社工机构需要获得政府的资源支持和村（居）委会的支持，

换言之就是通过街道与村（居）委会建立起与社区居民和组织的沟通渠道，没有这个沟通渠道，就很难开展工作。（SG-7）

这种"合法性"或"实践权"带来的便利性，促成社工机构对"妥协依附"的策略选择，进一步加深对政府权力的"依赖"，形成双方不平等的权力关系。因此，社工机构在很大程度上受到政府的主导，只能按照基层政府、自治组织的意图在指定的领域里提供指定的服务活动，自主性受到了外来力量的影响。

政府部门、村（居）委会与社工机构的关系不对等，使得社工机构大部分时间都不得不听从政府部门或村（居）委会的意见去推进工作，准确来说，社工机构实际上是依附着政府部门和村（居）委会而生存的。（SG-4）

以 S 区为例，由于社工点设在村（居）委会办公服务场所，社工机构的进驻运营使得双方发生了物理空间的嵌入（张乐，2019），这种嵌入是基于上级政府的行政命令而产生的，因此，在不得不让渡物理空间的同时，村（居）委会顺势将场地管理、设备保管维护、水电费缴纳等行政事务转嫁给社工机构；而为了获得村（居）委会的支持、谋取生存空间，一些社工机构选择"忍气吞声""被动软弱"（徐选国、罗茜，2020）。在"活动领域"上作出让步，并逐步丧失"运作活动的自主性"，专业性逐渐被行政工作消解。

G 镇某驻村社工反映，日常承担较多与社工无关的行政业务，包括村委会固定资产盘点、制作"一村（居）一品牌"标牌、协助其他办公室行政工作（如防疫期间加班表、放假通知发布、储物室物资出入库登记及其他资料装订归档）；收集离任村干部资料、打印和归档补贴发放资料、收集整理妇科病普查普治登记表；申请办理长寿保健金、登记社会医疗保险报销、登记献爱心保险、维护二次报销系统；协助健康村创建、"星级文明户"创建、"好评差评"工作等[①]。

L 镇社工站主任 H 某："这些社工大多是'两委'成员、民政干部转聘，或者是'两委'介绍的亲属，专业水平不过关，又不服从安排，我们机构也很头疼，要是能够炒（解雇）都想炒掉，但这些人说不得动不得，我们也希望民政局能做做镇里的工作。"S 区民政局业务科室负责人 L 某："能不能像 D 镇那样通过设置解雇条件、提高考核标准、降低工资薪酬逐步清理？镇里是什么意思？"L 镇公共服务办雇员 L 某："这是老板定的，为了让村里配合工作，老板让机构签的人。不过这次换届选举应该会把那一批人筛下去，局面会有所改变吧。"[②]

这个嵌入过程体现了双方"进与退"的博弈。村（居）委会的"退与进"表现为让渡空间和业务转嫁、人员安置，而社工机构的"进与退"则表现为物理空间的嵌入

---

① 资料来自广州市 S 区社会工作协会《S 区驻村（居）社工工作情况调查分析报告》。

② 来自笔者 2020 年 12 月 30 日工作会议记录。因 L 镇社工服务站项目财务问题，S 区民政局约谈 L 镇公共服务办、社工服务站及其承办机构相关负责人。

和自主性的反嵌入。随着社工机构在活动领域、运作过程的不断妥协退让，不断迎合行政主体的利益偏好，社工机构逐渐丧失自主性，成为基层政府、村（居）委会的"提线木偶"，主动的服务介入沦为"你要我做，我就做"。

大部分机构根本没有什么长远目标，都只顾着完成项目任务、满足购买方需求，虽然机构也会进行一些社区治理拓展，譬如联动基层职能部门、整合辖区资源、动员辖区自治组织、参与社区具体事务。像这样的工作很难体现社工的专业性。社工机构应该好好想清楚为什么要做、可以做什么、怎么做。现在虽然说是参与了社区治理，但更像是"你要我做，我就做"的被动接受、消极应付。（SG-5）

更甚者，当社工机构长期采取"妥协依附"策略，与基层政府、自治组织形成过于紧密的联结，就容易脱离群众，中立性受到居民质疑。

我们也知道社工可以介入也应该介入征地拆迁问题，但是村民不这么想啊，他们就觉得我们和政府、和村委会是一伙的，才不管我们是不是社工、是不是第三方呢，他们认为你坐在村委会办公，你就是村委会的人。你跟他们讲征地拆迁政策，他们就觉得你是帮着政府和村委会去骗他们，你拿张探访表、服务反馈表给他们签名，他们就觉得你是骗他们签（拆迁）同意书，怎么说都不肯签！我们也没有办法！①

（二）实践行动困境：被动式参与

为社区内各类人群实施专业化服务，预防和缓解社区问题，协调人与环境的关系，促进服务对象的成长，增进社区的福祉，是社工机构的使命之所在。正视自身主体地位和角色，主动嵌入社区治理体系，把握工作的主动性，运用专业的理念和方法影响传统行政工作、推动社区治理，以实现自身的专业价值，是社工机构的应有之义。然而，由于过度依赖政府、社区资源，社工机构与基层政府、自治组织过度联结，组织边界模糊，行政性作风增加，自主性持续降低，一些社工机构在参与社区治理过程中自觉或不自觉地选择了"被动配合"的行动策略。研究发现，社工对自身所发挥作用的评价较低，尤其是在专业引领方面发挥的空间不够（邹鹰等，2015）。

1. "配合者"的自我定位

社工机构是社区治理的重要主体，具有独特的优势，扮演着重要的角色，发挥着重要的作用。社工机构"是社区问题与民生需求的扫描仪，是社会服务的递送者，是社会问题及社会关系的调节器，是推动社区治理全面发展的催化剂"（SG-3），"为社区治理提供人才支持，帮助采购方找到社区治理的切入点并提供社区治理的方向；在一定范围内，成为社区治理的重要推动者、倡导者"（SG-5）。这一点是所有受访社

---

① 来自笔者 2017 年 3 月 17 日工作日志。访谈者为 G 某，男，管理专业，从业 7 年，助理社工师，时任 BM 机构承接的 H 镇社工站项目副主任、村（居）社工点项目主任。笔者与 G 某讨论 H 镇村（居）社工点服务运营情况。

工和机构负责人的共识。然而，在实际工作中，社工机构既没有清晰的社区治理目标，也没有主动的社区治理行动，难以确立并维持"整合者的功能定位"（张和清、杨锡聪等，2016），在行动上表现为社区治理的配合者，抱持"你要我做，我就做"的态度。

我觉得我们跟政府、村（居）委会的关系基本是上下级关系，每一步工作都必须经过政府或村（居）委会同意才能开展。（SG－7）

偏差的原因有二。一是政府对于社工机构参与社区治理的期望高，但定位和职责不够清晰，现有的制度措施多为指导性意见，存在模糊性和不确定性，有的镇（街）、村（居）委会的落实力度较弱，社工机构的参与范围比较有限，参与的程度也不够深入。二是社工机构自身建设不足以承担社区治理创新的重任，认识不到位、能力有限、专业水平不高，机构内部治理也不完善，暴露了一些问题，损害了社工机构的社会信誉度和认同度。在内外部因素共同的作用下，社工机构选择"被动配合"的行动策略就不难理解了。

购买方、村（居）委会等对于社工机构参与社区治理不够重视，将社工视为打杂、下属的情况比比皆是。政府赋予社工机构参与社区治理的定位及责任还不够清晰，哪些事务可以参与、怎么参与、以什么形式参与、怎样参与才算有效并没有清晰的指引。还有就是，目前社工机构参与社区治理的深度和效果其实是所在机构（特别是理事层）的水平所决定的，社工机构对于社区治理的理解、认知差异较大，参与的能力也参差不齐，甚至还有一些社工机构因为内部治理和服务质量的问题，导致了社会对社工机构信任度下降，自身治理问题都搞不好，还谈什么社区治理呢？（SQ－4）

2. "闭门造车"的狭隘视野

社工机构不是在"机构"中提供服务的，而是在"社区"里提供服务的。随着改革开放的深入，社会结构、组织形式、利益格局、思想观念发生了深刻的变化，社区成为各种利益关系的交汇点、各种社会矛盾的聚焦点、各类社会民生问题的爆发点。因此，社区治理是一项兼具宏观性和微观性、理论性和操作性的系统性工程。要参与社区治理，社工机构就必须要懂得何为"社区治理"。

社区治理政策蕴含着党和政府对社区问题的理解和洞悉，体现了党和政府为解决社区问题、维持社会秩序的各种安排。具体包括关于社区治理的纲领性文件、实施意见、工作规划、政府报告。《中共中央　国务院关于加强和完善城乡社区治理的意见》是第一个以中共中央、国务院名义发布的关于城乡社区治理的纲领性文件，"为新形势下开创城乡社区治理新局面提供根本遵循"；《中共中央　国务院关于加强基层治理体系和治理能力现代化建设的意见》则是推进新时代基层治理现代化建设的纲领性文件。各地也出台了相应的实施意见，明确各自的主攻方向、重点任务、具体措施和工作要求。政府工作报告、发展纲要和规划等详细阐述了政府在当年或未来一段时期将要施行的工作举措和工作计划，各职能部门的工作文件根据各自职能范围，或多或少都涉及一些社区治理的任务和举措。这些都是社工机构参与社区治理工作的重要法宝。

然而，在实践中，很多社工机构因为社区治理政策关注不足、认识不深，无法善用社区治理政策推动各方力量共同治理，对于一些社区问题，只想到通过社会工作的方法去解决，服务成效非常有限。

从实际工作可以发现，社工机构对社区治理政策的解读和服务转化存在很大的薄弱之处。他们对于政府的运行、要求以及政策的制定与执行不熟悉、不了解，影响了社区治理的执行、服务的社会效益。（ZF-5）

值得重视的是，一些社工机构认为，由于基层政府和自治组织对于社工机构介入社区事务、参与社区治理仍存在着警惕和不信任，社工机构难以直接获得相关政策，因而未能有效了解并利用政策、顺利介入社区事务，只能成为社区治理工作的"配合者"。

一方面，政府的政策信息未能有效地传递给社工机构，社工机构往往要花费更多的时间、精力去寻找资源；另一方面，政府或社区居委会对社工机构参与社区治理的能力持怀疑或不认同的态度，没有给予足够的平台和空间，社工机构可能很难甚至无法获得有效的政策资源和资金资源。（SG-4）

（三）专业发展困境：服务形式化

专业与服务是社工机构的生命线，是社会工作获得承认的本钱。社工机构以服务体现专业，以专业体现价值，并从中建立专业主体性，获得社会认同。然而，当前我国的社会工作体制机制有待完善，政府、社会、市场与社工机构的权责关系有待健全，社工人才队伍素质有待提升，社会认同有待塑造，这些问题深刻地反映在社会工作服务实践之中，社工服务呈现形式化的现象。本文将从三个方面探讨服务形式化的问题，一是评估工作的非科学性问题，二是工作方法的活动化问题，三是工作关系的非合作性问题。

1. 评估工作的非科学性问题

评估是社会工作服务的基础，贯穿于服务的全过程。然而，在实际工作中，评估未能切实地发挥应有的作用。这里的评估主要体现在两个层面。一是项目需求评估，即社工站项目招标用户需求书的拟定。二是社工站具体的服务需求评估。

广州市民政局出台了《广州市家庭综合服务中心项目招标文件有关文本设定指引（暂行）》，以规范社工站项目采购工作，但在用户需求书的设定中存在一些漏洞，如只量化描述了目标群体情况即服务对象、潜在服务数量、每年可覆盖数量或比例等内容，未有对目标群体基本情况及需求的定性描述；而《广州市社工服务站（家庭综合服务中心）管理办法》将社工站项目用户需求书的编制职责归于镇（街），具体由民政部门经办，而非专业的第三方机构，受到民政部门工作任务、经办人员能力素质、对社工的认识和认可程度等因素的影响，用户需求书的编制容易丧失专业性和科学性，因此一些社工站项目出现服务指标多、行政任务重、工作要求高的情况，如 N 街社工站项目招标文件明确要求社工机构在年度内提供专业个案服务不少于 130 个①，意味着每两个工作日至少需开展一个专业个案；而 Z 街社工站项目招标文件则要求"服从街道办的工作要求，根据政府的工作安排，全力配合有关部门开展有关活动和工作。如因工作不到位的，街道办有权取消服务合同"②。这种不合理要求促使社工机构屈从于行政逻辑（徐选国、罗茜，2020），而作出"行政供给""行政作风"的策略选择。

正是这种策略选择，让社工服务质量沦为了"牺牲品"，让社工服务疏离了服务对象（徐选国、罗茜，2020），尽管社工站所开展的相关活动有声有色，反响良好，但居民参与主动性、社区内生动力仍未得到有效激活和调动，居民的依赖性、参与的被动性和不可持续性仍比较明显③。

当前，社工机构确实发现了一些居民所关切的社区问题，对于相关问题的分析和介入已具备一定的社区意识，但大部分社工机构仍然采用"问题视角"评估"社区问题"，认为问题的发生是由于"缺乏"而导致的，需要外界力量的介入以补全其"缺乏"。如 BM 机构发现 H 镇 M 社区"居民对公共事务的关注不足，居民自治意识和能力薄弱"④，认为该社区需要"推动居民发挥才智，提升社区居民参与意识，提高参与能力，推动形成社区自治氛围"⑤，但对"问题"的分析没有触及核心，即居民对公共事务关注不足的原因是什么？居民自治意识和能力薄弱是"问题"的成因还是结果，抑或是互为因果？这些均未在问卷设置和调研报告中予以体现和解释。因此，BM 机构"打造社区居民骨干队伍""扩大居民参与宣传"的介入措施，难以真正地解决"问题"，这支"被打造出来的"居民骨干队事实上多由原本活跃于社区的居民构成，其他居民仍未得到有效的组织和调动。访谈中，S 区民政局有工作人员直接评价：

所谓的社区社会组织培育工作，只是"糊弄"一群人组成一个团队或组织，单纯为了完成项目指标，根本没有发挥他们的作用。我们通过电访发现，这些成员根本不知道自己是其中一员。一些组织或团体好一点，但他们的组织充其量是几个同类志愿者聚在一起，社工要开展活动了，就把这群志愿者拉出来协助开展活动，根本没有体现社会组织的运营或自我发展。（ZF－2）

2. 工作方法的活动化问题

评估是服务的基础。有效的评估能指引服务介入的正确方向，而无效的评估或有

---

① 摘自《广州市 S 区 N 街道社工服务站采购项目招标文件》。
② 摘自《广州市 S 区 Z 街道办事处社工服务站采购项目公开招标文件》。
③ 参考 S 区民政局《关于上海、苏州和杭州三地社区建设和社区治理情况的调研考察报告》。
④ 素材来自 S 区民政局、H 镇社会事务办、H 镇社工站，笔者进行过整理。
⑤ 同④。

缺陷的评估，自然难以制定正确的介入策略和服务措施。继续以 H 镇 M 社区为例。针对该社区自治氛围不足的问题，BM 机构实施了"智慧奉献"社区骨干培育计划，挖掘社区党员模范、热心居民、志愿者并将之培育为社区骨干；引导社区骨干关心社区困难群体，与困难群体结对帮扶；带领社区骨干参与社区文化活动，增强其策划和组织能力，以实现"增强居民对社区的归属感，培养居民的自治意识，引导居民参与社区治理，共同解决社区问题"[①] 的目的。然而，对于何为"社区骨干"，何者适合担任"社区骨干"，从何维度、何方面、何层次培育"社区骨干"，如何推动"社区骨干"参与社区事务，当前社区的参与机制如何、是否需要完善并如何完善等问题，BM 机构并未展开相关探讨和思考。因此，在行动介入中，BM 机构将"社区骨干的培养"简单化为了"志愿服务队建设"和"志愿者培训"，将"社区骨干的职责"简单化为了"防疫巡逻"和"家庭探访"，未能引导其参与并在社区公共事务的商议和决策中发挥作用。所谓的"社区骨干培养计划"不过是"社区志愿服务队培育"的再包装。

因此，社工机构参与社区治理的效果受到了政府部门、村（居）委会的质疑，认为社工机构参与社区治理的层次不够、深度不足，未能有效地回应社区治理的需求，未能根据社区的实际情况进行灵活调整，难以体现社工的专业性。

现在的社工机构将开展社区活动等同于社区治理。我认为社工行业要发展，就必须要深入社区、扎根社区，切切实实地参与社区事务。（ZF - 4）

社工机构的参与可以有效弥补社区工作的不足，为社区积攒人气，让居民"活"起来，但社工机构通常是通过承接政府购买服务项目的方式参与社区治理的，要兼顾项目指标的完成，常常容易出现专业性不强、服务不到位的情况。（ZF - 6）

社工站的服务相对比较固化，不够灵活，未能够针对社区类型、困难群体、社会团体的特点调整服务……发现社区问题后，也没有利用他们的专业知识和技能提供有效的意见，解决问题的方法也比较单一。（SQ - 3）

社区治理是系统性、综合性、全局性的工作，个体、家庭、社区等各个层面的问题相互交织、影响，通过解决社区层面的问题，可以缓解个体、家庭层面的压力，通过增强个体、家庭的潜能，也可以推动社区问题的解决。因此，社工机构应整合应用个案、小组、社区等工作方法，以应对社区治理中的各个维度的问题（张和清、杨锡聪，2016）。以"智慧奉献"社区骨干培育计划为例，BM 机构可以"通过建立一个整合的方法系统，而与个人、团体、社区一起工作"（文军、吴越菲，2016），采取个案管理的方式为社区骨干实施"一人一策"，运用小组工作的方法对社区骨干进行能力培养、角色扮演、戏剧训练，运用社区工作的方法推动 M 社区修订居民公约、健全协商议事机制、召开街坊论坛，推动社区骨干乃至广大居民参与社区议事、介入社区事务

---

① 素材来自 S 区民政局、H 镇社会事务办、H 镇社工站，笔者进行过整理。

等，逐步培养居民意识、增强居民能力、激发社区活力。

3. 工作关系的非合作性问题

社会工作是由社会工作者与受助者合作进行的复杂的助人过程（王思斌，2014）。这种合作关系同样适用于社区治理。"社区治理是由政府、群众、社区组织、营利单位和非营利单位共同协作参与社区服务和管理的过程和机制"（SQ - 2），社工机构是社区治理主体之一，应确立主人翁的角色，带领其他社区主体围绕着社区发展的目标而共同努力，促成社区各类主体的对话和合作，并在合作中最大限度地调动和发挥社区居民及其他力量的"主体性"。然而，在实际工作中，社工机构与社区、居民的关系总是"服务与被服务"，而非"合作者""同行者""协调者""中间人"。这种"服务者"与"被服务者"的关系将社工机构变成了社区的"外来者"，而非"居民的自己人"，在这种关系格局下，社工机构与村（居）委会、居民以及现有的社区力量割裂开来，在介入社区治理行动中处于弱势地位，难以有效与社区主体进行沟通对接、有效整合和调动社区力量，只能利用各种小礼品、小优惠吸引居民参加，通过帮助村（居）委会处理行政事务来获得支持。

社工举办的活动大多是文体活动，这些活动的参与主体往往是老年人，其他居民对社工认可度不高，很少主动响应或积极配合社工工作，从而导致社工作用发挥不明显。至于社区福利服务、社区公共事务，主要还是依靠政府和社区居委会等官方组织，因此就进一步削弱了居民对社工的信任和认同。（SQ - 5）

社工机构在参与社区治理中，还存在着沟通不够充分的问题，与村（居）委会的融合程度还有进步的空间。因为社工机构有自己的督查考核，有自己要做的服务品牌，如果与村（居）委会沟通不足，当年的服务项目就有可能会与社区的实际需要脱节，无法很好地为居民群众服务。（SQ - 2）

（四）队伍建设困境：职业性弱化

专业化和职业化是社会工作与其他助人活动的最大区别，也是社会工作在社区治理中的优势所在。随着社会经济改革的深入推进，社区治理领域越来越需要专业化分工，由专业的人才解决专门的问题。然而，当前我国社会工作继续教育普遍存在"技术为上"的思想，注重知识和技巧而忽视价值理念，课程大多短期化、碎片化、应试型，完成培训即可颁发证书持证上岗（文军，2009）。在短期内固然能迅速壮大从业人员存量，但这些人员专业性不足，难以长期从事社工工作，职业性弱、难以发挥社会工作专业功能，既是社工机构队伍建设的困境，也是社区治理效果难以很好实现的原因之一。

1. 迷失的价值

专业价值是社会工作的灵魂与核心所在，也是社工机构和社会工作者的行为指南，它"规范了社会工作的目的和意义，也规范了社工机构、社会工作者的行为和态度"（文军，2009）。社会工作是科学的助人活动，一旦迷失甚至丧失专业价值，助人活动就无法体现科学性和专业性。社工是社工机构的员工、社工行业的代表，社工的不专业行为，常常会被放大为社工机构和社工行业的"不专业"，并进一步增强社会和公众的不认同，导致职业信任难以建立。

好的社工机构能有效地承担政府转移的职能，化解基层矛盾。但在政府购买服务的模式下，社工机构有时难免会执行一些不合适的行政指令。而服务对象也常常把社工当作政府雇员，从而怀疑社工服务的中立性和公正性。（SG-8）

社工机构要好好想想存在的意义，现在大家都认为社工机构是为了拿项目，说白了就是为了赚钱。社工机构要想继续生存并发展下去，就需要回归到初心，搞清楚自己的定位是什么。我希望能有更多目标明确的、纯粹的、热心的公益或非公益的机构，来打通社区居委会与居民的"最后一米"。（SQ-1）

社工的不专业常常体现在服务行为中，如上文提到的需求调查不科学、社区工作活动化、被动地参与社区治理、与村（居）委会沟通不密切等，这些"不专业"的服务行为会直接影响到服务质量，从而降低服务对象和相关方面的评价。更有甚者，由于社工机构监督不到位，一些缺乏专业价值和职业操守的社工就会钻空子、走捷径、不作为，借着外出探访的名义去打麻将，或者伪造文书档案以完成服务指标。这些具体的社工个人表现，最终都会成为社工机构职业化建设困境的"最后一根稻草"。

有的社工从业6年了，但经常不作为，所谓外出探访实际是去打麻将。（SG-5）

2. 冲突的角色身份

社会工作者是指秉持社会工作价值观，运用社会工作专业方法，从事职业性社会服务的人员（王思斌，2014）。在服务过程中，社会工作者遵守着一定的行为规范，凭借着专业身份、服务能力取信于服务对象和相关方，而服务对象和相关方的信任也反过来增强了社会工作者的身份认同。然而，由于社工专业能力不足、专业认同低、价值冲突、社会支持缺乏、社会认同不高（张凌云，2017），当前我国社工普遍存在着角色期待模糊、角色认知不清、角色定位困惑等问题。

在不同的社会情境中，人们扮演着不同的社会角色。社会工作者亦面临着多重的社会角色。一方面，社工是社工机构的员工，与社工机构构成劳动雇用关系，通过完成社工机构指定的工作任务而获得劳动报酬和奖励；另一方面，社工是服务对象的同行者，与服务对象一同面对并克服各种挑战。当服务对象与社工机构利益发生冲突时，社工就会面临伦理问题。当面临生存困境时，一些社工机构会选择"活命"而放弃"使命"，只顾着完成项目指标，轻视甚至忽视服务质量，逐步降低了服务对象和有关方面对社会工作的信任，最终造成恶性循环。

链接资源是社会工作的重要手段。但其实大部分社工机构的链接资源能力是非常有限的，一方面是社工缺乏相关的意识和经验，另一方面也跟社工在社区的角色定位有关。社工应该是专业人士吧，应该体现专业权威性吧，但不管是从社会地位、薪酬待遇、工作能力、社会影响力来看，社工哪里有这样的公信力？你一个小年轻上门去拉资源，没有人带着连门都进不了，又如何去说服别人去支持和参与社区事务呢？更何况，他们可能连什么是社工都不知道。(ZF－3)

在 S 区，社工点大多与村（居）委会合署办公，很多村（居）委会未能正确认识社会工作，有的认为社工是上级政府派来监督（甚至是监视）他们的，提防社工、不信任社工，将社工边缘化；有的则认为社工和大学生村官一样，是上级政府派来给他们办事的，完全将社工作为"自己人"，让社工承担了许多行政工作，事实上这种情况也存在于乡镇（街道）、职能部门；还有一些人盯上社工岗位，通过各种方式安置亲属子女。然而，对一些居民来说，即使社工穿着"广州社工"服装，亮明了身份，他们仍然会认为社工是村（居）委会的人，毕竟社工有时会为了取信于群众而自称村（居）委会干部。在这种合作方、服务对象的认知错位下，社工往往容易陷入角色冲突或角色混乱的困境，逐渐迷失专业价值和专业理念。

当前政府购买服务体制机制尚不完善，采购方、承办方和利益相关方的权责边界仍不够清晰，相关方对彼此的认识与期待存在偏差或不到位，导致权责错位与角色错位相互纠缠。一些政府部门对社工机构的管理具有较强的行政性和领导主观性，将社工机构视为下属单位或管理对象，要求社工机构按照自身的规章制度"办事"，将合同约定外的任务或工作要求作为优先事项；而村（居）委会则更倾向于将社工机构定位为"工作上的分担者"而非"工作上的合作者"，将额外的行政性任务转嫁至社工机构。在这种局面下，社工机构既要当好服务提供方，完成合同约定事项，又要当好政府部门的下属单位、村（居）委会的"杂牌工"，还要完成政府部门、村（居）委会交办的额外任务，多种角色、繁重任务以及难以排解的负面情绪，导致了一些社工常常因为角色适应不良而离职。因此，项目、政府、村（居）委会之间的需求以及机构生存发展之间是否可以达到有效协调，受到有关方面的关注。

社工机构和政府部门、村（居）委会因处于不同系统，各司其职，各有所长，但共通点都是服务民生。一方面，政府部门对于社工机构的定位、期望带有领导的"主观性"；另一方面，社工机构对政府的期望和要求或者说是对政府运作的规则缺乏深入认识或认识不到位。我在机构那会儿，实在无法忍受将政府思维转化给社工，我觉得政府需要的和社工在做的是不一样的，但现在我到了政府，经历多了，才发现这中间是少了一个"转化器"的。这个"转化器"应当使得政府要求、项目目标和社工机构发展三者协调。目前"转化器"还未成熟，因此导致政府购买服务项目不稳定、成效不明显、社会效益不突出。至于村（居）委会，与其认为社工机构是"同行"，还不如说是工作上的分担者，这种认识是不利于社工机构参与社区治理的，也会让村（居）

民分不清社工和村（居）干部。（ZF-5）

3. 贫乏的知识和能力

社会工作是"助人的艺术"，也是"助人的科学"，既需要实务层面的操作，也需要理论知识的指导。然而，目前我国社工行业从业者大多缺乏专业教育经历，只接受过短期的、零碎的课程培训并通过参加考试取得从业资格。实际上，这些从业社工没有系统地学习过专业价值理念和理论知识，并常常在实务工作中，满足于自身经验积累和个人反思摸索的操作模式，而忽视了理论知识的应用，无法应对复杂的社区问题。

为什么群众会将社工和村（居）委会混淆呢？因为很多社工所做的事情和村（居）委会所做的没有区别啊，不要说服务对象、村（居）委会干部这么觉得，作为社工出身的我自己也是这么觉得的。这种困境与社工的素质参差不齐、社工的发展还不成熟是有关的。（ZF-5）

社会工作人员的整体素质有待提高，尤其是高素质的人才相对匮乏，社工中级人员不多，专业督导也很少，有很多考取了社工证的人员并未实际从事过社会工作，而部分从业社工虽然有着丰富的实际工作经验，但专业方法和理论掌握较少，专业素质难以达到较高的水准。（SQ-5）

一方面，我国社工行业准入门槛不高，我国社会工作者总量增大的同时，也面临着总体质量不高、资质参差不齐的困境；另一方面，社工职业生涯发展空间有限，薪酬待遇难以上升，具有一定资历的社工容易流失到行业之外。因此，具有3年以上从业经验的持证社工基本都是机构眼中的"香饽饽"，负责项目的管理和统筹工作，退居了"二线"，而项目的一线工作者则大多年轻、经验不足，专业能力和水平难以应对各种社区治理的挑战。

社工肯定是有必要的，但是好社工真的是难求啊！社会工作尽管已在广州发展了好些年，但资深的社会工作者仍然很少，我所接触到的社工大多数还是刚走入社会或者工作才几年的年轻人，这些人的共同特点就是有活力，但阅历不足，服务水平、实操能力不高，尤其是在化解纠纷方面，很难发挥调解的作用。（ZF-6）

社工机构参与社区治理中的不足，我认为主要有几个方面吧，一是社工的人员流动性太大，二是社工大多比较年轻，经验不太足。基层经验丰富的社工都被提升为管理层了，这对社会工作的发展是很不利的。我觉得每个地方必须要有一批经验丰富的社工元老。（ZF-4）

因于"政府主导下的专业弱自主性嵌入"的基本格局，社工机构在参与社区治理过程中所面临的这些困境，实际上对应着社工机构的生存、发展、专业建设和职业建设问题，它们相互勾连、互相影响，并不断加深了社工机构的弱自主性和弱专业性，笔者尝试用图例将它们的相互关系描述出来（如图7-1所示）。

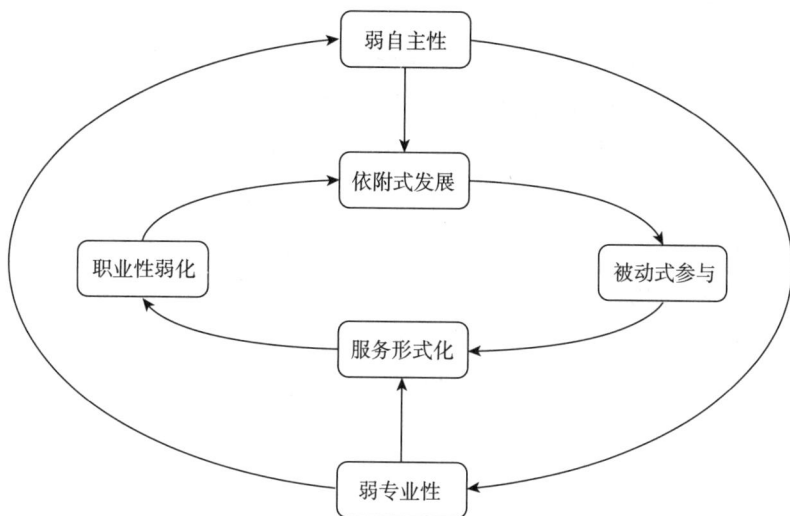

图 7－1　社工机构参与社区治理困境的逻辑关系

四、社工机构参与社区治理的改进策略

由于我国社会工作发展环境的特殊性，专业社会工作通过嵌入原有的社会服务体系谋生存、谋发展，然而在本土情境下却出现了诸多困难，呈现"越嵌入越脱嵌"的状态，造成了许多"无效嵌入"的实践（徐选国、罗茜，2020）。然而，参与社区治理是专业社会工作和社工机构发展的重要机遇，与社区治理实现"有效嵌入"是社工机构当前发展的重要关切。笔者认为，社工机构只有在秉持专业特性、坚守专业价值的前提下，正确把握国家政策和具体的社情民意，妥善处理生存、发展与专业坚守的关系，充分发挥参与基本民生保障、基层社会治理、基本社会服务的专业优势和专业作用，真正地使高品质的专业服务惠及个人、群体和社区，才能在新时代社区治理体系建设中把握机会，获得一定的独立发展空间，实现"政府－专业合作的深度嵌入"，即"有效嵌入"。

（一）破局：重建自主性

1. 改变"资金先行"的观念

社区干部、社工机构负责人普遍认为财政资金是社工机构参与社区治理的重要障碍因素，认为没有资金、没有项目，社工机构就不能运作，开展不了服务，自然就不能参与社区治理。事实上，任何个人、组织都可以参与社区治理，而参与社区治理的形式是多样的，问题在于如何认识"社区治理"和"参与社区治理"。"社会工作通过解决社会问题维持社会秩序，通过预防问题保持社会秩序，通过实施和修订社会政策维持社会稳定"（王思斌，2014），对于社工机构而言，提供服务即参与社区治理，即

"服务型治理"（王思斌，2015）。

现代社会组织的一个重要特点是资金来源多样性（时立荣，2015），社工机构要改变"资金先行"（准确来说是"财政资金先行"）的观念，善于根据所处环境开拓合作渠道、有效筹措资金、拓展收入来源（时立荣，2015）。社工机构常常深入群众生活，有着丰富的社区实践，容易发掘出社区中的资源、倾听群众的心声和诉求、发现一些已存在但未被重视的问题、察觉现有社会政策不完善的地方。作为具有科学的理论指导和工作方法的专业组织，社工机构可以主动将实务行动转化为智力成果、研究成果，通过整理、归纳、分析这些信息并形成建议方案、项目方案，向政府、基金会或其他有关单位争取合作，争取成为智力的输出者、项目的招租方、服务的开拓者、社区治理的创新者，变"谋生存"式的嵌入为"谋合作"式的嵌入（徐选国、罗茜，2020）。

2. 破除"依附－妥协"的关系

购买服务是一种公共性质的市场交易行为，政府通过向社工机构购买服务以满足社会的需求，在这个过程里，政府和社工机构实际上是一种买方和卖方的关系，根据市场交换的性质，这种关系是建立在"等价交易"的基础上，即买方（政府）与卖方（社工机构）在交易行为上是平等的。然而，政府所能提供的项目是有限的，而社工机构却呈现出"供应过量"的现状，市场关系表现为"供大于求"，本身就弱势的社工机构为了获得工作的便利及政府的支持，采取了"妥协依附"的策略，主动与政府和基层自治组织达成了"依附－妥协"关系。这种"依附－妥协"关系事实上是嵌入政策制度、社会环境里的，若想要破除，需要多方从不同层面推动改变。就社工机构方面而言，应增强自身在活动领域和运作过程的话语权，一是要摆正角色身份，树立社区治理的主体意识，找准自身定位；二是要加强自身建设完善内部治理机制，建立健全规章制度，用组织章程、规章制度而不是用"人"来管理组织活动，杜绝管理漏洞；三是要做实基本服务、打好群众基础、拓展社区资源，在社区实践中，持续积累工作经验、锤炼服务水平、增强社会认同。

（二）固本：提振主体性

1. 在认知和行动上构建主体性

我国专业社会工作是通过嵌入传统社会服务领域发展起来的，因此，"专业社会工作是嵌入的主体、传统社会服务领域是嵌入的客体"的观念已经深入人心。然而，这种"嵌入"是在政府的主导下进行的，换言之，专业社会工作实际上是"被嵌入"传统社会服务领域的。理论上专业社会工作是"嵌入的主体"，现实里，专业社会工作是"被嵌入的客体"，这种理论与现实的冲突，导致了社工机构在嵌入的过程中难以找到自身的定位和合适的互动方式。因此，改变对嵌入主体、客体的认知非常必要，在行动中构建"主体性"同样非常必要。

首先，社工机构在认知上构建"主体性"，即将专业社会工作和传统社会服务领域视作嵌入的主体，将嵌入的客体视作"具体的场景"（如社区、院舍），将嵌入的关注点聚焦于服务对象的生活处境而非行政主体的认可和"入场券"（徐选国、罗茜，2020）。正确认识专业社会工作嵌入的对象，处理嵌入的主客体关系，有利于社工机构化解这种认知和现实的冲突所引发的不适，更好地找准定位、摆正身份、找到合适的互动方式。

其次，社工机构要在行动上构建"主体性"。社工机构之所以被诟病"不专业"，是因为社工机构在应当发表专业意见的时候，不敢或不能够发表专业意见，应该运用专业理论、专业手法的时候，不敢或无法使用专业理论和手法。社工机构应当在实务工作中构建自身的"主体性"。一方面要坚持学习，要不断温故知新，丰富知识储备，优化知识结构，开阔视野格局，以增强"底气"；另一方面要坚持以专业理念、专业理论指导服务，坚持运用专业的工作方法开展服务，坚持为服务对象提供服务，以展示"本领"。

2. 在战略格局上强化主体性

社工机构应在发展战略格局上强化主体性，"以顺应国家的方式来获得信任，以嵌入社会的方式来汲取资源"（钟本章，2018），主动与各嵌入主体建立积极的协同关系。首先，社工机构要有意识地关注社会时事热点、社区矛盾冲突，带着专业的眼光和社工的视角，思考这些热点问题对民生的影响，预判社区矛盾的发展趋势和危害性，觉察其中的群众心声和诉求。其次，社工机构要主动关注政府动态，收集并学习相关的政策法规和工作文件，了解政府近期工作部署和工作任务，准确地把握国家或政府的公共服务和社会治理的意图。最后，社工机构要善于在政策法规和政府工作部署中，挖掘和发现有关部门、单位对社会工作的期待和需求，帮助他们评估工作任务、细化工作任务、制订工作方案，帮助有关负责部门把概括性的政策要求转化为具体的社会行动和社会服务，"实现深度合作，推动服务体系的转型以重构政社关系"（徐选国、罗茜，2020）。

（三）领航：发展专业性

专业性是社工机构承接政府购买服务项目、参与社区治理的核心竞争力，是社工机构与其他社会组织的最大区别。然而，在"无效嵌入"中，社工机构关注点在于获得行政主体的认同、满足行政主体的需求和指标设定，社会工作的专业性不断消解。因此，社会工作专业性的问题必须从多个层面一起着力解决。

1. 源头治理，增强政府购买服务行为专业性

从宏观层面，推动政府购买服务制度的改革，改进政府购买服务的方式方法，规范政府购买服务行为，加强政府相关岗位的专业能力建设，在源头进行治理。一是优

化政府购买服务项目采购立项，引进第三方机构进行科学调查、科学设计，切实开展社会问题或目标人群服务需求的调查评估，确保项目立项遵循"需求导向""问题导向"原则。二是建立专家评审会议制度，对项目需求、立项设计、采购方案、实施方案进行集中审议，增强政府购买服务项目的实效。三是推动政府有关部门的社工岗位设置，使相关专业人士参与政府购买服务项目全流程工作，为优化政府购买服务提供技术保障。

2. 中段治理，增强社工行业建设专业性

行业协会要主动作为，充分发挥统筹协调作用。一是要畅通政府与社工机构的联系渠道，及时向社工机构、社会工作者传递政策动向，反映行业诉求。二是要主导社会工作行业规范、服务标准、服务指引、考核评价、评估体系等相关工作的推进。三是要建立行业内部的信用评价和管理制度，健全行业道德规范和职业道德准则，组建成员执业检查、行业自律检查、行业公关等职能机构，促进行业诚信自律、维护行业声誉和形象。四是要推动社会工作项目评估改革，倡导调整评估周期、改变评估方式。五是要建立专家与一线社工的协同机制，探索推动服务承诺负责制度，以实现责任追溯。

3. 末端治理，增强社工机构服务专业性

"服务专业"是政府、社会、公众对社工机构专业性的直观感受和评价标准。社工机构要加强组织使命建设，坚守专业使命，将专业价值作为机构发展的方向盘，尤其是管理层、决策层要学习和认同社会工作专业价值理念，要重视专业人员在机构内部治理、发展策略、项目实施等方面的作用。要加强专业能力建设，并在长期而丰富的社区实践中增强实务能力。要加强专业关系的建设，主动融入居民日常生活，用脚步丈量社区，秉持中立客观的专业价值、坚持以服务对象为本，与社区不同的主体建立并维护专业关系，帮助各方解决实际困难、调解矛盾冲突、协调利益诉求、改善互动关系，"促成个体利益表达、集体利益协调与社区共同利益的实现。"（王谢平、郝宇青，2021）从而达到平衡。

（四）强基：增强职业性

"只有把以价值为基础的社会工作和以知识为基础的社会工作统一起来，社会工作才会有生命力。"（王思斌，2014）社工机构通过社会工作者提供专业服务、践行专业使命，因此，增强社会工作者的专业性和职业性，打造一支专业化、职业化的人才队伍，社工机构才有足够的根基在社区治理中施展拳脚。

1. 舍得投入，用心对待，建立专职化队伍

我国大部分社工机构依赖于政府购买服务项目生存，而项目制的非长期性、不确定性，导致社工机构与社会工作者本质上是一种劳务派遣的关系，甚至在"有项目才

有人"的观念影响下，异化为互为"工具人"的关系。社工机构与社工之间没有或者很少有认同感和归属感，对社工机构来说，大部分一线社工是"流水的兵"，而对社工而言，社工机构是"流水的机构"，大多情况下，双方只是项目采购期里的"过客"。因此，社工机构不可能将社工视为生存发展的根基而投入资源、耗时耗力进行人才培养，而社工也难以为了维护机构的荣誉而用心服务。社工机构属于人力资源密集型行业（时立荣，2015），依靠社会工作者提供服务，他们的职业素质直接影响着服务质量、机构的声誉，因此，社工机构必须正视这个问题，要有"建队伍、育人才、强基本、固根基"的意识，把队伍建设纳入机构发展的目标同步谋划，把"流水的兵"转化为"铁打的营盘"，培育一支专职化队伍，以增强机构的发展潜能。

2. 设置门槛，精细培养，建立专业化队伍

当前社工站项目主要采取"以人定费"的购买服务模式。一些社工机构为了节约人员成本，采取"广撒网、低门槛"的做法，招录一些不具备社会工作专业背景、从业经验、服务技能的外行人为社工助理，并通过组织培训、参加考试将之发展为一线社工。这种做法严重削弱了社工行业的战斗力、影响了社工服务质量，引致了社会各界的诟病，损害了社会工作的专业性。人才是第一生产力，在社区服务越来越复杂化、专业化的当下，建立一支专业队伍、增强自身服务能力，是社工机构生存发展的重要保障，是社工机构维持自身主体性和专业性的重要倚仗，也是社工机构"是否有进场资格且站稳脚跟的基本前提"（徐选国、罗茜，2020）。若要建立一支专业队伍、增强服务能力，需要从四方面入手：一是建立健全机构用人标准，设立社工岗位准入门槛，考察求职者的社会服务经验、对社会工作和社会服务的认识以及对服务对象的态度。二是落实新入职人员培训，建立转正考核评议制度，培训考核合格的方可留在社工岗位。三是建立一线社工陪伴成长机制，实行督导——一线社工、资深社工—社工助理师徒制度。四是适应服务领域需要调整社工培养策略，增强社工参与社区治理的能力、本领和政治素养。

社工机构通过承接政府服务项目、提供具体服务而参与社区治理，实际上是社会工作对社区治理体系的嵌入。由于嵌入是政府主导的、发生在社区中并与传统行政力量产生联结的，受到"社会大环境"和"社区小环境"的共同影响，社工机构与基层政府、村（居）委会构成了"依附 - 妥协"关系，并不断固化了"政府主导下的专业弱自主性嵌入"基本格局，造成"无效嵌入"。因此，基于"政府 - 专业合作的深度嵌入"的发展格局，本文从社工机构的生存、发展、专业建设和职业建设等方面提出了四个改进策略。但受限于笔者的学识和能力，对案例的挖掘深度和广度有所欠缺，未能对更复杂的内部、外部因素展开进一步分析，未来可继续展开研究。

参考文献

史柏年. 社区治理［M］. 北京：中央广播电视大学出版社，2004：62.

文军. 当代中国社会工作发展面临的十大挑战 [J]. 社会科学, 2009 (7): 66 - 70.

徐永祥. 建构式社会工作与灾后社会重建: 核心理念与服务模式——基于上海社工服务团赴川援助的实践经验分析 [J]. 华东理工大学学报 (社会科学版), 2009 (1): 1 - 3, 15.

王瑞华. 从嵌入性理论看中国社会工作的专业化战略 [J]. 河南师范大学学报 (哲学社会科学版), 2011 (3): 103 - 107.

王思斌. 中国社会工作的嵌入性发展 [J]. 社会科学战线, 2011 (2): 206 - 222.

王思斌. 社会工作实践权的获得与发展——以地震救灾学校社会工作的展开为例 [J]. 学海, 2012 (1): 82 - 89.

肖小霞, 张兴杰. 社工机构的生成路径与运作困境分析 [J]. 江海学刊, 2012 (5): 117 - 123.

朱健刚, 陈安娜. 嵌入中的专业社会工作与街区权力关系——对一个政府购买服务项目的个案分析 [J]. 社会学研究, 2013 (1): 43 - 64.

王思斌. 社会工作在创新社会治理体系中的地位和作用——一种基础 - 服务型社会治理 [J]. 社会工作, 2014 (1): 3 - 10.

王思斌. 社会工作参与社会治理的特点及其贡献——对服务型治理的再理解 [J]. 社会治理, 2015 (1): 49 - 57.

时立荣. 社会工作行政 [M]. 北京: 中国人民大学出版社, 2015: 190 - 194.

邹鹰, 杨方勇, 程激清, 等. "三社联动" 社会工作专业主体性建构研究——基于江西的经验 [J]. 社会工作, 2015 (6): 99 - 115.

徐选国. 走向双重嵌入: 城市社区治理中政社互动的机制演变——基于深圳市 H 社区的经验研究 [J]. 社会发展研究, 2016 (1): 163 - 177.

文军, 吴越菲. 超越分歧: 社会工作整合理论及其应用 [J]. 社会科学, 2016 (3): 75 - 83.

尹阿霏, 赵环, 徐选国. 双向嵌入: 理解中国社会工作发展路径的新视角 [J]. 中国社会工作, 2016 (3): 47 - 55.

赵琼. 专业社会工作嵌入性发展的阶段性再探索 [J]. 社会工作与管理, 2016 (6): 5 - 12.

张和清, 杨锡聪, 等. 社区为本的整合社会工作实践——理论、实务与绿耕经验 [M]. 北京: 社会科学文献出版社, 2016: 11 - 34.

张凌云. 社区治理中社会工作者的角色 [D]. 济南: 山东大学, 2017 (5).

钟本章. 中国社会组织自主性研究: 回顾与展望 [J]. 江汉学术, 2018 (5): 16 - 20.

童敏. 社会工作实务基础——专业服务技巧的综合与运用 (第 2 版) [M]. 北京: 社会科学文献出版社, 2019: 9 - 18.

张乐. 植入、嵌入和融入: 社会工作的 "在地化" 路径 [J]. 社会工作, 2019 (4): 3 - 17.

徐选国, 罗茜. 嵌入何以发展: 社会工作本土化进程中嵌入观的流变与再构 [J]. 新视野, 2020 (1): 50 - 58.

张洋勇. 嵌入、服务与发展: 农村社会工作嵌入性发展的实践过程——以福建省 DC 村项目为例的个案研究 [J]. 中国社会工作研究, 2020 (1): 132 - 137.

王谢平, 郝宇青. 双重角色的社区居委会何以调处多元主体参与社区治理——政治技术视角的分析 [J]. 社会科学, 2021 (8): 56 - 67.

陶阿茹娜．社会工作嵌入式参与社区建设发展路径的探究 [J]．内蒙古电大学刊，2022 (2)：110 – 112.

刘杰，李泽宇，王双洋．行动者视角下社会工作者参与国际化社区治理的策略研究——基于 W 市 Y 社区的案例分析 [J]．社会工作，2022 (3)：50 – 61，106 – 107.

第八章　协同治理视角下农村网格化治理研究

——以广州市大源村为例

黄财富①

随着科技手段和管理水平不断提升，传统的社会管理模式不断受到冲击，人们习惯性寄希望于政府、市场、社会组织等管理主体发挥作用，希望其协力建设科学规范的社会管理秩序，但现阶段还未有效形成社会管理合力，时常伴有管理失灵情况，因此，协同治理的协作理念和模式因势而生。同时，信息化技术的发展丰富了人们对社会管理的认识，新兴的以信息技术和物理实物相结合的基层治理模式——网格化治理顺势而生，并以一种典型治理模式在全国推广。自 2004 年至今，网格化治理不断发展成为我国城乡社区治理创新的主要思路，自北京市东城区开始启动网格化治理后，上海、浙江、湖北、广东等地推广探索实施。因网格化治理需要投入大量人力、物力、财力，一般在城市社区或者大城市的农村先行开展。本文以农村网格化治理为研究对象，以广州市大源村为例，运用协同治理理论对该村网格化治理实施存在的问题、成因进行分析，并在协同治理视角下提出优化路径。

一、本案例研究概述

（一）为什么要研究农村网格化治理问题

1. 研究背景

随着社会治理越来越完善，农村基层治理的短板渐渐凸显，特别是在大城市辖内的农村治理问题在城镇化不断推进过程中表现得更加明显，探索农村基层治理成为各级政府和学者研究的一个重要问题。2004 年，党的十六届四中全会提出要"加强社会建设和管理，推进社会管理体制创新，建立健全党委领导、政府负责、社会协同、公众参与的社会管理格局"。2007 年，党的十七大报告提出要"建立健全起党委领导、

---

① 黄财富，男，管理学学士、公共管理硕士，现为广州市白云区太和镇党政综合办公室主任。

政府主导、社会协同、公众参与的社会管理格局，健全基层管理体制"（周仲高，2013）。2010年，中央政法委、综治委挑选30余个城市开展"社会管理体制创新"改革试点，湖北宜昌的"网格化治理模式"便是其中之一。2013年，党的十八届三中全会进一步提出"要改进社会治理方式，创新社会治理体制，以网格化治理、社会化服务为方向，健全基层综合服务管理平台"（史桦，2019）。至此网格化治理正式以中央文件的形式登上历史舞台。事实上，早在2003年5月，北京市"东城区网格化城市管理系统"课题组经过17个月的探索和研究，成功研发出数字城管新模式。2004年10月，数字城管新模式的原型系统——"东城区网格化城市管理系统"率先应用于北京市东城区城市管理领域，取得了良好的社会治理效果，这个治理模式后来不断被其他城市引用，并扩大应用到消防、环卫、医疗等多种社会管理领域（刘海明，2015）。

广东作为改革开放的先驱者，由于经济比较活跃，社会各方面呈现出比较复杂的情况，因此在社会治理模式上较其他地区有较多的探索，据《南方日报》2018年4月2日报道，2018年"两会"期间，习近平总书记在参加人大广东团审议时，交给广东"在营造共建共治共享社会治理格局上走在全国前列"的重要任务，城乡基层社会治理成为广东的重要课题。同城市社区一样，农村社区是社会治理的构成单元、微观场域，农村社区的治理是探索共建共治共享社会治理模式最终的落脚点，而网格化治理在当前基层治理创新探索中是经常用到的一种管理模式。笔者查阅资料，在广东省，最早找到网格化治理是2012年在消防安全管理领域运用，当年6月广东省社会治安综合治理委员会办公室、广东省公安厅、广东省民政厅、广东省工商行政管理局、广东省安全生产监督管理局联合发文《广东省街道乡镇推进消防安全网格化管理的指导意见》，随后网格化治理在各个城市、各个管理领域推行，广州市2012年下半年开始在越秀、黄埔等区开展网格化服务管理试点工作。同年，广州市白云区也以《关于印发〈白云区街道乡镇实施消防安全网格化管理的工作方案〉的通知》为标志开始引进网格化治理模式。虽然网格化治理工作已于2012年在广州市白云区不同管理领域开始推广，但白云区太和镇大源村真正意义上开始接触网格化治理是在2018年2月，在推进"深化太和镇大源村社会综合管理创新项目"、实施"'党建带社建'社区协同共治创新项目"时正式开始实施网格化治理，并在实施大概20个月后，该村被农业农村部认定为1000个全国乡村治理示范村之一。

2. 研究意义

理论实践方面的意义。农村网格化治理是当前营造共建共治共享社会治理格局的新型治理模式，从某种意义上讲是政府"自上而下"的管理需要，是农村"自下而上"与政府双向沟通的桥梁。开展对农村网格化治理，特别是大城市农村网格化治理研究，在协同治理理论运用和网格化实践完善、先进经验推广上都具有一定的意义。

理论分析方面的意义。丰富农村网格化治理的分析理论，为大型城市农村网格化治理提出一套理论分析框架，协同治理理论和农村网格化治理同样强调多元主体参与，各主体发挥自身特长，实现"1＋1＞2"的目标，协同治理理论和农村网格化治理都是要构建一个对话的平台，让各主体在平台上平等对话，以一致性的目标实现社会管理目标，所以运用协同治理理论分析网格化治理有很强的契合性。运用协同治理理论分析农村网格化治理中存在的困境和成因，从协同治理的视角提出农村网格化治理的优化路径，对城市农村根据自身实际情况建立治理平台、实施网格化治理具有一定的理论指导意义。

行政决策方面的意义。选择广州市这种大型城市辖内的农村——大源村作为研究对象，通过文献研究和对大源村网格化治理实践的深入调查，总结了大源村网格化治理基层治理创新的实施成效，为其他农村地区网格化治理实施提供管理效果，从治理效果上起到引领的作用。分析存在问题的原因，为大源村进一步优化网格化治理工作提供选择路径，为其他准备实施或正在实施网格化治理的农村地区起到警醒作用，很大程度上可以避免一些问题，少走弯路，把部分问题解决在初始阶段，减少"重蹈覆辙"。

（二）基本概念和理论基础

1. 网格化相关概念

网格化治理实际上是由网格员巡查或以其他途径收集问题、上报平台，由后台审核是可以直接解决还是需要协同处理，最后对问题处理的成效进行反馈和评价。这个模式可以说一定程度上打破了碎片化管理的束缚，在原有管理体制不变的情况下，依靠先进的信息技术实行精准的反馈与监管，实现动态的全方位管理（朱湘宁，2019）。

本文研究的网格化治理是从物理空间和虚拟空间两个层面来理解的。在物理空间上，将大源村这个区域根据一定的规律划分为若干个片区，我们将划分后的每一个片区称为网格，并在虚拟空间——网格系统上形成新的社会单元。朱湘宁（2019）认为在虚拟空间层面，网格指的是一种信息数据单元，现代网络技术、地理信息技术是基础保障，在网格内实现了数据信息的收集、资源的共享与整合，能识别网格内公民的需求或者矛盾隐患，判断对接归属的部门。通过划分网格，在网格内配备专门力量，根据责任清单在网格单元内进行巡查，以及时发现问题、上报问题、处理问题，对网格内的人、事、物等构成要素进行管理。以上是笔者要研究的网格化治理的内涵。

2. 协同治理理论与农村网格化治理

农村网格化治理是协同治理理论在基层治理中的应用，农村网格化治理与协同治理理论的契合点可以分为三个方面进行阐述。

一是协同治理与农村网格化治理强调的都是多主体参与，强调参与主体的多元性。协同治理有一个特征是多元主体平等参与，纵向上强化行政层级之间的沟通、横向上协调各相关利益主体参与。农村网格化治理同样强调治理主体的多元性，政府各部门、社会组织、村和经济社、社会群众力量等多样主体参与，跨部门、跨行政级别互通互联，联合办公，快速反应、解决问题，把问题解决在网格内。两者都表现出社会治理的主体不再是政府单打独斗，社会治理的主体不再局限于政府本身，强调共建共治共享，多个利益主体都参与进来，政府整合各方面的资源，激发多个参与者的力量，共同参与社会治理活动。

二是协同治理和农村网格化治理同样强调效率性。协同治理和网格化治理都表现出公权力在向社会回归，政府转变角色，从包办治理向放权服务型政府转变，调动了社会各界参与社会管理的积极性，多元主体信息共享、分工明细，形成各尽其力的模式。再有就是协同治理和农村网格化治理强调目标一致性，参与主体都具有共同的目标，各利益主体在协同过程中达成共识，完善各种资源的配置、完善协同的流程以更好地达到目标。多元参与能形成合力，全部参与主体都在想办法解决自身不能解决的问题，从社会管理的效果上看，协同创造的价值会超过单个主体创造价值之和。

三是协同治理理论在农村网格化治理过程中能够起到很强的引导作用。协同治理理论让农村网格化治理多元主体参与有了理论依据，在多元主体参与治理的过程，协同治理为其引导构建平等对话平台，形成一致目标。农村的管理动力来源与农村社区主体间的共同利益，他们都希望形成良好的治理生态，为其创造宜居宜业、自然和谐、平安有序等高效的环境，到后期，各主体追求的不再局限于目标的实现，更强调协同的平等性、沟通的和谐性、治理的高效性，因此协同治理自然成为网格化治理的一种选择。

（三）研究设计

1. 研究内容

在研究文献对网格化治理的发展历史和理论内涵、模式进行优化等的基础上，以大源村网格化治理为例，实地调查，分析大源村网格化治理的机制和运作现状，找出农村网格化治理存在的问题，运用协同治理理论对存在的问题进行分析，提出优化路径。

2. 研究思路和研究方法

第一部分介绍本文的研究背景和研究意义，对协同治理、网格化治理等概念进行界定，对协同治理理论进行分析、评述，同时介绍文章的研究思路和研究方法。第二部分介绍广州市大源村的基本情况，归纳梳理广州市大源村网格化治理的实践，包括建立大源村网格化治理制度、精细化划分大源村基础网格、加强网格员队伍建设、规范网格事项办理流程、强化网格化服务管理平台，然后总结了取得的成效，包括基层治理水平明显提升、农村人居环境明显改善、政策落实和政务服务得到提升。第三部分通过调查研究找出广州市大源村网格化治理实践存在的问题，包括网格化治理运行不完善、网格员队伍建设不完善、参与主体单一；随后运用协同治理理论分析广州市大源村网格化治理实践存在问题的成因。第四部分尝试在协同治理视角下提出广州市大源村网格化治理优化路径，一是完善农村网格化治理制度规范，解决网格化治理工作的基础问题；二是转变思维，正确厘清协同治理的角色定位；三是扩大协同主体，提高协同治理主体参与度；四是完善协同治理工作机制，提高网格事件处置效率。

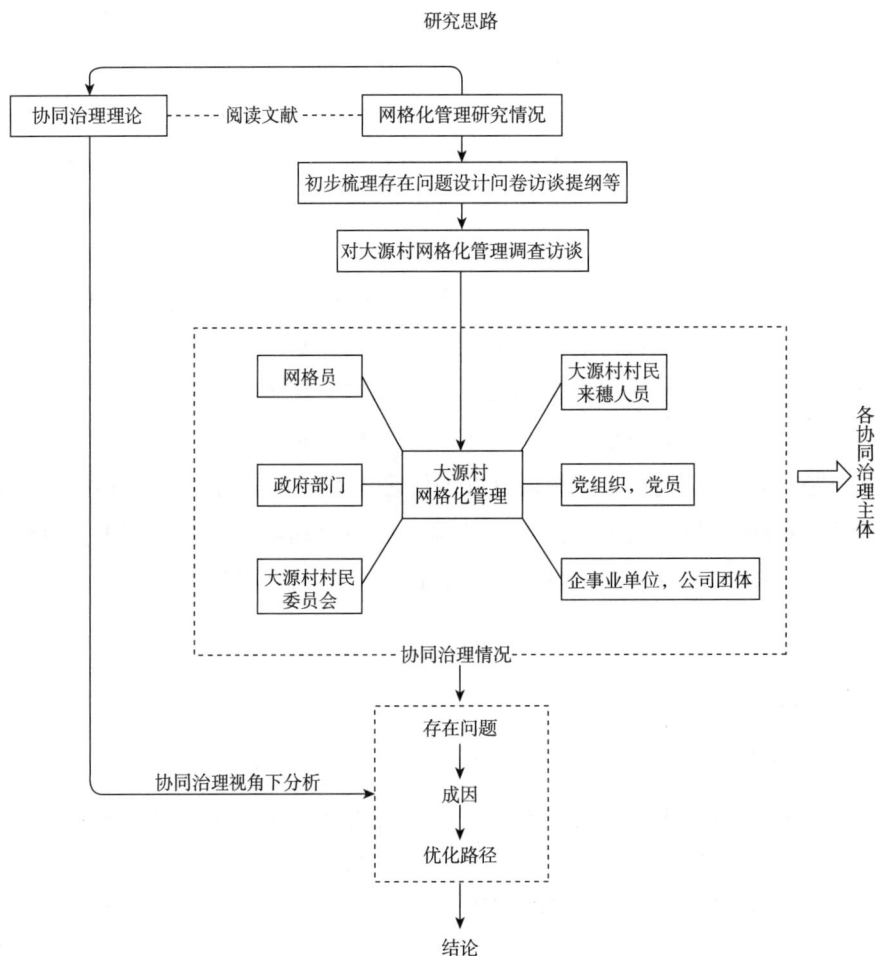

图 8-1　研究思路图

本文研究方法主要包括文献分析法、调查法、访谈法，具体如下：

文献分析法应用方面。2004 年北京市东城区开始实施城市社区网格化治理后，全国各地纷纷借鉴，并在多个城市、多个领域得到实践，2005 年国内学者开始对网格化治理开展研究，并在近些年来不断丰富。通过查阅文献，梳理前人的研究结论，分析选出本文需要研究的内容，并通过协同治理理论进行分析研究。

调查法应用方面。为了全面了解广州市大源村网格化治理实践情况，笔者针对大源村网格员和大源村群众分别设计调查问卷，开展问卷调查。

访谈法应用方面。笔者对大源村网格化治理 1 名负责人、2 名相关工作人员、大源村村委会 2 名干部、5 名大源村网格员、5 名大源村群众进行了访谈，以进一步掌握广州市大源村网格化治理实施成效、存在困境和成因。

3. 调研设计

设计调查问卷。为全面了解大源村网格化治理工作的实施情况，笔者先是查阅政府文件、梳理文献，整理出目前网格化治理在全国范围内的实践经验、存在问题，然后针对大源村内群众和网格员设计两份调查问卷。为更好地反映真实情况，在问卷初稿设计完成后，征求相关专家和老师的意见，并邀请 5 位大源村群众和 5 位网格员进行征求意见式初步填写、交流意见，对问卷进行修缮形成最后的调查问卷。

设计访谈提纲。鉴于调查问卷都是客观选择题，为进一步了解大源村网格化治理工作的情况，笔者在问卷调查结束后，根据问卷初步掌握的情况，针对大源村网格化治理负责人、大源村网格员、大源村群众分别设计了访谈提纲，并分别邀约进行访谈。

科学选取样本。大源村群众调查问卷样本选取：根据大源村目前划分为 111 个网格的实际情况，每个网格内随机选择 5 名人员作为调查样本，共发放问卷 555 份，其中有效问卷 526 份。大源村网格员调查问卷样本选取：根据大源村目前划分为 111 个网格、配有 111 名网格员的实际情况，调查问卷覆盖 111 个网格员，有效问卷 111 份。大源村群众访谈样本选取：邀约了大源村网格化治理负责人 1 人、相关工作人员 2 人、大源村村干部 2 人、大源村网格员 5 人、大源村群众 5 人，进行了访谈。

确定问卷调查步骤与质量控制。问卷调查工作在 2019 年 9—10 月开展，笔者事先联系了大源村网格化治理工作人员，拿到了 111 个网格图和网格员的联系方式，随后利用在大源村开展工作的时间、晚上下班时间及周末进行问卷调查，为了方便群众填写，笔者提供触屏平板电脑、触屏手机给群众进行答卷。为了消除答卷人员的疑虑，笔者在每一次答卷前对问卷"不记名、科研用途"等情况进行了说明，以提升答卷的真实性。针对网格员的问卷调查和针对群众的问卷调查是同步进行的，即在进入每个网格确认网格范围的时候先对网格员进行了问卷调查，随后再在 111 个网格内随机采集 5 个群众样本。

确定访谈调查步骤和质量控制。访谈工作实际上分了两个阶段开展，即在笔者确定要将大源村网格化治理工作作为研究内容的时候就对大源村网格化治理工作负责人、大源村所在的太和镇政府网格化治理工作负责人进行了初步访谈，并获取了大源村网格化治理工作的相关资料。正式的访谈是在群众、网格员的问卷调查结束之后进行的，为了更加深入地了解大源村网格化治理，正式的访谈提纲是在前期收集资料、分析梳理文献并结合问卷调查情况基础上整理出来的。为了保证访谈质量，笔者先是邀请了大源村网格化治理工作负责人进行访谈，后面利用工作便利邀请了 5 名网格员进行访谈，最后邀请了 5 名群众进行访谈，笔者邀约三类身份的样本进行访谈时，并没有让他们之间掌握相关信息。

二、广州市大源村网格化治理的实践和成效

（一）全国乡村治理示范村——广州市大源村基本情况

大源村（现属大源街道）地处白云区东部、太和镇南端，东南与天河区接壤，西依南湖凤凰山，东接帽峰山森林公园，总面积25平方千米，比白云区绝大多数街道的面积还要大，生态用地占村域面积的60%以上。农村户籍人口9774人，常住人口约17万；登记在册的来穗人员83376人，占太和镇来穗人员总数34%以上；来穗人员户籍地为广东省的约3.3万人，户籍地为外省的主要集中在湖南、江西、湖北、广西等地，因此有"信宜村""江西村"等俗称。大源村虽然行政架构仍然是农村，但城镇化程度高。该村有1个经济联社、23个经济社，村"两委"干部共6人，交叉任职率100%；村党委下设23个经济社党支部，共有党员281名。2018年，大源村、社两级集体经济收入3874.7万元，其中村集体收入533.61万元，社集体收入3341.1万元，村社股份分红2152.42万元。如前所述，2019年12月，大源村被农业农村部认定为1000个全国乡村治理示范村之一。

（二）广州市大源村网格化治理的实践

1. 建立大源村网格化治理制度

2018年2月大源村开始实施网格化治理制度，2018年4月以大源村23个经济社管理区域为基础，结合村辖内住宅小区情况将大源村划分为32个网格，并将全镇在编干部150余人分为32个工作组进入大源村32个网格当网格员，规定每个网格工作人员星期一至星期五至少到网格开展巡查工作2次、星期六工作一天。后面在工作开展过程中结合大源村现有道路建设情况，将大源村划分为39个网格，还是以镇政府和事业单位在编干部巡查发现问题为主，以督促经济社干部处理问题为抓手开展工作。直到2019年3月15日《广州市白云区太和镇大源地区网格化管理工作实施方案》印发，大源村才正式拉开了网格化治理的序幕。方案成立以镇长为组长的工作领导小组，对网格划分、信息化技术优化、网格化工作运作情况、网格化队伍建设等工作提出了重要的指引。

2. 精细化划分大源村基础网格

合理划分基础网格。结合地理空间、人口分布、社区类型、网格工作量等综合因素，合理划设大源地区基础标准网格，完善地理空间划分和责任边界设计，将原有大源地区以主路为标准划分的39个网格进一步精细划分，以23个经济社和蓝山、福源、源山住宅区为基础，结合居住人数和建筑物栋数将大源村划分为111个基础网格（其

中第11、20经济社由于辖域面积较小、地理位置靠近，故将两个经济社划为1个网格），完成网格优化第三次调整和网格在"数字白云"上图工作，将现有单位行业类型分类细化，形成大源地区网格化服务管理体系最基础单元，实现辖区网格化服务管理全覆盖。加快网格上图标注，以辖区111个网格（如图8-2所示）为基础，制作基础网格CAD地图，对接"数字广州基础应用平台"等信息系统，依托信息化平台实现网格事件上报、流转、处置和督办等事项上图标注展示，不断提升网格化服务管理效能。推动网格员由原来的"事无巨细皆报"向"办小事、报大事"转变，实现网格事件的高效处置。

表8-1　大源村基础网格基本情况表

区域	网格数	网格号	楼房栋数	户籍人数	居住人口数
1社	6个	001网格	54	125	1652
		002网格	61	85	1072
		003网格	61	153	1638
		004网格	56	72	985
		005网格	87	61	3541
		006网格	54	95	938
2社	3个	007网格	51	58	1150
		008网格	52	95	1955
		009网格	54	45	850
3社	5个	010网格	98	75	1300
		011网格	17	30	980
		012网格	45	109	1015
		013网格	55	116	1315
		014网格	51	91	1530
4社	7个	015网格	55	93	1359
		016网格	81	65	1681
		017网格	62	120	1242
		018网格	53	85	835
		019网格	51	100	1265
		020网格	43	53	1250
		021网格	86	96	1495

区域	网格数	网格号	楼房栋数	户籍人数	居住人口数
5 社	6 个	022 网格	42	61	1510
		023 网格	54	75	1350
		024 网格	65	85	850
		025 网格	42	35	390
		026 网格	64	85	1205
		027 网格	10	12	165
6 社	5 个	028 网格	46	91	1265
		029 网格	48	85	1261
		030 网格	50	83	749
		031 网格	67	192	1547
		032 网格	72	35	1445
7 社	11 个	033 网格	68	115	950
		034 网格	36	53	1535
		035 网格	78	185	1250
		036 网格	81	153	1685
		037 网格	50	130	1355
		038 网格	49	45	1130
		039 网格	68	65	1228
		040 网格	70	67	1050
		041 网格	46	75	988
		042 网格	66	76	1260
		043 网格	57	105	1080
8 社	2 个	044 网格	44	115	1580
		045 网格	64	94	1955
9 社	6 个	046 网格	50	81	1303
		047 网格	82	132	2015
		048 网格	45	35	1189
		049 网格	71	114	1804
		050 网格	33	55	1560
		051 网格	56	60	865
10 社	1 个	052 网格	55	116	1950

续表

区域	网格数	网格号	楼房栋数	户籍人数	居住人口数
11 社 20 社	7 个	053 网格	79	102	1250
		054 网格	87	82	1218
		055 网格	70	51	1355
		056 网格	69	158	972
		057 网格	85	137	2900
		058 网格	50	53	1560
		059 网格	54	35	1220
12 社	4 个	060 网格	58	193	1285
		061 网格	78	32	1523
		062 网格	69	294	1321
		063 网格	66	71	1195
13 社	5 个	064 网格	68	152	1512
		065 网格	90	50	1622
		066 网格	56	21	605
		067 网格	68	32	689
		068 网格	46	24	850
14 社	5 个	069 网格	60	32	2551
		070 网格	45	35	1856
		071 网格	40	35	1987
		072 网格	49	250	695
		073 网格	59	187	695
15 社	3 个	074 网格	69	155	277
		075 网格	88	122	268
		076 网格	92	98	295
16 社	5 个	077 网格	65	98	702
		078 网格	73	160	955
		079 网格	93	152	12138
		080 网格	55	45	1260
		081 网格	41	85	885

续表

区域	网格数	网格号	楼房栋数	户籍人数	居住人口数
17 社	7 个	082 网格	43	92	1900
		083 网格	43	115	2800
		084 网格	32	45	860
		085 网格	44	42	925
		086 网格	33	150	1150
		087 网格	37	21	600
		088 网格	41	42	1600
18 社	4 个	089 网格	30	68	625
		090 网格	66	96	1150
		091 网格	42	65	1126
		092 网格	41	42	1352
19 社	4 个	093 网格	41	25	6254
		094 网格	28	54	850
		095 网格	33	52	620
		096 网格	29	36	100
21 社	2 个	097 网格	44	167	523
		098 网格	38	59	321
22 社	2 个	099 网格	96	53	267
		100 网格	45	60	194
23 社	1 个	101 网格	82	225	395
蓝山住宅区	3 个	102 网格	580 户/9 栋	440	580
		103 网格	433 户/225 栋	119	433
		104 网格	500 户/43 栋	294	500
福源住宅区	4 个	105 网格	252 户/32 栋	2	252
		106 网格	253 户/44 栋	69	253
		107 网格	253 户/5 栋	0	253
		108 网格	252 户/9 栋	32	252
源山住宅区	3 个	109 网格	568 户/8 栋	150	586
		110 网格	269 户/41 栋	0	269
		111 网格	52 户/26 栋	0	95

3. 建立网格员管理规范

组建网格员队伍。按照"一格一员"的原则配备 111 名网格员，实行定人、定岗、定职责，建设一支规范化、专业化的网格员队伍，具体承担网格日常巡查、动态信息

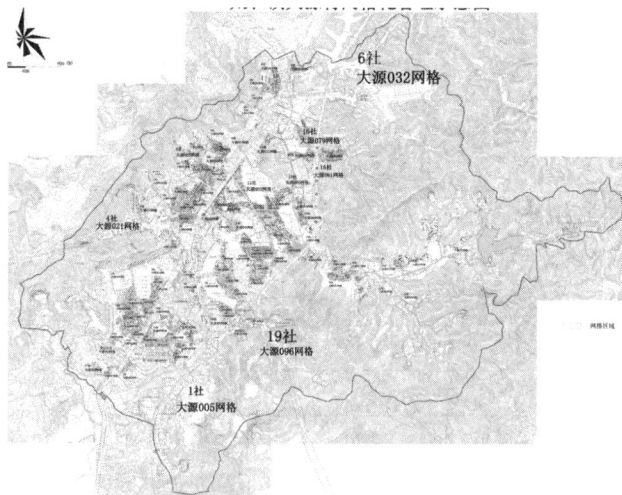

图 8-2 大源村网格划分四至图

采集、网格事件上报及简单事件依规处置等职责。

加强网格员规范管理。制定大源村网格员队伍管理配套制度，全面规范网格员队伍的招聘、职责、管理和保障，合理定岗定责定效。加强网格员业务能力建设，定期开展网格员业务培训，不断提升网格员业务能力。

实行网格员信息公开。统一制作网格员信息牌，网格员信息公示上墙（如图8-3所示），向社会公布网格员姓名、联系电话、责任范围、微信二维码等信息，网格员信息牌在网格内显眼处张贴公示，开展网格巡查，接受群众监督。

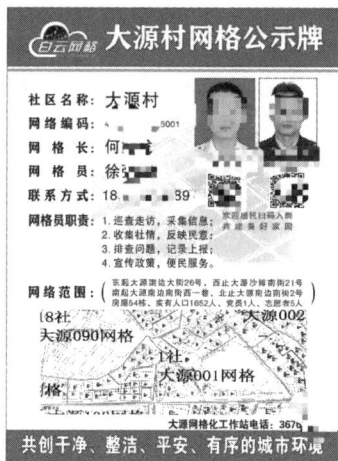

图 8-3 大源村网格公示牌

建立网格员绩效管理机制。制定网格员考核办法（见表8-2），把网格员开展信息采集、办理网格业务、落实重点工作和服务群众等方面绩效列入考核内容和作为评先选优依据，考核结果与绩效工资挂钩，做到奖优罚劣，树立绩效导向。每月评比、表

彰 "优秀网格员"，给予相应的奖励，对不称职网格员按相关规定进行处罚。

表 8 - 2　大源村网格员月度量化考核表

考核对象：	考核人：		
序号	考核内容（加分项）	加分情况	备注
1	能在 3 月 15 日前完成网格微信群（包括网格内党员）建设的，加 5 分		
2	发现、上报网格重点事件超 5 宗以上，经确认属实的，超过部分每一宗加 2 分		
3	发现、上报网格事件超 30 宗以上，经确认属实的，每超过 5 宗，加 1 分		
序号	考核内容（扣分项）	扣分情况	备注
1	没按规定请销假每次扣 1 分		
2	3 月 31 日后完成党员微信群建立的，扣 5 分		
3	少报一个网格事件扣 1 分，每个网格员每月需报 30 个网格事件（30 个事件里面至少 5 个非简易事件）		
4	群众向网格员反映问题，网格员应处理或上报而未按规定期限处理或上报的，经查实，每次扣除 2 分（特殊因素除外）		
5	凡因工作态度问题被居民群众投诉，经查属实的每宗扣 5 分		
6	被上级或纪检监察部门暗访批评、媒体曝光的，出现 1 次扣除 5 分（多次累计扣分），出现 2 次进行诫勉教育，出现 3 次给予通报批评		
7	在省级检查中出现问题扣 20 分，市级检查中出现问题扣 10 分，区级检查中出现问题扣 5 分		

备注：每分折合 5 元计算，综合补贴 300 元封顶。

4. 规范网格事项办理流程

配置线上业务办理设备。按照 "一人一机" 原则，全体网格员配备 111 个网格化服务管理移动终端。制定网格事项办理流程（如图 8 - 4 所示），建立标准化业务工作管理程序，形成网格事件发现告知、调度派遣、事件处置、跟踪回访、评价结案等闭环业务流程。

加强网格事件衔接处置。明确网格责任主体，强化网格员主业意识，实行网格事件采集主体与事件处置主体相对分离的工作模式，网格员主要负责网格巡查和动态信息采集并发起任务线上流转，事件处理由线下专业部门跟进负责，实现网格事项线上流转、线下办理。

5. 强化网格化服务管理平台

设置网格指挥调度区域。加快推进 "综治中心 + 网格化 + 信息化" 建设，参照《城乡社区网格化服务管理规范》国家标准，建立大源地区网格化服务管理中心，与大源村综治中心实行一体化运作，设立网格化联勤指挥室，组织协调辖区网格化服务管理、网格员队伍指挥调度等工作。搭建网格化信息指挥平台。按照网格化服务管理应用系统的技术标准和要求，核实每个网格内人口、楼栋、房屋、单位等基础信息，将

```
                        ┌─────────────┐
                        │   信息来源   │
                        └─────────────┘
         ┌─────────────────┼─────────────────┐
  ┌─────────────┐    ┌─────────────┐    ┌─────────────┐
  │ 巡查、走访收集 │    │   群众反馈   │    │    其他     │
  └─────────────┘    └─────────────┘    └─────────────┘
         └─────────────────┼─────────────────┘
                    ┌─────────────┐      当场能解决
                    │   网格员     │───────────────┐
                    └─────────────┘                │
         不能解决         │                         │
                    ┌─────────────┐   能解决        │
                    │ 上报镇网格化服务 │──────────────┤
                    │   管理中心     │               │
                    └─────────────┘                │
                          │                         │
                    ◇─────────────◇                │
                    │   审核派单    │               │
 非镇级职权事项      ◇─────────────◇                │
         ┌────────────────┤                         │
         │          ┌─────────────┐                │
         │          │  镇职能科室处理 │               │
         │          └─────────────┘                │
         │                │                         │
         │          ┌─────────────┐                │
         │          │ 上报区级网格化服 │              │
         │          │  务管理中心    │               │
         │          └─────────────┘                │
         │                │                         │
 非区级职权事项     ◇─────────────◇                │
         ┌────────────────│   审核派单    │          │
         │          ◇─────────────◇                │
         │                │  区级职权事项             │
  ┌─────────────┐   ┌─────────────┐               │
  │ 报市网格中    │   │ 区相关职能部门处理 │───────────┤
  │ 心分派办理    │   └─────────────┘               │
  └─────────────┘                                  │
         │                                          │
         │          ┌─────────────┐                │
         └─────────→│ 网格员核实处理结 │←──────────────┘
                    │ 果，将反馈情况录入 │
                    │ 系统，结案      │
                    └─────────────┘
```

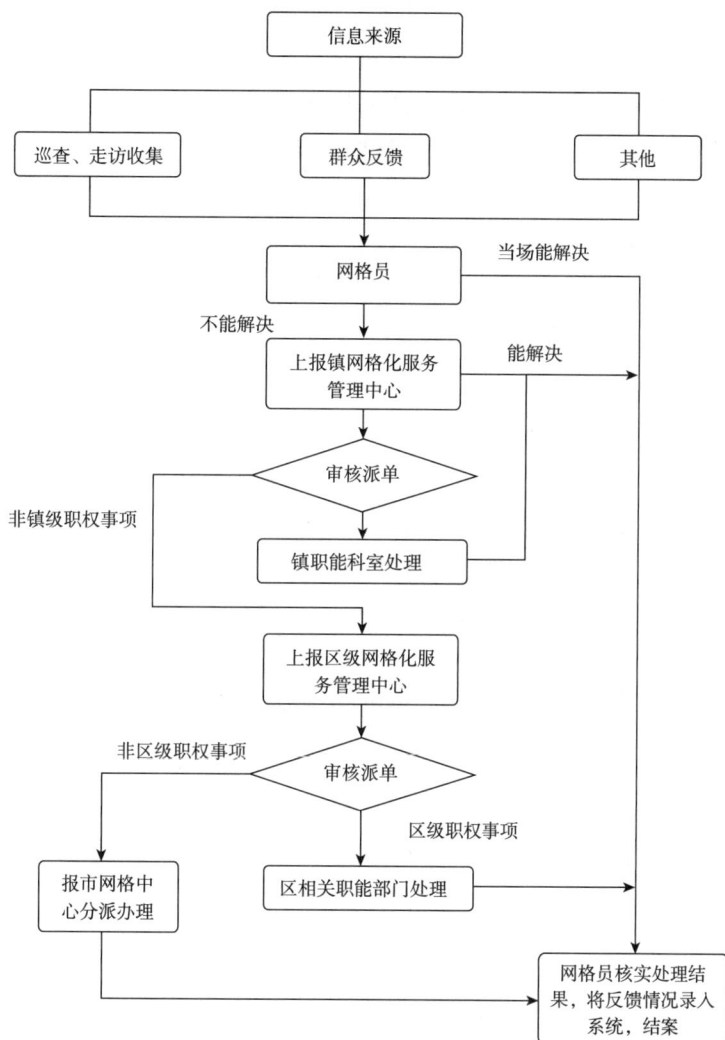

图 8-4　大源村网格化治理工作流程示意图

网格内的人、地、物、事、组织等信息纳入网格系统并及时更新数据，实现网格基础信息统一采集、动态管理。深化"四标四实"建设成果衔接应用，加快推进基础网格对接标准作业图，强化网格化服务管理信息支撑、数据引领、平台主导，实现提能增效、共建共享。

（三）广州市大源村网格化治理取得的成效

1. 基层治理水平明显提升

大源村实施网格化治理前，主要由村委会组织开展村内事务管理工作，以完成上级布置的工作任务为主。工作开展主要通过自上而下布置任务，由太和镇党政办定期督办或者驻村干部到场过问才大概知道工作落实情况，除重大突发事件应急处置等规定必须上报的事件外，其他事项基本不上报，可以说是基层政府治理的正常状态"失灵"。而网格化治理工作在大源村实施后，特别是太和镇大源地区基层工作下沉到网格行动方案实施后，各职能部门处理事务的管理触角全面下伸到大源村各个网格，各种问题能快速掌握并交办处理，形成良性的双向反馈机制。

另外，大源村实施网格化治理工作后，通过网格员巡查走访，全面摸清大源村基础信息。依托"数字白云"基础应用平台，排查摸清了大源村"人、屋、单位、设施、门禁视频、消防、违建、违法"八项基础情况。截至 2019 年 11 月，入户排查共核实采集房屋 6249 栋、88928 套，实有在住人口 127888 人，实有单位 8694 个、从业人员 29556 人，大中专院校学生 25776 人。这些工作数据为大源村基层管理水平的提升起到举足轻重的作用。

2. 农村人居环境明显改善

治安状态好转，数据显示，2019 年 1—11 月，大源村接报案件类警情 1185 宗，同比下降 20.09%。平安大源的建设，得益于大源村网格化治理，526 份问卷中有 47.91% 认为大源村治安情况有了很大的好转，28.14% 比较认同大源村治安情况有了很大的好转（见图 8-5）。111 名网格员巡查走访，形成一定的威慑作用，治安情况有很大的好转，笔者访谈群众时，有群众谈道："网格员在网格内不断巡逻，形成的威慑力比之前村里的治保队员还要大，以前村里的治保队员也有几十个，但是基本服务于群众，巡逻也是开着摩托车的，顺着大路来巡，巡完一圈之后就回村委会去了，你有事也找不到他，比如打架、争吵，等你找到村委会，基本上都已经形成事实了。网格员不一样，网格员就在网格内，他们的工作就是不断巡查，好像网格内一个小管家。"

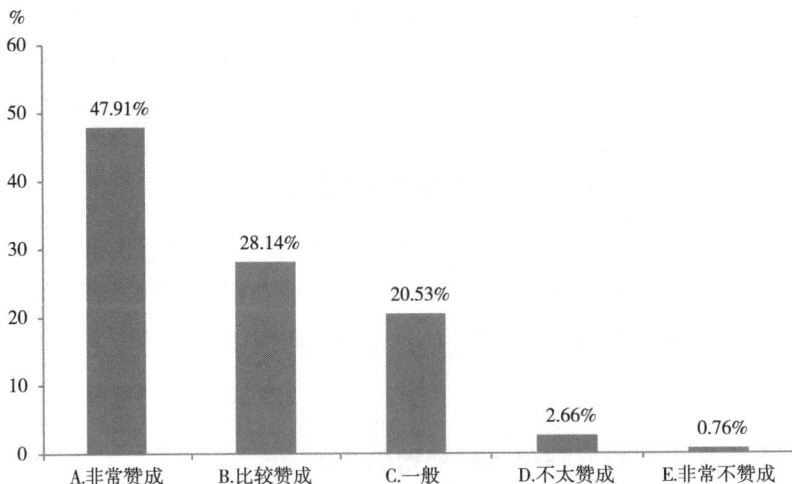

图 8-5　大源村治安情况有了较大好转认同统计图

卫生环境好转，大源村网格化治理系统"数字白云"基础应用平台显示，2019 年 1—11 月，网格员上报事件 22754 宗，办结 22572 宗，办结率 99.2%，笔者通过导出数据统计，22572 宗办结事件中涉及环境卫生和城管"六乱"的超过 16000 宗，网格事件

的处置，很大程度上促进了大源村干净有序人居环境的形成，问卷调查中有 43.16% 的
受访者认为村干道变干净了（如图 8 – 6 所示）。有群众说："以前经常在屋前屋后、大
街小巷看到大大小小的垃圾堆，我们只能向经济社干部反映，他们也不管，还表示环
卫由村里面环卫队伍去管，打 12345 市政府服务热线也没什么效果。现在可灵了，网
格小哥用手机拍个照片就有人来处理了，网格小哥也会干预乱丢垃圾、乱摆卖的行为，
生活环境整体提升了。"

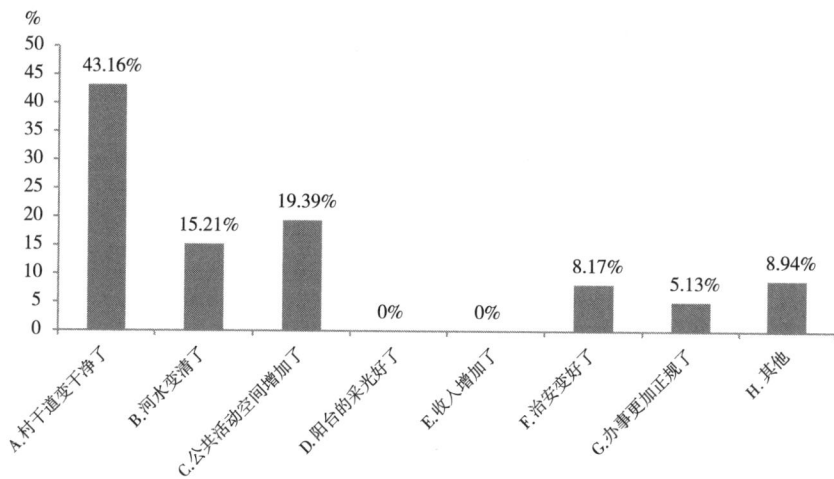

图 8 – 6　大源村人居环境变化情况调查统计图

规划建设环境好转，大源村网格员巡查发现的在建工地情况等会及时上报给镇城
管执法队和规建办核实报批手续情况，形成实时上报—及时查处的工作形式，违法建
设和违法用地明显减少。有受访群众说："在高额的成本面前，现在几乎没有村民会冒
这么大的成本风险再搞违法建设或违法用地。"这样一来，为村集体留出了更多的集体
用地，为大源村河涌碧道规划建设、文体休闲活动场所等公共空间建设提供了更多的
前置条件。笔者了解到，截至 2019 年 11 月，在拆除违法建设的场地之后，结合复绿工
作，铺设消防通道 2665 米，建设休闲公园 12 个、党建主题公园 1 个、球场 5 个、公厕
3 座，进一步完善大源村基础设施建设。受访工作人员表示："网格员在拆除违法场地
的复绿工作上作用还是挺大的，以前拆完后很难守住拆除建筑物留出的空地，现在由
网格员看着，基本没有人再乱搭建。"

3. 政策落实和政务服务能力大幅提升

《广州市白云区太和镇城乡基础网格入格事项运行保障细则》中划定网格化治理 10
类入格事项（见表 8 – 3），覆盖了镇政府各个部门基本行政执法和公共服务事项，在太
和镇开展大源地区基层工作下沉到网格行动之后，更加丰富了网格员的工作内容，发
动网格员参与村和经济社治理，并配合各职能部门，为小产权房核查、违建拆除提供
人屋信息以及做好消防、环保、垃圾分类、村庄改造、防诈骗、登革热防控等工作，

在垃圾分类、登革热防控等工作上都取得很好的效果。网格员在日常巡查、上门走访中，除了基本的信息采集和情况上报外，还通过入户走访宣传地方政策、各个部门的政策，指引群众政务服务业务办理信息查询和流程步骤。"以前办事信息我们要到政府去问，还要跑几趟，很麻烦。后面可以打 12345 政府热线咨询，但是 12345 经常说不清楚，现在我可以问那个网格员了，手把手教，有时候遇到他也不清楚的，他就打电话问，现在办事，有一些可以叫他们教我，先在网上申请。"

表 8-3　广州市白云区太和镇网格化服务管理 10 类入格事项表

网格类别	事项序号	事项名称	事项说明	事项分类
网格事项	1	城市设施设备损坏丢失	公安通信、视频、消防器材等设备损坏，健身设施、路灯、水电燃气沙井盖损坏或丢失，广告招牌破损，路面异常，水管爆裂等	设施
	2	环境与卫生	擅自悬挂横幅标语，张贴"牛皮癣"，施工材料（废弃料）占道堆放，露天经营烧烤档，户外焚烧垃圾，占道经营，垃圾成堆、成片，绿地脏乱，道路遗撒（泥浆、渣土），公共厕所卫生污臭等	环境卫生
	3	水污染防治	河涌、水库、湖泊和小微水体（山塘、鱼塘、风水塘、边沟边渠）等水体颜色、气味不正常，水面有明显漂浮物，岸堤存在垃圾黑点，区域内有"散乱污"场所，河涌管理范围内有违法建构筑物，建成区内非法畜禽养殖，农贸市场杂物垃圾乱堆乱放、污水直排及排水口等问题	治水
	4	噪声油烟废气扰民	工业（企业）夜间施工噪声扰民，工厂饭店油烟废气扰民等	扰民
	5	消防安全	安全通道堵塞，违规用电，不规范使用燃气热水器，涉爆粉尘小作坊，楼梯口违规停放摩托车、电动车，没有设置逃生窗口，没有安装电子门禁，单间内明火煮食等	消防
	6	社会治安	涉黄、赌、毒，涉黑涉恶，非法生产、经营、储存危险品（烟花爆竹等），"三非"人员，管制刀具、非法枪支弹药，非法聚集等	治安
	7	售卖、派发宣传涉黄赌毒、邪教、政治性等刊物	售卖、派发宣传涉黄赌毒、邪教、政治性等刊物	文化
	8	违法加（扩）建	建筑物违法加建、扩建等	违建
	9	无证经营	诊所、网吧、发廊、石油液化气代充点、二手手机购销档等无证经营等	市场
	10	应急与群众求助	煤气中毒、爆炸、火灾、塌楼、车祸、暴力恐袭等人员伤亡事故，突发自然灾害；群众因身体不适、受迫害、受伤、迷路等需要帮助的情况等	应急

说明：凡未纳入上述 10 类入格事项但有必要反映的事件也可在管理系统上如实上报。

三、广州市大源村网格化治理实践存在的问题及原因分析

（一）网格化治理运行不完善

1. 网格划分欠缺科学性

目前大源村已经划分为 111 个网格，基本上实现了精细化管理，但从问卷调查结果和 2019 年 1—11 月大源村网格事件数据来看，网格划分还不够科学，在对 111 个网格员的调查问卷中，有 9.01% 觉得网格划分不科学，21.62% 认为比较不科学（如图 8 - 7 所示），基于此，还有 36.04% 的网格员想换网格（如图 8 - 8 所示）。

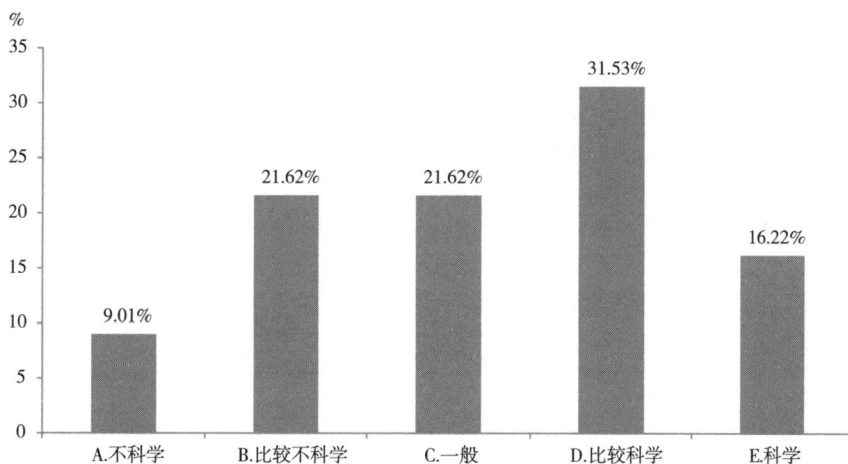

图 8 - 7　大源村网格划分科学性调查统计图

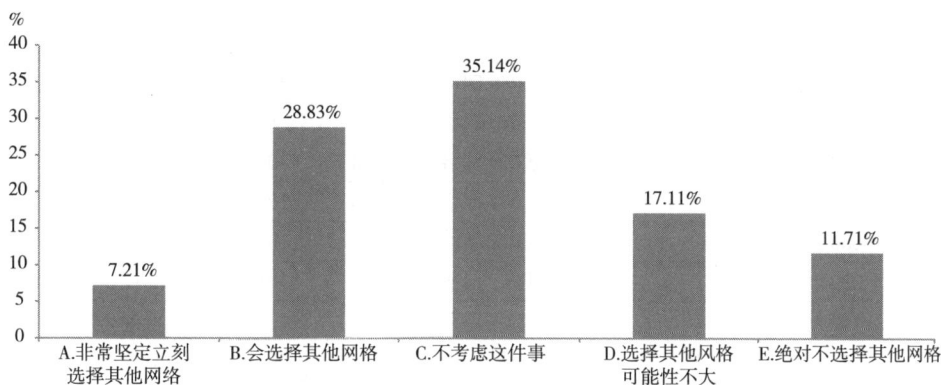

图 8 - 8　大源村网格员变换管理网格意向统计图

而 2019 年 1 月 1 日至 11 月 30 日的网格事件数据（见表 8 - 4）也表明网格的划分还有很大的提升空间，因为从各个网格员上报的网格事件数量来看，不同网格上报的事件数量有一定差距，看出网格工作量还是有差距的，网格事件数量最多的是最少的 4 倍以上，网格事件数量最少的也不到平均数的一半。

表 8-4 大源村 2019 年 1—11 月网格事件数量统计表

序号	网格区域	网格事件数量	序号	网格区域	网格事件数量	序号	网格区域	网格事件数量
1	大源 094 网格	89	38	大源 043 网格	183	75	大源 022 网格	232
2	大源 027 网格	105	39	大源 086 网格	187	76	大源 016 网格	234
3	大源 033 网格	113	40	大源 092 网格	188	77	大源 042 网格	235
4	大源 096 网格	119	41	大源 030 网格	189	78	大源 090 网格	237
5	大源 068 网格	130	42	大源 104 网格	190	79	大源 049 网格	237
6	大源 095 网格	130	43	大源 074 网格	193	80	大源 009 网格	237
7	大源 050 网格	133	44	大源 106 网格	194	81	大源 071 网格	238
8	大源 048 网格	133	45	大源 089 网格	195	82	大源 008 网格	239
9	大源 005 网格	133	46	大源 060 网格	197	83	大源 065 网格	240
10	大源 098 网格	134	47	大源 063 网格	198	84	大源 044 网格	241
11	大源 093 网格	136	48	大源 085 网格	200	85	大源 021 网格	241
12	大源 032 网格	138	49	大源 067 网格	201	86	大源 039 网格	242
13	大源 107 网格	142	50	大源 007 网格	201	87	大源 045 网格	245
14	大源 103 网格	142	51	大源 025 网格	204	88	大源 015 网格	245
15	大源 099 网格	143	52	大源 102 网格	204	89	大源 006 网格	245
16	大源 097 网格	143	53	大源 091 网格	205	90	大源 038 网格	246
17	大源 082 网格	144	54	大源 108 网格	205	91	大源 020 网格	247
18	大源 056 网格	144	55	大源 058 网格	206	92	大源 077 网格	250
19	大源 062 网格	148	56	大源 061 网格	208	93	大源 070 网格	251
20	大源 111 网格	151	57	大源 101 网格	209	94	大源 047 网格	253
21	大源 055 网格	154	58	大源 079 网格	211	95	大源 028 网格	253
22	大源 109 网格	159	59	大源 087 网格	212	96	大源 036 网格	254
23	大源 002 网格	160	60	大源 073 网格	212	97	大源 014 网格	255
24	大源 046 网格	161	61	大源 059 网格	212	98	大源 053 网格	256
25	大源 011 网格	162	62	大源 072 网格	213	99	大源 064 网格	257
26	大源 110 网格	162	63	大源 069 网格	215	100	大源 001 网格	259
27	大源 076 网格	163	64	大源 004 网格	216	101	大源 017 网格	259
28	大源 066 网格	170	65	大源 078 网格	217	102	大源 037 网格	262
29	大源 080 网格	171	66	大源 057 网格	218	103	大源 029 网格	264
30	大源 100 网格	171	67	大源 003 网格	221	104	大源 023 网格	265
31	大源 084 网格	173	68	大源 041 网格	223	105	大源 040 网格	266
32	大源 052 网格	175	69	大源 031 网格	223	106	大源 019 网格	289
33	大源 088 网格	177	70	大源 054 网格	224	107	大源 012 网格	289
34	大源 081 网格	178	71	大源 035 网格	226	108	大源 010 网格	297
35	大源 075 网格	178	72	大源 034 网格	230	109	大源 013 网格	304
36	大源 105 网格	178	73	大源 024 网格	230	110	大源 026 网格	320
37	大源 083 网格	180	74	大源 051 网格	231	111	大源 018 网格	357

2. 网格事件处理效果不明显

只上报容易解决的问题（例如市政问题）。就 2019 年 1 月 1 日至 11 月 30 日大源村 22754 件网格事件来看，大多上报的是环卫、"六乱"等能够即时办结的事项，调查发现有 74.77% 的网格员经常上报环卫问题，39.64% 的网格员会经常上报"六乱"问题（如图 8 - 9 所示）。另外，调查结果也显示，群众向网格员反馈最多的也是"六乱"问题，占比 51%（如图 8 - 10 所示），这个数据也从侧面反映出网格员在发现网格事件的工作上和网格内群众的互动上，较多精力放在了例如市政、环卫、"六乱"等比较容易解决的问题上。

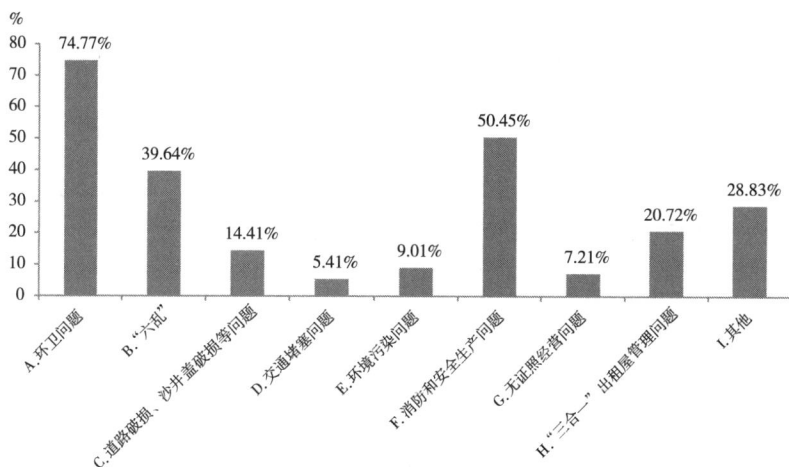

图 8 - 9 大源村网格员上报事项比例情况图

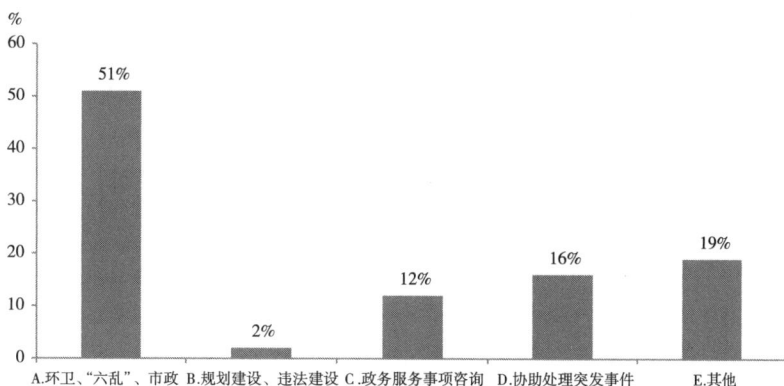

图 8 - 10 大源村群众向网格员反馈问题统计图

上报的网格事件涉及老大难等难以解决的事项很少。比如上报经常塞车的交通黑点、违法建设等问题很少，涉及一些职责不清或者需要多部门联合执法才能解决的问题较少，调查发现 52.25% 的网格员承认上报需多部门联合办理网格事项占个人上报事项不超过 20%（如图 8 - 11 所示）。笔者认为如果网格事件经常就是处理环卫、"六乱"等简易问题的话，设置网格员的作用就大打折扣了，还不如直接增设环卫、城管网格员去处理问题来得直接。

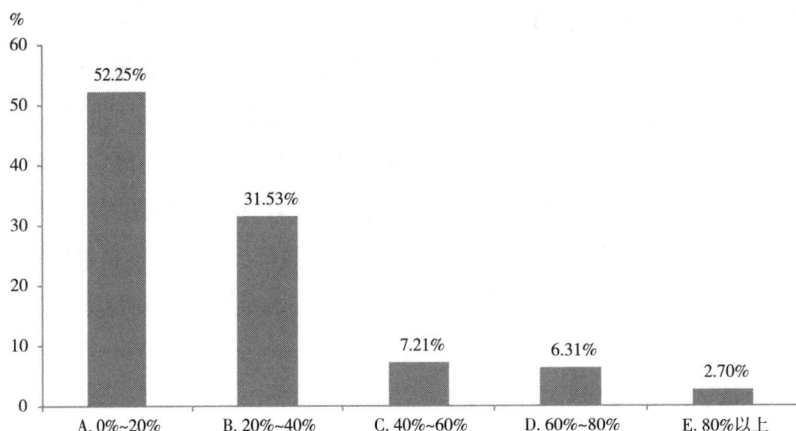

图 8 –11　大源村网格员上报需多部门联合办理网格事项统计图

政府部门处理网格事件时存在推诿现象。调查发现，有 45% 的网格员（如图 8 – 12 所示）表示会经常遇到上报的网格事件政府部门之间会互相推诿，47.75% 的网格员（如图 8 – 13 所示）遇到过网格事件没有及时完成。

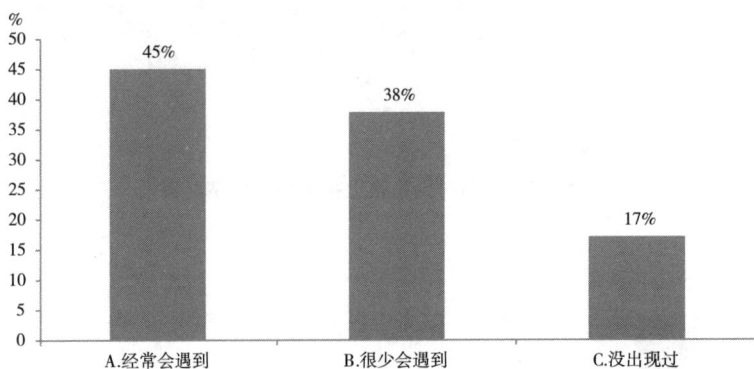

图 8 –12　大源村网格事件政府部门互相推诿情况统计图

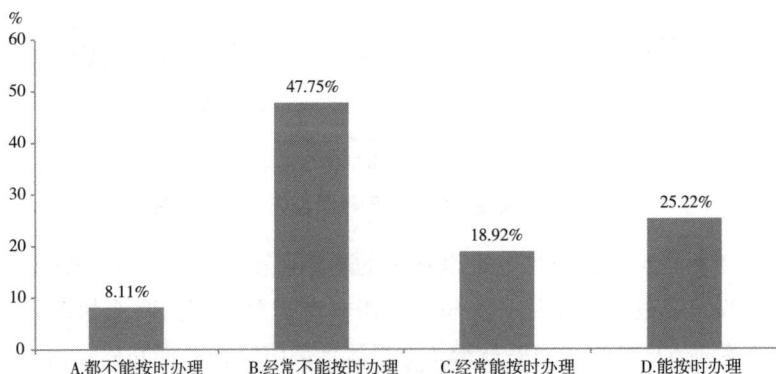

图 8 –13　大源村网格事件政府部门办理情况统计图

就职能部门解决网格事件的效果来看，能够彻底解决问题的情况不多，例如，涉及环境污染、消防问题的网格事件，相应的职能部门到场核查后，经常是发一份整改通知书或者贴一个封条就拍照上传，申请此事件已经办结，后期往往未能全面解决问题。对大源村网格化治理存在问题的调查显示，选择相关部门不配合的比例最大，占比37.84%（如图8-14所示），在对网格事件办理情况评分方面，有12.61%的网格员对政府办理网格事件情况打分在60分以下（如图8-15所示）。

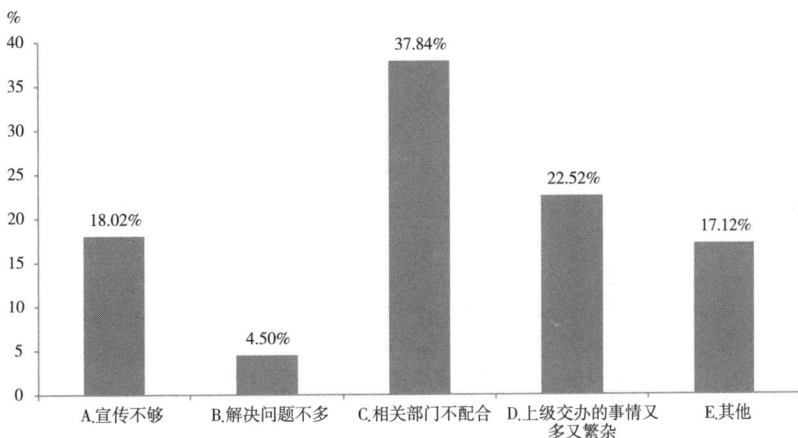

图8-14　大源村网格化治理存在问题统计图

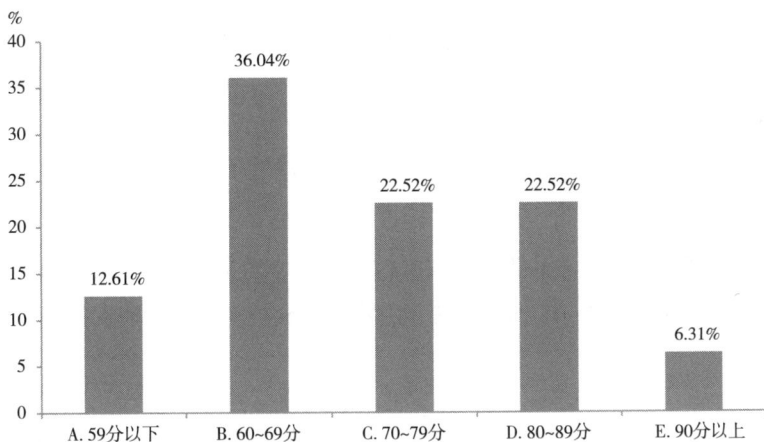

图8-15　大源村网格员对政府部门评分情况图

3. 网格员工作内容繁杂

一是网格员需要使用的工作平台较多，数据不统一。目前大源村网格员开展工作需要使用白云移动采集、数字白云、智慧社区、平安回家、企业微信5个App，77.48%的网格员认为工作平台太多了（如图8-16所示）。况且，网格员操作的平台还存在许多不完善的地方，根据网格员反映，平台信息不同程度存在数据更新不及时、更新过慢、数据丢失的情况，有时候多个平台同时使用、切换，还会出现系统运行不稳定、闪退等现象，导致网格员巡逻的轨迹发生偏差，有时还会突然中断，影响网格员的工作记录。同时，每个部门都对采集的信息进行保护，无形中形成信息孤岛，导致网格事件上报的工单在镇、区两个层面无法形成闭环流转，网格化治理平台也未能与综合执法平台、民生服务平台实现互联互通，资源整合存在诸多困难，网格员经常要将一个工作信息在不同工作平台重复录入，一定程度上造成了信息资源的浪费，众多平台建设、运维等方面也会导致花更多的经费和人力，制约了网格化治理价值的最大化实现。

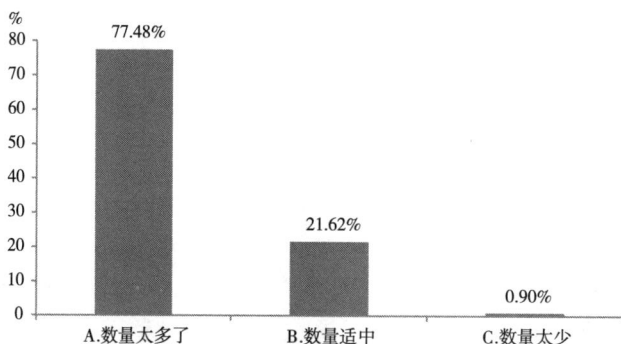

图 8-16　大源村网格员使用办公软件情况统计图

二是在实际工作中还存在技术误区，就是为了使用 App 而使用，反而让事情处理更加复杂。比如，就算和职能部门一起巡查，遇到可以现场解决的问题，有时候网格员还必须要在发现问题后上报平台，由后台流转到对应的职能部门接单才会另外派人过来处理，造成简单的工作走流程之后反而变得烦琐、复杂了。

三是受多重管理模式干涉影响，大源村网格员要被安排更多的工作事项。根据大源地区基层工作下沉到网格行动方案要求，各个职能部门的工作都需要下沉到网格处理事情，处理事情时，各个工作部门都会不同程度安排网格员参加。调查发现，有 50.45% 的网格员（如图 8-17 所示）表示部门到大源村开展工作经常会叫上网格员到场协助，其中有 48.65% 的网格员（如图 8-18 所示）表示存在经常会被安排处理职责范围外工作的情况。

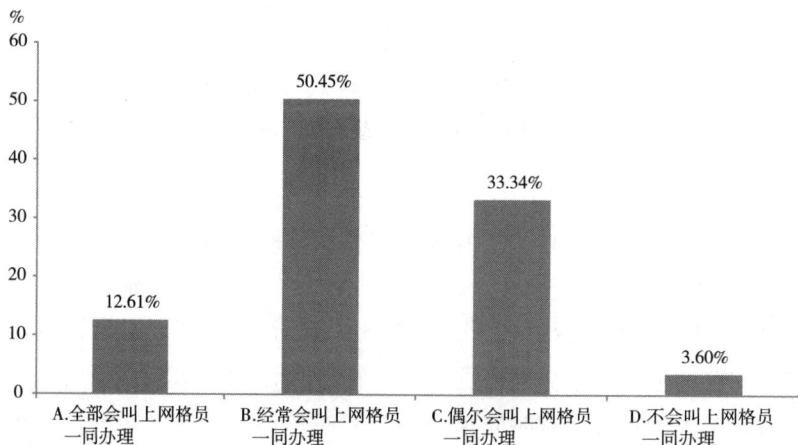

图 8-17　部门办公要求大源村网格员到场概率

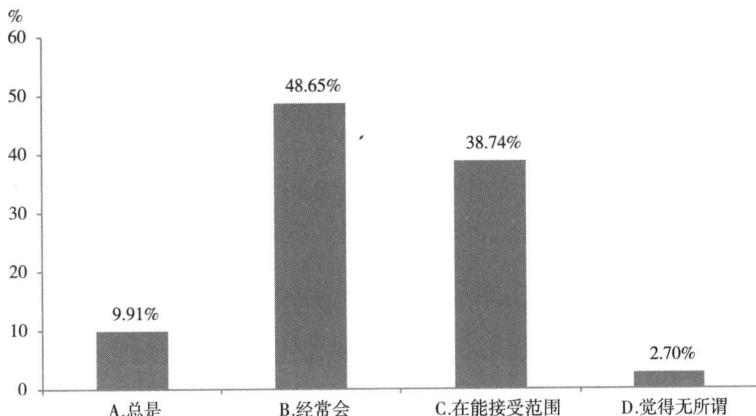

图 8 – 18　被安排职责以外的工作

网格工作人员要在处理自己本职工作的基础上，接领各种"临时任务"，造成了工作人员远离原本的工作任务，而且这种"临时任务"已经日趋常态化，网格工作人员往往一岗多责。整体评价上，有 60.36% 的网格员认为目前工作量非常大，27.93% 认为工作量比较大（如图 8 – 19 所示）。

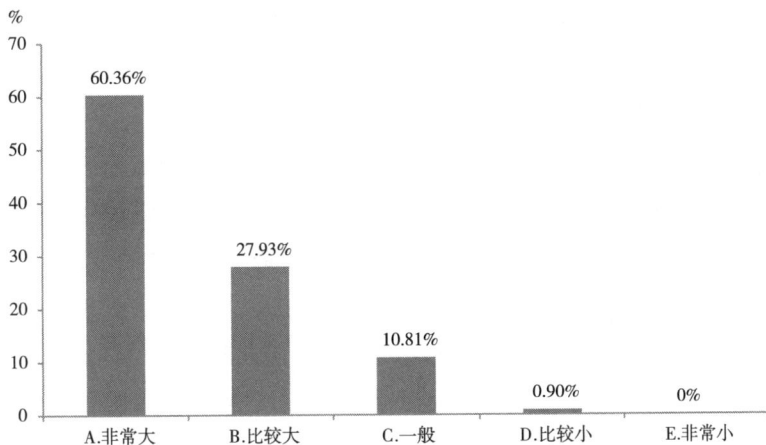

图 8 – 19　大源村网格员工作量评价统计图

4. 上班时间和工作方式与实际效果不匹配

目前，大源村网格员的上下班时间同市、区、镇机关单位的上下班时间一致（上午 8：30—12：00，下午 14：00—17：30），表面上看，这个是比较正常的上班时间，但是这样的上班时间基本同其他公司企业的上下班时间相同，造成很多入户排查工作未能按时按序开展，未能全面排查登记出租屋"三合一"使用和来穗人员的情况。访谈群众时，群众（见访谈记录 2019D1）认为这样的工作时间对入户走访、排查真实数据有很多不利因素。但对网格员来说，大部分人喜欢这个上下班时间，笔者调查也发现有 75.68% 的网格员喜欢这样的工作时间（如图 8 – 20 所示）。

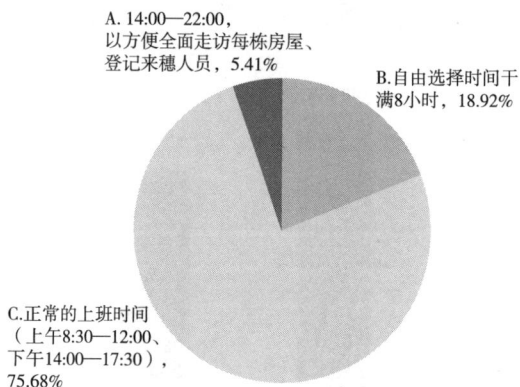

A. 14:00—22:00，以方便全面走访每栋房屋、登记来穗人员，5.41%

B.自由选择时间干满8小时，18.92%

C.正常的上班时间（上午8:30—12:00、下午14:00—17:30），75.68%

图 8-20　大源村网格员工作时间意向统计图

受访者（大源村群众）：作为大源村的群众，我觉得有一个问题还存在，就是网格员入户走访的问题，在上午8：30—12：00、下午14：00—17：30这样的工作时间内，基本上很多出租屋的门你是敲不开的，因为网格员上班的时候房东和来穗人员也都去上班了，你想排查出租屋是不是"三合一"的场所、是不是做工厂作坊，但是房东不在，就算你有门禁卡进了大门，但是里面的房间没钥匙你也是进不去的；你想排查来穗人员，上班族基本上都不在，这样的形式会导致网格员永远都查不清楚实际的数据。（访谈记录2019D1）

5. 网格化治理工作经费来源单一

通过访谈调查，笔者了解到，现阶段大源村的网格化治理工作经费主要来源于镇政府支持，从网格员工资福利到网格员的工作设备等一切开支都由镇政府承担，按照广州市工资水平，单111位网格员的工资支出就已经是一个很大的数额。111位网格员加上管理办公室工作人员约120人，工资福利、工作服装和办公设备，一年工作经费保守估计已超过1000万元，全部由财政支出，占了很大的财政经费份额。目前大源村所在的太和镇其他村还没采取大源村这样的网格化治理模式，若晚些时间全部采取这样的财政支出方式，政府财政将很难安排。

（二）网格员队伍建设不完善

1. 网格员培训不足

目前针对网格员的很多培训会实际上就是工作总结会、纪律教育会等，例如，调查中有44.14%的网格员认为目前的培训会是以布置任务为主，有12.61%的网格员认为目前的培训会是以纪律教育为主（如图8-21所示）。访谈时，网格员也提到，现在对网格员开展的培训工作主要是以集体召开会议的方式为主，通过邀请老师授课的方式，讲一些老生常谈的办事规范和法律法规，培训内容枯燥无味，没有系统性且可行性不足，对实际工作中所需要的技能和遇到的情景没有专业的培训。比如相关政务服务等民生问题，没有进行培训和解读，都是靠网格员自行查找和请教相关部门或村干部。

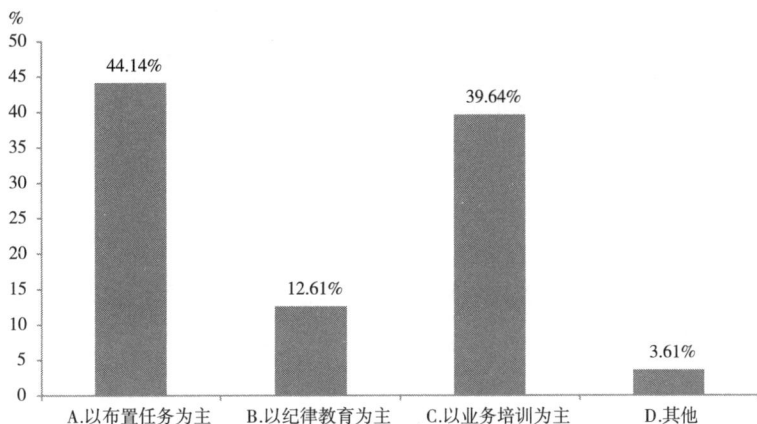

图 8 – 21　大源村网格员培训会情况统计图

在实践中，网格员需要学习的内容涉及方方面面，比如法律、心理学、社会学等。现在培训的主要形式就是授课，培训时间不固定，加上课程体系设置得不够系统科学，最终导致了网格员队伍的专业素养很难扎实提升。接受访谈的网格员也反映很多网格员在各方面专业知识的掌握上还存在很大不足，希望能够进一步系统学习（见访谈记录 2019C1）。

受访者（大源村网格员）：我觉得培训要强调效果性，不能为了完成培训任务而胡乱安排，要有顺序性，不能只强调纪律，也要交一些可实操的东西。例如可以和老师进行一些交流和互动，不要都是"排排坐"，增大活动空间，全员互动性加强，通过模拟场景让大家发挥，也请具有实际工作经验的人进行现场模拟，让大家都看看别人是怎样沟通、怎样处理问题的。（访谈记录 2019C1）

农村工作比较复杂，往往涉及群众生活的很多方面，这个客观现实对网格员的管理知识和工作方法有很高的要求，但农村基层的网格员这一岗位，却因工作繁重、强度大、待遇低、地位不高等原因，更难吸引人才，很难招聘到能力较强的人才，因为大家进入网格管理队伍兴趣不高，造成工作中往往热情有余、工作能力不足。

2. 网格员管理不到位

除了 App 定位轨迹外，对大源村网格员缺乏有效的管理，大源村 111 名网格员上班的主要区域就是在网格辖域内开展巡查工作，处于一种比较自由的状态，每天完成"发现问题—上报问题"的工作量要求外，其余时间很难管控，掌握不到每个网格员的工作情况。评价考核机制里面也没有群众对网格员的评价项，因此很难掌握网格员到底帮群众解决了多少问题。下面的访谈记录也反映了这个问题的存在。

受访者（大源村群众）：我看到网格员还是挺悠闲的，一个是政府要求网格员要用手机 App 进行录入数据等办公事项，我们整天就看着网格员在辖区内走来走去，不知道是玩手机还是工作；另外一个是网格员上报问题对我们群众来说有两个影响，干净整洁方面，当然是很受欢迎的，但是有些房东的出租屋里面有厂房、作坊，有这种情况的房东就很害怕网格员了，一躲、二防、三不敢靠近，还有各个店铺都害怕网格员，所以会出现一种情况，就算网格员在店铺坐上一个上午、坐上一天也很少有群众举报。（访谈记录2019D2）

3. 网格员晋升空间有限

大源村网格化治理实践中，网格员晋升机制不完善，几乎没有上升渠道，缺少专业的职业职级体系，阻碍了网格员队伍体系的专业化建设和稳定化发展。

受访者（大源村网格员）：可以看到网格员是没有什么晋升空间的，现在网格化治理才在这里刚刚推行，多年之后，我们这些网格员还是网格员，最多给个"优秀网格员"称号。肯定会影响网格员的工作积极性，这样是留不住人的，后期人员流动会变大，最好是组织部也考虑一下，就像公务员招考有些岗位要从村干部中选人一样，也考虑留些职位出来吸引一下大家，让大家有个奔头，或者村社"两委"干部招人时，可以对网格员给点"优惠政策"。（访谈记录2019C2）

（三）参与主体单一

1. 政府包办为主，缺乏社会力量参与

大源村目前111个网格员均由政府招聘，属合同人员，几乎没有群众、社会组织参与网格化治理工作，没有群众网格员，调查结果显示，有53.15%的网格员表示没有发现真正的志愿者参与大源村网格化治理工作，30.63%的网格员表示对志愿者参与大源村网格化治理的情况不了解（如图8-22所示）。造成大源村社会治理过分依赖纵向的政府系统，过分强化政府责任，造成政府成为解决所有问题的第一责任人，承担起无限的社会治理责任，而在事实上也排斥了社会力量参与治理，不利于培育多元主体参与治理，造成公共服务需求无法满足。在这样的前提下，政府由于不放心社会组织，转而又将公共服务产品交给了网格，严重的网格依赖性进一步挤占了多元主体参与社会治理的空间。

大源村111个网格配置111个网格员，均由来穗人员和出租屋管理中心安排一名事业单位在编人员担任大源村网格长，而来穗人员和出租屋管理中心事务是该网格长的主业，网格化治理工作仅是该网格长工作的一个部分，因此他只能分配较少精力处理网格化治理的事务，造成网格内缺乏整合辖区资源和调动各方联动的能力，无法及时引导社会组织持续性地参与社会治理，最终造成大源村网格化治理工作与社会组织、群众团体联合开展的活动仅限于完成年初制定和上级交办的"规定动作"，局限于传统节假日慰问困难群众、组织开展庆祝活动、组织来穗人员及其幼儿开展亲子活动等，偏向形式主义，在组织和引导社会组织、社会力量参与网格化治理的工作上缺乏持续性、系统性和针对性，造成真正参与网格化治理中的社会组织和其参与途径都相对欠缺。

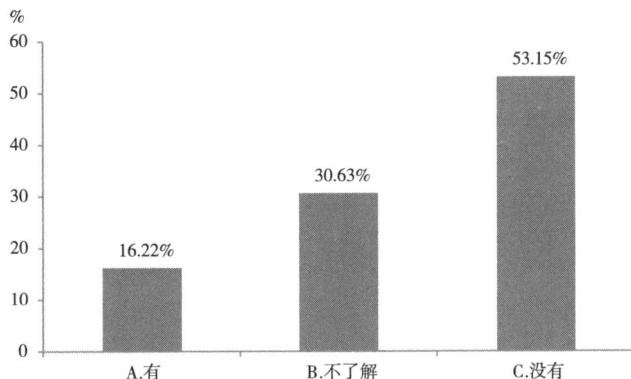

图 8 - 22　大源村网格员与志愿者参与网格化治理工作统计图

2. 村委会自治能力受制约

在镇政府和村委会之间加设一支网格员管理队伍，村内事务皆由网格员发现、上报，交由政府其他职能部门包办处置，造成村委会在村务管理工作上只充当了信息的提供者，即使是在具体事务处理过程中，村委会充当的工作角色也只是"告知政府工作人员房东是谁、合同上是租给了谁、实际使用者是谁、这些人在哪里、如何找到他"。对事件处理不加关心、不假思索，长此以往会导致村委会工作不积极主动、思维懈怠，进而对政府的依赖性越来越强。对于村民参与村务自治方面，一些村民对与自身利益密切相关的公共事务的决策以及公共权力的运行过程并不是很了解，有村民表示："村里有这么多政府招聘的工作人员在，有什么事我们更多是向网格员反映，需要盖章的时候再到村里去，反正我们都基本是这样，村里开党员大会、村民代表会议、户代表会议时，我们只需要按照政府引导的方向投票就可以了，我们相信政府。"

对村内公共事务及程序不了解，再加上对政府的过分依赖，村民参与自治的活动偏向流于形式，更谈不上参与、发言和监督，村民参与村民自治的活动热情一旦下降，对网格化治理更加不会主动介入，后期也会导致大源村的村民在大源村的治理过程中无法真正成为村民自治的主体。网格化治理的介入如果导致村委会自治能力的下降，那将有悖于村民自治的初衷。

（四）协同治理视角下广州市大源村网格化治理实践存在问题的成因分析

1. 协同治理理念认识不深入，过分强调政府主导地位

协同治理强调各主体平等参与，多中心化，在网格化治理中是很有必要的。大源村网格化治理工作的实施，在政府强势推行和大额财政投入的现实中，我们似乎只看到了政府主导的身影，其他主体还未发挥作用，或者是被政府拉上舞台拍照。这是政

府对主导地位的认识有偏差，过分强调政府主导地位，对协同治理理念认识不足。协同治理初期，政府一般是协同治理的发起者和维系力量，是公共事务的"第一责任人"，这种责任促使政府积极构建协同治理的体制机制，力促各种主体为公共问题出谋划策。政府以其掌握着主要资源往往成为协同治理平台的主要提供者，它提供面对面谈话协商所需要的机制、平台和现实场所，还负责最后的兜底机制作为补充，但是政府存在的这些优势不能成为政府只具备召集开会、布置任务、检查督促身份的理由。

众所周知，村级治理涉及的利益关系复杂，网格化治理工作如果单方面由村自行建设，即使再有多年都未必能实现全覆盖，而镇政府为了完成上级交办的任务，特别是在初始阶段按经济社和住宅小区将大源村划分为 32 个网格，全镇在编干部担任网格员的做法，几乎是动用了全镇的力量，到后来划分为 111 个网格，相应配置 111 个网格员也是政府一手操办。政府包办和兜底模式下的网格化治理也是制约大源村村委会治理能力的主要原因，在上级强势推行基层治理改革创新、打造治理样本点的行政政策下，区政府和镇政府不可避免地强势渗透了政府干预。

政府过分强调主体地位往往会造成过分自信而导致低效率甚至公共资源浪费。经查阅资料和访谈发现，在大源村网格化治理的基础网格划分工作上，政府是根据摸查掌握的房屋栋数和居住人口来划定的，显然比广州市以 200 户为一个网格单元进步了，但是在具体工作量方面，并未深入了解，调整网格未邀请网格员参加，未考虑各个网格具体的工作量，导致了网格划分尚缺科学性。在治理效果方面，政府过分强调自身的主体地位也导致了政府内部不同部门之间的协调被忽略，政府一方面强调需要引导更多的社会主体参与大源村的网格化治理，另一方面却忽略了自身部门参与的行动路径建设，政府自身内部设置的部门缺乏协同治理中目标一致思路，造成网格员上报的一些问题在部门之间互相推诿，避重就轻，使得一些网格事件没办法解决，而只解决一些诸如环境卫生、乱丢垃圾、占道经营和乱摆乱卖的问题。下面的访谈记录也印证了这方面问题存在的原因。

受访者（大源村网格员）：上报问题，也需要讲点技巧的，比如发现一栋楼疑似违法建设，就会想到这个问题上报之后需要规建部门和城管部门去核实，有时候房子历史悠久的话镇里没有房子建房备案存档，或者说群众拿出相关历史手续资料而各个政府部门却没有这些旧档，这样的话，我上报的问题就没办法解决，一直在系统亮灯挂着，影响我的心情。（访谈记录 2019C3）

受访者（大源村网格员）：例如道路交通堵塞问题，你上报了，交管部门就挑个时间来维持一下秩序，有时候维持秩序也没有用，车流量太大了；当然等到道路畅通的时候，负责办理的部门就会拍照描述办结，这样子效果也是不好的，毕竟交通拥堵问题想要彻底解决跟道路规划、拓宽、引导等方面工作是分不开的，因此，类似问题，我们都很少上报。（访谈记录 2019C4）

2. 协同治理机制不完善，网格化持续发展受制约

政府强调要构建共建共治共享的基层治理格局，但是在实际构建共建共治共享的过程中，缺乏良好的协同治理机制。大源村网格化治理也强调了共建共治共享，但是未建立良好的协同治理机制。协同治理强调参与主体地位平等、目标一致，除此之外，也强调责任分担、产出利益共享，协同治理建立的是正式的、持续的关系。大源村网格化治理过程中，政府想掌握全部情况，包括网格员的工作情况、网格员的管理情况、网格员上报问题各部门的处理情况，政府也想让大源村内的企业、社会团体组织、群众个人都参与网格化治理，但是在一些事项上，实际上是无效对话。

网格员管理方面，大源村以宣传栏的方式公示了网格员的信息，对于网格员管理办法也提出由群众监督，但这种是非正式的协同机制，网格员是政府委派的，社会组织、群众认为网格员始终代表政府的一方，群众始终觉得在政府和网格员的面前处于弱势。例如，有群众反映"我们一般不会投诉举报网格员的，因为我们担心举报网格员后，他若查到是我举报的，恐怕会经常来巡查我的房子，这样子租客会很反感的，他干他的事情，只要不涉及我，没有必要去参与监督这个事"。

网格化治理工作运行全部由政府财政资金投入，在协同治理机制上强调的责任分担未能体现，目前大源村网格化治理工作资金由环卫管理费和出租屋税收返还的形式作为网格化治理的部分工作经费，空缺的部分由财政预算支出。大源村内的组织机构、公司企业、工厂作坊、房东和群众并非以协同治理的方式参与网格化治理工作，认识上只是被政府收了垃圾管理和出租屋税收等费用，并非觉得自身以上交相关费用的形式参与了网格化的协同治理。笔者查阅白云信息网了解到白云区的政府合同人员全年包干大约是 7.5 万元/年·人，大源村 111 个网格员仅工资待遇一年需要投入 830 多万元，加上网格化治理工作设备和交通工具费用，一年政府投入会超过 1000 万元，后期政府财政缩水和协同机制不完善将影响大源村网格化治理工作的持续开展。

3. 协同治理结构不完整，参与主体定位不明确

社会学家默顿（Merton）关于结构与功能观点认为每个人类现象或过程的属性，社会系统的每个成分，都是由它们在系统内关系网络中所处的位置（结构），以及它在作为一个整体的社会系统中发挥的作用（社会功能）所塑造（制约或促进）的。结构决定着功能的实现，网格化治理协同结构包括要素构成以及要素间的相互关系，组织要素的存在是协同治理机制存在的前提，组织相互作用的过程和方式要依赖于组织在系统中所处的位置和关系，并以功能为指引（王亚琼，2019）。大源村网格化治理存在结构要素不完整性，镇政府推行"大源地区基层工作下沉到网格行动"将所有基层工作下沉到网格，但只强调了政府工作部门如何去开展工作，在共建共治共享的治理格局的指导思想下，未将社会组织团体、企事业单位、村委会、群众个体列入协同治理的要素，造成协同治理结构不完整。

在协同治理结构要素不完整的事实下，政府主导的协同治理平台未能实现协同主体的身份，就算政府组织协同治理平台，要求社会组织团体、企事业单位、村委会、群众个体参与，各方并未能获得平等的协同地位，更多是接收信息、接受任务、强制执行，这种情况下的协同治理平台并未能实现协同治理的产出利益贡献和责任担当。这种模式下，各参与主体是被动参与，不承认身份，造成网格化治理工作由政府一个角色在推行，其他组织和个人在观望的局面。

四、协同治理视角下广州市大源村网格化治理优化路径

（一）完善农村网格化治理制度规范，解决网格化治理工作的基础问题

完善网格工作制度。制订农村网格化服务管理工作实施方案、农村网格员管理实施细则等工作制度，明确网格员、网格中心、职能部门各自工作职责，规范网格巡查要求和网格事件上报、处理程序。一方面发动网格员深入一线到群众中去，化解矛盾维护稳定，扎根一线，与辖内群众打成一片，发挥政策宣传员、民意联络员的作用，打通与服务群众"最后100米"。网格员要守好自己的责任田，严格落实每日多次巡查、定期入户走访及网格事件上报等工作要求，强化网格巡查发现力度。网格员在巡查走访过程中，按照网格工作规范上报事件，突发事件及时上报，轻微事件第一时间处理，及时解决群众诉求，将网格内的事情解决好。另一方面镇网格中心对上报的网格事件及时分派、跟踪督办，确保事件得到妥善解决。结合政府重点工作，明确网格服务管理重点，制定网格员巡查重点事项清单，切实提高网格巡查的针对性。按照大源网格事件处置指引，结合重点网格事项目录，组织网格员和职能部门妥善处理网格事项，以重点事项为突破，探索各项工作到一线的具体做法。对有可能出现突发事项的区域，安排网格员多次巡查，密切关注。实行重点人员"逐个排查"、重点时期"拉网排查"、重点地段"反复排查"、重点事件"专项排查"，切实做到问题隐患排查不留盲点、不留死角。各处置单位要加强网格事件响应，提高处置时效和办理质量。收到网格中心分发的工单后，在规定的时限内妥善处理并将结果反馈给网格员进行评价办结。网格员一线巡查和处置单位后续办理要无缝衔接，做到"人在格中巡、事在格中办"，及时将问题隐患解决在网格内。

加强网格工作人员培训。将网格工作人员培训纳入年度培训计划，定期对网格工作人员进行系统操作、业务知识等方面的培训。交由网格员巡查的工作任务，按照"先培训后上岗"的原则，由相应的职能部门承担业务技能培训工作，让网格员掌握最新政策信息。网格员的培训计划也要结合大源村重点网格事项及上级政策变更等的实际情况适时调整，确保上下联通，信息传导到位，力求将网格员的业务知识水平和操作技能做新、做强、做硬。强化网格工作考核。根据有关规定，对网格长、网格员、

职能部门的网格工作进行考核。网格长考核侧重于片区网格化工作组织开展、人员管理、服务实效等内容；网格员考核则侧重于巡查走访、网格事件、重点事项发现上报等量化考核；处置单位考核侧重于网格事件响应情况、办理结果等。镇网格中心根据重点工作安排，明确定期量化考核指标并组织实施考核工作。把网格化工作纳入年度综治考评范围。强化检查督导通报，压实部门、村联动响应责任。杜绝工作中出现的形式主义和官僚主义，确保网格化服务管理落到实处。

抓实基础信息采集更新，筑牢网格服务管理基础。依托"数字广州"基础应用平台，围绕大源村基础信息开展全面摸查，动态更新。信息采集做到"村不漏格（基础网格）、格不漏栋（建筑物）、栋不漏房（详址）、房不漏人（实际居住人）、人不漏项（信息项目）"，全面摸清大源村城市管理社会治理基础信息数据。建立完善信息动态更新机制，通过信息化手段综合各类管理资源，建立信息联动机制，通过数据比对等方式提示更新。一方面，网格基础信息根据要求向各职能部门共享使用，推动"四标四实"等成果的深度应用；另一方面，职能部门监管信息变动时，及时推送给网格员巡查更新，将情况核实在一线，确保基础数据动态鲜活，为各项决策提供真实数据支撑。

加强宣传引导，营造良好氛围。充分利用宣传单、广播、会议、张贴公告、电子显示屏、微信公众号、网站、报纸、电视等方式加强大源地区网格化服务管理工作的宣传。充分运用"网格微信群"，发动广大群众主动参与，营造辖内共建共治共享的浓郁氛围。

（二）转变思维，正确厘清协同治理的角色定位

1. 网格化治理过程中，政府处于主导地位的确定性

网格化治理是政府主动发起的社会治理创新，政府自然在网格化治理中处于主导地位。主导体现的是网格化治理服务的主动性，主动发出网格内各个构成要素发现问题的信号，主动接收网格内各个构成要素上报问题的情况，主动协调各个部门和各方面资源参与网格事件的处置。在处置网格事件的过程中，为了保证协同治理的持续性，应主动考虑目标一致性，即尽可能多地发动涉及利益的各个主体参与。这种主导是政府本来的职能，是保证政府在自身发起的网格化治理行动中不缺位的前提。

网格化治理过程中，政府始终发挥的主导作用不是"包办一切"，政府承担职责内的事情，剩下的其他工作内容要考虑发挥其他利益主体的作用，做到该承担的承担、该放权的放权。"包办一切"的做法一方面占用政府更多的人、财、物等各方面资源，导致政府责任无限大；另一方面会对网格内其他主体构成排斥性，既影响其他主体参与的积极性，也影响社会治理效果。网格化治理作为社会治理的一种模式，也要考虑各方面的呼声，以寻求各方面利益平衡性，形成共建共治共享的治理效果。

2. 网格化事件处置过程中，各协同主体发挥主导作用的可变性

协同治理虽然强调主体地位平等，但是在不同的事件、情况下，协同治理过程中

各参与主体的地位会有所变化。一是具体的网格事件处置中，政府各部门间协同治理主体地位会发生变化，这是由政府各部门职责分工造成的，例如在出租屋涉及违规排放污染物的事件中，虽然事件涉及出租屋，但是处置排放污染物的问题主要由环保部门负责，在此网格事件处置中，各相关主体为政府的环保部门、出租屋管理部门、涉事的公司、涉事的房东、村委会、周边的群众等多个主体，在参与主体地位平等的情况下，政府环保部门处于主导地位，主动负责协同治理的开展，协同各方面利益，使网格事件得到妥善处置。二是村委会、经济联合社的主导作用，在经济社集体物业（陈旧建筑）涉违法建设的网格事件中，政府只需起到发动作用，给村民自主预留治理空间。此时，经济社应处于协同治理的主体地位。一方面经济社主动对接国土、规建部门核实陈旧建筑的情况，寻求论证陈旧建筑为符合国情的可能性；另一方面要向经济社内群众通报相关情况，寻找相关政策支持。历史留下来的物业能让群众有收益，政府的治理过程（例如草率拆除建筑物）如果降低了人民群众的利益，那么这个治理就没有效果了。三是其他社会组织在协同治理过程中处于主导地位的可能性，例如某某协会举办活动、志愿服务、救援行动等，这些事件中对应的社会组织就处于协同治理的主导地位，政府只负责讲解规定和要求，目标一致性方面政府强调的是干净整洁和平安有序，只要达到这个目标，这些事件主要还是由相关社会组织开展。

总之，网格化治理过程中，政府处于主导地位的确定性，各协同主体发挥主导作用的可变性是解决思维认知上的问题，防止政府"包办一切"对政府自身增加责任和对其他主体构成排斥性，是协同治理的认知前提。

（三）拓展协同主体，提高协同治理主体参与度

1. 基层党建为引领，发挥基层党政组织的主导作用

学者们对协同治理主体的定义和分析中，较少将"党组织"纳入协同治理主体中，缺少对党组织的关注。随着党建引领在各个领域的深入贯彻，党组织已经进入了协同治理的实践，引领支持型社会组织、操作型社会组织的发展和工作方向，社会组织党建也成为一项重要工作，因此有必要将党组织作为协同治理的主体，将基层党建和网格化治理有机结合。以网格为基础，科学划分党员责任区，根据社会治理的需要以及大源村实际情况，将党员合理划分到网格中，开展"党支部建在网格上"的工作机制，以大源村党委为中心，结合经济社党支部的设置情况，在每个网格片区设立党小组，构建"党支部—党小组—党员责任区"的三级党建网格体系，与基础网格相融合，实现管理方式由业务线条向网格集成转变。充分发挥党员的先锋模范作用，带动群众积极参与社会治安、矛盾调处、巡查整治、环境保护等基层社会治理，着力构建"组织全覆盖、管理精细化、服务全方位"的网格化党建格局。调查中，不管是111名网格员还是526名群众都赞成党员以志愿服务者的身份参加网格化治理，111名网格员中，

有69.77%非常赞成党员志愿者参与网格化治理，16.92%比较赞成党员志愿者参与网格化治理（如图8-23所示）；526名接受问卷调查的群众中，60.36%认为党员志愿者参与网格化治理非常有必要，18.92%认为党员志愿者参与网格化治理比较有必要（如图8-24所示）。由此可见，将党组织建在网格上，以网格划分党员责任区是实至名归、民心所向。

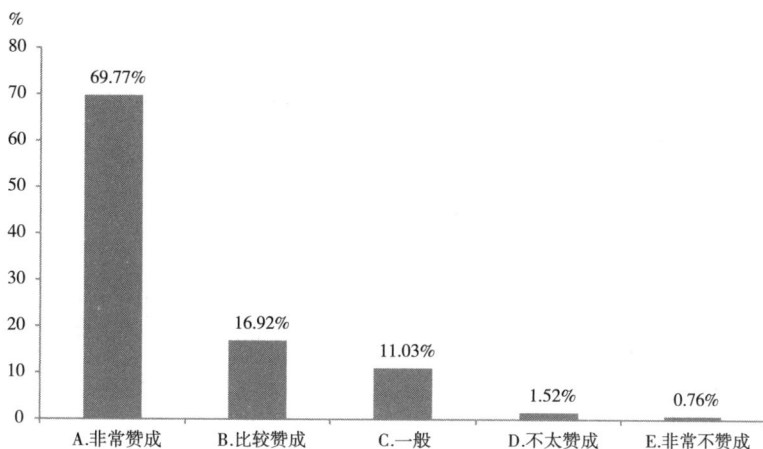

图8-23　大源村网格员对党员志愿者参与网格化治理认同统计图

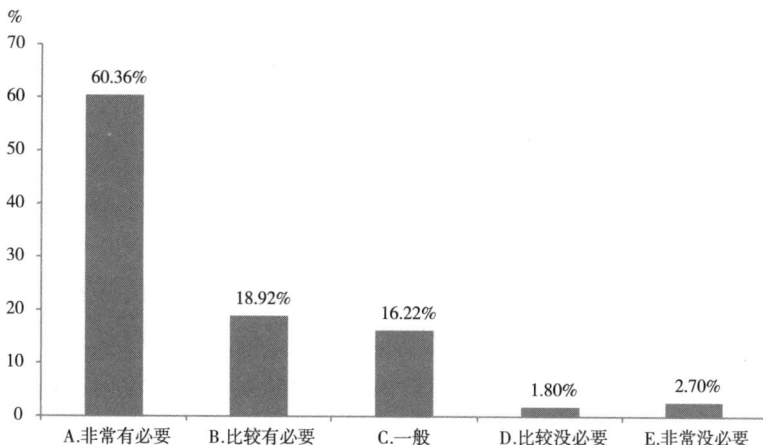

图8-24　大源村群众对党员志愿者参与网格化治理认同统计图

尽管政府主导下的基层社会治理变革带来诸多弊端与不足，但就目前我国基层社会的实际情况来说，党的领导是一个前置性因素，不仅是体制因素，还有很大程度上是因为党掌握着大量的治理资源。基层治理改革，如果要摆脱这个前置假设，就很难推行。这从一个侧面更说明了在当前中国基层社会治理实践中，社会或市场组织难以替代党政组织成为引导地方治理变革和创新的主导力量。因此，在网格化治理模式的变革中，基层党政组织仍然发挥着主导作用，为避免继续陷入行政化的窠臼，党政组织主导作用的发挥必须建立在对党政组织职能的重新定位上。党组织不是行政性力量，不能按照公权力运行逻辑来组织。相反，党组织是利益的表达、汇聚和整合者。对于农村而言，就是要将网格内群众的利益汇聚起来，这也是网格内的固有职能——搜集社情民意；在此基础上为利益的表达建立渠道，让网格内群众利益能顺畅表达出来；对不同的利益、不同的利益主体具有整合的能力，将矛盾和冲突解决在最基层。总之，党组织要发挥领导核心作用，这一作用的实现不是通过行政性的渗透、公权力的参与，而是通过职能的重新定位——农村社区服务和农村社区建设的引领者来实现的（孔营，2017）。

2. 政府部门参与为基础，协同治理不缺位

作为网格化治理的发起主体，政府在每一个网格事件的协同处置中始终具有协同主体的天然属性，不同的是政府内部哪一个部门代表政府出面。一是厘清政府部门职责。明确责任分工是政府在协同治理中不缺位的重要前提，一般情况下，政府内部的部门分工早于网格化治理服务制度的建立，网格事件涉及的部门只是部门职责在网格化工作上的实践，因此镇政府只需在原部门分工的基础上加上网格化事件处置工作要求便可。对于事件复杂、涉及业务种类较多的情况，网格中心需要深入了解才能做好派件工作，关键是在事件处置中确定协同治理中主导地位的主体，确保协同治理有序开展。二是实施响应效率、处置效果双考核，确保政府部门积极参与网格化事件协同治理的持续性。网格事件的响应效率反映出职能部门对网格化治理机制的重视性，让其他参与主体和网格员对参与协同治理政府部门的响应效率进行评价，有利于推动部门在繁复的工作任务中快速安排网格事件的处置日程，而不是按办理时间的限制而被动接受任务。让其他参与主体和网格员以目标一致性为前提，评价参与协同治理政府部门的响应效果，提升政府部门在网格事件中参与协同治理的主动性，也是时刻警醒政府各职能部门在网格化治理中确定主导地位的重要手段。

3. 网格化治理模式下，要充分发挥村委会的自治能力

大源村推行网格化治理后，与村委会管理产生排斥性，也使村委会及村内其他组织产生依赖性，导致村委会本来的治理能力在逐渐减弱，这是政府在网格化治理过程中过分强调主导地位而"包办一切"造成的，这个情况与协同治理中强调主体地位平等相悖。我国在农村地区实施村民自治，村委会不是政府的下属单位，镇政府对村民自治管理只有指导作用，没有领导职能。因此，政府在治理纵向上推行农村网格化治理不应削弱村民自治能力。另外，在协同治理视角下，各协同主体地位平等的前提也强调农村网格化治理中村委会主体地位的平等性。

村民事村民议，农村网格化治理也应给村民自治留出空间，政府行政行为往往带有强制性，并不能处置农村地区的各种矛盾。例如兄弟亲属之间的、村民之间的矛盾纠纷，网格化治理中的行政行为并不能妥善调解，这个就是"清官难断家务事"。政府强制性渗透只会造成群众与政府之间的调解沟通渠道中断，封闭个人的利益表达渠道，容易使个人的不满转化为对政府的不满。因此，需要保证村委会的自治属性，充分发

挥村委会的作用，对于无法调处的矛盾纠纷类网格事件，可以通过有效利用现行设立的村委会议事厅，根据村民议事规则和流程，推进"民主商议、一事一议"，加强村民自治，有效发挥乡贤的作用，积极引导群众自己事自己办，保证村民对公共事务的知情权、参与权、决策权、监督权，使"村民议事"制度成为村干部和村民解决矛盾纠纷的首选方式，让村民切实感受"我的村庄我做主"的主人翁意识。

4. 组织发动，丰富网格化协同治理的主体内容

培育多种参与主体，参与主体种类多、数量大，可以增强网格化治理事务的处理能力。传统社会治理体系失效后，有人建议推行"新乡绅制"，有人建议推行"新合作社制"，有人建议推行"网格化社区管理"。各种建议各种名称，但其目标是一致的，旨在通过强化组织建设实现有效的社会治理。其实我们更进一步理解，就会发现各种建议也好，建立的各种组织形态也好，都实现了"平衡利益，维护公正"的社会治理机能。所以我们的关注焦点不应仅仅局限于建立何种管理组织使用何种管理工具，而是如何实现这一组织机能的再造问题（孔营，2017）。所以，在农村网格内实现良好的状态本质上就是要建立一种维护公正的机制，有助于协调解决基层社会的各类矛盾，平衡各方面利益，实现基层秩序。其实，网格内各类事件自行管理的实现对外在条件的要求很高，物理空间的大小就是一个重要因素。通常来讲，空间范围越狭小，自治的可能性也就越大。网格化治理模式中，将基本的管理单位局限在一个个更小的封闭空间，这就为实现自治提供了有利的客观条件。至于如何实现网格内自治，一方面需要各种社会力量、市场力量的培育，治理主体尽可能多元化，为自治的实现储备最为基本的要素；另一方面对网格自治可能构成威胁的要素进行监督与制约，尤其避免行政性力量的过多参与乃至主导。

一方面，充分发动网格中企业和社会组织的力量，积极调动村民的自治意识。面向辖区群众设立社会化信息采集平台，设置上传、上报功能，广泛发动群众，组织党员骨干、村民代表、志愿者等力量采集信息、上报事件，鼓励"人人都是网格员"。在大源村营造良好的共建共治共享氛围，使各方力量积极参与网格化服务管理。建立网格化治理志愿服务机制，推动网格化服务管理共建共治共享。另一方面，建立志愿者网格巡查服务制度，强化网格队伍建设。在按要求配齐配强片区专职网格长、专职兼职网格员的基础上，为每个网格招募若干名志愿者，在网格长、网格员的指导下开展网格志愿服务，实现大源志愿服务活动常态化。调查中，526 份大众问卷，有 86.5% 的群众（如图 8 - 25 所示）表示遇到问题会找网格员反映，并希望得到解决，说明有很多人是愿意参与网格化治理工作的。

群众主动向网格员反映问题也是参与网格化治理的一种形式，并且有 54.95% 的人认为群众志愿者参与网格化治理非常有必要，28.83% 的人认为群众志愿者参与网格化治理比较有必要（如图 8 - 26 所示）。

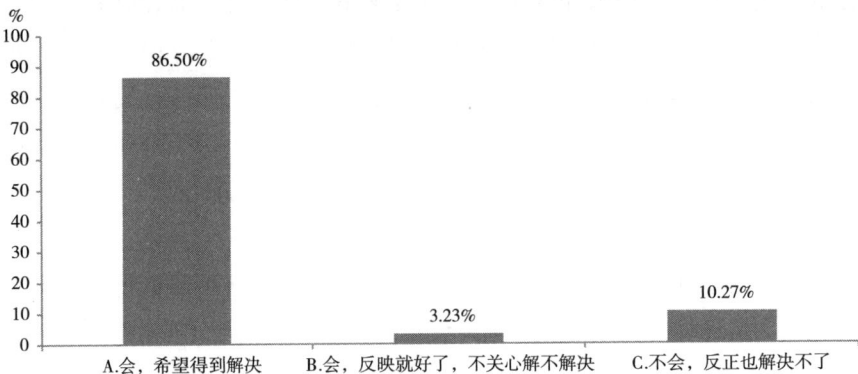

图 8 – 25　遇到事情向网格员反映的意愿统计图

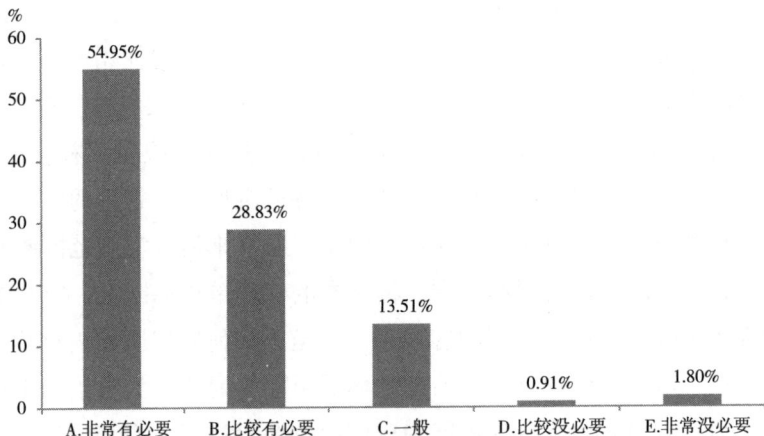

图 8 – 26　大源村大众对群众志愿者参与网格化治理认同统计图

在对网格员的调查中，66.35%的网格员非常赞成群众志愿者参与网格化治理，20.34%的网格员比较赞成群众志愿者参与网格化治理（如图 8 – 27 所示）。从这里也可以看出，志愿者和其他社会组织参与基层治理的意识是普遍存在的，关键在政府主动搭建有效的协同平台，并主动对社会组织、团体和个人进行引导，以实现各个协同主体参与农村网格化治理的持续性。

（四）完善协同治理工作机制，提高网格事件处置效率

1. 建立网格管理"呼叫响应"协同治理机制

广州市 2019 年起开始在各区实施"令行禁止、有呼必应"的镇街基层治理工作机制，其中"有呼必应"与北京市平谷区"乡镇吹哨、部门报到"的工作机制有类似之处，都是由乡镇、街道办事处向区政府提出需要协同处置的事项，由区政府协调相关职能部门到最基层的现场去处置，充分调动了各相关部门的力量，也使各相关部门的职能得到充分体现。广州市白云区由区委组织部牵头实施"令行禁止、有呼必应"基

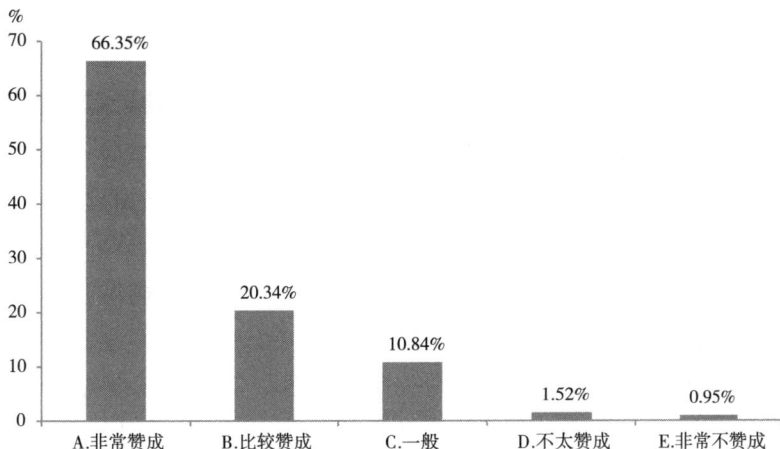

图 8 – 27 大源村网格员对群众志愿者参与网格化治理认同统计图

层治理改革这项工作，白云区委组织部建设了"令行禁止、有呼必应"手机 App 终端，有呼必应的功能模块由各镇、街道办事处负责管理，各镇、街道办事处通过手机 App 终端提出需要解决的事项并制定需要协同治理的部门，App 后台工作人员审核完成后会督促相关部门接单，相关部门则根据镇、街道办事处的约定到场开展工作，较好地解决了各镇、街道办事处的问题。

农村网格化治理工作与区政府层面的"有呼必应"有类似之处，网格员通过巡查将发现的问题通过 App 终端上传，由后台工作人员审核后进行流转，由对应的部门、单位或其他主体去处置。网格化治理与"有呼必应"区别在于：一是网格化治理网格员只上报了问题，未包括提出请相关部门处置的环节，网格化治理平台后台审核工作人员也并未全面了解乡镇层级的职能分工，因此派件并没有"有呼必应"工作机制那么准确；二是网格化工作中网格事件的处置时间是统一的规定时间，不是由网格员等发起人决定的，而"有呼必应"工作机制中事件的处置时间由呼叫人决定。这个区别也是"呼叫响应"工作机制相对于网格化治理工作的优越性。因此在网格化治理中建立"有呼必应"的工作机制能有效提高网格事件的处置效果。

建立"有呼必应"协同治理工作机制，一方面，推动各类资源下沉到一线，把网格作为一切工作的载体。明确网格工作重点，将治水、违建、综治、市政设施、消防安全、应急管理等事项下沉到网格，建立网格事项目录和工作规范，明确网格员和职能部门各自的职责、立案标准、处置期限、办理程序、联动机制等，确保工作真正落实到网格，并且接得住、办得好。另一方面，统筹各种处置力量下沉到网格，以基础网格为基准，为处置人员划分责任区。各处置队伍采用"一对一"或"一对多"的方式，在"标准基础网格"上开展业务工作，建立起网格发现与职能部门处置的联动机制，提高处置效率。将基础网格巡查发现问题与镇街部门监管履职相结合，促进职能部门协同的密切性，提高各部门派驻人员工作的主动性，确保网格哨子一响，就能积极响应，妥善处理，做到"民有所呼，党委政府有所应"。

2. 建立有效的协同运行模式

网格化协同治理强调协同的有效性，而协同的运行过程对协同效果起着决定性作用。建立协同系统的运作机制十分必要，我们先假设协同治理全过程就是一个系统，这个系统的建立由政府牵头主导，各个参与成员等的需求和意见会在进入协同过程后呈现，同时执行协同系统内部各个制度，如多组织之间的责任分担制度、合作动力制度、运行保障制度、平等协商制度、集体行动制度、利益平衡制度、信息共享制度、矛盾调解制度，以保障协同系统规范有序高效运行。

第一，在协同运行系统中明确政府的身份和角色。首先需要明确政府各部门的职能权限，它们分别享有什么样的权力，要履行的职能内容，据此建立政府的"权力清单"和"职能清单"。其次，要确定系统中哪些职能是必须由政府亲自履行，哪些是可以与其他组织协同履行，哪些是可以完全交给其他组织承担的。这之后，参与主体就不需要承担过多行政事务，当然，政府还要有兜底政策，对所有的合理行动方式都要承担最终责任。随后，各参与主体按照轻重缓急原则，先承担转移政府重要的紧急的职能，再转移次要的剩下的职能。并且明确办理结果的各个时间节点，在要求的期限范围内完成转移。随后将可转移目录和时间安排向全社会公布，接受各方监督。最后，政府应做到权随责走，将职能和与之相关的权力一起转移给相应的社会组织，遇到相应的网格事件可以由对应的社会组织作为主导角色开展工作。

第二，注重提升协同主体之间目标的一致性。只有协同系统的宏观、中观目标一致，各协同主体才会参与，进入谈话和建立信任的环节。目标一致性既是协同的基础，也是协同的前提。目标一致性也是各个参与主体进入协同治理环境的初始目标，因组织间的协同作用，各组织会阶段性地调整自身目标。多个环节中，如果调整后的组织目标再次与协同系统目标达成一致，各组织便会进入新一轮的协同过程。

第三，引导做好初识阶段的谈话和信任建立工作。初识谈话是个建立信任的过程，决定着组织之间能否展开协同并在协同中投入。如果选择协同，就证明组织之间相互信任，如果拒绝协同，则说明组织间信任未能建立。当然，沟通不只限于"面对面谈话"，电话、微信等都是当代高效且便捷的交流方式。政府有意引导做好初识阶段的谈话并不难，因为在一个网格内，参与主体和个体是基本固定的，特别是组织间的协同治理，参与主体基本不会发生变化。因此，政府介入搭建平台，稍加引导，初识与谈话基本没有问题，难点在于建立信任关系，这个关键在于协同目标的一致性和协同治理结果的共享性，在具体的协同治理事件中，各个协同治理主体是要适时作出让步的，这也是政府要努力的方向。

第四，引导建立网格化协同治理的循环过程。假设网格化协同治理是一个系统的话，只有各个协同主体在初始加入协同系统中，通过"初识与建立信任"步骤，才能在后续的协同中，具备组织调整后的组织目标和系统的宏观、中观目标的一致性，自然进入新一轮的"协同过程中的投入"。协同过程中投入与共识是分不开的，二者互相影响。在投入中，协同主体之间通过正式互动和成员间的私人交往强化信任关系，反过来会促进协同主体更大力度投入。若投入过程中，协同主体之间发生利益冲突，政府要出面化解，因为只有将利益平衡，系统才能正常运转。

参考文献

齐国生，李立明，曹杰峰，等．城市管理的"网格化"——从政务网格到行业网格再到公务网格 [J]．中国行政管理，2008 (S1)：79 - 81.

杨清华．论我国协同治理的行政生态障碍及跨越措施 [J]．西南科技大学学报（哲学社会科学版），2011，28 (3)：11 - 14.

吴春梅，庄永琪．协同治理：关键变量、影响因素及实现途径 [J]．理论探索，2013 (3)：73 - 77.

李颖．断裂与弥合："互联网＋"时代城市社区网格化治理的困境与再思考 [J]．山东社会科学，2016 (11)：187 - 192.

郑让．农村网格化治理创新研究 [D]．北京：中央民族大学，2016.

骆东平，汪燕，韩庆阔．转型社会中的乡村治理方式变革问题研究——以湖北省宜都市农村网格化管理为例 [J]．特区经济，2016 (5)：82 - 84.

王佳星，龙文军，刘年艳．农村网格化管理——乡村治理方式的创新 [J]．农村工作通讯，2016 (20)：36 - 39.

张树旺，郭璨，李伟，王健峰．论社会治理视野下农村社区网格化管理的完善——基于云南省孟连案例的考察 [J]．华南理工大学学报（社会科学版），2016，18 (4)：58 - 64.

郭道久．协作治理是适合中国现实需求的治理模式 [J]．政治学研究，2016 (1)：61 - 70.

徐魏婷．坪山新区网格化管理完善对策研究 [D]．湘潭：湘潭大学，2017.

杨宗辉，田野．网格化管理的再思考 [J]．暨南学报（哲学社会科学版），2017，39 (12)：27 - 32.

侯瑛．农村社区网格化管理发展问题研究 [J]．中国领导科学，2017 (6)：44 - 45.

秦上人，郁建兴．从网格化管理到网络化治理——走向基层社会治理的新形态 [J]．南京社会科学，2017 (1)：87 - 93.

孙彩红．网格化社会管理转向合作式社会治理的现实与路径 [J]．哈尔滨工业大学学报（社会科学版），2017，19 (4)：8 - 14.

张丹萌．协同治理视阈下的厦门市社区网格化管理研究 [D]．福州：福建师范大学，2017.

石雅磊．县域网格化管理问题研究 [D]．郑州：郑州大学，2018.

蓝剑平．我国社会协同治理的主体障碍及解决路径 [J]．中共福建省委党校学报，2018 (12)：71 - 75.

林美娜．罗源县凤山镇农村社区网格化管理研究 [D]．福州：福建农林大学，2018.

刘翠竹．密云区农村网格化社会服务管理体系研究 [D]．保定：河北农业大学，2018.

陆晓敏. 整体性治理视角下奉贤农村网格化管理研究 [D]. 上海：中共上海市委党校，2018.

李魏炜. 我国城市社区网格化治理问题研究 [D]. 济南：山东大学，2019.

秦岭. 南京市网格员队伍教育培训有效性研究 [D]. 南京：南京大学，2019.

史桦. 山东省 S 县农村网格化管理研究 [D]. 济南：山东师范大学，2019.

陈丹. 乡村振兴背景下农村网格化服务的现状与出路研究——以海口农村网格化工作为例 [J]. 法制与社会，2019 (21)：150 – 151.

陈海松. 城市网格精细化管理困境与深化路径——以上海市闵行区为例 [J]. 上海城市管理，2019，28 (6)：27 – 32.

董倩倩. 温州市农村社区网格化管理优化研究 [D]. 咸阳：西北农林科技大学，2019.

朱湘宁. 城镇社区网格化治理研究 [D]. 南京：南京大学，2019.

唐皇凤. 新时代网格化管理的核心逻辑 [J]. 人民论坛，2020 (20)：17 – 19.

陈玉生. 细事细治——基层网格化中的科层化精细治理与社会修复 [J]. 公共行政评论，2021，14 (1)：74 – 94，219 – 220.

黄晓星，丁少芬. 基层治理结构与政府数据治理——以 Z 市 T 区网格化管理及其专项行动为例 [J]. 公共行政评论，2022，15 (3)：21 – 39，196.

CULHANE D, BREUER B. The development of community information systems to support neighborhood change [M] //Handbook of community movements and local organizations. Boston, MA：Springer US, 2008：129 – 145.

YONG J S, LU L. Plight and path of rural collaborative governance from the subjective perspective of epistemology [J]. 学术界，2018 (6)：245 – 256.

PLOTNIKOF M, PEDERSEN A R. Exploring resistance in collaborative forms of governance：Meaning negotiations and counter-narratives in a case from the danish education sector [J]. Scandinavian Journal of Management, 2019, 35 (4)：101061.

VIGNESWARA ILAVARASAN P, AOYAMA Y, PARTHASARATHY B. The rise of the hybrid domain：collaborative governance for social innovation 2016 edward elgar publishing 256 pp., £72.00. innovating with the bottom of the pyramid：Structure and process [J]. IIMB Management Review, 2019, 31 (4)：418 – 419.

ZHANG M, LI H, XUE L, et al. Using three-sided dynamic game model to study regional cooperative governance of haze pollution in China from a government heterogeneity perspective [J]. Science of the Total Environment, 2019, 694：133559.

LING C, WEN X. Community grid management is an important measure to contain the spread of novel coronavirus pneumonia (COVID – 19) [J]. Epidemiology & Infection, 2020, 148：e167.

XIANG T. The operational mode of grid – based management in covid – 19 prevention and control in china's grassroots communities [J]. Journal of Frontiers of Society, Science and Technology, 2021, 1 (1)：96 – 102.

第九章　基于 SFIC 模型农村人居环境协同治理问题研究

——以阳江市为例

邓丽娴①

自 2018 年农村人居环境整治三年行动逐步开展以来，我国农村整体环境呈现全新的面貌，基本实现了村容村貌整洁有序，村民卫生观念发生根本转变，群众幸福指数明显上升。这不仅从根源上对农村进行了改容更貌，同时还为推进乡村振兴筑牢了根基。然而，如何巩固三年的整治成果以及进一步解决当前存在的痛点难点，成为当前农村人居环境治理的当务之急。当前我国还有部分地区农村人居环境整治效果欠佳，区域发展不均衡、基本生活设施不完善、管护机制不成熟、群众需求与环境改善效果不匹配等问题逐渐凸显。要想更好地完成这项系统性任务，仅凭政府、企业或其他任意单一主体都无法实现，只有集合各方进行协同治理，才能实现这一宏大目标。但是，如何进行协同治理？谁来参与协同治理？这些问题还有待探究。为解决这些问题，本文以协同治理理论为基础，借助 SFIC 模型，依据阳江市农村人居环境治理的调查数据，对农村人居环境协同治理问题进行探索和研究，最后提出推进农村人居环境协同治理的对策建议。

一、本案例研究概述

（一）研究农村人居环境协同治理问题的背景和意义

1. 研究背景

为促进城乡一体化发展，习近平总书记在党的十九大上明确了我国农村未来的发展方向，就是多措并举，实现乡村振兴。让农村居民生活在美丽舒适的环境中，是推进乡村振兴的首要任务。2018 年，中共中央办公厅、国务院办公厅出台《农村人居环境整治三年行动方案》，指出我国一些地区特别是落后的农村存在着非常严重的环境卫

---

①　邓丽娴，女，社会政策与社会管理硕士，广东省阳江市海陵区融媒体中心记者。

生问题，必须加快实行农村人居环境整治行动，争取在2020年实现农村人居环境明显改善、村庄环境基本干净整洁有序、村民环境与健康意识普遍增强的行动目标。2021年12月，中共中央办公厅、国务院办公厅印发《农村人居环境整治提升五年行动方案（2021—2025年）》，在巩固过去三年农村人居环境整治成果的基础上，在未来的五年中继续进行环境建设行动，使农村人居环境质量水平得到进一步提升。

在国家政策的推动下，各市级政府为实现政策目标，积极响应中央和省委的要求，因地制宜出台一系列措施，也制定了各自的农村人居环境治理目标和行动方案。2014年至2022年初，阳江市认真贯彻中央、省的文件要求，在全域推进农村人居环境整治的情况下取得了一定的成效。但也因治理情况复杂特殊，仍然存在着许多治理困境。因该市处于粤西地区，属于欠发达城市，农村人居环境治理在从前并未受重视。现在还有部分县区的偏远农村存在道路泥泞、公共厕所环境脏乱差等情况，这些是历史遗留的重点突出问题，也是现实治理情况中容易忽视的问题。为更好地解决这些农村人居环境中的痛点、难点和堵点，需在党和政府的带领下，进一步发挥村民的主体作用，倡导社会力量的积极参与。多元主体共同参与的农村人居环境协同治理，是国家倡导的重要路径，也是现实治理工作中探索出来的有效方法。因此，为更好推动农村人居环境协同治理，取得更有效的协同治理效果，根据该市的实际情况，本文结合理论研究为推进农村人居环境协同治理提出对策建议，以期助力该市农村人居环境治理工作能够更好更快地推进。

2. 研究意义

本文为明确影响农村人居环境协同治理的变量和因素，探索农村人居环境协同治理的路径，以协同治理理论为基础，将SFIC模型与农村人居环境治理情况结合，构建起理论分析框架，对农村人居环境治理问题进行深入探讨。本文选取阳江市农村人居环境协同治理情况作为研究对象，利用SFIC模型对实际的治理情况进行分析，是对协同治理理论的借鉴与补充，也能在一定程度上丰富农村人居环境治理的研究理论。同时，笔者进入该市的农村深入调研，结合理论模型探索该市协同治理的路径，通过实证分析探讨影响农村人居环境协同治理的变量和因素，为农村人居环境协同治理提出针对性的对策建议，因此对该市以及其他具有类似经济发展水平的海边城市具有一定的指导性意义。本文从协同治理的角度出发，深入剖析和探讨农村人居环境治理的问题，对解决我国目前存在的问题，提出相应的解决措施和办法具有重要的意义。

（二）相关概念、理论基础和研究内容

1. 农村人居环境和农村人居环境治理

在人居环境概念的界定上，国内大部分的学者都借鉴了吴良镛院士的"人居环境"概念。吴良镛先生（2011）认为，人居环境包括城镇人居环境和乡村人居环境，并指出其由自然、人类、社会、居住和支撑这五大系统组成，农村人居环境则是人居环境的部分与延伸。吕建华等（2019）认为，农村人居环境既包括气候条件、自然资源、区位特征的生态环境和不同经济发展水平创造的宏观经济环境，也包括住宅、基础设施等硬环境，以及信息交流等软环境，反映出农村的地理空间、生活状况和社会之间的关系，是一个相互依存和相互影响的有机整体。吴柳芬（2022）认为，农村人居环境是一个包含了生活在农村集镇以下农村居民点中的人们利用自然、改造自然所创造的环境，是由物质环境、生态环境和社会文化环境三大要素所构成的村落（社区）生活环境系统。《农村人居环境整治三年行动方案》中明确指出，现阶段我国农村的重点任务是推进农村生活垃圾、生活污水、厕所粪污、村容村貌、村庄规划和建设管护机制的治理。因此，本文也将农村人居环境定义为农村生活垃圾、生活污水、厕所粪污、村容村貌、村庄规划和管护机制等影响农村居民日常生活的总和。

"治理"理论的奠基者罗西瑙认为，治理是在一系列活动领域中的管理机制，它是为了实现一个或多个公共目标而开展的活动，且除了政府以外，市场、社会组织和个人也可以成为活动的主体。国内学者俞可平先生（2000）认为，治理指的是在特定的范围内，通过权威来维护社会的正常运行，以实现社会公共利益。治理的目的是运用权力对公民活动进行引导、控制和规范，从而实现公共利益的最大化。结合前人提出的"治理"概念，吕建华、林琪（2022）认为农村人居环境治理是政府、村民、社会组织、企业等利益相关者为实现农村人居环境的可持续发展，运用资源、权力，互相协调，实现农村人居环境的整洁美好，最终实现人类社会和谐的管理过程。刘晓春等（2022）则认为农村人居环境治理是对农村这一农民居住或聚居的空间场域所进行的一系列整治和管理行为。在此基础上，笔者认为农村人居环境治理就是在农村建设过程中对人居环境进行改善，实现农村环境整洁有序，增强村民环境保护意识的管理活动。我国的农村人居环境治理主要是在党委和政府的领导下，通过大力发挥村民主体的作用，多元主体共同完成的一项治理任务。

2. 协同治理理论

协同治理理论的诞生，就是为了解决日益复杂的社会困难与危机。协同治理作为一种全新的管理思想，是对协同论和治理理论的有机融合。

德国物理学家赫尔曼·哈肯最先在自然科学领域中提出了"协同"一词，他认为世界上的许多系统是由完全不同性质的大量子系统构成的，而协同学正是研究这些系统的重要理论。这些子系统包括电子、原子、分子、细胞、神经细胞、力学元、光子、器官、动物乃至人类，每一个子系统之间都是相互联系、相互协作的。协同学中有两个重要的原理，分别是主导原理和自组织原理。实际上，各子系统中总是自发进行着无规则的独立运动，而各无序的子系统之间又会相互影响，若不进行控制和协调，各个大系统就会十分无序乃至凌乱。而"序参数"就是主导原理的中心，是维持各子系统有序合作的重要因素。序参数的作用就是使各子系统得以协调运作，使之成为一个有序的结构。自组织原理是指各个子系统通过内部的相互合作与协调，在没有外界的指导和控制下自行形成的一个有序结构，自组织是子系统相互协作得来的结果。

20 世纪 90 年代以后，"治理"的概念便成为社会科学中的重要议题。德国前总理勃兰特和瑞典前首相卡尔松等在 1992 年成立了"全球治理委员会"；在这一年中，世界银行还作了题为《治理与发展》的报告，从那以后，"治理"在政治领域中就得到了广泛运用，并在其他领域也得到了广泛普及。罗西瑙指出，治理的内容是多元且丰富的，治理的主体不仅可以是政府部门，也可以是非政府组织，不同的群体和机构可以通过这些机制满足自己的需求与愿望。各主体可以根据自身的目标来寻求共同的目标，在没有强制力的控制下也能得到良好运行。总的来说，治理主体是多元的，手段是多样的，内容是广泛复杂的，过程是非形式化的，治理的特征是竞争与合作，也就是协同。

3. 研究内容

近些年来，为实现农业强、农村美、农民富的目标，我国各地区都在大力推行农村人居环境治理。但农村人居环境治理涉及的内容多且繁复，更是牵涉多方利益，因此协同治理是完成农村人居环境治理目标的重要路径。那么，在农村人居环境治理中该如何进行协同治理？该由哪些主体进行协同治理？这些都是值得思考的问题。本文则在前人研究的基础上，基于协同治理理论的 SFIC 模型，通过问卷调查进行实证分析，并对以上问题予以解答。

本文旨在阅读大量文献的基础上，更加深入了解国内外关于农村人居环境治理的研究现状，找出研究现状的空缺。根据现实问题，试图用协同治理理论下的 SFIC 模型来分析阳江市农村人居环境治理实况，通过实证分析探究影响农村人居环境协同治理的因素。通过理论和实践结合分析研究，基于研究的结果，为解决当下农村人居环境问题，更好地推行协同治理提出一些针对性的对策建议，丰富农村人居环境治理的研究成果。

（三）农村人居环境协同治理理论框架

1. 分析模型的选择

选取合适的理论研究框架不仅能为农村人居环境协同治理研究提供理论分析工具，更有助于理解协同治理实践，进而对具体领域进行深度研究。笔者选取 SFIC 模型作为本文的理论框架，主要有以下三个方面的原因。

第一，SFIC 模型具有较好的普适性。Ansell 和 Gash 通过对 137 个来自不同国家（地区）和不同政策领域的案例进行"连续近似分析"后发现，大多数文献都只是基于某一个案例或者某一个领域进行研究，他们认为这些文献当中研究的是协同治理中的"品种"而不是"基因"。他们提出，品种是基因在不同环境中的不同表现形式，而基因才是各不同品种所共有的内在属性。经过不断的概括与验证，两位学者最终构建出能够解释一般协同治理实践的 SFIC 模型。因此，作为一个能够解释协同治理"基因"的模型，该模型具有比较好的适用性。

第二，SFIC 模型与农村人居环境协同治理具有较高的契合度。Ansell 和 Gash 认为，协同治理的过程十分复杂，协同主体的交流与合作贯穿了协同过程中的各个阶段。基于此，两位学者在模型中首次运用环形结构，尝试摆脱过去仅用线性结构来客观描述协同治理过程的模型。笔者认为，在农村人居环境协同治理中，各治理主体因利益状况、沟通互动和制度等因素构成复杂的网络关系结构，这些因素在 SFIC 模型中均有涉及，且该模型中还具有更多更具体的变量，因此本文用 SFIC 模型来研究协同治理问题较为合适。

第三，运用 SFIC 模型分析协同治理问题具有广泛的应用空间。此前，国外的渥太华大学、华盛顿大学均有学者利用 SFIC 模型对项目进行研究。近年来我国也有学者运用 SFIC 模型分析各个领域的协同治理问题，如府际合作治理雾霾、跨境经济合作、扶贫协作、高校内部监督协作等，且前人的研究都具有较好的效果。因此本人认为，运用该模型来研究农村人居环境协同治理具有可行性。

2. SFIC 模型介绍

SFIC 模型是 Ansell 和 Gash 两位学者通过研究了 137 个案例构建出来的协同治理模型。该模型包含着多个细分变量，主要有四个重要组成部分，分别是起始条件（Starting conditions）、催化领导（Facilitative leadership）、制度设计（Institutional design）和协同过程（Collabotative process），其中协同过程是该模型的核心。

（1）起始条件

起始条件是各主体在协同前所具备的条件，它既可以促进协同也可以阻碍协同的进行。这部分包含三个重要因素：权利或资源的不对称性、各方协同的动机、合作或纠纷史。在协同治理的过程中，协同主体可能会存在权利或者资源的不对等的情况。若一些主体在协同中缺乏相应的知识、资源或地位不平等，那么在协同的过程中就很容易被另一方牵制。这种不平等的现实将不利于网络结构关系中信任关系的建立，也会减少各方投入的热情。各参与主体协同的动机主要受四个方面的影响，即协同意愿、对协同产出的预期、解决问题渠道的多样性以及各主体间的相互依赖程度。协作前的合作或纠纷对协同治理的促成具有重要的影响作用。若各方在协作前有成功的合作经历，将有助于建立信任关系，这将更容易促成协同；若各方在协作前发生过纠纷，可能会出现不诚实的沟通和对对方的猜疑，这可能会给协同治理带来不好的影响。

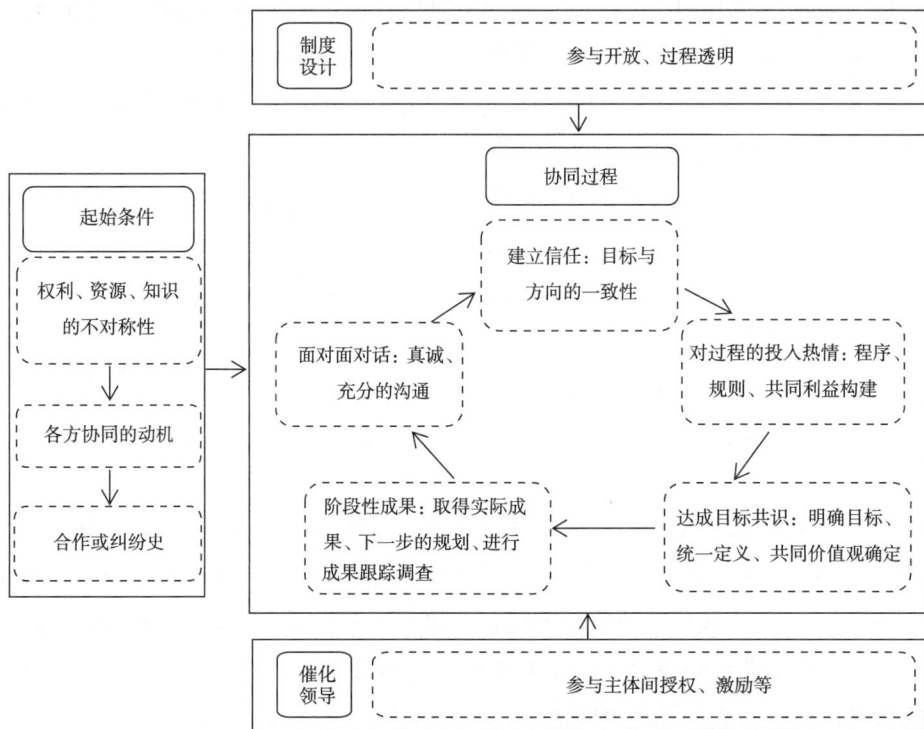

图 9-1 SFIC 模型研究框架

（2）催化领导

领导力对制定明确的规则、建立各方的信任关系、促进各方对话、探索共同利益以及赋权方面都非常重要。若某些主体在协同的过程中存在动机较弱、权利或资源不对等，又或是之前出现过不好的纠纷史，此时就需要强有力的领导者来进行协调。领导力是影响其他主体参与协同治理的关键性因素，不仅能培养各参与方的协同精神，还能确保达成共识的完整性。协同中的领导者必须具备以下技能：第一，能够促使各主体积极参与；第二，能够对协同过程进行有效管理；第三，能够被其他参与方信任和尊重。

（3）制度设计

制度设计指的是在协同治理中进行规则或者协议的制定，协同过程是否具备程序合法性就要看制度设计是否合理。首先，该模型认为协同治理对各主体的参与是具有包容性、开放性的。若将拥有重要资源者或者利益相关方排除在外，就极有可能使协同团体解散，让协同治理以失败告终。包容性的参与并不是指简单吸纳广泛的参与主体，而是寻求积极参与，激励行为者的主动性。其次，为了能够保证协同程序的合法性以及流程的透明性，必须制定清晰明确的行为规则。公平、公正、公开是建立信任关系和保障协同过程有序进行的基础。明确的基本规则能够保证协同的公平公正，公平、公正、公开也是促成合法性的重要基础。透明的流程是合法程序的重要体现，只有让协同方确信协同过程的真实性，不存在私下交易，各协同主体才能维持协同合作的长久关系。

（4）协同过程

协同过程是 SFIC 模型的核心部分。首先从整个模型图来看，起始条件、催化领导和制度设计这三个变量是共同影响协同过程的。再看协同过程中内部的各个环节也是相互影响的，且并非简单直观的线性关系，而是存在周期性的环形关系。协同过程里面共包括面对面对话、建立信任、对过程的投入热情、达成目标共识和阶段性成果 5 个主要变量，这 5 个变量在协同过程中环环相扣，具有密切的联系。所有的协同过程都是从面对面对话开始，面对面沟通有利于各方进行深度沟通，在这个过程中各方能够消除对他方的猜疑并寻找共赢的机会。密切沟通是建立信任关系的基础，通过进行充分的、诚信的沟通才能明确自身对过程的投入。各协同方对过程的投入热情是影响协同成败的重要因素，各协同方投入的越多，就越有利于协同目标的实现。在沟通与信任的基础上，各参与方就会为实现共同的目标达成一定的共识。在这一过程中各协同方不仅要明确共同合作会带来什么样的目标，还要明确各方的职责以及共同的价值观，等等。经过前面的努力，协同治理会实现阶段性的成果。在这一阶段中协同方就可以对成果进行跟踪调查以及制订下一步的规划。随着协同的不断深入进行，新的治理问题也会涌现。因此各协同方就需要进行再一次深度交流，不断地循环往复，一次又一次地形成阶段性成果。阶段性的成果能够为协同治理注入动力，能够促进协同方的沟通、增强信任、增加对过程的投入，这样良好的循环更有利于协同治理目标的实现。

3. 模型的评价与优化

农村人居环境治理涉及多重内容以及多元主体的利益，复杂的事物使得单一主体无法独立解决治理过程中的所有问题。SFIC 模型强调协同治理过程中各参与方之间的关系和沟通互动的重要性，注重通过多方对话和共同决策以推进更科学的治理，且协同过程作为该模型的核心要素，认为这是闭环形的非线性关系，重点突出了各治理主体在治理过程中扮演的重要角色以及每一阶段或行动的重要作用。除此以外，该模型还包含了许多细分变量，大体上能够覆盖协同治理过程中的各个影响因素。总之，利用 SFIC 模型探索农村人居环境协同治理路径，很大程度上能够呈现农村人居环境治理的多变性与复杂性，也能够体现一定的科学性。

SFIC 模型虽然具有较好的适用性，但运用到具体问题时笔者还是认为需结合实际情况加以调整。加之该模型是在西方国家背景下创建的，更多考量西方国家的问题。要想利用该模型来分析我国国情下的农村人居环境治理问题，需对模型加以调整，使其更加符合我国农村人居环境协同治理的实际情况。

第一，SFIC 模型将协同过程呈现为一个环形的结构，其中包括了面对面对话、建立信任、对过程的投入热情、达成目标共识和阶段性成果 5 个变量。Asnell 和 Gash 将这 5 个变量——串联，因此也并没有从根本上摆脱传统的线性结构。协同治理过程中强调的是多元主体之间的共同协作，因此在利用该模型分析农村人居环境治理问题时也会更加注重主体之间的利益关系、沟通互动和达成目标共识的过程，而不对细分变量进行先后次序上的排列。

第二，在 SFIC 模型中，催化领导作为协同过程的重要因素之一，更多的是起到调节的作用。SFIC 模型强调协同治理过程中各主体间的平等地位，催化领导者则在尊重各主体利益的基础上承担着协调的重任，主要任务是让各治理主体能够参与治理，以及确保会议的顺利开展。在我国的农村人居环境治理过程中，企业和社会组织的力量是较为薄弱的，因此政府则扮演着催化领导者的角色。政府作为我国政策的制定者，其社会动员能力是所有治理主体中最强的，其不仅能够推动各主体共同参与治理社会的公共事务，还有义务衡量、尊重和保护各主体间的平等地位。因此本文认为，在我国的农村人居环境治理中，催化领导会更加侧重于分析政府在这个过程中发挥的作用。

第三，Asnell 和 Gash 在 SFIC 模型中更多关注的是协同治理的过程，而忽略了对协同治理效果的研究。协同治理效果作为协同治理的产物，对于衡量和评估协同治理路径是否成功尤为重要，最终取得的治理效果能够更好地辨别协同治理过程的有效性，也便于为后续的协同治理提供更好的参考经验和总结。学者田培杰（2013）曾对 SFIC 模型进行分析与完善，认为在分析模型中加入治理效果会更加合理。因此本文认为，在利用 SFIC 模型探索农村人居环境协同治理路径的过程中，需对农村人居环境协同治理效果进行考核和评估，在原始的模型中加上治理效果的研究。

二、研究设计

（一）阳江市农村人居环境治理现状

阳江市地处粤西要道，位于广东省的西南部，是一个沿海城市。全市占地面积为7955.9 平方千米，地形走向北高南低，依山傍海。当前阳江市共有 6 个县市区，分别是阳西县、阳春市（县级市）、阳东区、江城区、海陵岛经济开发试验区和高新技术产业开发区。全市共有 10 个街道办事处，38 个镇，125 个居民委员会和 710 个村民委员会。据第七次人口普查数据可知，全市常住人口 260.29 万，其中，城镇人口 140.97万，乡村人口 119.32 万。

2018 年以来，阳江市认真贯彻落实省委《关于全域推进农村人居环境整治建设生态宜居美丽乡村的实施方案》精神，大力整治农村人居环境。阳江市各部门按照省委、省政府部署要求，建立完善的工作机制，强化督查，加大资金支持，切实推动工作实施，全市的农村环境和乡村面貌有了翻天覆地的变化：农村环境从"脏乱差"变得

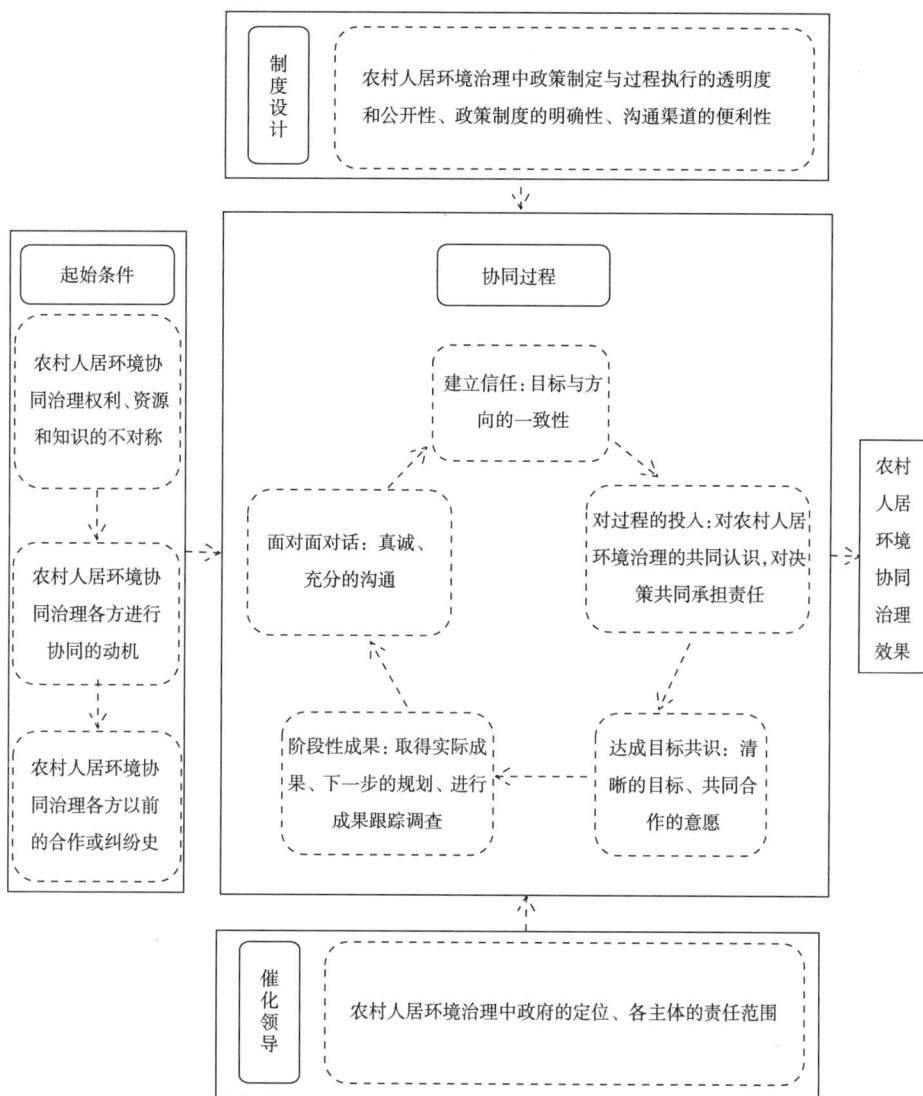

图 9-2　农村人居环境治理 SFIC 模型框架图

"整洁干净",多年的垃圾以及废弃房屋等被彻底被清除;农村污水从先前的天然蒸发到现在得到有效的集中回收和治理;农村厕所粪污也实现了资源化和无害化处理;打造的省级新农村连片示范村成为火热的旅游胜地;省定贫困村也在全市的积极引领下逐渐接近领跑位置。与此同时,阳江市还出台了《阳江市关于全域推进农村人居环境整治建设生态宜居美丽乡村的实施方案》,为检验过去三年整治行动取得的效果,由市委乡村振兴办牵头,会同市发展改革局、财政局、自然资源局等 11 个市直部门组成了4 个复查验收小组,加上各县(市、区)、镇(街)积极配合,按时完成了全市农村人居环境整治三年行动复查验收工作。据悉,全市范围共有 48 个镇、94 个行政村纳入了复查验收对象,切实完成了全域推进农村人居环境整治三年行动复查验收工作。

在新冠肺炎疫情防控进入常态化的大背景下，阳江市始终将农村疫情防控与开展村庄清洁行动紧密结合起来，坚决打好村庄清洁行动季度战役。在完善工作机制方面，先后出台了《阳江市开展村庄清洁行动　推动农村人居环境整治提升工作方案》和《阳江市开展村庄清洁行动夏季战役系列活动安排》等政策文件，强化目标任务和责任分工。积极实行挂点村制度，各基层党组织书记担任挂点区域的"清洁指挥长"，由各指挥长负责组织开展辖区内的村庄清洁行动。建立健全"周报"制度，各县区每周汇报村庄环境整治情况，及时掌握动态情况。全市各地也在阳江市乡村振兴工作群实时反映环境治理存在的问题，市直部门及时督促整改，促进常态化开展工作。在完善机制的前提下，阳江市坚持对不同类型的村庄进行分类指导。对已经全部完成"三个三"的村庄，要完善长效保洁机制，加大对农村居民的宣传教育力度，引导其改变以往的生活陋习；对基本完成"三个三"的村庄，突出加快基础设施建设，由表及里，查漏补缺；对于"三个三"存在反弹或不彻底的村庄，积极发动群众，大力开展攻坚行动。截至2021年11月底，结合"我为群众办实事"，发动党员干部、农民群众以及志愿者累计超过7万人次深入开展村庄清洁行动，全市710个行政村、8088个自然村基本完成"三个三"任务，清理杂草杂物、积存垃圾等17.9万处，拆除危房1.85万间、乱搭乱建0.6万处，处理生活垃圾高达1.03万吨。除此之外，阳江市为做好环境整治提升工作，积极推动打造"四小园"生态板块。积极推行"园长制"，明确小园的身份与其责任人，为"四小园"今后的建设和发展注入新动力。目前，全市8088个自然村已全面实施"四小园"建设工程，建设小菜园4.7万个，小果园11.6万个，小花园0.6万个，小公园0.3万个，村容村貌得到极大提升。

为补齐农村基础设施短板，阳江市在2021年持续大力推进农村厕所、生活污水、村庄道路的治理以及乡村风貌示范带的建设。在推进农村厕所革命方面，印发了《阳江市农村"厕所革命"行动方案》《阳江市农村厕所问题摸排整改工作方案》《阳江市农村厕所问题摸排整改复核工作方案》等，深入开展农村厕所问题摸排整改，摸排农村户厕34万户，发现问题厕所340户，100%完成整改；摸排农村公厕1842座，发现问题公厕100座，100%完成整改。在推行农村生活污水治理攻坚行动方面，656个自然村纳入城镇污水处理厂，3572个自然村建成污水处理设施，2122个自然村落实污水资源化利用。还新增50个自然村建成污水处理设施纳入民生实事，100%完成了建设。为全面实现农村集中供水，8088个自然村完成集中供水，农村集中供水率达99%以上。在修建村内道路方面，建好村内道路1.5万多千米，5560个自然村完成村内道路建设，完成率为68.7%。在提升乡村风貌方面，每个县（市、区）着力打造1条不少于15千米的乡村风貌示范带，同时在城市周边、高速出口以及国道省道周边选择3～5个行政村，打造成为美丽乡村示范村。市委书记专题会议专门研究部署乡村风貌示范带和美丽乡村示范村建设，探讨政府为主、企业投资、综合投资等模式，统筹整合专项国债、涉农资金等支持建设，进一步激活阳江乡村建设活力。

（二）提出假设

1. 资源权利越对等，越有利于推动农村人居环境协同治理

起始条件变量包括权利、资源、知识的不对称性，各方的协同动机以及合作或纠纷史等内容。在调查问卷中，针对该假设设计的题项如下：

QS1：您对政府关于农村人居环境治理的政策十分了解。

QS2：您有足够的知识和技能参与农村人居环境治理。

QS3：您愿意花时间和精力参与农村人居环境治理。

QS4：您认为农村人居环境协同治理是改善居住环境最好的路径，符合您的需求。

QS5：您因为参与农村人居环境治理与政府有过合作。

在 SFIC 模型中，影响起始条件变量的因素有很多，其中权利、资源和知识是否对等就是影响起始条件的首要因素。如果权利、资源和知识在各协同主体之间存在严重失衡，那么就会导致各主体对协同过程的不信任，也会影响协同治理工作的开展。在协同治理的过程中，一些行为会加剧不平等情况的发生，造成的原因可能有三种：第一，一些协同主体并不真正代表其群体的真正利益；第二，一些协同主体缺少足够的知识和技能参与协同治理；第三，一些协同主体因没有足够的时间和精力，以致妨碍他们参与协同治理。考虑到这些方面，在问卷中用 QS1、QS2、QS3 进行表示。同时，在协同过程中，各协同方之间的协同动机也是影响起始条件的重要因素。除了权利、资源和知识会影响协同动机之外，问题解决渠道的多样性也会影响各主体协作的动机。若协同是各主体解决问题的唯一渠道，那么各协同方将会更加积极地投入协同治理，因此在问卷中用 QS4 进行表示。最后是各方的合作或纠纷史，如果在协同之前各主体有过合作的历史，则会促进各方的协同治理；若是冲突，则会阻碍各主体的协同，在问卷中用 QS5 进行表示。

2. 政府引导越充分，越有利于引导农村人居环境协同治理

催化领导具有培养各主体协同精神的重要性，特别是在权利、资源不平等，各方的协同动机较弱，前期有过纠纷的情况下，催化领导就显得尤为重要。在现实情况中，政府依然是我国农村人居环境治理的政策制定者和资源分配者，因此政府是催化领导的最佳角色。在调查问卷中，针对催化领导假设设计的题项如下：

CH1：您认为政府在农村人居环境治理过程中是强有力的领导者。

CH2：您认为政府在农村人居环境协同治理过程中能够合理平衡利益相关方的利益和权力。

CH3：您认为政府在农村人居环境治理过程中会积极采纳群众意见并落实。

政府作为农村人居环境协同治理强有力的领导者，其制定的政策越具有引导性，

就越有利于促进各参与主体的合作与交流，越有利于增强各主体之间的信任，也更能有效发挥政府的"掌舵者"作用，在本问卷中用 CH1 表示。农村人居环境治理切实地关系到农村居民生活中的方方面面，政府虽承担着掌舵人的责任，但在处理事务的过程中亦有可能会出现过度干预的情况。广大民众作为社会公共服务的需求者，需要其对社会问题提出中肯的意见。农村人居环境与公众的生活息息相关，若政府能够代表最广大民众的利益诉求，则会促使公众积极地建言献策，有助于促进协同治理的开展，在本问卷中用 CH2 表示。政府能否采纳协同方的意见并积极落实，将会直接影响协同主体的参与积极性。如果采纳其他主体的合理意见，将有利于协同治理的顺利开展，在本问卷中用 CH3 表示。

3. 制度设计越透明，越有利于保障农村人居环境协同治理

为消除各主体在协同过程中的疑虑，必须制定清晰明确的行为准则，以明确各方的角色与责任。在调查问卷中，针对制度设计假设设计的题项如下：

ZD1：您参加过政府部门关于农村人居环境治理的座谈会。

ZD2：您认为政府关于农村人居环境治理的相关政策合理有效。

ZD3：您认为政府在农村人居环境治理过程中为群众提供了很好的沟通渠道。

ZD4：您认为政府在农村人居环境治理过程中做到了公开透明。

ZD5：您认为政府在农村人居环境治理过程中能够真诚地与群众进行沟通。

SFIC 模型中的制度设计变量指的是在协同治理的过程中，制度的制定是否有做到公开透明。在农村人居环境协同治理过程中，若采取座谈会等民主协商的方式让各治理主体参与，则能够更好地保障各参与主体的知情权和参与权，也能够更好地保障各方的利益诉求，在问卷中用 ZD1 表示。清晰明确的政策是制度设计中必不可少的条件，制定的政策越合理，则越会增强企业和农村居民参与协同治理的意愿；反之，则有可能阻碍协同治理的进程，在问卷中用 ZD2 表示。就我国实际而言，因受科层制的影响，我国在处理社会公共事务时常会用到行政命令的方式，这种方式只是下达上级命令，没有为社会公众提供较好的沟通渠道，以致公众缺少合适的诉求方式，这会严重影响其他治理主体的参与意愿。农村人居环境治理内容繁多、范围大，仅仅依靠政府的权威是不够的，必须提供合理有效的沟通渠道让市场企业和农村居民也能参与进来，这一因素在问卷中用 ZD3 表示。政府在农村人居环境治理中政策措施是否做到公开透明是影响各参与方建立信任机制的关键，在问卷中用 ZD4 表示。若没有诚信的沟通，即便有再多的沟通渠道也是流于形式。因农村人居环境治理是多方主体共同参与，为确保协同过程的顺利开展各方必须进行诚信的沟通，共同商讨出解决农村人居环境治理的办法，这一因素在问卷中用 ZD5 表示。

4. 协作过程越完善，越有利于开展农村人居环境协同治理

协同过程是 SFIC 模型的核心，其中包括面对面对话、建立信任、对过程的投入、

达成目标共识和阶段性成果。在调查问卷中，针对该假设对应的题项如下：

XT1：您认为在农村人居环境治理过程中，您与政府有着密切的利益关系。

XT2：您认为政府对农村人居环境治理有着明确的目标与方向。

XT3：您很想就农村人居环境治理问题与相关政府部门进行交流与合作。

XT4：您目前在农村人居环境治理过程中已投入很多时间和精力。

XT5：您认为农村人居环境治理已取得一定的成果并走上了正轨。

在协同过程中，面对面的对话和沟通是明确各协同主体共同利益的核心渠道。沟通的目标就是为了确定共同利益，若各参与主体的利益是紧密相连的，则更能够加强各方的协同。政府、企业和农村居民只有真正意识到共同治理农村人居环境对大家有百利而无一害，才能增强他们的协同治理意愿，在问卷中用 XT1 表示。密切的利益关系是商讨共同目标的基础，若参与主体之间能够达成明确的目标，这就说明他们达成了协同合作的共识，这时候各方就会朝着明确的目标共同合作，在问卷中用 XT2 表示。协同治理的过程不是一蹴而就的，只有各参与方在协同过程中不断地进行交流合作，才有可能保证一个协同过程的持续推进，在问卷中用 XT3 表示。集体的投入是个人投入的累积，个人投入越积极，就越有可能带动其他个体的积极性和主动性，那么协同治理就越有可能因为大家的投入而产出更好的效果，在问卷中用 XT4 表示。阶段性成果是各协同主体在治理过程中取得的一些小收获，小收获的产生会为协同过程注入更多的动力，不仅能够加快各参与主体建立信任的过程，也能提高各参与方的投入热情，从而更有利于协同目标的实现，在问卷中用 XT5 表示。

5. 治理效果度量

治理效果指的就是对农村人居环境进行改善和提升以后所带来的结果，在调查问卷中，其对应的题项如下：

ZL1：您十分认可当前农村人居环境的治理效果。

ZL2：您对未来农村人居环境治理的预期十分乐观。

ZL3：您未来愿意继续积极地参与农村人居环境治理。

针对农村人居环境协同治理的效果，笔者认为可以从以下三个方面进行考量，分别是当前的治理效果、未来的预期效果以及长期参与的意愿。针对当前的农村人居环境治理效果，各参与主体均有发言权，特别是农村居民可以根据直观的感受来对治理效果进行评价，政府部门也可以根据往年的数据进行对比评价，在问卷中用 ZL1 表示。未来的预期效果在很大程度上会影响农村人居环境协同治理的持续性，若各参与方对未来的治理效果有较好的预期，那么就会促进各协同方加强合作，彼此之间更加信任，形成长期良好的合作关系，在问卷中用 ZL2 表示。各治理主体是否在未来继续参与农村人居环境的治理，能够在一定程度上反映出他们对治理效果的满意度。若大家都继续愿意参与，则说明协同治理取得了较好的效果，反之亦然，在问卷中用 ZL3 表示。

（三）问卷设计

1. 调查区域选择

通过对阳江市农村人居环境治理情况的调查发现，该市在治理农村人居环境的过程中，除了有政府单位的积极参与外，还有一定的社会力量参与，这为研究农村人居环境协同治理提供了较为良好的基础。结合阳江市在农村人居环境治理方面取得的成效，本文认为，利用 SFIC 模型探索该市的农村人居环境协同治理路径具有较好的适用性和代表性。因此选择阳江市为本次实证调查的地点。

2. 调查问卷的设计

SFIC 模型主要包括 5 个变量，分别是起始条件、催化领导、制度设计、协同过程和治理效果。本次的问卷主要围绕这 5 个变量进行展开，具体的调查问题见表 9 - 1。

表 9 - 1　调查问卷表

部分	编号	题项
起始条件（QS）	QS1	您对政府关于农村人居环境治理的政策十分了解
	QS2	您有足够的知识和技能参与农村人居环境治理
	QS3	您愿意花时间和精力参与农村人居环境治理
	QS4	您认为农村人居环境协同治理是改善居住环境最好的路径，符合您的需求
	QS5	您因为参与农村人居环境治理与政府有过合作
催化领导（CH）	CH1	您认为政府在农村人居环境治理过程中是强有力的领导者
	CH2	您认为政府在农村人居环境协同治理过程中能够合理平衡利益相关方的利益和权力
	CH3	您认为政府在农村人居环境治理过程中会积极采纳群众意见并落实
制度设计（ZD）	ZD1	您参加过政府部门关于农村人居环境治理的座谈会
	ZD2	您认为政府关于农村人居环境治理的相关政策合理有效
	ZD3	您认为政府在农村人居环境治理过程中为群众提供了很好的沟通渠道
	ZD4	您认为政府在农村人居环境治理过程中做到了公开透明
	ZD5	您认为政府在农村人居环境治理过程中能够真诚地与群众进行沟通
协同过程（XT）	XT1	您认为在农村人居环境治理过程中，您与政府有着密切的利益关系
	XT2	您认为政府对农村人居环境治理有着明确的目标与方向
	XT3	您很想就农村人居环境治理问题与相关政府部门进行交流与合作
	XT4	您目前在农村人居环境治理过程中已投入很多时间和精力
	XT5	您认为农村人居环境治理已取得一定的成果并走上了正轨
治理效果（ZL）	ZL1	您十分认可当前农村人居环境的治理效果
	ZL2	您对未来农村人居环境治理的预期十分乐观
	ZL3	您未来愿意继续积极地参与农村人居环境治理

三、阳江市农村人居环境协同治理的实证分析

（一）描述性统计分析

1. 样本描述性分析

笔者先对被调查者的基本情况进行了描述性分析，这其中包括被调查者的性别、年龄、受教育程度、角色以及是否为当地常住农村居民等。

表 9 - 2　性别情况统计

		频数	百分比	有效百分比	累计百分比
有效	男	219	55.73%	55.73%	55.73%
	女	174	44.27%	44.27%	100.00%
	合计	393	100.00%	100.00%	

表 9 - 2 反映的是被调查者性别的统计情况，其中男性共有 219 人，占总人数的 55.73%；女性共有 174 人，占总人数的 44.27%。

表 9 - 3　年龄情况统计

	年龄段	频数	百分比	有效百分比	累计百分比
有效	17 岁及以下	16	4.07%	4.07%	4.07%
	18 ~ 44 岁	252	64.12%	64.12%	68.19%
	45 ~ 59 岁	102	25.96%	25.96%	94.15%
	60 岁及以上	23	5.85%	5.85%	100.00%
	合计	393	100.00%	100.00%	

表 9 - 3 反映的是被调查者年龄的统计情况，从表中数据可以看出，被调查对象主要集中在 18 ~ 44 岁，占比为 64.12%，在调查样本中所占比例最高。一方面是因为这一年龄段的人受教育程度较高，比较容易接受新的知识；另一方面是这一年龄段的人对国家的方针政策也有一定的了解，主动参与的积极性较高。45 ~ 59 岁的人占比为 25.96%，在被调查者中占比居于第二位。因这一年龄段的人事业处于稳定期，思想较为成熟，对农村人居环境治理的情况也较为了解，他们的意见也具有一定的参考性意义。未成年人和老年人阶段的调查对象也有涉及，只是相对来说样本量较少。总的来看，这次调查对象的年龄分布具有一定的代表性，样本选取较为合理。

表9-4　被调查者受教育情况统计

	受教育程度	频数	百分比	有效百分比	累计百分比
有效	文盲	5	1.27%	1.27%	1.27%
	小学	27	6.87%	6.87%	8.14%
	初中	75	19.08%	19.08%	27.23%
	高中	78	19.85%	19.85%	47.07%
	大专	89	22.65%	22.65%	69.72%
	本科	111	28.24%	28.24%	97.96%
	研究生	8	2.04%	2.04%	100.00%
	合计	393	100.00%	100.00%	

　　表9-4反映的是被调查者受教育的统计情况，从表中的数据可以看出，调查对象的受教育程度主要集中在初中、高中、大专和本科，分别占样本的比例为19.08%、19.85%、22.65%、28.24%。相对来说，受教育程度高的人更愿意接受问卷调查，他们具有较高的参与精神和一定的政治敏锐性，对问卷的题目也更好地理解，对国家实施的政策计划也能更容易接受并有着一定的见解，这在一定程度上提升了调查数据的合理性。

表9-5　被调查者职业情况统计

		频数	百分比	有效百分比	累计百分比
有效	政府工作人员	62	15.78%	15.78%	15.78%
	企业员工	49	12.46%	12.47%	28.24%
	村干部	58	14.76%	14.76%	43.00%
	农村居民	224	57.00%	57.00%	100.00%
	合计	393	100.00%	100.00%	

　　表9-5反映的是被调查者职业的统计情况，在被调查的人员中，农村居民占大多数，占比是57.00%。农村居民不仅是农村人居环境治理的主要参与者，更是环境治理的直接受益者，他们在很大程度上会影响协同治理活动的开展，因此了解农村居民的想法和态度十分重要。此外，还有其他重要的参与人员，他们分别是政府工作人员、企业员工和村干部，他们的占比分别为15.78%、12.46%、14.76%，这些人员全都是农村人居环境治理的主要参与者，也是协同治理的主体，对他们进行调查也能更好收集到协同治理的相关意见。这个调查情况满足当前探索农村人居环境协同治理路径的需求，因此在一定程度上也体现了数据的合理性。

表 9 - 6　当地常住农村居民情况统计

	常住农村居民	频数	百分比	有效百分比	累计百分比
有效	是	206	91.96%	91.96%	91.96%
	不是	18	8.04%	8.04%	100.00%
	合计	224	100.00%	100.00%	

表 9 - 6 反映的是当地常住农村居民的统计情况，从表中数据可知，90% 以上的农村居民为当地常住的居民，因此能反映出农村人居环境治理的情况与被调查的农村居民休戚相关，也能体现出他们较高的积极性，因此收集到的数据会更具有真实性与合理性，这在一定程度上保证了调查数据的质量。

2. 总体数据描述性分析

在回收问卷以后，笔者先是对样本对象的基本情况进行了分析，然后采取赋分统计的方法，对问卷中"非常不同意""比较不同意""一般同意""比较同意""非常同意"分别赋予"1 分""2 分""3 分""4 分""5 分"的数值，表 9 - 7 是对总体样本数据进行描述性统计分析的结果。

表 9 - 7　总体样本数据统计结果

	个案数	极小值	极大值	均值	标准差
QS1	393	1	5	3.50	1.15
QS2	393	1	5	3.54	1.14
QS3	393	1	5	3.95	1.03
QS4	393	1	5	4.15	1.00
QS5	393	1	5	3.39	1.41
CH1	393	1	5	4.03	1.08
CH2	393	1	5	3.86	1.06
CH3	393	1	5	4.01	1.02
ZD1	393	1	5	3.30	1.45
ZD2	393	1	5	3.82	1.06
ZD3	393	1	5	3.88	1.01
ZD4	393	1	5	3.84	1.10
ZD5	393	1	5	3.83	1.08
XT1	393	1	5	3.36	1.31
XT2	393	1	5	3.99	1.04
XT3	393	1	5	3.86	1.05
XT4	393	1	5	3.59	1.23

	个案数	极小值	极大值	均值	标准差
XT5	393	1	5	3.67	1.14
ZL1	393	1	5	3.58	1.20
ZL2	393	1	5	4.04	1.05
ZL3	393	1	5	4.23	0.95
有效的个案数	393				

从表9-7的数据可以看出，有效个案数为393个，调查样本中没有缺失值。表中显示极小值为1，极大值为5，建档没有错误。表中显示各个题项的均值和标准差较为合理，由此可知上表中各题项皆可保留，收集的调查数据较为合理。

（二）信度和效度分析

1. 信度

信度分析又是可靠性分析，主要是通过测量问卷的一致性程度来判断调查问卷是否具有稳定性与可靠性。本文的信度分析分为5个维度进行测算，主要利用的是较为常见的克隆巴赫α系数（Cronbach's Alpha）对问卷的信度进行测量。在克隆巴赫α系数的测量下，α值需处于0~1，α值越大则表明数据的内部一致性越高，问卷的信度也就越好。若α值处于0.8~1，则说明数据有着高度的一致性；若α值处于0.7~0.8，则说明数据有着较高的一致性；若α值处于0.7以下，则说明数据的一致性较差，这时就需要对问卷进行重新设计。

表9-8 信度分析

	起始条件	催化领导	制度设计	协同过程	治理效果
项数	5	3	5	5	3
Cronbach's Alpha	0.834	0.826	0.888	0.815	0.774

经过预测以后，笔者通过 Cronbach's Alpha 值对本文的调查问卷进行了调整。在删除了起始条件和催化领导维度中的各一个题目以后，从表9-8的数据我们可以得知，基于 SFIC 模型设计的5个维度的 Cronbach's Alpha 值分别为 0.834、0.826、0.888、0.815 和 0.774，就是各个维度的 Cronbach's Alpha 值都大于 0.7，由此可以得出问卷具有较高的内部一致性，就是问卷的信度较好。

2. 效度

效度分析指的是测量调查问卷的有效性程度，即问卷的有用性与准确性。就本文来说，笔者在阅读大量文献的基础上，结合 SFIC 各个维度的相关内容设计了该调查问卷，在正式发放调查问卷之前也进行了预测，然后再根据相关数据和导师的意见进行了调整，因此本文的调查问卷具有较好的内容效度。同时，笔者对调查数据进行了 Kaiser – Meyer – Olkin 度量分析和 Bartlett 的球形度检验，由表 9 – 9 KMO 和 Bartlett 的检验数据可以看出，KOM 值为 0.950，Sig. 小于 0.001，这也说明问卷的结构效度较好。

表 9 – 9　KMO 和 Bartlett 的检验

取样足够度的 Kaiser – Meyer – Olkin 度量		0.950
Bartlett 的球形度检验	近似卡方	5994.858
	df	210
	Sig.	0.000

（三）相关性分析

相关性分析是多元统计的基础，主要是用于研究各变量之间的相关关系。就本文的研究内容，笔者主要利用 Pearson 相关性系数来进行判定。相关系数 r 的取值范围为 –1 到 1，当 r 大于 0 时，则表示存在正向的相关关系；当 r 小于 0 时，则表示存在负向的相关关系。根据 r 值的大小，又分为几个等级来判断变量之间的相关性程度。当 |r| =0 时，则表示变量之间不相关；当 0 < |r| ≤0.3 时，则表示变量之间存在弱相关关系；当 0.3 < |r| ≤0.5 时，则表示变量之间存在低相关关系；当 0.5 < |r| ≤ 0.8 时，则表示变量之间显著相关；当 0.8 < |r| <1 时，则表示变量之间高度相关；当 |r| =1 时，则表示变量之间完全相关。

在信度和效度都较好的基础上，本文主要依据 SFIC 模型将问卷数据划分为 5 个维度。因每个维度都包含着几个问题，因此在 SPSS 中先分别将 5 个维度中各自包含的问题的数值加总取均值，得出来的结果作为各个维度的值，再在 SPSS 中对各个维度的值进行相关性分析，得出的结果见表 9 – 10。

表 9 – 10　各变量相关性分析结果

		起始条件	催化领导	制度设计	协同过程	治理效果
起始条件	Pearson 相关性	1	0.686 * *	0.705 * *	0.712 * *	0.620 * *
	显著性（双侧）		0.000	0.000	0.000	0.000
	N	393	393	393	393	393
催化领导	Pearson 相关性	0.686 * *	1	0.787 * *	0.730 * *	0.702 * *
	显著性（双侧）	0.000		0.000	0.000	0.000
	N	393	393	393	393	393
制度设计	Pearson 相关性	0.705 * *	0.787 * *	1	0.798 * *	0.728 * *
	显著性（双侧）	0.000	0.000		0.000	0.000
	N	393	393	393	393	393

续表

		起始条件	催化领导	制度设计	协同过程	治理效果
协同过程	Pearson 相关性	0.712＊＊	0.730＊＊	0.798＊＊	1	0.774＊＊
	显著性（双侧）	0.000	0.000	0.000		0.000
	N	393	393	393	393	393
治理效果	Pearson 相关性	0.620＊＊	0.702＊＊	0.728＊＊	0.774＊＊	1
	显著性（双侧）	0.000	0.000	0.000	0.000	
	N	393	393	393	393	393

＊＊在 0.01 水平（双侧）上显著相关。

从表 9 - 10 的数据中我们可以看出，调查样本中的显著性均小于 0.01，这说明在相关性分析中小概率事件出现的可能性较小。在 Pearson 相关系数中，各变量之间均为正相关关系，相关性程度也较为显著。

（四）多元线性回归分析

多元线性回归分析研究的是变量之间的关系，由前文 SFIC 模型介绍的部分我们可以知道，在整个模型中主要包括两个部分：第一个是起始条件催化领导和制度设计对协同过程的影响；第二个是起始条件、催化领导和制度设计在协同过程整合的情况下对治理效果的影响。

1. 起始条件、催化领导、制度设计对协同过程的影响

（1）拟合指数分析

在多元线性回归分析中，主要用 R^2 值来对回归方程的拟合度进行判断，这也是一种显著性水平检验的方式。R^2 值一般处于 0 ~ 1，当该值越接近 1 时，那么就代表回归方程的拟合程度越高；当该值越接近 0 时，就代表回归方程的拟合度越低。

表 9 - 11　起始条件、催化领导、制度设计对协同过程的模型摘要

模型	R	R^2	调整 R^2	标准估计的误差
1	0.832[a]	0.693	0.690	0.48948

a 预测变量：（常量），制度设计、起始条件、催化领导。
b 因变量：协同过程。

从表 9 - 11 可以看出，起始条件、催化领导和制度设计对协同过程拟合指数 R^2 值为 0.693，明显大于 R 方的中间值 0.5。这说明起始条件、催化领导和制度设计这三个维度对协同过程的解释程度为 69.3%，该回归方程具有较好的解释能力，模型的拟合程度效果较好。

（2）方差分析

表 9 - 12 即 Anova 表，是对所测变量的所有自变量回归系数的总体检验，主要是通

过方差分析来检验总体的回归模型是否有效。由表 9 - 12 的数据可以得知，Sig. 小于 0.001，这表明在回归分析中起始条件、制度设计和催化领导这三个预测变量对因变量协同过程的回归呈现显著关系。

表 9 - 12　起始条件、催化领导、制度设计对协同过程的方差分析

模型		平方和	df	均方	F	Sig.
1	回归	210.242	3	70.081	292.496	0.000[b]
	残差	93.202	389	0.240		
	总计	303.444	392			

a 因变量：协同过程。
b 预测变量：（常量），制度设计、起始条件、催化领导。

（3）回归系数分析

回归系数代表着预测变量与因变量的相关程度，在现实回归系数中，主要看的是标准化系数也就是 β 值。方差膨胀因子（VIF）一般也会作为共线性诊断的标准，一般来说，VIF 值主要以 10 作为判断的标准，VIF 的值越大，则说明所测量的变量之间存在着较大程度的共线现象。

表 9 - 13　起始条件、催化领导、制度设计对协同过程的回归系数分析

模型		非标准化系数		标准系数	t	Sig.	共线性统计量	
		B	标准误差	β			容差	VIF
1	（常量）	0.443	0.118		3.762	0.000		
	起始条件	0.247	0.041	0.250	6.030	0.000	0.458	2.186
	催化领导	0.174	0.046	0.180	3.760	0.000	0.346	2.892
	制度设计	0.441	0.045	0.480	9.797	0.000	0.329	3.042

a 因变量：协同过程。

由表 9 - 13 可以得知，起始条件、催化领导和制度设计这三个变量的 VIF 值分别为 2.186、2.892 和 3.042，取值均远小于 10，这就表明这三个预测变量之间不存在共线性。表中的标准系数 β 值为回归方程式的斜率，当 β 大于 0 时，因变量会随着自变量的增大而增大；当 β 小于 0 时，因变量就会随着自变量的增大而减小。在表 9 - 13 的回归模型中，起始条件、催化领导和制度设计的标准系数 β 值分别为 0.250、0.180 和 0.480，由此可以得出自变量与因变量之间呈正相关关系，且三个自变量的 Sig. 值均小于 0.001，这就表明自变量和因变量之间的回归系数显著相关。因此可以得出以下结论，即"起始条件——资源权力越对等，越有利于推动农村人居环境协同治理"假设成立；"催化领导——政府引导越充分，越有利于引导农村人居环境协同治理"假设成立；"制度设计——制度设计越透明，越有利于保障农村人居环境协同治理"假设成立。

2. 起始条件、催化领导、制度设计对治理效果的影响

（1）拟合指数分析

表9－14　起始条件、催化领导、制度设计对治理效果的模型摘要

模型	R	R^2	调整后的 R^2	标准估计的误差
1	0.763[a]	0.582	0.579	0.57682

a 预测变量：（常量），制度设计、起始条件、催化领导。
b 因变量：治理效果。

从表9－14可以看出，起始条件、催化领导和制度设计对治理效果拟合指数 R^2 值为0.582。这说明起始条件、催化领导和制度设计这三个变量对治理效果的解释程度为58.2%，该回归方程具有中度的解释能力，模型的拟合程度效果还可以。

（2）方差分析

表9－15　起始条件、催化领导、制度设计对治理效果的方差分析

模型		平方和	df	均方	F	Sig.
1	回归	180.443	3	60.148	180.776	0.000[b]
	残差	129.428	389	0.333		
	总计	309.871	392			

a 因变量：治理效果。
b 预测变量：（常量），制度设计、起始条件、催化领导。

由表9－15的数据可以得知，Sig. 小于0.001，这表明在回归分析中起始条件、制度设计和催化领导这三个预测变量对因变量治理效果的回归显著关系。

（3）回归系数分析

表9－16　起始条件、催化领导、制度设计对治理效果的回归系数分析

模型		非标准化系数		标准系数	t	Sig.	共线性统计量	
		B	标准误差	β			容差	VIF
1	（常量）	0.917	0.139		6.620	0.000		
	起始条件	0.136	0.048	0.137	2.828	0.005	0.458	2.186
	催化领导	0.284	0.055	0.290	5.207	0.000	0.346	2.892
	制度设计	0.374	0.053	0.403	7.056	0.000	0.329	3.042

a 因变量：治理效果。

由表9－16可以得知，起始条件、催化领导和制度设计这三个自变量的 VIF 值分别为2.186、2.892和3.042，且起始条件的 Sig. 值小于0.01，催化领导和制度设计的 Sig. 值均小于0.001；标准系数 β 值分别为0.137、0.290、0.403，均大于0，因此说明这三个预测变量对治理效果存在着显著影响。因此可以得出以下结论，即"起始条

件——资源权利越对等，越有利于推动农村人居环境协同治理"假设成立；"催化领导——政府引导越充分，越有利于引导农村人居环境协同治理"假设成立；"制度设计——制度设计越透明，越有利于保障农村人居环境协同治理"假设成立。

（五）中介检验

从上述分析可知，基于 SFIC 模型提出的四个假设中有三个已经得以验证。因此，要想验证第四个假设即"协同过程——协作流程越完善，越有利于开展农村人居环境协同治理工作"是否成立，就需要检验协同过程在起始条件、催化领导、制度设计和治理效果之间是否存在中介作用。本研究运用了 Baron 和 Kenny 所提出的逐步法来进行检验，这种检验方法包括以下三个步骤：第一，对自变量和因变量进行回归分析，以此来检验两者之间是否存在显著关系，如果回归系数显著则可以继续进行中介检验，如果回归系数不显著就终止检验。第二，对自变量和中介变量进行回归分析，检验两者之间是否存在显著关系，如果回归系数显著则可以继续进行中介检验，不显著则终止检验。第三，探究中介变量在自变量和因变量之间的中介效应，就是将自变量和中介变量一起对因变量作回归分析，得出的中介程度又分为以下两种情况：若自变量的回归系数不显著，就说明中介变量存在完全中介作用；若自变量的回归系数比第一步检验的回归系数要小，但仍旧存在显著水平时，则说明存在部分中介效应。

1. 协同过程在起始条件和治理效果之间的中介作用

为检验协同过程在起始条件和治理效果之间的中介作用，本文按照以下三个步骤进行操作。

步骤一：将起始条件作为自变量，治理效果作为因变量进行线性回归分析，检验回归系数是否显著。如果两者存在显著关系就继续检验，如果不显著则说明不存在中介效应，就要停止检验。回归分析的检验结果见表 9 - 17 中的模型 1。

步骤二：将起始条件作为自变量，协同过程作为因变量进行线性回归分析，检验回归系数是否显著，如果两者存在显著关系就继续检验，如果不显著则说明不存在中介效应，就要停止检验。回归分析的检验结果见表 9 - 17 中的模型 2。

步骤三：将起始条件和协同过程作为自变量，治理效果作为因变量进行线性回归分析，检验回归系数的变化，以此作为参考，主要检验作为中介变量的协同过程在起始条件和治理效果之间发挥着什么样的中介作用。回归分析的检验结果见表 9 - 17 中的模型 3。

表 9 - 17　协同过程在起始条件和治理效果之间的中介检验

变量	模型 1	模型 2	模型 3	中介作用
起始条件	0.620***	0.712***	0.140**	部分中介
协同过程			0.675***	

续表

变量	模型1	模型2	模型3	中介作用
样本数	393	393	393	
R^2	0.385	0.507	0.609	
调整后的 R^2	0.383	0.506	0.607	
F值	224.781***	402.907***	304.086***	

注释：1. 模型1和模型3的因变量是治理效果，模型2的因变量是协同过程。

2. ***表示 $p < 0.001$，**表示 $p < 0.01$，*表示 $p < 0.05$。

由表9－17可以得知，在第一步的检验中起始条件的标准化系数 β 值为 0.620，p 值小于 0.001，这说明起始条件和治理效果之间存在着显著的正相关关系。在第二步的检验中，起始条件的标准化系数 β 值为 0.712，p 值小于 0.001，这说明起始条件和协同过程之间也存在着显著的正相关关系，也就说明协同过程在起始条件和治理效果之间存在中介效应。在第三步的检验中，起始条件的标准化系数 β 值为 0.140，p 值小于 0.01；协同过程的标准化系数 β 值为 0.675，p 值小于 0.001。由此可以得出，协同过程在起始条件和治理效果之间发挥着部分中介作用。

2. 协同过程在催化领导和治理效果之间的中介作用

为检验协同过程在催化领导和治理效果之间的中介作用，本文按照以下三个步骤进行操作。

步骤一：将催化领导作为自变量，治理效果作为因变量进行线性回归分析，检验回归系数是否显著。如果两者存在显著关系就继续检验，如果不显著则说明不存在中介效应，就要停止检验。回归分析的检验结果见表9－18中的模型1。

步骤二：将催化领导作为自变量，协同过程作为因变量进行线性回归分析，检验回归系数是否显著，如果两者存在显著关系就继续检验，如果不显著则说明不存在中介效应，就要停止检验。回归分析的检验结果见表9－18中的模型2。

步骤三：将催化领导和协同过程作为自变量，治理效果作为因变量进行线性回归分析，检验回归系数的变化，以此作为参考，主要检验作为中介变量的协同过程在起始条件和治理效果之间发挥着什么样的中介作用。回归分析的检验结果见表9－18中的模型3。

表9－18　协同过程在催化领导和治理效果之间的中介检验

变量	模型1	模型2	模型3	中介作用
催化领导	0.702***	0.730***	0.292***	部分中介
协同过程			0.561***	
样本数	393	393	393	
R^2	0.492	0.532	0.640	

变量	模型 1	模型 2	模型 3	中介作用
调整后的 R^2	0.491	0.531	0.638	
F 值	379.300***	445.283***	346.077***	

注释：1. 模型 1 和模型 3 的因变量是治理效果，模型 2 的因变量是协同过程。

　　　2. ***表示 $p < 0.001$，**表示 $p < 0.01$，*表示 $p < 0.05$。

　　由表 9 - 18 可以得知，在第一步的检验中起始条件的标准化系数 β 值为 0.702，p 值小于 0.001，这说明催化领导和治理效果之间存在着显著的正相关关系。在第二步的检验中，催化领导的标准化系数 β 值为 0.730，p 值小于 0.001，这说明起始条件和协同过程之间也存在着显著的正相关关系，也就说明协同过程在催化领导和治理效果之间存在中介效应。在第三步的检验中，催化领导的标准化系数 β 值为 0.292 且 p 值小于 0.001，β 值与模型 1 中的相比明显降低，协同过程的标准化系数 β 值为 0.561，p 值小于 0.001。由此可以得出，协同过程在起始条件和治理效果之间发挥着部分中介作用。

　　3. 协同过程在制度设计和治理效果之间的中介作用

　　为检验协同过程在制度设计和治理效果之间的中介作用，本文按照以下三个步骤进行操作。

　　步骤一：将制度设计作为自变量，治理效果作为因变量进行线性回归分析，检验回归系数是否显著。如果两者存在显著关系就继续检验，如果不显著则说明不存在中介效应，就要停止检验。回归分析的检验结果见表 9 - 19 中的模型 1。

　　步骤二：将制度设计作为自变量，协同过程作为因变量进行线性回归分析，检验回归系数是否显著，如果两者存在显著关系就继续检验，如果不显著则说明不存在中介效应，就要停止检验。回归分析的检验结果见表 9 - 19 中的模型 2。

　　步骤三：将制度设计和协同过程作为自变量，治理效果作为因变量进行线性回归分析，检验回归系数的变化，以此作为参考，主要检验作为中介变量的协同过程在起始条件和治理效果之间发挥着什么样的中介作用。回归分析的检验结果见表 9 - 19 中的模型 3。

表 9 - 19　协同过程在制度设计和治理效果之间的中介检验

变量	模型 1	模型 2	模型 3	中介作用
制度设计	0.728***	0.798***	0.304***	部分中介
协同过程			0.532***	
样本数	393	393	393	
R^2	0.530	0.637	0.633	
调整后的 R^2	0.529	0.636	0.631	
F 值	441.751***	686.821***	336.517***	

注释：1. 模型 1 和模型 3 的因变量是治理效果，模型 2 的因变量是协同过程。

　　　2. ***表示 $p < 0.001$，**表示 $p < 0.01$，*表示 $p < 0.05$。

由表9-19可以得知，在第一步的检验中制度设计的标准化系数 β 值为 0.728，p 值小于 0.001，这说明制度设计和治理效果之间存在着显著的正相关关系。在第二步的检验中，制度设计的标准化系数 β 值为 0.798，p 值小于 0.001，这说明制度设计和协同过程之间也存在着显著的正相关关系，也就说明协同过程在制度设计和治理效果之间存在中介效应。在第三步的检验中，制度设计的标准化系数 β 值为 0.304 且 p 值小于 0.001，β 值与模型 1 中的相比明显降低，协同过程的标准化系数 β 值为 0.532，p 值小于 0.001。由此可以得出，协同过程在制度设计和治理效果之间发挥着部分中介作用。

4. 协同过程在起始条件、催化领导、制度设计和治理效果之间的中介作用

通过上述的中介检验可知，协同过程分别在起始条件、催化领导、制度设计和治理效果之间都发挥着中介作用，因此在最后这一部分还需要检验当控制起始条件、催化领导、制度设计这三个变量时，协同过程在这当中发挥着什么样的中介作用。因此在这一部分的检验中还是按照前面的三个步骤进行操作。

步骤一：将起始条件、催化领导、制度设计作为自变量，治理效果作为因变量进行线性回归分析，检验回归系数是否显著。如果两者存在显著关系就继续检验，如果不显著则说明不存在中介效应，就要停止检验。回归分析的检验结果见表9-20中的模型1。

步骤二：将起始条件、催化领导、制度设计作为自变量，协同过程作为因变量进行线性回归分析，检验回归系数是否显著，如果两者存在显著关系就继续检验，如果不显著则说明不存在中介效应，就要停止检验。回归分析的检验结果见表9-20中的模型2。

步骤三：将起始条件、催化领导、制度设计和协同过程作为自变量，治理效果作为因变量进行线性回归分析，检验回归系数的变化，以此作为参考，主要检验作为中介变量的协同过程在起始条件和治理效果之间发挥着什么样的中介作用。回归分析的检验结果见表9-20中的模型3。

表9-20 协同过程在起始条件、催化领导、制度设计和治理效果之间的中介检验

变量	模型1	模型2	模型3	中介作用
起始条件	0.137**	0.250***	0.020	完全中介
催化领导	0.290***	0.180***	0.206***	部分中介
制度设计	0.403***	0.480***	0.179**	部分中介
协同过程			0.466***	
样本数	393	393	393	
R^2	0.582	0.693	0.649	
调整后的 R^2	0.579	0.690	0.645	
F值	180.776***	292.496***	179.384***	

注释：1. 模型1和模型3的因变量是治理效果，模型2的因变量是协同过程。

2. ***表示 $p < 0.001$，**表示 $p < 0.01$，*表示 $p < 0.05$。

由表 9 - 20 可以得知，在第一步的检验中起始条件、催化领导和制度设计的标准化系数 β 值分别为 0.137、0.290、0.403，起始条件的 p 值小于 0.01，催化领导和制度设计的 p 值小于 0.001，这说明起始条件、催化领导、制度设计和治理效果之间存在着显著的正相关关系。在第二步的检验中，起始条件、催化领导和制度设计的标准化系数 β 值为 0.250、0.180、0.480，p 值均小于 0.001，这说明起始条件、催化领导、制度设计和协同过程之间也存在着显著的正相关关系，也就说明协同过程在起始条件、催化领导、制度设计和治理效果之间存在中介效应。在第三步的检验中，起始条件的标准化系数 β 值为 0.020，相对于模型 1 中 β 值明显降低，且 p 值大于 0.05，回归的结果不明显，这说明协同过程在这其中发挥着完全中介作用；催化领导的标准化系数 β 值为 0.206，相对于模型 1 中的也有所降低，p 值小于 0.001，回归效果显著，说明协同过程在这其中发挥着部分中介作用；制度设计的标准化系数 β 值为 0.179，相对于模型 1 中的也有所降低且 p 值小于 0.01，说明协同过程在这其中发挥着部分中介作用。由此可以得出，协同过程在制度设计和治理效果之间发挥着部分中介作用。协同过程的标准化系数 β 值为 0.466 且 p 值小于 0.001，说明回归效果显著，因此可得知协同过程和治理效果之间呈正相关关系。经上述检验可得出结果，第四个假设"协同过程——协作流程越完善，越有利于开展农村人居环境协同治理"成立。

（六）假设验证结果简述

本文根据构建的农村人居环境协同治理理论框架提出了四个假设，并在此基础上开展了问卷调查。通过对调查数据进行信度和效度检验，结果表明，本次调研收集到的数据具有一定的可靠性和有效性。通过对各个变量进行相关性分析，得知起始条件、催化领导、制度设计、协同过程和治理效果这 5 个变量之间具有密切的关联性。通过对调研数据进行多元线性回归分析，得知起始条件、催化领导、制度设计分别与协同过程存在着显著的正相关关系，和治理效果也存在着显著的正相关关系。通过中介检验得知，在阳江市农村人居环境的协同治理过程中，协同过程在整个治理过程中发挥着完全或部分的中介作用；在催化领导和治理效果之间发挥着部分中介作用；在制度设计和治理效果之间发挥着部分中介作用；在控制催化领导和制度设计之后，协同过程在起始条件和治理效果之间由部分中介变成完全中介，因此可以得知起始条件对治理效果的影响程度可能还受到催化领导和制度设计的影响。通过上述的分析验证，可以得知本文的四个假设全部成立。

四、优化农村人居环境协同治理的对策建议

（一）倡导资源权利科学合理分配，夯实农村人居环境协同治理基础

1. 转变政府职能，深化简政放权

在当前农村人居环境治理过程中，政府仍是大多数权利和资源的唯一掌控者，这不仅在一定程度上妨碍了社会力量参与协同治理，更是抑制了社会力量的参与积极性。如今，社会治理强调的是资源权利要进行合理分配，各个主体应根据自身的优势掌握治理资源，共同参与农村人居环境治理。要想继续深化党和国家机构的改革，既要转变政府职能，又要使政府机构转型升级，优化职能配置。因此，具体在农村人居环境的治理方面，政府应重点做好制度和规则设计的工作，制定方针政策并完善总体规划，加强监督管理，从人居环境治理的"划桨者"转变为"掌舵者"，而具体的农村人居环境治理项目则可通过政府购买等方式转交给社会力量，也可以通过 PPP 方式把一些项目交给专业的企业、社会组织或个体经营者去承担。政府与社会力量进行合作，能大幅度降低治理成本，在减轻自身负担的同时也能提高治理效率。

2. 提升社会力量的参与意识和能力

农村人居环境协同治理任务繁复且艰巨，具有整体性和动态性。特别在当前政府仍作为公共事务主要领导者的情况下，社会力量更需增强意识和治理能力以提高自身的治理主体地位。笔者认为，要增强社会力量的参与意识和治理能力，需做好以下三个方面：第一，加强社会力量的内部决策力建设。就企业而言，应践行董事会决策原则，提升农村人居环境治理事务决策的科学性；就村委会而言，应积极践行为村民服务的使命，制定相应的关于村民决策的村规民约，一些拥有自主决策权的公共事务要坚持村民主体决策原则，增强村民主体内部决策能力。第二，加强社会力量的外部承接力建设。这主要是通过吸引社会上的专业人才，组建高水平的专业人才队伍，让更加专业的人才团队承接农村人居环境治理的相关项目。第三，加强社会公信力建设。通过完成相关的治理项目改善农村居民的生活环境，提升他们的生活水平。通过加强品牌建设，以优质服务获取公众的信任，建成高水平的社会公信力。

（二）加强政府主导，维护农村人居环境协同治理秩序

1. 构建多元主体共同参与的协同治理格局

构建新型的社会治理模式和格局，是党和国家对社会治理规律的深化运用。要想完成农村人居环境治理的任务，过去政府单一的治理模式已然落伍。因此，必须构建起以政府为主导，企业、村委会和农村居民共同参与的多元治理格局。第一，坚持以党委领导、政府主导为原则，大力构建党建引领基层治理新格局。党员干部具有引领

示范的带头作用，能够引领村民的认知和行为，党员的引领也体现了党的领导是打造协同治理新格局的根本保证。第二，大力培育社会组织。笔者实地调研了解到，当地农村缺少相应的环保社会组织。但就社会治理理念逐渐深入人心的情况来看，环保社会组织必定在农村人居环境协同治理中大有作为。因此，政府要重视社会组织的治理作用，不仅要支持和培育当地成立有助于农村人居环境治理的社会组织，更要引进外来的社会组织，不断增强社会组织的力量。第三，积极推动企业参与农村人居环境治理，使其能够承接政府的部分社会职能。企业有着较强的集资和资源调动能力，且市场作为社会治理的主体之一，理应承担相应的社会责任。第四，充分调动村干部的积极性，发挥基层队伍的有效作用。村干部作为村民的代表，理应在治理过程中搜集村民的宝贵意见，替村民发声。村干部可引导村民树立目标，调动村民参与的积极性，还可以寻找村民的共同需求，及时收集、发布和更新信息，做好村民和其他治理主体之间的协调者和组织者，促进协同治理有序进行。

2. 明确角色定位，厘清主体权责

在农村人居环境协同治理过程中，尽管政府不再是唯一的管理机构和治理主体，但其依然发挥着极其重要的引领和主导作用。企业、村干部和村民作为人居环境协同治理的参与者，也应该明确各自的定位和所需要承担的责任，自觉树立起协同治理的责任意识。只有各协同方都明确各自的目标和任务，完成好相应的治理工作，才能提升治理效率、增强治理效能，推动农村人居环境协同治理的有序发展。

具体而言，政府作为农村人居环境协同治理的领导者，应该承担起统筹规划、政策制定与宣传、主要经费投入、推进引领、组织动员、监督检查、考核评估等责任。第一，政府要把握总体方向，提出农村人居环境协同治理的基本路径，统一治理的方向目标，明确各治理主体的职责和任务，避免出现偏差。第二，政府应加大宣传力度，使协同治理的理念深入民心，要让农村居民深入了解出台政策的内容，激发公众的参与热情，积极贯彻落实政策制度。第三，政府要给予足够的资金支持，特别是基础设施和后期管理维护方面的经费，要保证治理过程的良好发展和治理效果的充分体现。第四，政府可积极探索柔性管理方式，完善自律机制、规范具体行为，对协同主体积极引领，动员非政府主体积极参与，不断提升自身公信力。第五，对承担项目的企业要加强监督，避免企业为了牟利而违背协同治理的初衷；还可制定考核机制，根据各村的治理状况进行评估，遵循奖惩结合原则。

企业作为农村人居环境协同治理项目的承接者，应严格执行项目的合同条款。企业作为社会治理的一分子，不能只为赚取利益，也应该承担起自身的治理责任。第一，企业要加强内部的精细化管理，制定清晰、明确的管理标准，尽可能地减少治理费用，提升企业的治理业绩。第二，企业要加强对外公开，做好外部的信息披露工作，要接受政府和公众的监督，降低项目运营风险。第三，企业要践行企业家精神，要有责任、有担当，既要创造利润，也要回报社会，要为农村人居环境协同治理提供新思路、新模式，不断为协同治理注入新动力。

村干部作为农村人居环境协同治理不可或缺的协调者，是政府与村民沟通的重要桥梁。首先，长期以来，村委会因承担政府繁重的行政工作，严重影响了它们的独立性发展。所以，在以后的治理工作中，要明确政府和村委会各自的权责边界，让村委会发挥其真正的作为基层群众性自治组织的职能，使其承担一定的人居环境治理任务，要让村委会对政府的治理进行补充，弥补政府的缺位。其次，还可构建村委会与政府以及其他治理主体的信息交流平台，在平台中实现信息资源的共享。要把村委会当成协同治理的主体而不是行政治理的末梢，要让村委会承担一定的公共事务治理职能，发挥村干部的组织协调能力，促进政府和村干部协同完成农村人居环境的治理任务。

农村居民作为农村人居环境协同治理的参与者，既是环境污染的承受者，更是环境治理的受益者。村民是否参与农村人居环境治理，会直接决定环境治理工作的成败。作为在农村生活的主体，村民应自觉培养爱护环境、美化环境的行为意识，要根据相关的政策条例从自身做起，鼓励街坊邻居为改善农村人居环境而共同努力，带动周围邻里积极参与政府部门或社会组织举行的清洁活动。同时，还要发挥主人翁精神，积极参与政府组织的关于人居环境治理的座谈会、讨论会和村民议事会等，积极向政府部门反映环境治理中存在的问题，并提出好的意见以及解决办法。

（三）优化制度设计，确保农村人居环境协同治理行为合理规范

1. 加大制度设计的开放性和透明度

在制度设计过程中，应加大参与渠道的开放性，积极听取各协同治理主体的意见和看法。各协同方不仅是农村人居环境的治理主体，也是密切的利益相关者。只有让各利益主体都参与进来，协调好各方的相关利益，才能保障协同治理的运行。各协同主体可以凭借自身拥有的资源与优势，发表具有代表性的意见。例如政府作为拥有丰富公共资源和强大行政权威的代表，就可以协调和平衡各协同主体的利益，为使公共利益最大化而提出自身的意见与建议；而企业作为市场运行的代表，对项目运营最为了解，如何能使农村人居环境治理的成本降到最低，既能获取利益又能服务社会，应该由企业提供相关的决策意见；村干部和农村居民作为农村人居环境的切身受益者，应该根据日常中的实际状况反映相关问题和意见，因为群众的利益和感受才是农村人居环境治理的最终目标。总而言之，参与的渠道越开放，收集的意见才会越真实，只有集思广益、广纳民意，才是协同治理的必然之举。

在制度设计过程中，还应加大协同治理的透明度，保障各参与主体的知情权。要让各协同方都能了解农村人居环境协同治理中的各个环节，提升他们对制度的认同感，有效提升制度设计的科学性和公正性。除了政府以外，企业、村干部和农村居民都应

该对农村人居环境协同治理过程中的发展目标、制度设定过程以及未来发展趋势有所了解。构建一个透明的、公开的分享机制，拓宽信息的分享渠道，既能增强制度设计规范和治理规则的约束力，又能实现多主体共同监督，为协同治理保驾护航。

2. 推动农村人居环境协同治理法治化建设

要想完善制度设计，法治化建设是基础，更是推动农村人居环境协同治理的基本方略。要想走好农村人居环境协同治理法治化建设之路，可从以下三个方面着手。第一，完善农村人居环境协同治理法律体系。"三农"问题历来都是国家建设和发展的焦点，但由于法律制度的碎片化导致农村人居环境治理缺少完整系统的法律依据，党的十九大以来，党中央强调要加大生态环境保护领域的立法，构建完整的生态环境保护法律体系。因此，在全国范围内，需完善整体性的立法，完善与我国农村人居环境协同治理相匹配的整体性法律体系；在区域范围内，也应该结合不同地区的特殊性，因地制宜地制定与当地农村人居环境治理相匹配的法律法规，打造全方位、系统化、全覆盖的法律体系。第二，提升各协同主体的法治意识。首先，要强化各治理主体的法治思维。政府作为农村人居环境协同治理的主导者，应率先垂范，带头遵纪守法，引领企业、村干部和村民增强法治思维。其次，要加强法治宣传。要增强农民的法治观念，鼓励农村居民运用法律手段，促进农民依法维权。最后，要挖掘农村的法治文化资源。要充分发掘当地乡村知识的内在价值，在这种价值的支撑下，建立起良好的法治氛围和环境。加大对村民文化教育特别是法律知识的培养，使法治信仰深入骨髓。第三，健全治理的法律监督管护机制。完善协同主体法律监督监察机制，让治理主体在各自的职责范围内履行自己的责任，并制定相关的法律法规，为监督管护工作提供系统清晰的法律依据。明确监督的主体和对象，避免在现实治理中发生角色互换现象，对于在监管过程中出现的违法违纪问题，要按照规定交给相关部门进行查处，特别严重的行为可加重处罚。

3. 建立健全协同治理的相关保障机制

建立健全相关的保障机制也是优化制度设计，促进协同治理的关键。为确保农村人居环境协同治理行为合理规范，笔者认为还需做好以下两个方面的制度优化工作。第一，完善利益整合制度。在农村人居环境协同治理中，各协同方有着不同的利益追求。政府在这一过程中是为了达到政绩要求，其行为偏向于履行行政职责，完成绩效考核的任务；企业在这一过程中是为完成盈利的目标，用最低的成本完成治理项目合同上的相关任务；村干部在这一过程中是为了获得上级的信任，加强政府与村民的联系，获得更多的绩效奖金；农村居民在这一过程中则是为了改善现有的、落后的人居环境，提高生活水平。虽然各协同方的利益诉求不尽相同，但总体的目标都是一致的，就是改善乡村的生活环境，使农村更加美丽宜居。因此，承担着领导者重任的政府部门，应该搭建易于各协同方交流沟通的平台，形成制度化的沟通模式，使各协同方能在对话与交流中达成整体性的共识，形成能够兼顾各协同方的利益目标。第二，完善激励惩处制度。实践证明，在民主意识崛起的社会治理时代，激励惩处制度对推进协同治理极为有效。针对企业来说，对于积极参与农村人居环境治理的企业，政府可以实行减税降费，给予财政补贴的优惠政策鼓励相关企业的生产发展；对一些污染环境、不配合协同治理的企业，政府可采取吊销其营业执照等方式对其进行惩罚。针对村干部来说，村委会可制定相关标准，将协同治理工作与村干部的年度考核进行挂钩。对于配合协同治理的村干部，可以授予其荣誉称号，给予鼓励；对于不配合工作的村干部则可对其进行警告、批评，严重时还可进行处分。针对农村居民来说，对于积极参与环境清洁活动、爱护环境卫生的村民，政府不仅可以颁发荣誉称号进行精神奖励，还可以给予一定的物质奖励，例如给村民分发生活补贴，激励村民有所作为；对于不愿意履行义务的村民，可对其进行警告、批评、罚款，还可将协同行为与信用评级挂钩，严重时可将其列入失信黑名单进行惩罚。

（四）完善协同过程，促进农村人居环境协同治理良性循环

1. 订立合理规范的合作协议

合作的基础是建立起良好的信任关系，而合作协议的签订则是维持合作的保障。在农村人居环境协同治理中，合理规范的合作协议是所有参与者都应该遵守的行为准则，它既明确了各方的责任与工作，又是降低乃至规避现实生活中出现象征性合作的基础，因此订立合理规范的合作协议十分重要。比如，在制定村庄人居环境治理工程的协议时，务必要做到条理清晰，用词恰当准确，尽量避免因用词不当而产生不同理解的情况，进而造成相关方的损失。关于工程的范围、工期、计价、验收、各方的权利和义务等都要确立清楚，避免引起纠纷和矛盾。除此以外，为应对可能出现的突发状况，还需要载明一些关于协议变更的条款。在制定协议的过程中，协议主体可邀请专业的法律顾问进行审定，以期形成合理规范的合作协议。

2. 制订科学可行的实施方案

在协同合作中，实施方案是协作治理中各参与者活动的重要基础，也是实现协同治理目标的关键。通过调研得知，阳江市曾出台《关于全域推进农村人居环境整治建设生态宜居美丽乡村的总体方案》《阳江市村庄保洁工作实施方案》《阳江市乡村振兴工作督查办法》等工作办法。为创新工作思路，在全市范围内开展农村人居环境整治擂台赛以及同步推进镇村人居环境整治，出台《乡村振兴工作擂台赛活动实施方案》《乡村振兴工作督查办法》等实施方案。仔细阅读这些规范性文件可以发现，各规划、方案、办法除了对农村人居环境治理的总体目标和工作要求作出概括性的阐述之外，还会对作业级别的具体任务进行详细解说，让分配到治理任务的牵头单位和配合部门能够清晰地知道工作任务完成的节点和时限。科学可行的实施方案不仅能使各协同方各司其

职，使他们圆满完成任务；还能汇聚各方力量并形成合力，促进总体任务和目标的实现。

3. 建立完善的监督评估机制

为增强治理效果，巩固协同治理机制，继续提升协同治理效能，必须建立完善的监督评估机制，以期推进各协同方客观地看待农村人居环境协同治理机制，全面地看待自身所处地域的农村人居环境治理成果。除了政府以外，企业、村干部和农村居民也是人居环境协同治理的主体，更是治理监督与评估的主体。因此，为做好协同监督和评估工作，各主体要根据当地实际共同确立评估的标准，每一个主体都需对其他主体在协同治理中所应履行的职责和任务进行全面和规范的考核。除此之外，还要加强宣传协同成果和治理效果，鼓励各参与方将责任感和荣誉感外化于行动。

参考文献

全球治理委员会. 我们的全球伙伴关系 ［R］. 牛津：牛津大学出版社，1995：23.

俞可平. 治理与善治 ［M］. 北京：社会科学文献出版社，2000：3.

詹姆斯·N. 罗西瑙. 没有政府的治理 ［M］. 张胜军，刘小林等，译. 南昌：江西人民出版社，2001：5.

赫尔曼·哈肯. 协同学——大自然构成的奥秘 ［M］. 凌复华，译. 上海：上海译文出版社，2005：1.

吴良镛. 人居环境科学导论 ［M］. 北京：中国建筑工业出版社，2011：40 – 48.

田培杰. 协同治理：理论研究框架与分析模型 ［D］. 上海：上海交通大学，2013：90 – 98.

孙荣，邵健. 基于 SFIC 的府际协同治霾研究 ［J］. 地方治理研究，2016（4）：71 – 79.

姜雪涵. 生态旅游区境协同治理研究 ［D］. 武汉：华中师范大学，2019：19 – 26.

吕建华，林琪. 我国农村人居环境治理：构念、特征及路径 ［J］. 环境保护，2019，47（9）：42 – 46.

孙乔乔. 基于 SFIC 模型的网约车协同治理研究 ［D］. 杭州：浙江大学，2019：9 – 15.

刘晓春，陈兴发. 乡村振兴语境下农村人居环境治理问题研究 ［J］. 陕西行政学院学报，2022，36（2）：62 – 67.

吴柳芬. 农村人居环境治理的演进脉络与实践约制 ［J］. 学习与探索，2022（6）：34 – 43.

中国政府网. 农村人居环境整治三年行动方案 ［EB/OL］.（2018 – 02 – 05）［2022 – 02 – 01］. http://www. gov. cn/gongbao/content/2018/content_5266237. htm.

IMPERIAL, MARK T. Using Collaboration as a governance strategy：Lessons from six watershed management programs ［J］. Administration and Society, 2005, 37（3）：281 – 320.

ANSELL C, GASH A. Collaborative Governance in Theory and Practice ［J］. Journal of Public Administration Research and Theory, 2007（18）：543 – 571.

CHOI, TAEHYON. Information sharing, deliberation, and collective decision – making：A computational model of collaborative governance ［M］. University of Southern California：ProQuest Dissertations, 2011：56.

后　记

本书由我和陈建平（华南农业大学植物保护学院党委副书记、广州市北斗星社会工作服务中心理事）二人主编，提出选题和研究框架，审核、修改全书并定稿，负责出版事宜。

卫利珍（广东白云学院社会与公共管理学院社工系主任，副教授）、徐衍（华南农业大学心理健康辅导中心讲师、学校第一批卓越青年教师百人计划入选者）、龙春亮（中级社会工作师，广东省北斗星社会工作服务中心理事长和总干事）、方洁虹（高级社会工作师，佛山市南海区北斗星社会工作服务中心总干事、佛山市顺德区北斗星社会工作服务中心总干事）四人为副主编，各负责审核、修改了 2～3 章初稿。广东白云学院社会与公共管理学院社工系梁良、张苑仪、薛源蕉子三位老师也参与了部分初稿的审核、修改，核对了部分引文。

第一至第九章分别由梁启浩、黄嘉乐、叶素丹、李敏、黄子倩、李明、霍静仪、黄财富、邓丽娴撰写，这 9 位作者的简介见各章题下注。

由于我们水平有限，本书可能还存在诸多不足，欢迎读者批评指正。

张兴杰

2023 年 3 月 20 日于广州